国家文化产业资金支持媒体融合重大项目

职业教育教学改革融合创新型教材·会计类

省级特色专业配套教材

Chengben Hesuan
Yu Guanli
Yuanli Yu Shixun

原理实训合二为一 核算管理融为一体

成本核算与管理

原理与实训

卢德湖 赖茂涛 主编

章珊 郭媛媛 副主编

东北财经大学出版社
Dongbei University of Finance & Economics Press
大连

图书在版编目（CIP）数据

成本核算与管理：原理与实训 / 卢德湖，赖茂涛主编. —大连：东北财经大学出版社，2020.11
（职业教育教学改革融合创新型教材·会计类）
ISBN 978-7-5654-3970-4

Ⅰ. 成… Ⅱ. ①卢… ②赖… Ⅲ. 成本计算-高等职业教育-教材 Ⅳ. F231.2

中国版本图书馆CIP数据核字（2020）第162813号

东北财经大学出版社出版
（大连市黑石礁尖山街217号 邮政编码 116025）
网 址：http：//www.dufep.cn
读者信箱：dufep@dufe.edu.cn
大连图腾彩色印刷有限公司印刷 东北财经大学出版社发行

幅面尺寸：185mm×260mm 字数：575千字 印张：25.25 插页：1
2020年11月第1版 2020年11月第1次印刷

责任编辑：张旭凤 责任校对：王 丽 周 慧
封面设计：原 皓 版式设计：原 皓

定价：59.80元

教学支持 售后服务 联系电话：（0411）84710309

如有印装质量问题，请联系营销部：（0411）84710711

富媒体智能型教材出版说明

“财经高等职业教育富媒体智能型教材开发系统工程”入选国家新闻出版广电总局新闻出版改革发展项目库，并获得文化产业专项资金支持，是“国家文化产业资金支持媒体融合重大项目”。项目以“融通”“融合”“共建”“共享”为特色，是东北财经大学出版社积极落实国家推动传统媒体与新媒体融合发展的重要举措之一。

“财道书院”智能教学互动平台是该工程项目建设成果之一。该平台通过系统、合理的架构设计，将教学资源与教学应用集成于一体，具有教学内容多元呈现、课堂教学实时交互、测试考评个性设置、用户学情高效分析等核心功能，是高校开展信息化教学的有力支撑和应用保障。

富媒体智能型教材是该工程项目建设成果之二。该类教材是我社供给侧结构性改革探索性策划的创新型产品，是一种新形态立体化教材。富媒体智能型教材秉持严谨的教学设计思想和先进的教材设计理念，为财经职业教育教与学、课程与教材的融通奠定了基础，较好地避免了传统教学模式和单一纸质教材容易出现的“两张皮”现象，有助于教学质量的提高和教学效果的提升。

从教材资源的呈现形式来说，富媒体智能型教材实现了传统纸质教材与数字技术的融合，通过二维码建立链接，将VR、微课、视频、动画、音频、图文和试题库等富媒体资源丰富呈现给用户；从教材内容的选取整合来说，其实现了职业教育与产业发展的融合，不仅注重专业教学内容与职业能力培养的有效对接，而且很好地解决了部分专业课程学与训、训与评的难题；从教材的教学使用过程来说，其实现了线下自主与线上互动的融合，学生可以在有网络支持的任何地方自主完成预习、巩固、复习等，教师可以在教学中灵活使用随堂点名、作业布置及批改、自测及组卷考试、成绩统计分析等平台辅助教学工具。

富媒体智能型教材设计新颖，一书一码，使用便捷。使用富媒体智能型教材的师生首先下载“财道书院”App或者进入“财道书院”（www.idufep.com）平台完成注册，然后登录“财道书院”输入教材封四学习卡中的激活码建立或找到班级和课程对应教材，就可以开启个性化教与学之旅。

“重塑教学空间，回归教学本源！”“财道书院”平台不仅仅是出版社提供教学资源和服务的平台，更是出版社为作者和广大院校创设的一个自主选择和自主探究的教与学的空间，作者和广大院校师生既是这个空间的使用者和消费者，也是这个空间的创造者和建设者，在这里，出版社、作者、院校共建资源，共享回报，共创未来。

最后，感谢各位作者为支持项目建设所付出的辛劳和智慧，也欢迎广大院校在教学中积极使用富媒体智能型教材和“财道书院”平台，东北财经大学出版社愿意也必将陪伴广大职业教育工作者走向更加光明而美好的职教发展新阶段。

东北财经大学出版社

前言

本教材是一部面向财经类高职院校师生，突出高职教育“德行为本、能力为重、工学结合、校企合作、知行合一、持续发展”理念，体现财经高职教育特色的新形态活页式立体教材。全书以企业成本核算、管理、分析为主线，将不同企业类型的成本计算和分析方法贯穿其中，内容浅显易学，实例丰富完整，实训精准全面，可以切实地满足职业院校财务会计类专业学习企业成本核算和成本分析之需要。

本教材采用项目教学法和任务驱动法，分上下两篇。上篇为知识学习篇，注重基础理论构建，内容概要系统，层次简明清晰，分为成本核算认知、产品成本的归集与分配、产品成本计算的基本方法、成本管理、产品成本分析五大项目和二十个任务，对企业成本核算、管理、分析进行了详细阐述。下篇为综合实训篇，依托厦门科云信息科技有限公司成熟的成本会计在线实训系统软件资源，编写了完整的实训案例，计算精准，训练全面，效果突出。因此本教材不仅有利于教师灵活教学，更有利于学生线上线下结合学习。

本教材在内容和结构上力求体现以下特点：

1.实用性。教材秉承职业教育“由浅入深、由简到繁、由易到难、循序渐进”的认知规律，充分突出职业教育特色，确保理论够用，强化实操，助力有针对性地学习企业成本核算、成本管理和成本分析方法，提高实务操作能力。

2.融合性。教材充分利用了新时代之新技术、新制度、新规范、新成果，教材资源呈现方式具有数字化、趣味化、多样化特色。通过二维码技术建立链接，把微课、动画、强化测试、题库等资源多元呈现给学习者，探索传统纸质教材与数字技术的融合，线下课堂教学和线上软件互动的融合。

3.前瞻性。教材紧扣财政部全面推进管理会计体系建设导向，结合管理会计指引中的相关方法，在加强成本核算的同时，助力学习者注重全面提升成本管理和分析水平。作者以财政部印发的《管理会计基本指引》《管理会计应用指引第100号——战略管理》等27项应用指引为依据，结合企业成本核算与分析工作实际，专门编写了用于学生巩固理论知识和提高实务操作能力的配套综合实训。

本教材由卢德湖、赖茂涛任主编，章珊、郭媛媛任副主编。卢德湖负责本书的总体结构设计和配套资源建设工作，赖茂涛负责编写项目五，章珊负责编写项目二、项目三以及实训一至实训九，章义蕾负责编写项目一以及实训十至实训十四，郭媛媛负责编写项目四、项目五部分内容以及实训十五至实训十九。本教材综合实训、视频和题库资源是在厦门科云信息科技有限公司的大力支持下完成的，在此深表谢意！

限于作者的时间和水平，书中难免存在疏漏和不足之处，诚挚地希望读者对本书给予批评指正。

编　者

2020年6月

目录

上篇　原理篇

下篇　实训篇

微课资源目录

上篇　原理篇

项目一
成本核算认知

学习目标

通过本章的学习，你应该达到以下目标：

【知识目标】　了解与熟悉产品成本核算的基础理论

【技能目标】　理解与掌握产品成本核算的一般程序及产品成本项目

【能力目标】　掌握产品成本核算的具体成本项目

案例引入

龙工（福建）机械有限公司，系中国龙工控股有限公司旗下的一家全资子公司，也是中国龙工控股有限公司重要的出口产品生产基地和实验基地。公司位于中国龙工控股有限公司的发源地、著名的革命老区福建龙岩。2005年5月实施异地扩建改造，装载机的年产能从原来的3 000台一下子扩大到了12 000台；2007年再次进行整体改造，产能又增加到了20 000台。公司占地1 200多亩，拥有8万多平方米单体厂房；各类机加中心、数控车床、铣床、深孔镗滚机、全自动连续焊接机、焊接机器人等设备均从国外进口，并配套建设了大型现代化的精密铸锻件保障基地，形成了一系列高质高效的现代化机加、焊接、装配、组装等自动化生产线。公司产品覆盖装载机、挖掘机、叉车和路面机械四大品类，型号超过500种。

在产品研发上，公司引进了更多的技术专家和技术人员，投入了更多的研发费用，对龙工四大类产品进行了全面梳理，对各系列新一代产品进行了立项、推进、研发、试制和试验。公司进一步加强了对核心关键零部件的技术攻关，驱动桥、变速箱、油缸、齿轮、铸件、高端液压泵、阀等项目取得了更好的发展。

全面提升产品质量。公司深入推动质量职能改革，对所有的产品质量问题进行了建卡立项，全程管控，彻底根治。进一步加强了用户制、作业指导书、4M变更管理的工作，强化了供方产品质量的管理与把控。

经过多年发展，公司名列“福建省工业五十强”“省政府重点发展的36家骨干企业”名单，先后获得了“福建省技术创新示范企业”“福建省高新技术企业”“省级技术中心”“福建省百家重点工业企业”“全国百家明星侨资企业”等荣誉称号，生产的“龙工牌装载机”为“中国名牌产品”，注册的“龙工商标”为“中国驰名商标”。

要求：根据龙工（福建）机械有限公司的案例资料，你认为龙工（福建）机械有限公司在其经营过程中可能有哪些耗费？这些都是产品成本吗？

分析：龙工（福建）机械有限公司是一家典型的机械制造型企业，生产经营过程由供应、生产、销售三个环节构成。在生产经营环节，经常要发生各种人力、物力和财力的耗费，这些耗费的货币表现称为费用。费用按一定的对象进行归集和分配，构成该对象的成本。将供应过程中支付的材料买价、采购费用按各种材料进行归集，构成材料采购成本；将生产过程中发生的各种生产费用按各种产品归集，构成产品的生产成本。

产品成本指企业在生产产品（包括提供劳务）过程中所发生的材料费用、职工薪酬等以及不能直接计入而按一定标准分配计入的各种间接费用，是企业在生产某种产品过程中发生的各种费用总和。产品成本核算是对生产经营过程中实际发生的成本、费用进行计算，并进行相应的账务处理。企业通过产品成本核算，一方面，可以审核各项生产费用和经营管理费用的支出，分析和考核产品成本计划的执行情况，促进企业降低成本和费用；另一方面，还可以为计算利润、进行成本和利润预测提供数据，有助于提高企业生产技术和经营管理水平。

任务一　产品成本核算的基本原则

一、做好各项基础工作

（一）分配标准

为进行成本核算，企业应当建立健全各项原始记录，并做好各项材料物资的计量、收发、领退、转移、报废和盘点工作。同时，产品成本计算往往需要以产品原材料和工时的定额消耗量和定额费用作为分配标准，因此，也需要制定或修订材料、工时、费用的各项定额，使成本核算具有可靠的基础。

（二）对费用进行合理的分类

1.按费用的经济内容或经济性质，可以分为劳动资料耗费、劳动对象耗费和活劳动耗费，具体如图1-1-1所示。

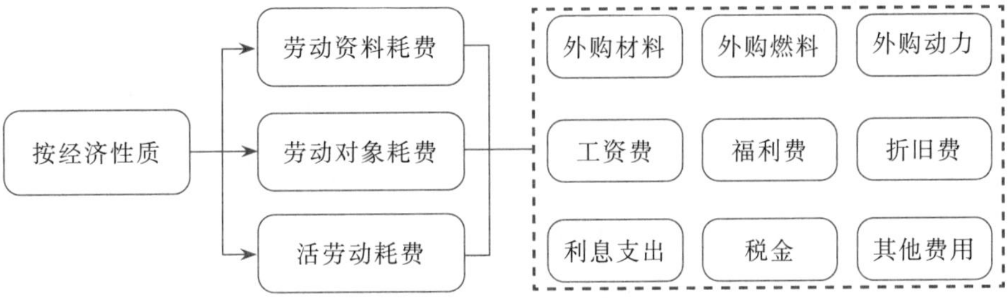

图1-1-1　费用按经济性质分类

2.按经济用途，可以分为生产成本、制造费用和期间费用，具体如图1-1-2所示。

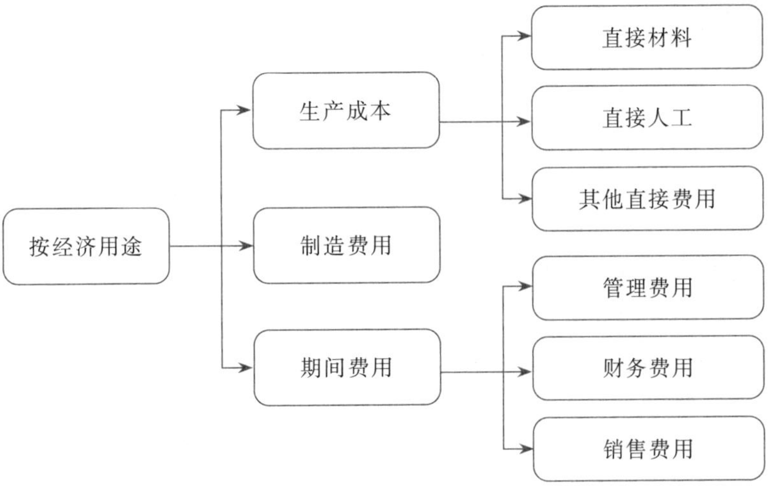

图1-1-2　费用按经济用途分类

3.按计入成本方式，可以分为直接费用和间接费用，具体如图1-1-3所示。

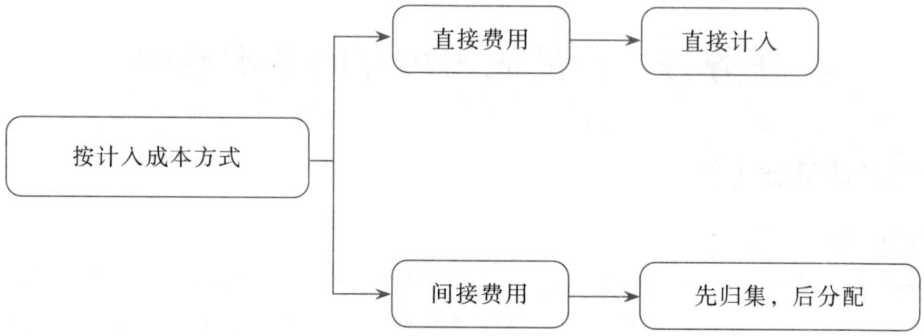

图 1-1-3　费用按计入成本方式分类

4.按与产量关系，可以分为固定费用和变动费用，具体如图 1-1-4 所示。

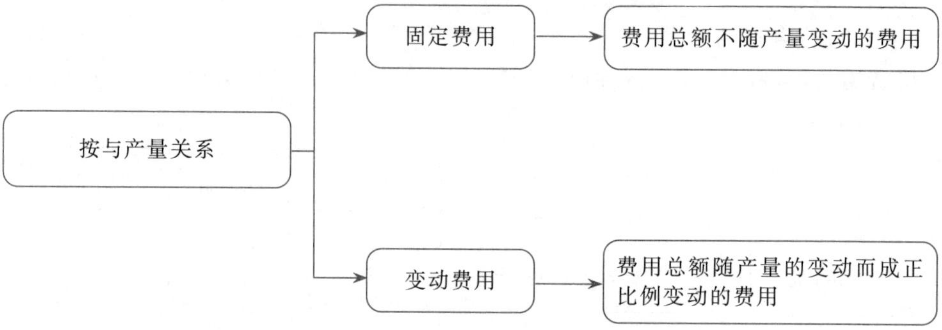

图 1-1-4　费用按与产量关系分类

二、正确划分各种费用支出的界限

费用是企业在日常活动中发生的、会导致所有者权益减少的、与向所有者分配利润无关的经济利益的总流出。产品成本是为生产某种产品而发生的各种耗费的总和，通常是企业存货的构成内容。两者的区别在于：费用着重于按会计期间进行归集，一般以生产过程中取得的各种原始凭证为计算依据；成本着重于按产品进行归集，一般以成本计算单或成本汇总表及产品入库单等为计算依据，不包括期间费用。

为正确计算产品成本，必须正确划分以下 5 个方面的费用：

1.正确划分资本性支出与收益性支出；

2.正确划分成本费用、期间费用和营业外支出；

3.正确划分本期生产费用与以后各期生产费用；

4.正确划分各种产品成本费用；

5.正确划分本期完工产品与期末在产品的成本。

上述 5 个方面费用的划分应当遵循受益原则，即谁受益谁负担、何时受益何时负担、负担费用应与受益程度成正比。

各种费用支出界限如图 1-1-5 所示。

三、根据生产特点和管理要求选择适当的成本计算方法

产品成本的计算，关键是选择适当的产品成本计算方法。产品成本计算方法指将一定

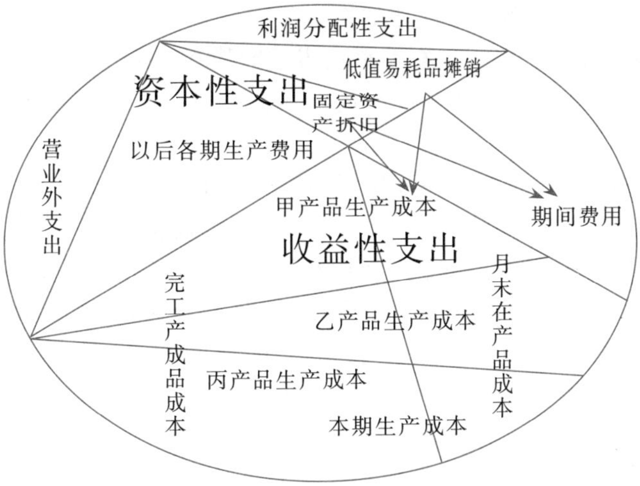

图 1-1-5　各种费用支出的界限图

时期发生的生产费用对象化到各产品上，以求得各产品总成本的方法。生产费用的对象化在成本会计中称为成本计算对象。产品成本计算的过程，就是按照一定的成本计算对象分配、归集生产费用的过程，可见产品成本计算对象的确定是成本计算的重要前提条件。一般来说，按照产品品种分配、归集生产费用是产品成本计算的基本要求，但在实际工作中，成本计算对象的确定还要受到企业生产类型的特点和管理要求的影响。

由于成本计算方法由成本计算对象决定，因此，生产类型的特点对成本计算方法的影响主要表现在成本计算对象的确定上。除此之外，它对生产费用计入产品成本的程序、成本计算期的确定以及生产成本在完工产品与在产品之间的分配方法等方面也有影响。目前，企业常见的产品成本计算方法有品种法、分批法、分步法、分类法、定额法、标准成本法等。

四、遵守一致性原则

企业产品成本核算采用的会计政策和会计估计一经确定，不得随意变更。在成本核算中，各种处理方法要前后一致，使前后各项的成本资料相互可比。各种方法一经确定，应保持相对稳定，不能随意变更。

五、编制产品成本报表

企业一般应当按月编制产品成本报表，全面反映企业生产成本、成本计划执行情况、产品成本及其变动情况等。企业可以根据自身管理要求，确定成本报表的具体格式和列报方式。

任务二　产品成本核算的一般程序

产品成本核算的一般程序，指对企业在生产经营过程中发生的各项生产费用和期间费用，按照成本核算的要求，逐步进行归集和分配，最后计算出各种产品的生产成本和各项期间费用的过程。成本核算的一般程序如下：

1.对企业的各项支出、费用进行严格的审核和控制，确定各项支出、费用是否计入生产费用、期间费用以及是应计入产品成本的生产费用还是不应计入产品成本的期间费用。

2.对应该计入本期产品成本的各项费用要素，通过编制要素费用分配表进行分配。凡能直接计入成本计算对象的费用，根据各要素费用分配表直接记入“生产成本——基本生产成本”“生产成本——辅助生产成本”账户及其有关明细账户。对于不能直接计入成本计算对象的费用，先进行归集，记入“制造费用”账户及其有关明细账户。

3.辅助生产费用的归集和分配。将归集在“生产成本——辅助生产成本”账户及其明细账户的费用，采用一定的分配方法按照受益单位进行分配。

4.制造费用的归集和分配。将归集的基本生产成本的制造费用，采用一定的方法计算并分配计入产品成本。

5.废品损失的归集和分配。对于单独核算废品损失的企业，应将废品净损失由“废品损失”账户贷方转出，分配记入“生产成本——基本生产成本”账户。

6.计算完工产品成本和月末在产品成本。将本期产品的生产费用采用适当的方法在完工产品和月末在产品之间进行分配，计算出完工产品总成本和单位成本以及月末在产品成本。

7.结转完工产品成本。将完工验收入库的产成品成本从“生产成本——基本生产成本”账户及其明细账户的贷方结转至“库存商品”账户及其有关明细账户的借方。

产品核算具体流程如图1-2-1所示。

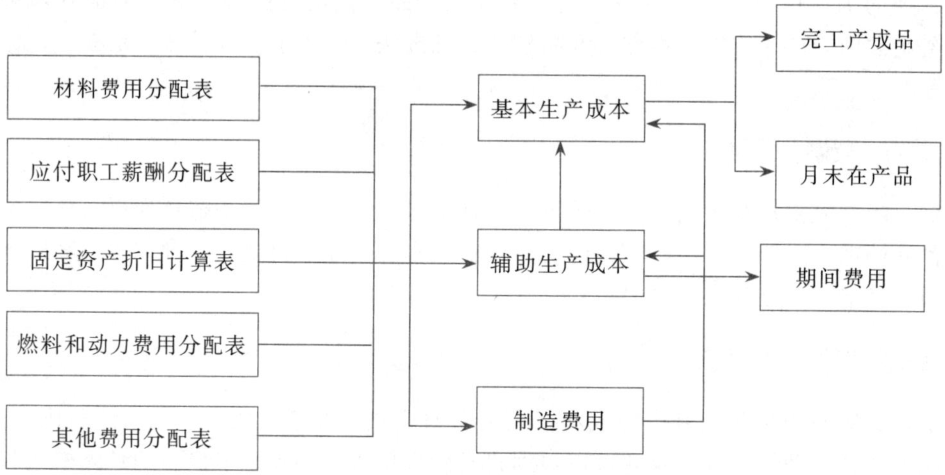

图1-2-1　产品成本核算流程图

产品成本的核算步骤如图1-2-2所示。

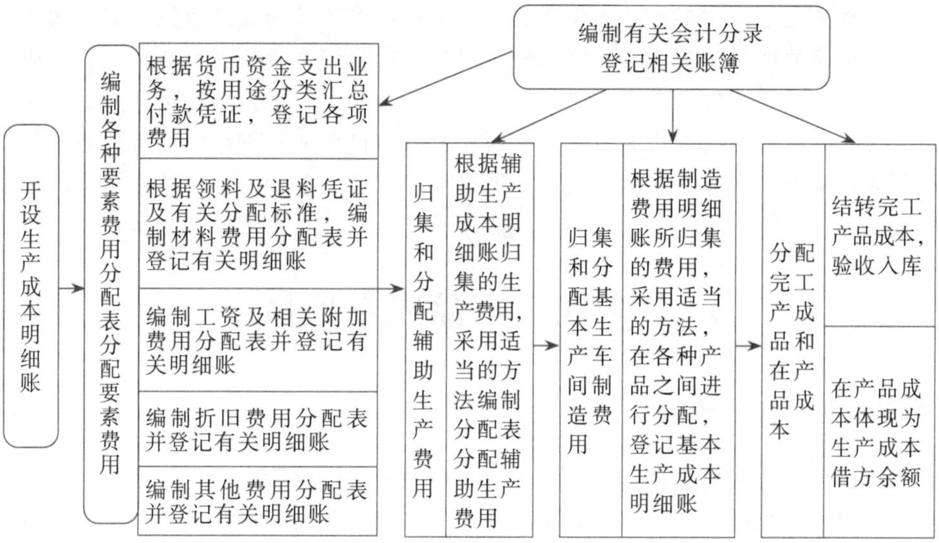

图 1-2-2　产品成本核算的步骤

产品成本核算步骤的说明：

1.根据发出材料汇总表、工资及福利费分配表、固定资产折旧计算表等编制相关费用分配表。

2.根据费用分配表和费用计入原则编制会计分录，直接费用计入基本生产成本和辅助生产成本，间接费用先计入制造费用，其他与成本无关的费用，按受益原则记入相应科目。

3.归集和分配辅助生产成本，将各辅助生产车间的费用分配记入基本生产成本和制造费用等科目。

4.将所归集的制造费用分配计入各种产品成本中。

5.根据完工情况，在各种完工产成品和在产品之间分配生产费用，将完工产成品入库。

任务三　产品成本核算的对象

一、产品成本核算对象概述

产品成本核算对象，指确定归集和分配生产费用的具体对象，即生产费用承担的客体。成本核算对象的确定，是设立成本明细分类账户、归集和分配生产费用以及正确计算产品成本的前提。

二、成本核算对象的确定

由于产品工艺、生产方式、成本管理等要求不同，产品项目不等同于成本核算对象。企业应当根据生产经营特点和管理要求来确定成本核算对象。一般情况下，在大量大批单步骤的生产中，由于不间断地重复生产同类产品，中间又没有自制半成品的存在，因而只能以产品的品种作为成本核算对象来归集生产费用；而在大量大批多步骤的生产中，由于各个步骤相对独立地生产半成品，生产费用完全可以按产品的生产步骤归集，因而就可以按各个加工步骤的产品作为成本核算对象，以计算各步骤半成品（最后步骤为产成品）的成本；至于单件或小批量生产，由于产品是以客户的订单或批别组织生产的，因而就决定了可以以产品的订单或批别作为成本核算对象，以某订单或批别来归集生产费用的，以计算各订单或各批别的产品总成本。成本核算对象确定后，各种会计、技术资料的归集应当与此一致，一般不应中途变更，以免造成成本核算不实、结算漏账和经济责任不清。

任务四　产品成本项目

一、产品成本项目的概念

产品成本指企业为了生产产品而发生的各种耗费，也可以指一定时期为生产一定数量产品而发生的成本总额。产品成本有狭义和广义之分，狭义的产品成本是企业在生产单位（车间、分厂）内为生产和管理而支出的各种耗费，主要有原材料、燃料和动力、生产工人工资和各项制造费用。广义的产品成本还包括生产发生的各项管理费用和销售费用等。

为具体反映计入产品生产成本的生产费用的各种经济用途，还应将其进一步划分为若干个项目，即产品生产成本项目，简称产品成本项目或成本项目。设置成本项目可以反映产品成本的构成情况，满足成本管理的目的和要求，有利于了解企业生产费用的经济用途，便于企业分析和考核产品成本计划的执行情况。

二、产品成本项目的设置

费用按经济用途分类，首先要将企业发生的费用划分为应计入产品成本的费用和不应计入产品成本的费用两大类。对于应计入产品成本的费用还可以根据管理需要进一步划分为若干项目，这在会计上称为产品成本项目。

1.直接材料

直接材料包括企业生产经营过程中实际消耗的原材料、辅助材料、备品配件、外购半成品、包装物以及其他直接材料。

2.燃料和动力

燃料和动力指直接用于产品生产的外购和自制的燃料和动力。

3.直接人工

直接人工指直接从事产品生产的工人的职工薪酬。

上述直接费用根据实际发生数进行核算，并按照成本核算对象进行归集，根据原始凭证或原始凭证汇总表直接计入成本。

4.制造费用

制造费用指企业为生产产品和提供劳务而发生的各种间接费用，如企业生产部门（如生产车间）发生的水电费、固定资产折旧、无形资产摊销、管理人员的职工薪酬、劳动保护费、国家规定的有关环保费用、季节性和修理期间的停工损失等不能根据原始凭证或原始凭证汇总表直接计入成本的费用，需要按一定标准分配计入成本核算对象。

成本项目的设置可根据企业的生产特点和管理要求做适当调整，对管理上需要单独反映、控制和考核的费用及在产成品中所占比重较大的费用，应专设成本项目，否则可不设成本项目。

三、成本核算账务处理程序

成本核算的账务处理程序如图1-4-1所示。

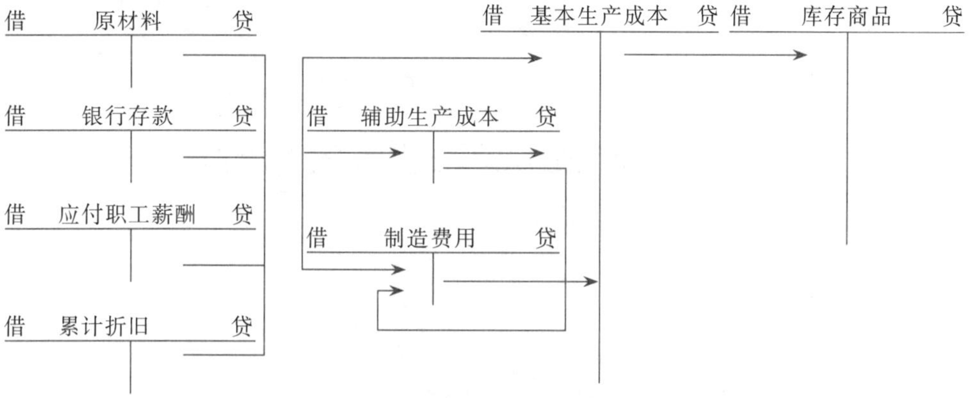

图1-4-1　成本核算账务处理程序图

项目小结

- 产品成本核算的一般程序，指对企业在生产经营过程中发生的各项生产费用和期间费用，按照成本核算的要求，逐步进行归集和分配，最后计算出各种产品的生产成本和各项期间费用的过程。
- 产品成本核算对象，指确定归集和分配生产费用的具体对象，即生产费用承担的客体。成本核算对象的确定，是设立成本明细分类账户、归集和分配生产费用以及正确计算产品成本的前提。
- 成本核算一般应设置“生产成本——基本生产成本”“生产成本——辅助生产成本”“制造费用”“销售费用”“管理费用”“财务费用”等账户。如果需要单独核算废品损失和停工损失，还应设置“废品损失”和“停工损失”账户。
- 产品成本项目，一般可设置“直接材料”“燃料和动力”“直接人工”“制造费用”等科目。

项目二
产品成本的归集与分配

任务一　材料费用的归集与分配
任务二　人工费用的归集与分配
任务三　动力费用及其他费用的核算
任务四　损失性费用的核算
任务五　辅助生产费用的归集与分配
任务六　制造费用的归集与分配
任务七　生产费用在完工产品和在产品之间的分配

学习目标

通过本章的学习，你应该达到以下目标：

【知识目标】 了解生产费用的内容；了解与熟悉生产费用归集与分配的程序

【技能目标】 掌握各种生产费用分配方法的核算及账务处理；了解成本会计岗位职责

【能力目标】 掌握各种生产费用计入产品成本的方法，掌握生产费用归集的账务处理

案例引入

北京科云股份有限公司是一家大型床上用品制造企业，小张是该企业的一名实习生，财务科长安排他进行成本核算。他了解到该企业2019年9月生产了1.2米、1.5米、1.8米的全棉被套，1.2米、1.5米、1.8米的磨毛被套，1.2米、1.5米、1.8米的真丝被套，并获得了有关生产费用资料。财务科长让他考虑该厂应采用何种成本核算方法，如何设置生产成本明细账，如何进行成本核算。

刚开始他这样考虑，该企业成本计算采用分类法与品种法相结合的方法。具体计算时把三种被套看作一类并据此设置成本明细账，把本月发生的各项生产费用分别按成本项目记入明细账中。然后将原材料、直接人工和制造费用各成本项目以原材料定额消耗量、工时定额为分配标准，计算被套的完工成本。最后分别按全棉被套、磨毛被套、真丝被套中不同规格产品的售价分别计算出各不同规格产品的完工产品成本。

要求：请问，小张关于成本计算方法、产品分类和生产成本明细账设置的想法是否正确？如果不正确，说明原因。几种产品共用的材料、人工又该怎么分配呢？

分析：本例中将全棉被套、磨毛被套、真丝被套归为一类——被套，设置成本明细账。该分类错误，设置的生产成本明细账也错误。

正确的做法是：将全棉被套、磨毛被套、真丝被套各自归为一类，设置3个成本核算对象，即设置3个成本明细账，计算各类产品的完工成本。然后在全棉被套完工产品成本计算的基础上确定1.2米、1.5米、1.8米各种规格产品的成本；在磨毛被套完工产品成本计算的基础上确定1.2米、1.5米、1.8米各种规格产品的成本；在真丝被套完工产品成本计算的基础上确定1.2米、1.5米、1.8米各种规格产品的成本。

项目概述

一、产品成本归集和分配的基本原则

企业所发生的生产费用，能确定由某一成本核算对象负担的，应当按照所对应的产品成本项目类别，直接计入产品成本核算对象的生产成本；由几个成本核算对象共同负担的，应当选择合理的分配标准分配计入。企业应当根据生产经营特点，以生产能力水平为基础，按照资源耗费方式确定合理的分配标准。产品成本归集和分配的基本原则如图2-0-1所示。

具体而言：

1.受益性原则，即谁受益，谁负担，负担多少视受益程度而定；

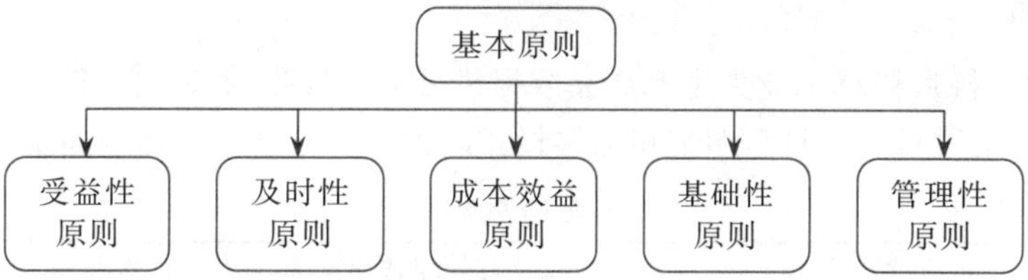

图 2-0-1　产品成本归集和分配的基本原则

2.及时性原则，即要及时将各项成本费用分配给受益对象，不应将本应在上期或下期分配的成本费用分配到本期；

3.成本效益原则，即成本分配所带来的效益要远大于分配成本；

4.基础性原则，即成本分配要以完整、准确的原始记录为依据；

5.管理性原则，即成本分配要有助于企业加强成本管理。

企业应当按照权责发生制原则，根据产品的生产特点和管理要求结转成本。企业不得以计划成本、标准成本、定额成本等代替实际成本。企业采用计划成本、标准成本、定额成本等类似成本进行直接材料日常核算的，应当在期末将耗用直接材料的计划成本或定额成本等类似成本调整为实际成本。

二、要素费用概述

制造业企业的生产费用按照经济内容可划分为以下要素费用：外购材料、外购燃料、外购动力、职工薪酬、折旧费、利息费用、税金和其他费用。

（一）成本核算的科目设置

为了进行成本核算，企业一般应设置“生产成本——基本生产成本”“生产成本——辅助生产成本”“制造费用”“销售费用”“管理费用”“财务费用”等账户。如果需要单独核算废品损失和停工损失，还应设置“废品损失”和“停工损失”账户。

1.生产成本

“生产成本”科目核算企业进行工业性生产所发生的各项生产费用，包括生产各种产成品、自制半成品、提供劳务、自制工具及设备等发生的各项费用，应设置“基本生产成本”和“辅助生产成本”两个明细科目。该科目核算内容如图 2-0-2 所示。

借方　　　**生产成本**	贷方
1.发生的直接材料成本 2.发生的直接人工成本 3.发生的其他直接成本 4.制造费用分配转入	1.转出完工产品成本
借方余额：月末在产品成本	

图 2-0-2　“生产成本”账户结构

基本生产成本应当分别按照基本生产车间和成本核算对象（产品的品种、类别、订单、批别、生产阶段等）设置明细账（或成本计算单），并按规定的成本项目设置专栏。

辅助生产成本是为基本生产服务而进行的产品生产和劳务供应。该科目按辅助生产车间和提供的产品、劳务分设辅助生产成本明细账，按辅助生产的成本项目分设专栏。期末，对共同负担的生产费用按照一定的分配标准分配给各受益对象。

2.制造费用

“制造费用”科目核算企业为生产产品或提供劳务而发生的各项间接费用，按不同的车间或部门设置明细科目。该科目明细账为多栏式明细账，具体核算内容如图2-0-3所示。

借方　　　　制造费用	贷方
1.发生的间接材料成本 2.发生的间接人工成本 3.其他各项间接费用	1.分配转出至基本生产成本和辅助生产成本
月末一般无余额，除采用年度制造费用计划分配率分配法外	

图2-0-3　“制造费用”账户结构

（二）要素费用的归集

在企业生产经营过程中，各部门根据自身需求，往往会耗用一定材料，此时会涉及材料费用的归集问题。按受益对象原则，根据领用材料的用途及各部门的性质，一般分为以下几种情况：基本生产车间领用材料用于生产的，增加的费用直接记入“生产成本——基本生产成本”科目，而车间一般耗用，则间接记入“制造费用”科目；辅助车间耗用材料，直接记入“生产成本——辅助生产成本”科目；行政管理部门的一般耗用，记入“管理费用”科目；销售部门的一般耗用，记入“销售费用”科目。工业企业主要是生产部门领用材料。材料费用归集的流程如图2-0-4所示。

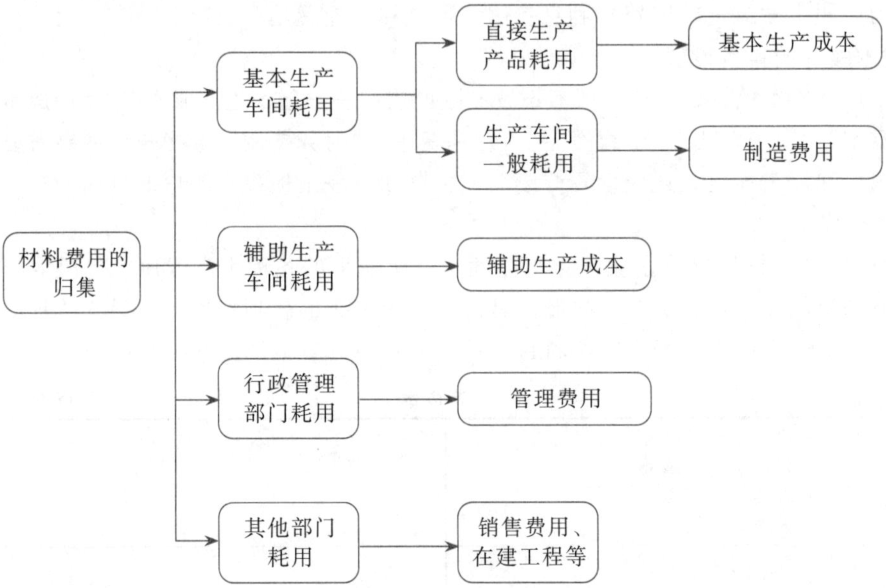

图2-0-4　材料费用归集的流程图

材料费用的归集如此，人工费用、动力费用、其他要素费用的归集也是如此。

（三）要素费用分配的流程

1.确定分配标准

（1）消耗类分配标准

如生产工时、生产工人工资、机器工时、原材料消耗量等。

（2）成果类分配标准

如产品的重量、体积、产量、产值等。

（3）定额类分配标准

如定额消耗量、定额费用等。

2. 确定分配率

$$分配率 = \frac{分配对象的总金额}{各产品的分配标准之和}$$

3. 确定分配额

某种产品应负担的费用=该种产品的分配标准×分配率

任务一　材料费用的归集与分配

子任务一　材料费用的归集——材料按实际成本计价

任务描述

根据表2-1-1发料凭证汇总表，编制会计分录。

表2-1-1

发料凭证汇总表

202×年4月

单位：元

应借账户	领用期间	应贷账户
		原材料
生产成本——基本生产成本	1—10日 11—20日 21—30日	86 000 42 000 33 000
	小计	161 000
生产成本——辅助生产成本	1—10日 11—20日 21—30日	5 000 2 500 1 500
	小计	9 000
制造费用——一车间	1—10日 11—20日 21—30日	700 1 180 170
	小计	2 050
销售费用	1—10日 11—20日 21—30日	100 235 125
	小计	460
管理费用	1—10日 11—20日 21—30日	380 192 50
	小计	622
合　计		173 132

知识准备

材料费用的归集主要指材料采购成本的核算。材料采购成本的计算是以各种外购材料为成本计算对象，归集各种材料在采购过程中发生的各项支出，从而计算出各种材料的总成本和单位成本。进行材料费用归集是为了对材料存货进行计价，同时也为计算发出材料成本提供依据。

一、取得材料时成本的归集

采购成本包括购买价款（不包括按规定可以抵扣的增值税进项税额）、相关税费、运输费、装卸费、保险费以及其他可归属于采购成本的费用。

二、发出材料的原始记录

凡能分清成本核算对象的材料消耗，应当单独列示；凡不能分清成本核算对象的材料消耗，应当选用适当的分配方法，分别记入有关成本核算对象的直接材料费用项目。

三、材料消耗量的计算

（一）连续记录法（永续盘存制）

连续记录法也叫永续盘存制，指每次材料的收入、发出均根据有关收发材料的原始凭证逐笔登记入账。采用连续记录法能够正确计算生产过程中材料的消耗数量。

（二）盘存计算法（实地盘存制）

盘存计算法也叫实地盘存制，指每次发出材料时不入账，当期材料消耗量通过期末盘点后倒挤算出。

四、按实际成本对消耗材料计价

按实际成本计算发出材料的金额，应先采用一定的计算方法确定发出材料单价，即发出材料的实际单位成本，然后计算发出材料金额，进行账务处理。

$$\begin{matrix}\text{发出材料全月一}\\\text{次加权平均单价}\end{matrix}=\left(\begin{matrix}\text{月初结存}\\\text{材料金额}\end{matrix}+\begin{matrix}\text{全月收入}\\\text{材料金额}\end{matrix}\right)\div\left(\begin{matrix}\text{月初结存}\\\text{材料数量}\end{matrix}+\begin{matrix}\text{全月收入}\\\text{材料数量}\end{matrix}\right)$$

发出材料金额=发出材料数量×全月一次加权平均单价

采用这种计价方法，发出材料的单价只于月末计算一次，可以大大简化核算工作，但因平时不能计算、登记材料明细账发出和结存金额，核算工作不均衡，也不利于材料的日常管理。

采用这种计价方法，计入本期产品成本的材料费用和期末结存材料的价值与实际不符，当材料市场价格发生较大的波动时，会影响到本期损益和资产负债表反映的期末结存材料价值的准确性。

[例 2-1-1]

某企业202×年10月酒精的材料明细分类账见表2-1-2，请用全月一次加权平均法计算月末结存材料成本。

表2-1-2　　**材料明细分类账**

材料类别：辅助材料　　存放地点：

材料编号：36275　　最高储备量：

名称及规格：酒精　　计量单位：千克

年		凭证编号	摘要	收入			发出			结存		
月	日			数量	单价（元）	金额（元）	数量	单价（元）	金额（元）	数量	单价（元）	金额（元）
10	1	（略）	上月结余							100	0.50	50
10	5		购　入	300	0.52	156				400		
10	10		领　用				300			100		
10	16		购　入	300	0.55	165				400		
10	20		领　用				100			300		
10	30		领　用				100			200		
10	31		合　计	600		321	500	0.53	265	200	0.53	106

发出材料全月一次加权平均单价$=\dfrac{50+321}{100+600}=0.53$（元/千克）

发出材料金额=0.53×500=265（元）

月末结存材料=0.53×200=106（元）

为了进行材料收发结存的总分类核算，应设置“原材料”总分类账户。企业发出的材料主要为制造产品领用，此外还有管理部门、在建工程领用等。企业应根据材料的用途填制各种领料凭证。月末，按领用材料的部门和用途归类汇总编制“发料凭证汇总表”，财务部门据此进行材料发出的总分类核算。

任务实施

根据本任务的任务描述及表2-1-1发料凭证汇总表所列可知，发料的会计分录如下：

借：生产成本——基本生产成本　　161 000

　　　　　　——辅助生产成本　　9 000

　　制造费用——一车间　　2 050

　　销售费用　　460

　　管理费用　　622

　贷：原材料　　173 132

课堂强化

[强化 2-1-1]

2019年3月2日，北京科云股份有限公司会计人员收到4张原始单据（见表2-1-3、表2-1-4、表2-1-5、表2-1-6），请根据以下单据进行账务处理。

强化2-1-1
参考答案

表2-1-3

发出材料成本计算表

单位：北京科云股份有限公司　　原材料：软木材料　　计量单位：㎡

项目		收入			发出			结存		
日期	摘要	数量	单价	金额	数量	单价	金额	数量	单价	金额
03月01日	期初结存							400	72.00	28800.00
03月02日	领用				200	72.00	14400.00	200	72.00	14400.00

审核人：吴浩　　制表人：陈飞

表2-1-4

发出材料成本计算表

单位：北京科云股份有限公司　　原材料：屏风　　计量单位：张

项目		收入			发出			结存		
日期	摘要	数量	单价	金额	数量	单价	金额	数量	单价	金额
03月01日	期初结存							240	30.00	7200.00
03月02日	领用				120	30.00	3600.00	120	30.00	3600.00

审核人：吴浩　　制表人：陈飞

表2-1-5

领　料　单　　　No. 43843080

领料部门：生产车间
用　　途：生产办公桌　　　2019 年 03 月 02 日

编号	品名	规格及型号	单位	数量		计划价格	
				请领	实发	单价	总价
002	屏风		张	120	120		
合　计							

第二联　记账

记账：陈飞　　发料：岳嘉禾　　领料：陈亚娜

表 2-1-6

领　料　单　　No. 43843079

领料部门：生产车间
用　途：生产家用餐桌　　2019 年 03 月 02 日

编号	品名	规格及型号	单位	数量		计划价格	
				请领	实发	单价	总价
001	软木材料		平方米	200	200		
合　计							

第二联　记账

记账：陈飞　　发料：岳嘉禾　　领料：陈亚娜

子任务二　材料费用的归集——材料按计划成本计价

任务描述

微课 1　材料费用的归集（上）

微课 2　材料费用的归集（下）

请根据发料凭证汇总表编制会计分录，见表 2-1-7。

表 2-1-7　　发料凭证汇总表

材料类别：原材料　　202×年×月　　单位：元

应借科目		应贷科目：原材料、材料成本差异	
		计划成本	成本差异（差异率 2%）
生产成本——基本生产成本	1—10 日	68 000	
	11—20 日	71 400	
	21—31 日	69 400	
	小计	208 800	
生产成本——辅助生产成本	1—10 日	7 100	
	11—20 日	4 800	
	21—31 日	8 300	
	小计	20 200	
制造费用	1—10 日	3 300	
	11—20 日	2 900	
	21—31 日	5 700	
	小计	11 900	
管理费用	1—10 日	600	
	11—20 日	800	
	21—31 日	1 000	
	小计	2 400	
合计		243 300	

知识准备

按计划成本计价组织材料日常核算时，材料总账和明细账中收、发材料的金额都按计划成本进行登记。

按计划成本进行材料发出的核算。企业发出的材料主要为制造部门领用，此外，还有管理部门领用、在建工程领用和材料的出售等。企业应根据材料的用途填制各种领料凭证，月末，按领用材料的部门和用途归类汇总编制“发料凭证汇总表”。

为了核算材料采购的实际成本、计划成本，调整发出材料的成本差异，计算发出的结存材料的实际成本，除了设置“原材料”科目外，还应设立“材料采购”和“材料成本差异”两个总账科目，并按照材料类别设置材料采购明细账和材料成本差异明细账。

月末为了调整发出材料的成本差异，计算发出材料的实际成本，还必须根据“原材料”和“材料成本差异”科目计算材料成本差异率。

$$\text{材料成本差异率}=\left(\text{期初材料成本差异额}+\text{本期购入材料成本差异额}\right)\div\left(\text{期初材料计划成本}+\text{本期购入材料计划成本}\right)\times 100\%$$

发出材料的成本差异额=发出材料的计划成本×材料成本差异率

发出材料的实际成本=发出材料的计划成本+发出材料的成本差异额

任务实施

步骤一：填列发料凭证汇总表

根据本任务的任务描述可知，发料凭证汇总表见表2-1-8。

表2-1-8　　发料凭证汇总表

材料类别：原材料　　202×年×月　　单位：元

应借科目		应贷科目：原材料、材料成本差异	
		计划成本	成本差异（差异率2%）
生产成本——基本生产成本	1—10日	68 000	1 360
	11—20日	71 400	1 428
	21—31日	69 400	1 388
	小计	208 800	4 176
生产成本——辅助生产成本	1—10日	7 100	142
	11—20日	4 800	96
	21—31日	8 300	166
	小计	20 200	404

续表

应借科目		应贷科目：原材料、材料成本差异	
		计划成本	成本差异（差异率2%）
制造费用	1—10日	3 300	66
	11—20日	2 900	58
	21—31日	5 700	114
	小计	11 900	238
管理费用	1—10日	600	12
	11—20日	800	16
	21—31日	1 000	20
	小计	2 400	48
合计		243 300	4 866

步骤二：编制发料会计分录

根据本任务的任务描述及表2-1-8发料凭证汇总表可知，发料的会计分录如下：

借：生产成本——基本生产成本　　208 800
　　　　　　——辅助生产成本　　20 200
　　制造费用　　11 900
　　管理费用　　2 400
　贷：原材料　　243 300

借：生产成本——基本生产成本　　4 176
　　　　　　——辅助生产成本　　404
　　制造费用　　238
　　管理费用　　48
　贷：材料成本差异　　4 866

课堂强化

[强化2-1-2]

2019年3月13日，北京科云股份有限公司会计收到3张原始单据（见表2-1-9、表2-1-10、表2-1-11），请根据下列单据编制本期发出材料成本计算表（见表2-1-12），并进行账务处理。

强化2-1-2
参考答案

表 2-1-9

领 料 单 No. 30324413

领料部门：生产车间
用　　途：生产办公桌　　2019 年 03 月 13 日

编号	品名	规格及型号	单位	数量		计划价格	
				请领	实发	单价	总价
003	G1201油漆		桶	150	150		
合		计					

第二联　记账

记账：陈飞　　发料：岳嘉禾　　领料：陈业娜

表 2-1-10

领 料 单 No. 30324414

领料部门：生产部门
用　　途：生产家用餐桌　　2019 年 03 月 13 日

编号	品名	规格及型号	单位	数量		计划价格	
				请领	实发	单价	总价
003	G1201油漆		桶	150	150		
合		计					

第二联　记账

记账：陈飞　　发料：岳嘉禾　　领料：陈业娜

表 2-1-11

材料成本计划单价表

单位：北京科云股份有限公司　　时间：2019年01月01日

材料名称	原材料			周转材料
	胶板	软木材料	G1201涂漆	714号螺丝
计量单位	张	卷	桶	盒
货币计量单位	元	元	元	元
计划单价	120.00	1690.00	212.00	45.00

审核：吴浩　　制单：陈飞

表 2-1-12

发出材料成本计算表

材料名称：原材料-G1201油漆　　　　　　　　时间：2019年03月13日

项目		收入			发出			结存		
日期	摘要	数量	单价	金额	数量	单价	金额	数量	单价	金额
03月01日	期初结存							100	212.00	21200.00
03月05日	购进材料	500	212.00	106000.00				600	212.00	127200.00
03月13日	生产办公桌领用									
03月13日	生产家用餐桌领用									

审核人：　　　　　　制表人：

[强化 2-1-3]

2019年3月31日，请根据相关材料（表2-1-13、表2-1-14）编制北京科云股份有限公司材料成本差异计算表（百分比表示，保留2位小数，见表2-1-15），并进行账务处理（材料成本差异不设二级科目，账务处理用正数表示）。

强化 2-1-3
参考答案

表 2-1-13

原材料　明细账

最高储存量 ______　　本账页数 10
最低储存量 ______　　本户页数 8
编号 003　规格 ______　明细科目 G1201油漆　名称 ______

2019年		凭证		摘要	借方			贷方			结存		
月	日	种类	号数		数量	单价	金额（百十万千百十元角分）	数量	单价	金额（百十万千百十元角分）	数量	单价	金额（百十万千百十元角分）
03	01			期初余额							100	212.00	2120000
03	05	记字	005	购进材料，已入库	500	212.00	10600000				600	212.00	12720000
03	13	记字	011	生产领用材料				300	212.00	6360000	300	212.00	6360000
03	24	记字	024	购进材料，已入库	100	212.00	2120000				400	212.00	8480000
03	31			本月合计	600	212.00	12720000	300	212.00	6360000	400	212.00	8480000

表 2-1-14

材料成本差异

明细科目：G1201油漆　　　　第8页 共20页

2019年		凭证		摘要	借方（亿千百十万千百十元角分）	贷方（亿千百十万千百十元角分）	借或贷	余额（亿千百十万千百十元角分）
月	日	种类	号数					
03	01			期初余额			贷	20000
03	05	记	005	购进材料，已入库		80000	贷	100000
03	24	记	024	购进材料，已入库		20000	贷	120000
03	31			本月合计		100000	贷	120000

表 2-1-15

材料成本差异计算表

单位：北京科云股份有限公司　　　　时间：2019年03月31日

存货名称	材料成本差异		计划成本		本期材料成本差异率(%)	本期发出材料金额	本期发出材料成本差异
	期初结存数	本月验收入库	期初结存数	本月验收入库			
原材料G1201油漆							
合计					—	—	

审核：　　　　制表：

子任务三　材料费用的分配——材料定额耗用量比例法

任务描述

科云工厂第一车间202×年9月生产豆浆机、果汁压榨机两种产品分别为200件、300件，共同耗用圆钢材料6 800千克，该原材料的单位实际成本为每千克8元，生产豆浆机、果汁压榨机该材料单位消耗定额分别为每件8千克和6千克。领料单见表2-1-16。

微课3　材料定额耗用量比例法

表 2-1-16

领料单

202×年9月

领料单位：第一车间　　　　领料单号：3810

材料用途：生产豆浆机、果汁压榨机　　　　发料仓库：6

材料类别	材料编号	材料名称	材料规格	计量单位	数量		材料单价	金额（元）
					请领	实发		
主要材料	79528	圆钢	Φ20	千克	6 800	6 800	8.00	54 400
备注							合计	54 400

仓库管理员（签章）　　发料人（签章）　　审批人（签章）　　领料人（签章）李俊

要求：请根据领料单对共同耗用材料圆钢的费用进行分配。

知识准备

材料费用分配主要是解决企业生产过程中所消耗的材料费用由谁来承担以及承担多少的问题。

一、材料费用分配对象的确定

原材料指企业通过采购或其他方式取得的用于制造产品并构成产品实体的物品以及取

得的供生产耗用但不构成产品实体的辅助材料、燃料等。

二、材料费用分配方法

材料费用分配方法指将材料费用计入各负担对象的方法。一般而言，凡能辨清材料费用承担对象的，应直接计入该分配对象。

材料定额耗用量比例法。材料定额耗用量指一定产量下按照材料消耗定额计算的可以消耗的数量，其中材料消耗定额指单位产品可以消耗的材料数量限额。其计算步骤如下：

第一步，计算某种产品材料定额耗用量。

某种产品材料定额耗用量=该种产品实际产量×单位产品材料消耗定额

第二步，计算单位材料定额耗用量，即计算材料耗用量分配率。

材料耗用量分配率=材料实际消耗总量÷各种产品材料定额耗用量之和

第三步，计算某种产品应分配的材料数量。

各种产品应分配的材料数量=该种产品定额消耗的材料总量×材料耗用量分配率

第四步，计算某种产品应分配的材料费用。

某种产品应分配的材料费用=该种产品应分配的材料数量×材料单价

任务实施

步骤一：对共同耗用材料圆钢的费用进行分配

根据本任务的任务描述可知，对共同耗用材料圆钢的费用进行分配有两种方法。

方法一：共同耗用圆钢材料费用分配计算如下：

豆浆机原材料定额耗用量=200×8=1 600（千克）

果汁压榨机原材料定额耗用量=300×6=1 800（千克）

原材料耗用量分配率=6 800÷（1 600 + 1 800）=2

豆浆机应分配的原材料数量=1 600×2=3 200（千克）

果汁压榨机应分配的原材料数量=1 800×2=3 600（千克）

豆浆机应分配的原材料费用=3 200×8=25 600（元）

果汁压榨机应分配的原材料费用=3 600×8=28 800（元）

这种分配方法，可以考核材料消耗定额的执行情况，有利于进行材料消耗的实物管理，但分配的计算工作量较大。

方法二：为了简化分配计算工作，也可以直接按材料定额消耗量分配材料费用。

原材料费用分配率=原材料费用总额÷各种产品材料定额耗用量之和

某种产品应分配的材料费用=该种产品定额耗用量×原材料费用分配率

原材料费用分配率=54 400÷（1 600+1 800）=16

豆浆机应分配的原材料费用=1 600×16=25 600（元）

果汁压榨机应分配的原材料费用=1 800×16=28 800（元）

上述两种分配方法的计算结果相同，但后一种方法不能反映各种产品所应负担的材料消耗总量，不利于加强材料消耗的实物管理。

步骤二：编制会计分录

根据本任务的任务描述可知，相关会计分录如下：

借：生产成本——基本生产成本——豆浆机　　25 600

　　　　　　　　　　　　　——果汁压榨机　　28 800

　贷：原材料　　54 400

课堂强化

[强化 2-1-4]

某企业生产甲、乙两种产品，共同耗用某种原材料10 500元。单件产品原材料定额：甲产品15千克，乙产品12千克。产量：甲产品100件，乙产品50件。

要求：按材料定额耗用量比例法分配甲、乙产品实际耗用原材料费用，并进行相应账务处理。

强化 2-1-4
参考答案

子任务四　材料费用的分配——材料定额费用比例法

任务描述

根据科云工厂202×年9月发出材料明细表（表2-1-17）编制“原材料费用分配表”（表2-1-18）并编制会计分录。

表 2-1-17

发出材料明细表

202×年9月

金额单位：元

材料类别	发料数量	单位成本	用途
原材料——聚氯乙烯	200千克	600	豆浆机生产用
——圆钢	6 800千克	8	豆浆机、果汁压榨机两种产品共用
燃料——煤炭	120千克	60	锅炉车间100千克，机修车间20千克
——煤炭	20千克	60	基本生产车间用
——煤炭	10千克	60	管理部门用
辅助材料——水	200千克	40	基本生产车间用
修理用备件	50只	6	基本生产车间修理用

企业生产豆浆机200件，果汁压榨机300件，单件耗用圆钢材料定额分别为8千克、6千克。

表 2-1-18

原材料费用分配表

202×年 9 月

金额单位：元

<table>
<tr><td colspan="3" rowspan="2">应借账户</td><td rowspan="2">成本或费用明细项目</td><td colspan="3">间接计入</td><td rowspan="2">直接计入</td><td rowspan="2">合计</td></tr>
<tr><td>耗用材料定额（千克）</td><td>费用分配率</td><td>分配额</td></tr>
<tr><td rowspan="6">生产成本</td><td rowspan="3">基本生产成本</td><td>豆浆机</td><td>直接材料</td><td></td><td></td><td></td><td></td><td></td></tr>
<tr><td>果汁压榨机</td><td>直接材料</td><td></td><td></td><td></td><td></td><td></td></tr>
<tr><td colspan="2">小计</td><td></td><td></td><td></td><td></td><td></td></tr>
<tr><td rowspan="3">辅助生产成本</td><td>锅炉车间</td><td>直接材料</td><td></td><td></td><td></td><td></td><td></td></tr>
<tr><td>机修车间</td><td>直接材料</td><td></td><td></td><td></td><td></td><td></td></tr>
<tr><td colspan="2">小计</td><td></td><td></td><td></td><td></td><td></td></tr>
<tr><td colspan="2">制造费用</td><td>基本生产车间</td><td>机物料消耗</td><td></td><td></td><td></td><td></td><td></td></tr>
<tr><td colspan="3" rowspan="3">管理费用</td><td>机物料消耗</td><td></td><td></td><td></td><td></td><td></td></tr>
<tr><td>修理用料</td><td></td><td></td><td></td><td></td><td></td></tr>
<tr><td>小计</td><td></td><td></td><td></td><td></td><td></td></tr>
<tr><td colspan="3">合计</td><td></td><td></td><td></td><td></td><td></td><td></td></tr>
</table>

知识准备

在各种产品共同耗用原材料种类较多的情况下，为了进一步简化分配计算工作，可以按照各种材料的定额费用的比例来分配材料实际费用，会计上称为材料定额费用比例法。计算公式如下：

某产品某材料定额费用=该种产品实际产量×单位产品该种材料费用定额

其中：单位产品该种材料费用定额=单位产品该种材料消耗定额×该种材料计划单价

材料费用分配率=各种材料实际费用总额÷各种产品各种材料定额费用之和

某种产品分配负担的材料费用=该种产品各种材料定额费用之和×材料费用分配率

任务实施

步骤一：填制原材料费用分配表

根据本任务的任务描述可知，原材料费用分配表见表 2-1-19。

表2-1-19

原材料费用分配表

202×年9月

金额单位：元

应借账户			成本或费用明细项目	间接计入			直接计入	合计
				耗用材料定额（千克）	费用分配率	分配额		
生产成本	基本生产成本	豆浆机	直接材料	1 600	16	25 600	120 000	145 600
		果汁压榨机	直接材料	1 800	16	28 800		28 800
		小计		3 400	16	54 400	120 000	174 400
	辅助生产成本	锅炉车间	直接材料				6 000	6 000
		机修车间	直接材料				1 200	1 200
		小计					7 200	7 200
制造费用	基本生产车间		机物料消耗				9 200	9 200
管理费用			机物料消耗				600	600
			修理用料				300	300
			小计				900	900
合计						54 400	137 300	191 700

步骤二：编制会计分录

根据本任务的任务描述及表2-1-19原材料费用分配表，相关会计分录如下：

借：生产成本——基本生产成本——豆浆机（直接材料）　145 600

　　　　　　　　　　　　　——果汁压榨机（直接材料）　28 800

　　　　　——辅助生产成本——锅炉车间　6 000

　　　　　　　　　　　　　——机修车间　1 200

　　制造费用——基本生产车间（机物料消耗）　9 200

　　管理费用　900

　贷：原材料　191 700

注：在实际工作中，材料费用分配的核算并不是从企业材料发出的总分类核算中单独抽出进行的，而是作为材料发出总分类核算的内容一并进行。因此，发出材料的总分类核算也根据发料凭证汇总表进行，而不是直接根据材料费用分配表进行。

课堂强化

[强化 2-1-5]

某企业生产甲、乙两种产品，耗用A材料1 000千克，每千克5元；耗用B材料4 000千克，每千克4元。甲产品实际产量200件，单位产品材料定额费用为20元，乙产品实际产量450件，单位产品材料定额费用为30元。

要求：按照材料定额费用比例法分配材料，并编制会计分录。

强化2-1-5
参考答案

任务评价

根据子任务一至子任务四的要求实施并完成任务后，请填写任务评价参考表（见表2-1-20）。

表2-1-20　　**材料费用的归集与分配任务评价参考表**

考评内容标准	实施评价		
	自我评价	学生互评	教师评价
了解材料费用的内容（20分）			
掌握材料费用的分配方法（30分）			
能运用材料费用分配方法进行核算及账务处理（50分）			
合计			

任务二　人工费用的归集与分配

任务描述

北方机械公司202×年9月份为生产甲、乙两种产品支付生产工人工资24 600元，锅炉车间工人工资7 400元，机修车间工人工资4 100元，基本生产车间管理人员工资4 500元（假定无锅炉车间和机修车间管理人员工资），企业行政部门管理人员工资10 800元，生产工人的工资规定按甲、乙两种产品的生产工时比例进行分配，其工时分别为4 100小时和2 050小时。请按照表2-2-1编制工资费用分配表，并进行账务处理。

表 2-2-1　　**工资费用分配表**

202×年9月　　金额单位：元

<table>
<tr><th colspan="3">应借账户</th><th>成本或费用项目</th><th>生产工时
（小时）</th><th>分配率</th><th>应分配
工资费用</th></tr>
<tr><td rowspan="6">生产成本</td><td rowspan="3">基本生产
成本</td><td>豆浆机</td><td>直接工资</td><td>4 100</td><td></td><td></td></tr>
<tr><td>果汁压榨机</td><td>直接工资</td><td>2 050</td><td></td><td></td></tr>
<tr><td colspan="2">小计</td><td>6 150</td><td></td><td>24 600</td></tr>
<tr><td rowspan="3">辅助生产
成本</td><td>锅炉车间</td><td>直接工资</td><td></td><td></td><td>7 400</td></tr>
<tr><td>机修车间</td><td>直接工资</td><td></td><td></td><td>4 100</td></tr>
<tr><td colspan="2">小计</td><td></td><td></td><td>11 500</td></tr>
<tr><td colspan="2">制造费用</td><td>基本生产车间</td><td>工资</td><td></td><td></td><td>4 500</td></tr>
<tr><td colspan="3">管理费用</td><td>工资</td><td></td><td></td><td>10 800</td></tr>
<tr><td colspan="4">合计</td><td></td><td></td><td>51 400</td></tr>
</table>

知识准备

一、职工薪酬范围

企业会计准则规定，职工薪酬指企业为了获取职工提供的服务或解除劳动关系而给予的各种形式的报酬以及其他相关支出。职工薪酬包括短期薪酬、离职后福利、辞退福利和其他长期职工福利。短期薪酬，指企业在职工提供相关服务的年度报告期间结束后12个月内需要全部予以支付的职工薪酬，因解除与职工的劳动关系给予的补偿除外。短期薪酬具体包括：职工工资、奖金、津贴和补贴，职工福利费，医疗、养老、失业、工伤、生育等社会保险费，住房公积金，工会经费和职工教育经费，短期带薪缺勤，短期利润分享计划，非货币性福利以及其他短期薪酬。

1.职工工资、奖金、津贴和补贴：即按照有关标准、规定应付给职工的计时工资、计件工资、超额劳动报酬、增收节支奖励以及各种津贴、补贴。

2.职工福利费：企业用于改善职工生活条件的如职工医院、浴室、食堂餐厅等方面的费用支出。

3.医疗、养老、失业、工伤、生育等社会保险费：指企业按照国家规定的基准和比例计算，向社会保险经办机构缴纳的医疗保险金、基本养老保险金、失业保险费、工伤保险费和生育保险费，以及根据《企业年金试行办法》《企业年金基金管理试行办法》等相关规定，向有关单位（企业年金基金账户管理人）缴纳的补充养老保险费。

4.住房公积金：企业按照国家住房公积金管理条例规定，向住房公积金管理机构缴存的住房公积金。

5.工会经费和职工教育经费：企业按照一定比例从应付职工薪酬（职工工资）中提取的，用于职工后续教育培训以及工会活动的费用支出。

6.短期带薪缺勤：指企业支付工资或提供补偿的职工缺勤，包括年休假、病假、短期伤残假、婚假、产假、丧假、探亲假等。

7.短期利润分享计划：指因职工提供服务而与职工达成的基于利润或其他经营成果提供薪酬的协议。

8.非货币性福利：指向职工发放的企业自产产品或外购商品，或无偿向职工提供住房等资产使用权的福利。

9.离职后福利：指企业为获得职工提供的服务而在职工退休或与企业解除劳动关系后，提供的各种形式的报酬和福利，短期薪酬和辞退福利除外。

10.辞退福利：指企业在职工劳动合同到期之前解除与职工的劳动关系，或者为鼓励职工自愿接受裁减而给予职工的补偿。

11.其他长期职工福利：指除短期薪酬、离职后福利、辞退福利之外所有的职工薪酬，包括长期带薪缺勤、长期残疾福利、长期利润分享计划等。

二、受益对象

根据会计期间假设和权责发生制原则，企业成本核算员在每月终了时，应在会计部门根据计算出的职工工资，按车间、部门分别编制“工资结算单”的基础上，分别按车间、部门作为受益对象来分配工资费用。

三、人工费用分配方法

人工费用的分配方法有：计时工资分配法、计件工资分配法、工时比例分配法等，以工时比例分配法为例进行介绍。

工资分配的计算公式如下：

工资费用分配率=生产工人工资总额÷各种产品实际工时（或定额工时）之和

某种产品应分配的工资费用=该产品的实际工时（或定额工时）×工资费用分配率

任务实施

步骤一：编制工资费用分配表

根据本任务的任务描述可知，工资费用分配表见表2-2-2。

表 2-2-2 **工资费用分配表**

202×年 9 月 金额单位：元

应借账户			成本或费用项目	生产工时	分配率	应分配工资费用
生产成本	基本生产成本	豆浆机	直接工资	4 100		16 400
		果汁压榨机	直接工资	2 050		8 200
		小计		6 150	4	24 600
	辅助生产成本	锅炉车间	直接工资			7 400
		机修车间	直接工资			4 100
		小计				11 500
制造费用		基本生产车间	工资			4 500
管理费用			工资			10 800
合计						51 400

分配率=24 600÷6 150=4

豆浆机应分配工资=4 100×4=16 400（元）

果汁压榨机应分配工资=24 600−16 400=8 200（元）

步骤二：编制会计分录

根据本任务的任务描述及表 2-2-2 工资费用分配表可知，相关会计分录如下：

借：生产成本——基本生产成本——豆浆机（直接人工） 16 400
——果汁压榨机（直接人工） 8 200
——辅助生产成本——锅炉车间 7 400
——机修车间 4 100
制造费用——基本生产车间（工资） 4 500
管理费用 10 800
贷：应付职工薪酬——职工工资 51 400

课堂强化

[强化 2-2-1]

202× 年 7 月 31 日，编制企业工资费用分配表（按工时分配），见表 2-2-3。

强化 2-2-1
参考答案

表2-2-3　　**工资费用分配表**　　金额单位：元

应借账户		成本或费用项目	直接计入	分配计入		合计
				生产工时	分配额	
生产成本——基本生产成本	甲产品	直接人工	5 000	20 000	(　　)	(　　)
	乙产品	直接人工	7 000	30 000	(　　)	(　　)
	小计		12 000	50 000	3 000	15 000
制造费用	基本车间	工资	4 000			4 000
生产成本——辅助生产成本	机修车间	直接人工	6 000			6 000
	运输车间	直接人工	4 500			4 500
	小计		10 500			10 500
管理费用		工资	6 500			6 500
销售费用		工资	2 000			2 000
在建工程		工资、福利费	3 000			3 000
应付福利费		工资	1 000			1 000
合计			39 000		3 000	42 000

请在上表（　）内填数，并进行账务处理。

[强化2-2-2]

202×年7月31日，北京科云股份有限公司计提工资，请根据工资核算表2-2-4进行账务处理。

强化2-2-2
参考答案

表2-2-4

工资核算表

单位：北京科云股份有限公司

部　门	姓名	基本工资	出勤天数	电话补贴	餐费补贴	车费补贴	应付工资
生产车间管理人员	刘洋	3500.00	22				3500.00
生产车间管理人员	张飞	3000.00	22	400.00		250.00	3650.00
合　计		6500.00		400.00		250.00	7150.00

审核：吴浩

应用拓展：同学们，你们会自己推导职工福利、社会保险费、住房公积金、工会经费、职工教育经费的分配核算吗？

▶▶▶ 任务评价

根据任务要求实施并完成任务后，请填写任务评价参考表（见表2-2-5）。

表2-2-5　　**人工费用的归集与分配任务评价参考表**

考评内容标准	实施评价		
	自我评价	学生互评	教师评价
了解人工费用的内容（20分）			
掌握人工费用的分配方法（30分）			
能运用人工费用分配方法进行核算及账务处理（50分）			
合计			

任务三　动力费用及其他费用的核算

子任务一　燃料动力费的归集与分配

任务描述

科云工厂202×年9月生产豆浆机、果汁压榨机两种产品，本月实际耗电量为86 000度，每度电0.30元，共计25 800元。根据电表记录，企业管理部门耗电4 600度，车间管理部门耗电3 000度，生产车间耗电78 400度。本月豆浆机实耗工时2 600小时，果汁压榨机实耗工时2 400小时，请填写动力费用分配表2-3-1并进行账务处理。

微课4　动力费用的归集

表2-3-1　　**动力费用分配表**

202×年9月　　金额单位：元

应借科目		成本及费用项目	动力费用分配		电费分配	
			实际工时	分配金额（分配率=　　）	用电度数	单价（0.30元）
生产成本——基本生产成本	豆浆机	燃料和动力				
	果汁压榨机	燃料和动力				
	小计					
制造费用	基本生产车间					
管理费用		水电费				
合计						

知识准备

燃料动力费的归集与分配，可以参照直接材料费用的分配。如果燃料单独作为一个科目进行核算，则按使用部门和用途借记“生成成本——基本生产成本”“制造费用”“管理费用”等科目，贷记“燃料”科目；如果企业不设置“燃料”科目，燃料费用可以并入“原材料”科目进行核算，此时燃料是作为“原材料”的明细科目进行核算的。

一、外购动力费的归集

外购动力指外购的电力、热力等费用。

外购动力费=耗用动力数量×单价

外购动力有的直接用于产品生产，有的用于照明、取暖等。企业应根据使用动力的不同对象和发生地点分配动力费用。

外购动力费应按耗用部门和用途进行归集。

1.基本生产车间直接用于产品的外购动力费，如基本生产车间生产用电力，归集在“生产成本——基本生产成本”账户；

2.辅助生产车间耗用的外购动力费，应归集在“生产成本——辅助生产成本”账户；

3.间接用于产品生产的外购动力费，如基本生产车间照明、调节温度用电，应归集在“制造费用”账户，月末再分配计入产品成本；

4.专设销售机构耗用的外购动力费，应归集在“销售费用”账户，月末结转“本年利润”账户；

5.企业行政管理部门耗用的外购动力费，应归集在“管理费用”账户，月末结转“本年利润”账户。

二、外购动力费的分配

几种产品共同耗用动力费，可按生产工时分配、按机器工时比例分配（动力用于机器设备的运转）或按定额耗用量比例分配。

$$动力费用分配率=\frac{各产品共同耗用的外购动力费用总额}{该车间各产品的分配标准之和}$$

某种产品应分配的外购动力费=该产品的分配标准数额×动力费用分配率

任务实施

步骤一：填制动力费用分配表

根据本任务的任务描述可知，动力费用分配表见表2-3-2。

表 2-3-2

动力费用分配表

202×年 9 月

金额单位：元

应借科目		成本及费用项目	动力费用分配		电费分配	
			实际工时	分配金额（分配率=4.704）	用电度数	单价（0.30元）
生产成本——基本生产成本	豆浆机	燃料和动力	2 600	12 230.4		
	果汁压榨机	燃料和动力	2 400	11 289.6		
	小计		5 000	23 520	78 400	23 520
制造费用	基本生产车间				3 000	900
管理费用		水电费			4 600	1 380
合计					86 000	25 800

分配率=78 400×0.3÷5 000=4.704

豆浆机耗用电费=2 600×4.704=12 230.4（元）

果汁压榨机耗用电费=23 520−12 230.4=11 289.6（元）

步骤二：编制会计分录

根据本任务的任务描述及表2-3-2动力费用分配表可知，相关会计分录如下：

借：生产成本——基本生产成本——豆浆机　　12 230.4

　　　　　　　　　　　　　——果汁压榨机　　11 289.6

　　制造费用——基本生产车间　　900

　　管理费用　　1 380

　贷：应付账款　　25 800

课堂强化

[强化 2-3-1]

某企业202×年6月，电表记录共耗用外购电力41 000度，每度0.4元，共16 400元。其中，基本生产车间生产的甲、乙两种产品，共耗用外购电力35 000度，计14 000元。

要求：基本生产车间直接用于产品生产的电力按生产工时比例分配，其他部门耗用的电力按电表记录归集分配填入表2-3-3中，并进行账务处理。

强化 2-3-1
参考答案

表 2-3-3　　**动力费用分配表**　　金额单位：元

应借账户		成本或费用项目	分配标准	分配率	分配额
生产成本——基本生产成本	甲产品	燃料和动力	15 000工时	（　）	（　）
	乙产品	燃料和动力	10 000工时	（　）	（　）
	小计		25 000工时		14 000
生产成本——辅助生产成本	机修车间	燃料和动力			720
	运输车间	水电费			210
	小计				930
制造费用		水电费			360
销售费用		销售机构经费			240
管理费用		公司经费			870
合　计					16 400

[强化 2-3-2]

2019 年 1 月 31 日，北京科云股份有限公司会计人员收到 5 张原始单据（图 2-3-1、图 2-3-2、图 2-3-3、图 2-3-4、图 2-3-5），请根据以下单据进行账务处理。

强化 2-3-2
参考答案

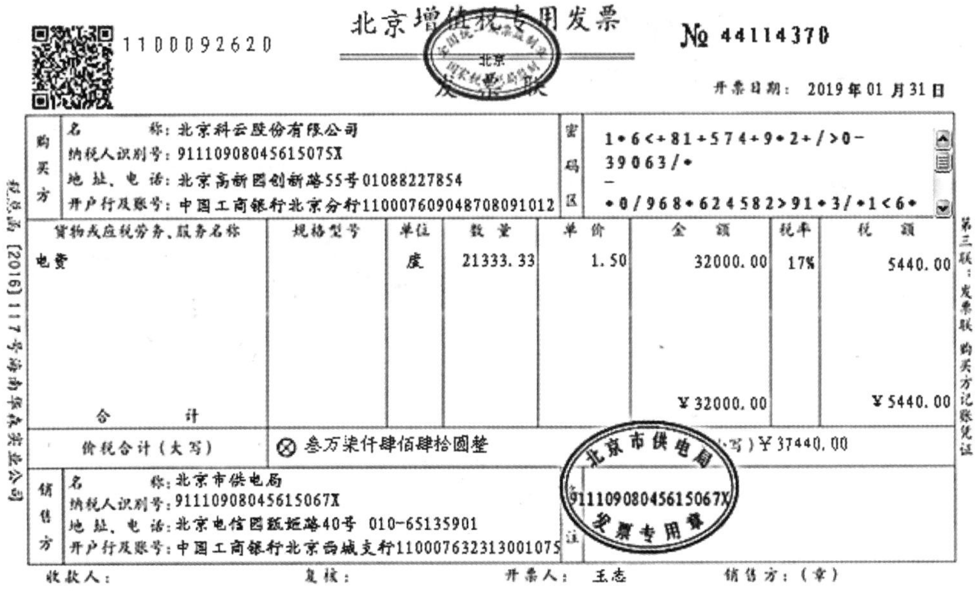
北京增值税专用发票

1100092620　　№ 44114370

发票联

开票日期：2019 年 01 月 31 日

购买方　名　　称：北京科云股份有限公司
纳税人识别号：91110908045615075X
地 址、电 话：北京高新园创新路55号01088227854
开户行及账号：中国工商银行北京分行1100076090487080910 12

密码区：1•6<+81+574+9•2+/>0-39063/•-•0/968•624582>91•3/•1<6•

货物或应税劳务、服务名称	规格型号	单位	数量	单价	金额	税率	税额
电费		度	21333.33	1.50	32000.00	17%	5440.00
合　计					¥32000.00		¥5440.00
价税合计（大写）	⊗叁万柒仟肆佰肆拾圆整				（小写）¥37440.00		

销售方　名　　称：北京市供电局
纳税人识别号：91110908045615067X
地 址、电 话：北京电信园甄姬路40号 010-65135901
开户行及账号：中国工商银行北京西城支行11000763231300107 5

备注：北京市供电局 91110908045615067X 发票专用章

收款人：　　复核：　　开票人：王志　　销售方：（章）

税总函〔2016〕117号海南华森实业公司

第三联：发票联 购买方记账凭证

图 2-3-1　增值税专用发票

付款申请单

申请部门：行政部门　　　　2019 年 01 月 31 日

收款单位名称（全称）		付款事由（用途）	金额	付款方式
北京市供电局		支付电费	37440.00	转账
备注	支付电费　银行转讫			
合计金额（大写）	零 佰 零 拾 叁 万 柒 仟 肆 佰 肆 拾 零 元 零 角 零 分		合计金额（小写）	¥：37440.00
发票种类	增值税专用发票	款项所属账期	2019 年 01 月	

总经理：许建辉　审批：张乐　财务：陈飞　主管：林月　经办：董智磊

图 2-3-2　付款申请单

中国工商银行
转账支票存根
10209320
69854365

附加信息

出票日期 2019 年 01 月 31 日

收款人：北京市供电局
金　额：¥37440.00
用　途：支付电费

单位主管　　会计

图 2-3-3　转账支票存根

中国工商银行 进 账 单（回　单）　1

2019 年 01 月 31 日

出票人	全　称	北京科云股份有限公司	收款人	全　称	北京市供电局
	账　号	110007609048708091012		账　号	110007632313001075445
	开户银行	中国工商银行北京分行		开户银行	中国工商银行北京西城支行
金额	人民币（大写）	叁万柒仟肆佰肆拾元整			

亿	千	百	十	万	千	百	十	元	角	分
			¥	3	7	4	4	0	0	0

票据种类		票据张数	
票据号码			

中国工商银行北京分行　2019.01.31　转账　转讫

复核：　　记账：　　　　开户银行签章

此联是开户银行交给持票人的回单

图 2-3-4　银行进账单

电费分摊表

单位：北京科云股份有限公司　　　　　　日期：2019年01月31日

序号	一级部门	二级部门	电费合计	摊销系数	分配金额	备注
1	综合管理部		32000.00	5%	1600.00	
2	财务管理部			3%	960.00	
3	业务发展部			2%	640.00	
4	基本生产车间			60%	19200.00	
5	辅助生产车间	供电车间		18%	5760.00	
6	辅助生产车间	供汽车间		12%	3840.00	
	合计			100%	32000.00	

审核：吴浩　　　　制表：陈飞

图2-3-5　电费分摊表

子任务二　其他费用的归集与分配

任务描述

科云工厂202×年5月第二车间固定资产计提折旧费用情况见表2-3-4，汇总该企业所有车间部门固定资产折旧费用计算表，可计算出表2-3-5固定资产折旧费用分配表。

微课5　人工费用的归集

表2-3-4　　固定资产折旧费用计算表

编制单位：第二车间　　202×年5月　　金额单位：元

固定资产	月折旧率	上月计提的折旧		上月增加额		上月减少额		本月应计折旧额	
		原值	折旧额	原值	折旧额	原值	折旧额	原值	折旧额
房屋建筑	0.2%	900 000		—	—	—	—	900 000	
机器设备	0.7%	700 000		120 000		20 000		800 000	
专用设备	0.8%	400 000		70 000		—	—	470 000	
管理设备	0.9%	200 000		—	—	50 000		150 000	
合计	—	2 200 000		190 000		70 000		2 320 000	

表2-3-5　　固定资产折旧费用分配表

202×年5月　　金额单位：元

应借科目 / 应贷科目	制造费用			生产成本——辅助生产成本	管理费用	合计
	一车间	二车间	三车间	机修车间		
累计折旧	32 800		25 000	13 250	8 600	79 650

请根据表2-3-5固定资产折旧费用分配表进行账务处理。

知识准备

企业在正常的生产过程中，除材料费用、人工费用外，还有其他要素费用，如折旧费用、利息费用、税金、邮电费、租赁费、印刷费、图书资料订购费、办公用品费、试验检验费、排污费、差旅费、误餐补助费、交通费补贴、保险费等。在日常核算中，这些费用发生时是否都属于生产费用，直接或间接计入产品成本？

一、折旧费用的归集与分配

1.企业的固定资产可以长期参加生产经营而保持其原有的实物形态，但其价值将随着固定资产的磨损而逐渐减少。

折旧：固定资产由于磨损而减少的价值，应作为费用计入产品成本或企业的期间费用。

2.折旧的计算

折旧的计算方法有很多种，选用的计算方法不同其结果也就不同，这会直接影响成本费用计算的正确性。因此企业应根据有关法规和制度的规定，选用适当的折旧方法。折旧方法一经确定，不得随意变更。

常用的折旧方法有：平均年限法、工作量法、双倍余额递减法和年数总和法。

注意：当月增加的固定资产，当月不提折旧，下月起计提；当月减少的固定资产当月照提折旧，下月停提。已提足折旧、逾期使用的固定资产不再计提折旧，提前报废的固定资产不得补提折旧。

公式：本月折旧额=上月折旧额＋上月增加固定资产应提折旧额–上月减少固定资产应停提折旧额

3.固定资产折旧费的归集和分配

对于按规定计提的折旧费，应根据固定资产的使用地点和用途进行归集和分配，分别记入“生产成本——辅助生产成本”“制造费用”“销售费用”“管理费用”等账户。

生产车间生产产品使用的机器设备的折旧费虽是直接用于产品生产的费用，但是由于生产一种产品往往需要使用多种机器，而一种机器设备又可能生产多种产品，如果将机器设备的折旧费直接计入产品成本，费用分配工作比较复杂。为了简化，通常将生产产品的机器设备折旧费与其他固定资产折旧费一起记入“制造费用”账户。

在实际工作中，折旧费的归集和分配是在汇总各车间、部门固定资产折旧计算表的基础上，通过编制折旧费用分配表计算的，并根据分配表进行账务处理。

二、利息费用的核算

要素费用中的利息费用，不是产品成本的组成部分，而是期间费用中“财务费用”的组成部分。

我国会计制度规定：除固定资产的专门借款所发生的利息费用以外，其他借款利息均应于发生当期确认为费用，直接计入当期损益；固定资产的专门借款所发生的利息费用，满足资本化条件的应予以资本化，其余则应于发生当期确认为费用，计入当期损益。

短期借款利息，按月计提或实际列支时，记入“财务费用”“在建工程”账户的借方，记入“应付利息”或“银行存款”账户的贷方。

长期借款的利息一般是到期连同本金一起支付的。应分期计提利息，每期计提利息时，借记“财务费用”“在建工程”账户，贷记“长期借款”账户。

三、其他要素费用的核算

其他要素费用指除了前面所述各要素以外的费用，包括邮电费、租赁费、印刷费、图书资料订购费、办公用品费、试验检验费、排污费、差旅费、误餐补助费、交通费补贴、保险费等。

这些费用都没有专门设立成本项目，应该在费用发生时，按照发生的车间、部门和用途，分别借记“制造费用”“管理费用”等账户，贷记“银行存款”或“库存现金”等账户。

任务实施

步骤一：填制固定资产折旧费用计算表

根据本任务的任务描述可知，固定资产折旧费用计算表见表2-3-6：

表2-3-6　固定资产折旧费用计算表

编制单位：第二车间　202×年5月　金额单位：元

固定资产	月折旧率	上月计提的折旧		上月增加额		上月减少额		本月应计折旧额	
		原值	折旧	原值	折旧	原值	折旧	原值	折旧
房屋建筑	0.2%	900 000	1 800	—	—	—	—	900 000	1 800
机器设备	0.7%	700 000	4 900	120 000	840	20 000	140	800 000	5 600
专用设备	0.8%	400 000	3 200	70 000	560	—	—	470 000	3 760
管理设备	0.9%	200 000	1 800	—	—	50 000	450	150 000	1 350
合计	—	2 200 000	11 700	190 000	1 400	70 000	590	2 320 000	12 510

步骤二：填制固定资产折旧费用分配表

根据本任务的任务描述可知，固定资产折旧费用分配表见表2-3-7：

表2-3-7　固定资产折旧费用分配表

202×年5月　金额单位：元

应借科目 / 应贷科目	制造费用			辅助生产成本	管理费用	合计
	一车间	二车间	三车间	机修车间		
累计折旧	32 800	12 510	25 000	13 250	8 600	92 160

步骤三：编制会计分录

根据本任务的任务描述及表2-3-7固定资产折旧费用分配表可知，相关会计分录如下：

借：制造费用——一车间（折旧费）　　32 800

　　　　　　——二车间（折旧费）　　12 510

　　　　　　——三车间（折旧费）　　25 000

　　生产成本——辅助生产成本——机修车间　　13 250

　　管理费用　　8 600

　贷：累计折旧　　92 160

课堂强化

强化2-3-3
参考答案

[强化2-3-3]

某企业202×年7月编制的固定资产折旧费用分配表见表2-3-8。

要求：请根据表2-3-8固定资产折旧费用分配表进行账务处理。

表2-3-8　　**固定资产折旧费用分配表**　　金额单位：元

科目	第一基本生产车间	第二基本生产车间	修理车间	销售部门	行政管理部门	合计
制造费用	3 200	2 700				5 900
生产成本——辅助生产成本			1 250			1 250
销售费用				420		420
管理费用					1 010	1 010
合计	3 200	2 700	1 250	420	1 010	8 580

任务评价

根据子任务一至子任务二的要求实施并完成任务后，请填写任务评价参考表（见表2-3-9）。

表2-3-9　　**动力费用及其他费用核算任务评价参考表**

考评内容标准	实施评价		
	自我评价	学生互评	教师评价
了解动力费用及其他费用的内容（20分）			
掌握动力费用和折旧费用的分配方法（30分）			
能运用动力费用和折旧费用计算方法进行核算及账务处理（50分）			
合计			

任务四　损失性费用的核算

当企业发生废品损失或停工损失时，就要对发生的废品损失和停工损失等损失性费用进行核算。构成废品损失和停工损失的各项生产费用，在发生以后没有形成相应的财务成果，所以就要对其形成的损失进行单独的核算，以便正确地反映各产品的成本。这些损失性费用的核算，对于反映和控制废品损失及停工损失、正确计算产品成本，起到重要的作用。

微课6　可修复废品损失的核算

子任务一　不可修复废品损失的核算——按实际成本确定

任务描述

某化纤厂车间202×年2月生产甲产品860件，生产过程中发现其中10件为不可修复废品。生产工时为：合格品33 500小时、废品1 500小时，合计35 000小时。该产品成本明细账所记合格品和废品共同发生的生产费用为：直接材料1 032 000元、直接人工35 000元、制造费用74 042元，合计1 141 042元。废品回收的残料计价2 000元，原材料是在生产开始时一次投入的。原材料费用按合格品850件和废品10件的比例分配，其他费用按生产工时比例分配。根据上述资料，按照表2-4-1编制不可修复废品损失计算表，并进行相应账务处理。

微课7　不可修复废品损失的核算

表2-4-1　不可修复废品损失计算表

（按实际成本计算）

车间：　　202×年2月　　产品：甲产品

废品数量：10件

项目	数量（件）	直接材料（元）	生产工时（小时）	直接人工（元）	制造费用（元）	成本合计（元）
合格品和废品生产费用						
费用分配率						
废品生产成本						
减：残料价值						
废品损失						

知识准备

一、废品损失的核算

(一) 废品的概念

废品指不符合规定的技术标准、不能按照原定用途使用或者需要加工修理才能使用的在产品、半成品或产成品。不论是在生产过程中发现的废品，还是在入库后发现的废品，都应包括在内。

(二) 废品的种类

1.按产生原因不同，废品可分为料废和工废两种。

2.按能否和是否有必要修复，废品可分为可修复废品和不可修复废品两类。可修复废品指经过修理可以使用，而且所花费的修复费用在经济上合算的废品。不可修复废品指不能修复或者所花费的修复费用在经济上不合算的废品。

(三) 废品损失的概念

废品损失指在生产过程中发现的和入库后发现的不可修复废品的生产成本以及可修复废品的修复费用，扣除回收的废品残料价值和过失单位或个人赔款以后的损失。

不可修复废品的净损失 = 不可修复废品的生产成本 − 不可修复废品的残值 − 应收过失人赔款

(四)“废品损失”的账户设置

为了单独核算废品损失，在会计账户中应增设“废品损失”账户，在成本项目中应增设“废品损失”项目。

“废品损失”账户是为了归集和分析废品损失而设立的。废品损失明细账的格式见表2-4-2。

表2-4-2 废品损失明细账

分厂或车间名称：

202×年		摘　要	产品名称及废品损失金额		
月	日		甲产品	乙产品	丙产品
		可修复废品的修复费用			
		直接材料			
		直接人工			
		制造费用			
		小计			
		不可修复废品的成本			
		直接材料			
		直接人工			
		制造费用			
		小计			
		合计			
		减：废品残值			
		责任人赔偿款			
		废品（净）损失			

（五）废品损失核算流程

废品损失核算流程图如图2-4-1所示。

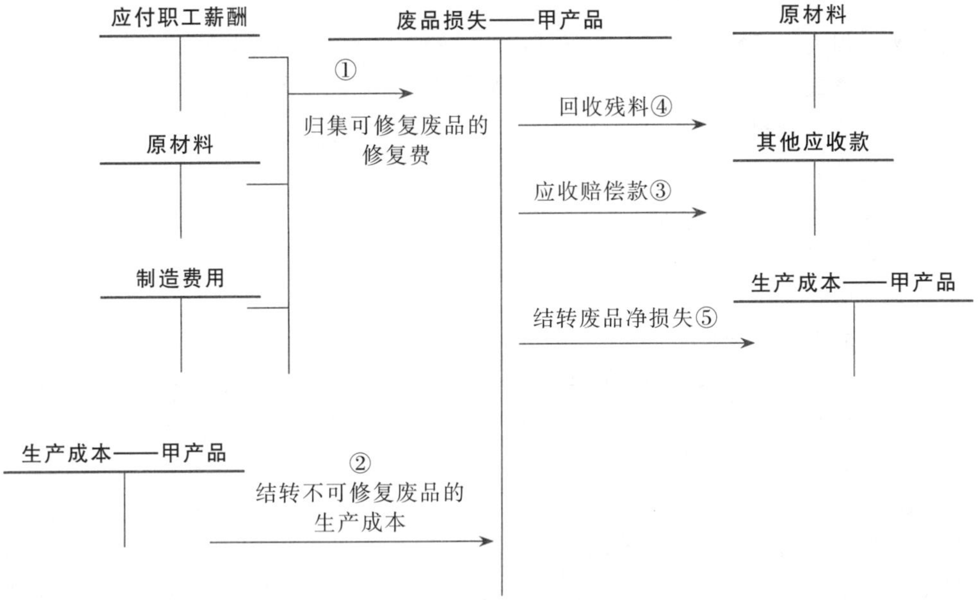

图2-4-1　废品损失核算流程图

注意：（1）产品入库时系合格品，但由于保管不善、运输不当等原因使产品损坏变质而发生的损失，不包括在“废品损失”中，应列入“管理费用”。（2）质量虽不符合规定，但经检验不需要返修而可以降价出售的产品，其降价损失作为销售损益体现，不列入“废品损失”。（3）“三包损失”应列入“销售费用”，不应列入“废品损失”（先借：销售费用　贷：预计负债；再借：预计负债　贷：原材料等）。

二、不可修复废品损失的核算——按实际成本确定

1.不可修复废品的损失指不可修复废品的已耗生产成本减去废品残料价值、责任人赔偿款后的废品净损失。

不可修复废品的成本与合格品成本是同时发生和归集在一起的，因此需要采取一定方法予以确定。一般情况下，可按废品所耗实际费用计算，也可按废品所耗定额费用计算。

2.完工入库时产生废品。废品与合格品应当负担相等的费用，所以可直接按产量分配。

（1）生产费用分配率=该项生产费用÷（合格品产量+废品产量）

（2）废品应负担的生产费用=废品产量×生产费用分配率

3.生产过程中产生废品。材料费用应结合投料方式分配，直接人工和制造费用一般以生产工时为分配标准，以原材料一次投入为例：

（1）直接材料费用分配率=直接材料费用总额÷（合格品产量＋废品产量）

废品应负担的材料费用=废品产量×直接材料费用分配率

（2）直接人工（制造费用）分配率=直接人工（制造费用）总额÷（合格品生产工时＋废品生产工时）

废品应负担的直接人工（制造费用）=废品生产工时×直接人工（制造费用）分配率

4.相关账务处理如下。

（1）结转不可修复废品成本。

借：废品损失——X产品

　贷：生产成本——基本生产成本——X产品

（2）回收废品残料价值。

借：原材料

　贷：废品损失——X产品

（3）应收过失人赔款。

借：其他应收款——××

　贷：废品损失——X产品

（4）将废品净损失转入合格品成本。

借：生产成本——基本生产成本——X产品（废品损失）

　贷：废品损失——X产品

5.优缺点。

优点：计算的废品损失结果准确。

缺点：工作量大，且只能在月末生产费用算出后才能进行，不利于及时控制废品损失。

任务实施

步骤一：填制原材料费用分配表

根据本任务的任务描述可知，不可修复废品损失计算表见表2-4-3：

表2-4-3　　不可修复废品损失计算表

（按实际成本计算）

车间：　　202×年2月

产品：甲产品　　废品数量：10件

项目	数量（件）	直接材料（元）	生产工时（小时）	直接人工（元）	制造费用（元）	成本合计（元）
合格品和废品生产费用	860	1 032 000	35 000	35 000	74 042	1 141 042
费用分配率		1 200		1	2.1155	
废品生产成本	10	12 000	1 500	1 500	3 173.25	16 673.25
减：残料价值		2 000				2 000
废品损失		10 000	1 500	1 500	3 173.25	14 673.25

其中：（1）原材料分配率=1 032 000÷（850+10）=1 200

废品损失耗用原材料=1 200×10=12 000（元）

（2）工资及福利费分配率=35 000÷35 000=1

废品耗用工资及福利费=1×1 500=1 500（元）

（3）制造费用分配率=74 042÷35 000=2.1155

废品耗用制造费用=2.1155×1 500=3 173.25（元）

步骤二：编制会计分录

根据本任务的任务描述及表2-4-3不可修复废品损失计算表，相关会计分录如下：

1.将废品生产成本从其所记的"基本生产成本"账户和所属明细账的贷方转出。

借：废品损失——甲产品　　16 673.25

　贷：生产成本——基本生产成本——甲产品（直接材料）　　12 000

　　　　　　　　　　　　　——甲产品（直接人工）　　1 500

　　　　　　　　　　　　　——甲产品（制造费用）　　3 173.25

2.回收废品残料价值。

借：原材料　　2 000

　贷：废品损失——甲产品　　2 000

3.将废品净损失分配计入同种合格品的成本。

借：生产成本——基本生产成本——甲产品（废品损失）　　14 673.25

　贷：废品损失——甲产品　　14 673.25

课堂强化

[强化2-4-1]

某企业金工车间本月完工甲产品1 000件，经检验合格品为970件，生产过程中产生不可修复废品30件，合格品与废品共耗用生产工时18 750小时，其中废品耗用250小时，本月直接材料60 000元，直接人工15 000元，制造费用26 700元，废品残值为600元，过失人赔偿150元，原材料系一次投入。

要求：根据资料编制表2-4-4废品损失计算表，根据废品损失计算表进行相关账务处理。

强化2-4-1
参考答案

表2-4-4　　**废品损失计算表**　　金额单位：元

项目	数量	直接材料	生产工时（小时）	直接人工	制造费用	合计
费用总额	1 000	60 000	18 750	15 000	26 700	101 700
分配率						
废品成本						
减：残值		600				600
减：赔款				150		150
废品损失						

[强化 2-4-2]

转出废品损失：2019 年 3 月 31 日，北京科云股份有限公司会计收到 2 张原始单据（图 2-4-2、图 2-4-3），请根据相关单据进行账务处理。

强化 2-4-2
参考答案

不可修复废品损失计算单

车间：基本生产车间　　产品：笔记本电脑　　金额单位：元　日期：2019年03月31日

项目	直接材料	直接人工	制造费用	合计
费用总额	500806.00	151866.90	220514.30	873187.20
分配标准	400（台）	6000（小时）	6000（小时）	---
分配率（保留3位小数）	1252.015	25.311	36.752	---
废品承担标准	10（台）	150（小时）	150（小时）	---
转出废品损失额	12520.15	3796.65	5512.80	21829.60

审核：吴浩　　制表：陈飞

图 2-4-2　不可修复废品损失计算单

废品通知单

名称：北京科云股份有限公司　　日期：2019年03月31日

送检信息		检测结果		
送检部门	基本生产车间	合格产品（台）	不合格产品（台）	
送检产品	笔记本电脑			
送检数量（台）	400		料废	工废
责任人	张思季	390	10	---

检测分析：

1. 致废分析：因检测系统问题，在检测时烧坏笔记本的主板配件；

2. 建议：产品不可修复，建议按残次品处理。

检测员：杨一凡

图 2-4-3　废品通知单

[强化 2-4-3]

收回残料收入：2019 年 3 月 31 日，北京科云股份有限公司会计收到 3 张原始单据（图 2-4-4、图 2-4-5、图 2-4-6），请根据相关单据进行账务处理。

强化 2-4-3
参考答案

收 款 收 据　　№ 30324400

客户名称：北京蓝天实业有限公司　　2019 年 03 月 31 日

项　目	单位	数　量	单　价	十	万	千	百	十	元	角	分	备　注
报废笔记本收入	台	10	416.97			4	1	6	9	7	0	
合计人民币（大写）零 拾零 万肆 仟壹 佰陆 拾玖 元柒 角零 分						4	1	6	9	7	0	

现金收讫

北京科云股份有限公司 财务专用章

第三联：会计联

收款人 谢娜　　会计 陈飞　　收款单位（盖章）

图 2-4-4　收款收据

销 售 单　　1

客户名称：北京蓝天实业有限公司　　2019年03月31日　　No：30324502

品名	规格	单位	单价	数量	金额
报废笔记本		台	416.97	10	4169.70
总计金额（大写）：肆仟壹佰陆玖元柒角整					￥4169.70

第一联：存根（白）第二联：客户（红）

信用审批：许建军　　业务主管：林月　　经办人：董智磊

图2-4-5　销售单

北京增值税普通发票

1100092620　　№45678999

校验码 56103 85483 06997 53983　　开票日期：2019年03月31日

购买方	名称：北京蓝天实业有限公司 纳税人识别号：91110270590544459X 地址、电话：北京海淀区西苑三里08号01083847491 开户行及账号：中国工商银行北京西城支行110007632313001078	密码区	1*6<+81+574+9*2+/>0-39063/ -*0/968*624582>91*3/*1<6*4 2477</42**0+7-2</24-630-39

货物或应税劳务、服务名称	规格型号	单位	数量	单价	金额	税率	税额
报废笔记本电脑		台	10	356.385	3563.85	17%	605.85
合计					￥3563.85		￥605.85
价税合计（大写）	⊗肆仟壹佰陆玖圆柒角整				（小写）￥4169.70		

销售方	名称：北京科云股份有限公司 纳税人识别号：91110908045615075X 地址、电话：北京高新园创新路55号01088227854 开户行及账号：中国工商银行北京分行110007609048708091012	备注	北京科云股份有限公司 91110908045615075X 发票专用章

收款人：　　复核：　　开票人：　　销售方：（章）

税总函〔2016〕507号北京印钞有限公司

第一联：记账联 销售方记账凭证

图2-4-6　发票

[强化2-4-4]

净损失转回废品损失：2019年3月31日，北京科云股份有限公司会计收到1张原始单据（图2-4-7），请根据相关单据进行账务处理。

强化2-4-4
参考答案

不可修复废品损失计算单

车间：基本生产车间　　产品：笔记本电脑　　日期：2019年03月31日

项目	直接材料	直接人工	制造费用	合计
费用总额	500806.00	151866.90	220514.30	873187.20
分配标准	400（台）	6000（小时）	6000（小时）	---
分配率（保留3位小数）	1252.015	25.311	36.752	---
废品承担标准	10（台）	150（小时）	150（小时）	---
转出废品损失额	12520.15	3796.65	5512.80	21829.60
收回残料收入	---	---	---	4169.70
废品损失转回完工产品成本	---	---	---	17659.90

审核：吴浩　　制表：陈飞

图 2-4-7　不可修复废品损失计算单

子任务二　不可修复废品损失的核算——按定额成本确定

任务描述

某化纤厂车间202×年2月生产乙产品的过程中，产生不可修复废品10件，按其所耗定额费用计算废品的生产成本。其直接材料费用定额为1 200元，已完成的定额工时共计200小时，每小时的费用定额为：直接人工4.5元，制造费用11.5元。回收废品残料价值1 000元。

根据上述资料，编制表2-4-5不可修复废品损失计算表，并进行相应账务处理。

表 2-4-5

不可修复废品损失计算表

（按定额成本计算）

202×年2月

车间：　　产品：乙产品

废品数量：10件　　金额单位：元

项　目	直接材料	定额工时	直接人工	制造费用	成本合计
每件或每小时费用定额					
废品定额成本					
减：残料价值					
废品损失					

知识准备

一、不可修复废品损失的核算——按定额成本确定

按定额成本确定不可修复废品损失指按不可修复废品的数量和各项费用定额计算废品

的定额成本，再将废品的定额成本扣除废品残料回收价值，算出废品损失，而不考虑废品实际发生的费用。该方法适用于消耗定额和费用定额比较健全的企业。

二、工作原理

按废品的实际数量和各项消耗定额、费用定额计算不可修复废品的生产成本，实际成本与定额成本之间的差异额全部由合格品负担。

三、计算公式及账务处理

废品定额成本=废品数量×费用定额

一般情况下，原材料按照定额耗用分配，而工资福利、制造费用则按工时分配。

（1）结转不可修复废品成本。

借：废品损失——X产品

　贷：生产成本——基本生产成本——X产品

（2）回收废品残料价值。

借：原材料

　贷：废品损失——X产品

（3）将废品净损失转入合格品成本。

借：生产成本——基本生产成本——X产品（废品损失）

　贷：废品损失——X产品

四、可修复废品损失的归集与分配

可修复废品净损失=修复费用-过失人赔款

1.归集：修复费用记入“废品损失”；过失人赔款冲抵“废品损失”。

2.分配：月末或成本计算期末，将废品净损失转入“基本生产成本”。

3.典型分录。

（1）发生修复费用。

借：废品损失——X产品

　贷：原材料等

（2）应收过失人赔款。

借：其他应收款——××

　贷：废品损失——X产品

（3）将废品净损失转入基本生产成本。

借：生产成本——基本生产成本——X产品（废品损失）

　贷：废品损失——X产品

任务实施

步骤一：填制不可修复废品损失计算表

根据本任务的任务描述可知，不可修复废品损失计算表见表2-4-6。

表2-4-6 不可修复废品损失计算表

（按定额成本计算）

202×年2月

车间： 产品：乙产品

废品数量：10件 金额单位：元

项　目	直接材料	定额工时	直接人工	制造费用	成本合计
每件或每小时费用定额	1 200		4.5	11.5	
废品定额成本	12 000	200	900	2 300	15 200
减：残料价值	1 000				1 000
废品损失	11 000		900	2 300	14 200

步骤二：编制会计分录

根据本任务的任务描述及表2-4-6不可修复废品损失计算表，相关会计分录如下：

1.将废品生产成本从其所记的“基本生产成本”账户和所属明细账的贷方转出。

借：废品损失——乙产品 15 200

　贷：生产成本——基本生产成本——乙产品（直接材料） 12 000

　　　　　　　　　　　　——乙产品（直接人工） 900

　　　　　　　　　　　　——乙产品（制造费用） 2 300

2.回收废品残料价值。

借：原材料 1 000

　贷：废品损失——乙产品 1 000

3.将废品净损失分配计入同种合格品的成本。

借：生产成本——基本生产成本——乙产品（废品损失） 14 200

　贷：废品损失——乙产品 14 200

课堂强化

[强化2-4-5]

某企业发现不可修复废品乙产品6件，每件定额成本如下：直接材料260元，直接人工100元，制造费用40元。收回废品残料130元。

强化2-4-5
参考答案

要求：请根据相关资料进行账务处理。

[强化 2-4-6]

收回赔偿款：2019 年 3 月 31 日，北京科云股份有限公司会计收到 2 张原始单据（图 2-4-8、图 2-4-9），请根据相关单据进行账务处理。

强化 2-4-6
参考答案

收款收据　№ 31245234

客户名称：张思季　　2019 年 03 月 31 日

项目	单位	数量	单价	金额 十万	万	千	百	十	元	角	分	备注
收到责任人赔偿款						2	0	0	0	0	0	
合计人民币(大写) 零拾零万贰仟零佰零拾零元零角零分				¥		2	0	0	0	0	0	

现金收讫

第三联：会计联

收款人 谢娜　　会计 陈飞　　收款单位（盖章）北京科云股份有限公司 财务专用章

图 2-4-8　收款收据

处罚通知书

经审查，2019年03月31日盘亏一台价值2000.00元的电脑，是由于责任人张思季疏忽，数字键组装环节出错，数字键2和数字键3位置装反，经公司领导决定，由责任人张思季赔偿该损失。

北京科云股份有限公司

日期：2019年03月31日

图 2-4-9　处罚通知书

[强化 2-4-7]

结转废品损失：2019 年 3 月 31 日，北京科云股份有限公司会计收到 1 张原始单据（图 2-4-10），请根据此单据进行账务处理。

强化 2-4-7
参考答案

可修复废品损失计算单

车间：基本生产车间　　产品：台式电脑　　日期：2019年3月31日

项目	直接材料	直接人工	制造费用	合计
费用总额	120000.00	80000.00	90000.00	290000.00
废品返工费用	--	--	--	7500.00
收回赔偿款	--	--	--	2000.00
废品净损失转入完工产品成本	--	--	--	5500.00

审核：吴浩　　制表：陈飞

图2-4-10　可修复废品损失计算单

子任务三　停工损失的核算

知识准备

一、停工损失的含义

停工损失指企业的生产车间或生产班组在停工期间发生的各项费用，包括停工期间支付的职工工资、福利费，所耗用的燃料、动力费以及应负担的制造费用。

二、停工损失的归集与分配

（一）账户设置

设“停工损失”总分类账或设“基本生产成本——停工损失”明细账，停工损失账户结构如图2-4-11所示。

停工损失

借方	贷方
发生的停工损失	应索赔的停工损失 分配结转的停工损失
结转后无余额	

图2-4-11　停工损失账户结构

（二）分配去向

停工待料、电力中断、机械故障→产品成本

非常原因造成的停工→营业外支出

季节性停产、修理期间停产→制造费用

注：不满一个工作日的停工，可以不计算停工损失。

（三）典型分录

1.发生停工损失。

借：停工损失

贷：应付职工薪酬或制造费用

2.应索赔的停工损失。

借：其他应收款

贷：停工损失

3.结转分配净损失。

借：生产成本/制造费用/营业外支出

贷：停工损失

▶▶▶ 任务评价

根据子任务一至子任务三的要求实施并完成任务后，请填写任务评价参考表（见表2-4-7）。

表2-4-7　　损失性费用核算任务评价参考表

考评内容标准	实施评价		
	自我评价	学生互评	教师评价
了解损失性费用的内容（20分）			
掌握可修复废品和不可修复废品损失的计算方法（30分）			
能运用损失性费用计算方法进行核算及账务处理（50分）			
合计			

任务五　辅助生产费用的归集与分配

工业企业的辅助生产，指为基本生产车间、企业行政管理部门等单位提供服务而进行的产品生产和劳务供应。

1.提供产品：主要包括工具、模具、修理用备件、零件等。

2.提供劳务：主要包括运输、修理、供水、供电、供风等服务。

辅助生产车间为生产产品或提供劳务而发生的原材料费用、动力费用、工资及福利费用以及辅助生产车间的制造费用，被称为辅助生产费用。为生产和提供一定种类和一定数量的产品或劳务所耗费的辅助生产费用之和，构成该种产品或劳务的辅助生产成本。

辅助生产成本的分配主要有以下方法：直接分配法、交互分配法、计划成本分配法、代数分配法和顺序分配法。接下来将为大家一一介绍。

子任务一　直接分配法

任务描述

微课8　直接分配法

光华公司的锅炉车间、机修车间成本总额分别为28 730元和12 300元，具体供应对象和数量如下表2-5-1所示。

表2-5-1　　辅助生产车间提供劳务汇总表

受益对象		锅炉（吨）	机修（小时）
辅助生产车间	锅炉车间	—	200
	机修车间	400	—
基本生产车间		9 500	2 500
行政管理部门		3 500	500
合计		13 400	3 200

要求：按直接分配法分配辅助生产费用，并进行账务处理。

知识准备

一、辅助生产费用核算的特点

辅助生产费用的核算，包括辅助生产费用的归集和辅助生产费用的分配两个方面。

1.辅助生产费用的归集，指辅助生产费用按照辅助生产车间以及产品和劳务类别归集的过程，也是辅助生产产品和劳务成本计算的过程。辅助生产费用的归集是为辅助生产费用的分配做准备，因为只有先归集起来，才能够进行分配。

2.辅助生产费用的分配，指按照一定的标准和方法，将辅助生产费用分配到各受益单位或产品上的过程。分配的及时性和准确性，影响到产品基本生产成本、经营管理费用以及经营成果核算的及时性和准确性。辅助生产费用分配的核算是辅助生产费用核算的关键。

二、辅助生产费用归集的核算

（一）账户的设置和归集的程序

辅助生产费用的归集和分配，是通过“生产成本——辅助生产成本”账户进行的。该账户一般应按辅助生产车间、车间下再按产品或劳务种类设置明细账，账中按照成本项目或费用项目设立专栏进行明细核算。辅助生产发生的各项生产费用，应记入“生产成本——辅助生产成本”账户的借方进行归集。

辅助生产费用归集的程序有两种，相应地，“生产成本——辅助生产成本”明细账的设置方式也有两种。两者的区别在于辅助生产制造费用归集的程序不同。

一般情况下，辅助生产车间的制造费用应先通过“制造费用——辅助生产车间”账户进行单独归集，然后将其转入相应的“生产成本——辅助生产成本”明细账，从而计入辅助生产产品或劳务的成本。

但在辅助生产车间规模很小、制造费用很少，而且辅助生产车间不对外提供商品，因而不需要按照规定的成本项目计算产品成本的情况下，为了简化核算工作，辅助生产的制造费用可以不通过“制造费用——辅助生产车间”明细账单独归集，而是直接记入“生产成本——辅助生产成本”明细账。“生产成本——辅助生产成本”的账户结构如图2-5-1所示。

借方　　**生产成本——辅助生产成本**	贷方
1.归集辅助生产消耗的材料费用 2.归集辅助生产应付职工薪酬费用 3.归集辅助生产发生的其他费用	1.按受益对象分配转出

期末一般无余额

图2-5-1　“生产成本——辅助生产成本”的账户结构

（二）辅助生产费用归集的账务处理

1.设置“制造费用——辅助生产车间”账户的情况

（1）对于在“生产成本——辅助生产成本”明细账中设有专门成本项目的辅助生产费用，如原材料费用、动力费用、工资及福利费用等，发生时应记入“生产成本——辅助生产成本”总账和所属明细账相应成本项目的借方，其中，直接计入费用应直接计入，间接计入费用则需分配后计入。

（2）对于未专设成本项目的辅助生产费用，发生时应先记入“制造费用——辅助生产车间”账户归集，然后再从该账户的贷方直接转入或分配转入“生产成本——辅助生产成本”总账和所属明细账的借方。

2.不设置“制造费用——辅助生产车间”账户的情况

“生产成本——辅助生产成本”总账和明细账内按若干费用项目设置专栏。对于发生的各种辅助生产费用，可直接记入或间接分配后记入“生产成本——辅助生产成本”总账以及所属明细账的相应费用项目。

三、辅助生产费用分配的核算

辅助生产车间既可能生产产品又可能提供劳务。

所生产的产品，如工具、模具、修理用备件等，应在产品完工时，从“生产成本——辅助生产成本”账户的货方分别转入“低值易耗品”“原材料”等账户的借方。

所提供的劳务，如供水、供电、修理和运输等，其发生的辅助生产费用通常于月末在各受益单位之间按照一定的标准和方法进行分配后，从“生产成本——辅助生产成本”账户的贷方，转入“生产成本——基本生产成本”“制造费用”“管理费用”“销售费用”“在建工程”等有关账户的借方。

辅助生产提供的产品和劳务，主要是为基本生产车间和企业管理部门使用和服务的。但在某些辅助生产车间之间，也有相互提供产品和劳务的情况。因此，为了正确地计算辅助生产产品和劳务的成本，并将辅助生产费用正确地分配给各受益单位，在分配辅助生产费用时，需要在各辅助生产车间之间进行费用的交互分配。

辅助生产费用的分配是通过编制辅助生产费用分配表进行的。

企业除了进行产品生产外，往往还有不少服务于产品生产和行政管理部门的辅助生产车间，辅助生产车间主要有两种情况：

1.为基本生产提供产品，如自制原材料，其成本在基本生产领用自制材料时转移到基本生产成本。

2.为基本生产提供劳务，应采用适当的方法进行分配。而企业内部各辅助生产车间之间也存在相互提供劳务的现象，因而导致辅助生产成本的账面成本并非真正的实际成本，应先在辅助生产车间内部进行分配调整。

辅助生产费用分配流程如图2-5-2所示。

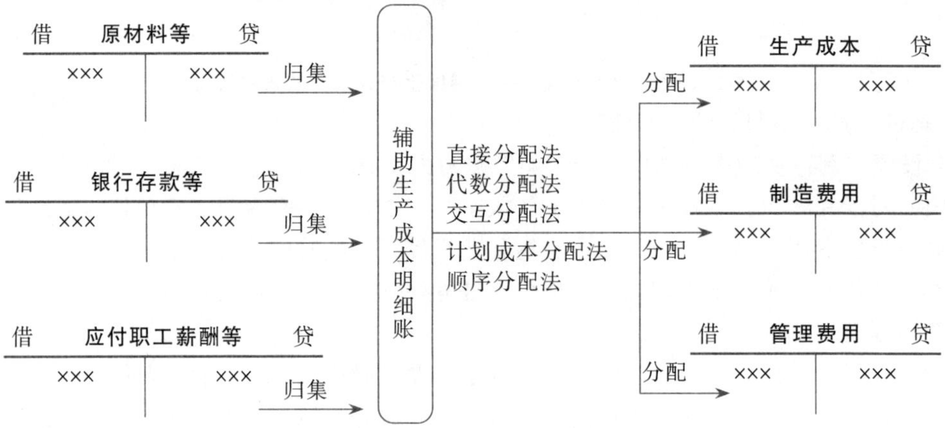

图2-5-2　辅助生产费用分配流程图

四、直接分配法

（一）直接分配法的工作原理

直接分配法的工作原理是：不考虑辅助生产车间之间相互提供劳务或产品的情况，将各辅助生产车间的生产费用直接分配给辅助生产车间以外的受益部门。直接分配法只进行对外分配，计算工作简便，但分配结果往往不准确。

（二）直接分配法的特点

直接分配法的特点在于辅助生产车间之间相互提供的产品或劳务成本互不分配，即既不转出，也不转入。

（三）费用分配率计算公式

$$\text{费用分配率（单位成本）}=\frac{\text{某辅助生产部门待分配费用}}{\text{供给辅助生产部门以外受益对象的劳务总量}}$$

（四）直接分配法的评价

直接分配法由于各辅助生产车间待分配的费用只对其以外的单位分配一次，因而计算工作简便。但由于各辅助生产车间包括的费用不全，如上例中锅炉车间的费用不包括所耗用的修理费，机修车间的费用中不包括耗用的热能，造成分配结果不够客观、正确。

（五）直接分配法的适用范围

直接分配法适用于辅助生产车间内部没有相互提供劳务或提供劳务较少或提供劳务水平相当的企业。

任务实施

步骤一：按直接分配法分配辅助生产费用

根据本任务的任务描述可知，直接分配法的分配过程如下所示。

该辅助生产车间提供给辅助生产车间以外受益对象的劳务总量=辅助生产劳务总量−其他辅助生产车间劳务耗用量

锅炉车间单位成本=28 730÷（13 400−400）=2.21（元/吨）

机修车间单位成本=12 300÷（3 200−200）=4.10（元/小时）

基本生产车间应负担的锅炉车间费用=9 500×2.21=20 995（元）

基本生产车间应负担的机修车间费用=2 500×4.10=10 250（元）

行政管理部门应负担的锅炉车间费用=28 730 − 20 995=7 735（元）

行政管理部门应负担的机修车间费用=12 300 − 10 250=2 050（元）

步骤二：编制辅助生产费用分配表

辅助生产费用分配表见表2−5−2。

表2−5−2　**辅助生产费用分配表（直接分配法）**　金额单位：元

项目			辅助车间		
			锅炉车间	机修车间	合计
待分配辅助生产费用			28 730	12 300	41 030
对外劳务供应数量总额			13 000	3 000	—
费用分配率（保留2位小数）			2.21	4.10	—
受益单位及数额	基本生产车间	数量	9 500	2 500	—
		金额	20 995	10 250	31 245
	行政管理部门	数量	3 500	500	—
		金额	7 735	2 050	9 785
合　计			28 730	12 300	41 030

步骤三：编制会计分录

根据本任务的任务描述可知，相关会计分录如下：

借：制造费用——辅助费摊销　31 245

　　管理费用——辅助费摊销　9 785

　贷：生产成本——辅助生产成本——锅炉车间　28 730

　　　　　　　　　　　　　　——机修车间　12 300

课堂强化

[强化 2-5-1]

2019年3月31日，请根据北京科云股份有限公司财务人员收到的相关单据（见表2-5-3、表2-5-4、表2-5-5），编制辅助生产费用分配表（见表2-5-6），并进行账务处理。

强化 2-5-1
参考答案

表 2-5-3

辅助生产车间提供劳务汇总表

车间：辅助生产车间　　　　日期：2019年03月31日

项目			供电车间（度）	供汽车间（方）
基本生产	圆锥滚子轴承	耗用数量	6000	2000
	平口H型连杆	耗用数量	4600	2600
	基本生产车间	耗用数量	1200	1500
辅助生产车间	供电车间	耗用数量		1000
	供汽车间	耗用数量	2500	
行政部门		耗用数量	800	600
合　　计：			15100	7700

审核：吴浩　　　　制表：陈飞

表 2-5-4

分页：05　总页：20

生产成本　　明细账

二级科目：辅助生产成本-供电车间

2019年 月	日	凭单号	摘要	借方	贷方	借或贷	余额
02	28		承前页			平	0.00
02	28		本月合计	27449.00	27449.00	平	0.00
03	07	记010	报销供电车间办公费	335.79		借	335.79
03	31	记037	辅助车间领用材料	6420.00		借	6755.79
03	31	记042	辅助车间人工费用	15240.00		借	21995.79
03	31	记043	分摊辅助车间房租费	1500.00		借	23495.79
03	31	记044	计提辅助车间折旧费	3325.00		借	26820.79

表 2-5-5

分页：07　总页：20

生产成本　　明细账

二级科目：辅助生产成本-供汽车间

2019年 月	日	凭单号	摘要	借方	贷方	借或贷	余额
02	28		承前页			平	0.00
02	28		本月合计	17996.00	17996.00	平	0.00
03	31	记037	辅助车间领用材料	2956.00		借	2956.00
03	31	记042	辅助车间人工费用	11655.00		借	14611.00
03	31	记043	分摊辅助车间房租费	2250.00		借	16861.00
03	31	记044	计提辅助车间折旧费	1403.88		借	18264.88

表 2-5-6

辅助生产费用分配表

车间：辅助生产车间　　　　编制日期：2019年03月31日

项目			供电车间	供汽车间	合计
待分配费用（元）					
产品或劳务供应数量					---
分配率（保留3位小数）					---
基本生产	圆锥滚子轴承	耗用数量			---
		分配金额（元）			
	平口H型连杆	耗用数量			---
		分配金额（元）			
	基本生产车间	耗用数量			---
		分配金额（元）			
行政部门		耗用数量			---
		分配金额（元）			

审核：　　　　制表：

[强化 2-5-2]

某企业有供水和供电两个辅助生产车间，主要为企业基本生产车间和行政管理部门服务，本月供水车间发生费用2 065元，供电车间发生费用4 740元。提供劳务有关资料如表2-5-7所示。

要求：采用直接分配法分配辅助生产费用，编制表2-5-8辅助生产费用分配表（直接分配法），并进行相应的账务处理。

强化 2-5-2
参考答案

表2-5-7　　辅助生产车间提供劳务汇总表

受益对象		耗水（吨）	耗电（度）
辅助生产部门	供电车间	10000	
	供水车间		3000
基本生产部门		20500	8000
行政管理部门		8000	1200
专设销售机构		2800	500
基本生产-丙产品			10300
合计		41300	23000

表2-5-8　　辅助生产费用分配表（直接分配法）　　金额单位：元

项目				辅助车间		
				供水车间	供电车间	合计
待分配辅助生产费用						
对外劳务供应数量总额						
费用分配率（保留2位小数）						
受益单位及数额	基本生产成本	丙产品	数量			
			金额			
	基本生产车间		数量			
			金额			
	行政管理部门		数量			
			金额			
	专设销售机构		数量			
			金额			
合　计						

子任务二　交互分配法

微课9　交互分配法

任务描述

某企业有供水、运输、机修三个辅助生产车间，为基本生产及辅助生产部门提供劳务，各辅助生产车间的账面成本分别为5 000、3 000、2 000元，各车间提供劳务情况如下

表2-5-9所示。

表2-5-9　　辅助生产车间提供劳务汇总表

受益对象		供水（吨）	运输（吨/公里）	机修（工时）
辅助生产部门	供水车间		1000	300
	运输车间	600		400
	机修车间	1400	800	
基本生产部门	甲产品	4000	4200	1800
	乙产品	3000	5600	1600
车间管理部门		500	2000	400
行政管理部门		500	1400	500
合计		10000	15000	5000

要求：采用交互分配法分配辅助生产费用并进行账务处理。

知识准备

一、交互分配法的含义

交互分配法是将辅助生产车间相互提供的劳务先行交互分配，再将各辅助生产车间交互分配后的实际费用全部分配给辅助生产车间以外各受益单位的一种分配方法。

二、交互分配法的特点

交互分配法的特点是辅助生产费用通过两次分配完成，首先将辅助生产明细账上的合计数根据各辅助生产车间相互提供的劳务数计算分配率，在辅助生产车间进行交互分配。然后将各辅助生产车间交互分配后的实际费用（即交互前的费用加上交互分配转入的费用，减去交互分配转出的费用），再按提供的劳务量在辅助生产车间以外的各受益单位之间进行分配。

三、交互分配法的分配流程

交互分配法的流程如图2-5-3所示。

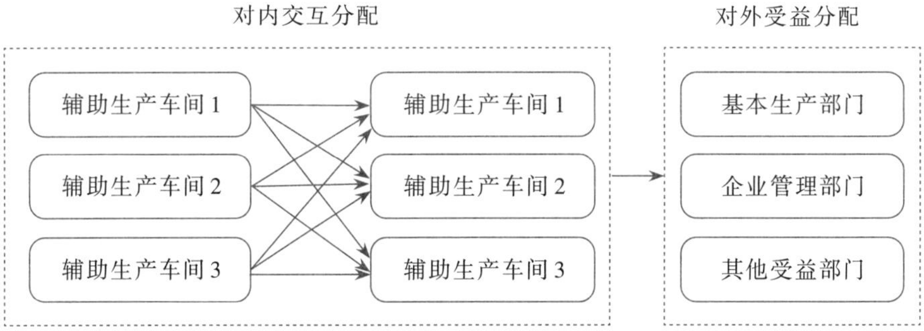

图2-5-3　交互分配法分配流程图

1.对内交互分配：即调整辅助生产车间的实际生产成本。先求出对内交互分配率，后调整，调整时应编制调整分录。

$$对内交互分配率=\frac{某辅助生产车间待分配费用}{提供劳务总量}$$

2.对外受益分配：将调整后的辅助生产费用在辅助生产车间以外的其他受益单位分配，应注意会计分录中的贷方数为调整后的各个辅助生产车间的实际成本。

$$对外受益分配率=\frac{某辅助生产车间调整后实际成本}{对外提供劳务数量}$$

四、交互分配法的评价

由于辅助生产车间内部进行了交互分配，因而提高了分配结果的客观性和正确性。但由于要进行对内和对外两次分配，因而增加了计算工作量；另外，由于交互分配的分配率是根据交互分配前的待分配费用计算的，不是各辅助生产车间的实际单位成本，因而分配结果也并非完全客观实际。

五、交互分配法的适用范围

交互分配法一般适用于各辅助生产车间之间相互提供劳务较多的企业。

任务实施

步骤一：交互分配法分配辅助生产费用

根据本任务的任务描述可知，交互分配法的分配过程如下所示。

1.对内交互分配

供水车间分配率=5 000÷10 000=0.5

运输车间分配率=3 000÷15 000=0.2

机修车间分配率=2 000÷5 000=0.4

各辅助生产车间实际成本为：

供水车间=5 000 + 1 000×0.2 + 300×0.4−2 000×0.5=4 320（元）

运输车间=3 000 + 600×0.5 + 400×0.4−1 800×0.2=3 100（元）

机修车间=2 000 + 1 400×0.5 + 800×0.2−700×0.4=2 580（元）

编制调整会计分录：

借：生产成本——辅助生产成本——供水车间	320	
——运输车间	460	
——机修车间	860	
贷：生产成本——辅助生产成本——供水车间		1 000
——运输车间		360
——机修车间		280

2.对外受益分配

供水车间分配率=4 320÷（10 000−1 400−600）=0.54

运输车间分配率=3 100÷（15 000−1 000−800）=0.2348

机修车间分配率=2 580÷（5 000−300−400）=0.6

各外部受益部门应分配额：

甲产品=4 000×0.54+4 200×0.2348+1 800×0.6 = 4 226.16（元）

乙产品=3 000×0.54+5 600×0.2348+1 600×0.6 = 3 894.88（元）

车间管理部门=500×0.54+2 000×0.2348+400×0.6 = 979.60（元）

企业管理部门=（4 320+3 100+2 580）− 4 226.16 − 3 894.88 − 979.60 = 899.36（元）

步骤二：编制辅助生产费用分配表

辅助生产费用分配表如表2-5-10所示。

表2-5-10　　**辅助生产费用分配表（交互分配法）**　　金额单位：元

项目			交互分配				对外分配			
			供水车间	运输车间	机修车间	合计	供水车间	运输车间	机修车间	合计
待分配辅助生产费用			5 000	3 000	2 000	10 000	4 320	3 100	2 580	10 000
劳务供应数量总额			10 000	15 000	5 000	—	8 000	13 200	4 300	—
费用分配率（保留4位小数）			0.5000	0.2000	0.4000	—	0.5400	0.2348	0.6000	—
受益单位及数额	供水车间	数量		1 000	300	—				
		金额		200	120	320				
	运输车间	数量	600		400	—				
		金额	300		160	460				
	机修车间	数量	1 400	800		—				
		金额	700	160		860				
	基本生产——甲产品	数量					4 000	4 200	1 800	—
		金额					2 160	986.16	1 080	4 226.16
	基本生产——乙产品	数量					3 000	5 600	1 600	—
		金额					1 620	1 314.88	960	3 894.88
	车间管理部门	数量					500	2 000	400	—
		金额					270	469.60	240	979.60
	行政管理部门	数量					500	1 400	500	—
		金额					270	329.36	300	899.36
合　计							4 320	3 100	2 580	10 000

步骤三：编制会计分录

根据本任务的任务描述可知，相关会计分录如下：

借：生产成本——基本生产成本——甲产品　　　　4 226.16

　　　　　　　　　　　　　　——乙产品　　　　3 894.88

借：制造费用——辅助费摊销　979.60

　　管理费用——辅助费摊销　899.36

　贷：生产成本——辅助生产成本——供水车间　4 320

　　　　　　　　　　　　　　——运输车间　3 100

　　　　　　　　　　　　　　——机修车间　2 580

课堂强化

[强化 2-5-3]

某企业有供水和供电两个辅助生产车间，本月供水车间发生费用2 065元，供电车间发生费用4 740元。提供有关劳务资料如表2-5-11所示。

要求：采用交互分配法分配辅助生产费用，编制表2-5-12并进行账务处理。

强化2-5-3
参考答案

表2-5-11　　**辅助生产车间提供劳务汇总表**

受益对象		耗水（吨）	耗电（度）
基本生产——丙产品			10300
基本生产车间		20500	8000
辅助生产车间	供电车间	10000	
	供水车间		3000
行政管理部门		8000	1200
专设销售机构		2800	500
合计		41300	23000

表2-5-12　　**辅助生产费用分配表（交互分配法）**　　金额单位：元

项目			交互分配			对外分配		
			供水车间	供电车间	合计	供水车间	供电车间	合计
待分配辅助生产费用								
劳务供应数量总额								
费用分配率（保留4位小数）								
受益单位及数额	供水车间	数量						
		金额						
	供电车间	数量						
		金额						
	基本生产——丙产品	数量						
		金额						
	基本生产车间	数量						
		金额						
	行政管理部门	数量						
		金额						
	专设销售机构	数量						
		金额						
合　计								

子任务三　计划成本分配法

任务描述

某公司的供水车间、供电车间成本总额分别为114 920元和28 800元，假定这两个辅助生产车间的单位计划成本为水1.80元/吨和电0.85元/度，辅助生产车间提供劳务汇总表见表2-5-13。

表2-5-13　　辅助生产车间提供劳务汇总表

受益对象		耗水（吨）	耗电（度）
辅助生产部门	供水车间	2000	
	供电车间		2000
基本生产部门		47500	25000
行政管理部门		17500	5000
合计		67000	32000

微课10　计划成本分配法

要求：用计划成本分配法分配辅助生产费用并进行账务处理。

知识准备

一、计划成本分配法的原理

计划成本分配法的原理是：采用这种方法，辅助生产车间为各受益单位提供的劳务，都按劳务的计划成本进行分配，辅助生产车间实际发生的生产费用（包括辅助生产车间内部转入的费用）与按计划成本转出的费用差额（即成本差异），可以再分配给辅助生产车间以外的受益单位或全部计入管理费用。计划成本分配法分配流程如图2-5-4所示。

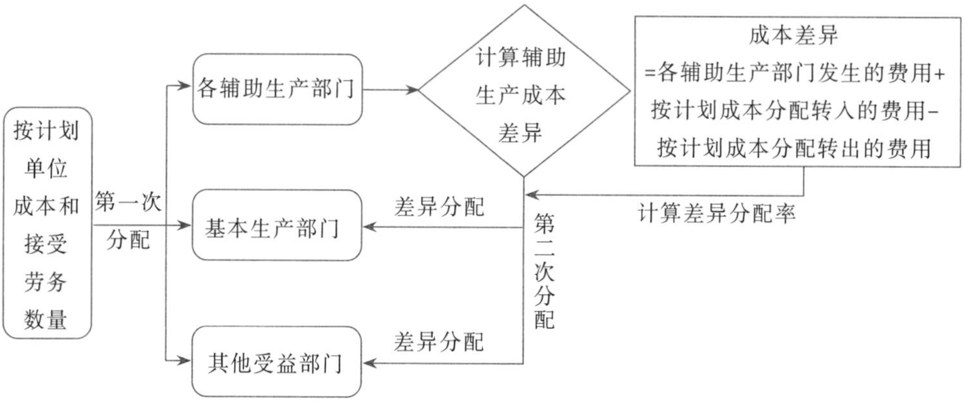

图2-5-4　计划成本分配法分配流程图

二、计划成本分配法的特点

计划成本分配法的特点是需要进行2次分配。

1.先按劳务的计划单位成本分配辅助生产车间为各受益单位（包括其他辅助生产车间）提供劳务的费用。

2.再将辅助生产车间实际发生的费用（包括交互分配转入的费用）与按计划成本分配转出的费用的差额，即成本差异，分配给辅助生产车间以外的受益单位。

三、成本差异分配率计算公式

$$成本差异分配率=\frac{辅助生产车间成本差异额}{辅助生产车间以外的受益单位劳务量}$$

四、计划成本分配法的评价

计划成本分配法计划单位成本已事先确定，计算过程简便，加快会计核算速度，便于考核分析各受益单位的成本和辅助生产车间的成本计划执行情况，有利于分清企业内部各单位的经济责任。若计划单位成本制定不准确，会影响分配的准确性，若差异较大，对当期损益会有较大影响。

五、计划成本分配法的适用范围

计划成本分配法适用于辅助生产计划单位成本制定得比较准确的企业。

任务实施

步骤一：第一次分配辅助生产费用

根据本任务的任务描述可知，计划成本分配法的第一次分配过程如下：

1.按计划成本分配。

（1）供水车间分担电费=2 000×0.85=1 700（元）

供电车间分担水费=2 000×1.8=3 600（元）

（2）基本生产车间分担电费=25 000×0.85=21 250（元）

基本生产车间分担水费=47 500×1.8=85 500（元）

（3）行政管理部门分担电费=5 000×0.85=4 250（元）

行政管理部门分担水费=17 500×1.8=31 500（元）

辅助生产费用分配表如表2-5-14所示。

表 2-5-14　　**辅助生产费用分配表**

金额单位：元

项目			供水车间		供电车间		费用合计
			吨	费用	度	费用	
应借账户	待分配费用		67000	114920	32000	28800	143720
	计划单位成本			1.8		0.85	
	辅助生产成本	供水车间			2000	1700	1700
		供电车间	2000	3600			3600
		小计		3600		1700	5300
	制造费用	基本生产车间	47500	85500	25000	21250	106750
	管理费用		17500	31500	5000	4250	35750
按计划成本分配合计				120600		27200	147800

步骤二：编制第一次分配会计分录

根据本任务的任务描述可知，第一次分配相关会计分录如下：

借：生产成本——辅助生产成本——供水车间　　1 700
　　　　　　　　　　　　　　——供电车间　　3 600
　　制造费用——辅助费摊销　　106 750
　　管理费用——辅助费摊销　　35 750
　贷：生产成本——辅助生产成本——供水车间　　120 600
　　　　　　　　　　　　　　　——供电车间　　27 200

步骤三：第二次分配辅助生产费用

根据本任务的任务描述可知，计划成本分配法的第二次分配过程如下：

1. 计算差异。

（1）供水车间的成本差异 =114 920+1 700−120 600= −3 980（元）

成本差异分配率=（−3 980）÷（67 000−2 000）=−0.0612

（2）供电车间的成本差异 =28 800+3 600−27 200= 5 200（元）

成本差异分配率=5 200÷（32 000−2 000）=0.1733

2. 对辅助生产车间外的受益部门进行分配。

（1）基本生产车间分担的电费差异=25 000×0.1733=4 332.50（元）

基本生产车间分担的水费差异=47 500×（−0.0612）= − 2 907（元）

（2）行政管理部门分担的电费差异=5 200 − 4 332.50=867.50（元）

行政管理部门分担的水费差异= − 3 980 − （ − 2 907）= − 1 073（元）

辅助生产费用分配表如表 2-5-15 所示。

表 2-5-15 **辅助生产费用分配表** 金额单位：元

项目			供水车间		供电车间		费用合计
			吨	费用	度	费用	
辅助生产实际成本				116620.00		32400.00	149020.00
待分配成本差异额				-3980.00		5200.00	1220.00
分配率（保留4位小数）				-0.0612		0.1733	
应记账户	制造费用	基本生产车间	47500	-2907.00	25000	4332.50	1425.50
	管理费用		17500	-1073.00	5000	867.50	-205.50
成本差异分配合计				-3980.00		5200.00	1220.00

步骤四：编制第二次分配会计分录

根据本任务的任务描述可知，第二次分配相关会计分录如下：

借：制造费用——辅助费差异 1 425

管理费用——辅助费差异 205

贷：生产成本——辅助生产成本——供水车间 3 980

——供电车间 5 200

注：另一种简化方法是不计算成本差异分配率，而直接将差异额全部记入“管理费用——成本差异”账户下不再进行二次分配。

借：生产成本——辅助生产成本——供水车间 3 980

管理费用——成本差异 1 220

贷：生产成本——辅助生产成本——供电车间 5 200

课堂强化

[强化 2-5-4]

（1）2019 年 8 月 31 日，请根据北京科云股份有限公司财务人员收到的相关单据（见表 2-5-16、表 2-5-17）编制辅助生产车间计划成本计算表 2-5-18，并进行账务处理。

强化 2-5-4
参考答案

表 2-5-16

辅助生产车间提供劳务汇总表

车间：辅助生产车间 日期：2019年08月31日

项目			供电车间(度)	供汽车间（方）
基本生产	圆锥滚子轴承	耗用数量	5800	2800
	平口H型连杆	耗用数量	4500	2600
	基本生产车间	耗用数量	1200	1200
辅助生产车间	供电车间	耗用数量		900
	供汽车间	耗用数量	2500	
行政部门		耗用数量	800	600
合　计：			**14800**	**8100**

审核：吴浩 制表：陈飞

表 2-5-17

辅助生产车间计划单位成本表

车间：辅助生产车间　　　　日期：2019年08月31日

项　　目	供电车间	供汽车间
计划单位成本	2.20（元/度）	3.50（元/方）

审核：吴浩　　　　制表：陈飞

表 2-5-18

辅助生产车间计划成本计算表

车间：辅助生产车间　　　　编制日期：2019年08月31日

项　　目				供电车间	供汽车间	合　　计
计划成本计算表	计划单位成本					---
	辅助生产车间	供电车间	耗用数量			---
			计划成本（元）			
		供汽车间	耗用数量			---
			计划成本（元）			
	基本生产	圆锥滚子轴承	耗用数量			---
			计划成本（元）			
		平口H型连杆	耗用数量			---
			计划成本（元）			
		基本生产车间	耗用数量			---
			计划成本（元）			
	行政部门		耗用数量			---
			计划成本（元）			
	计划成本合计：					

审核：　　　　制表：

（2）2019年8月31日，请根据（1）业务中辅助生产车间计划成本计算表编制辅助生产成本差异计算表2-5-20，并根据相关单据（见表2-5-19）进行账务处理。

表 2-5-19

分页：07　总页：20

生产成本　　明细账

二级科目：辅助生产成本

2019年 月	日	凭单号	摘　要	借　方	贷　方	借或贷	余　额	供电车间	供汽车间
	31		承前页			平	000		
07	31		本月合计	2600150	2600150	平	000	000	000
07	31	记 041	辅助车间领用材料	346000		借	346000	346000	
08	31	记 041	辅助车间领用材料	363700		借	709700		363700
08	31	记 045	辅助车间人工费用	1544000		借	2253700	1544000	
08	31	记 045	辅助车间人工费用	1484000		借	3737700		1484000
08	31	记 046	支付分摊水电费	279000		借	4016700	279000	
08	31	记 046	支付分摊水电费	186000		借	4202700		186000
08	31	记 048	支分摊辅助车间房租费	180000		借	4382700	180000	
08	31	记 048	支分摊辅助车间房租费	270000		借	4652700		270000
08	31	记 049	计提辅助车间折旧费	338884		[illegible]	4991584	338884	
08	31	记 049	计提辅助车间折旧费	153055		借	5144639		153055

表 2-5-20

辅助生产成本差异计算表

车间：辅助生产车间　　　　编制日期：20[illegible]年[illegible]月31日

项目	供电车间	供汽车间	合　计
辅助生产车间实际产生的成本①			
②辅助生产车间应承担的计划成本②			
已分配的计划成本③			
成本差异额（元）④=①-②-③			

审核：　　　　制单：

[强化 2-5-5]

光华公司的锅炉车间、机修车间成本总额分别为28 730元和12 300元，假定该公司按计划成本分配辅助生产费用，计划单位成本锅炉车间2.3元/吨，机修车间3.8元/小时。有关提供劳务资料如表2-5-21所示。

要求：采用计划成本分配法分配辅助生产费用，编制辅助生产费用分配表2-5-22，并进行账务处理。

强化 2-5-5
参考答案

表 2-5-21　　**辅助生产车间提供劳务汇总表**

受益对象		锅炉（吨）	机修（小时）
辅助生产车间	锅炉车间	—	200
	机修车间	400	—
基本生产车间		9 500	2 500
行政管理部门		3 500	500
合计		13 400	3 200

表 2-5-22　　**辅助生产费用分配表（计划成本分配法）**　　金额单位：元

项目				辅助车间		
				锅炉车间	机修车间	合计
待分配辅助生产费用						
劳务供应数量总额						
计划单位成本						
受益单位及数额	辅助生产车间	锅炉车间	数量			
			金额			
		机修车间	数量			
			金额			
	基本生产车间		数量			
			金额			
	行政管理部门		数量			
			金额			
按计划单位成本计算的计划成本合计						
辅助车间实际成本						
辅助车间成本差异						

子任务四　代数分配法

任务描述

某企业有供水、运输、机修三个辅助生产车间，为基本生产及辅助生产提供劳务，各辅助生产车间的账面成本分别为5 000元、3 000元、2 000元，辅助生产车间提供有关劳务资料见表2-5-23。

表2-5-23　　辅助生产车间提供劳务汇总表

受益对象		供水（吨）	运输（吨/公里）	机修（工时）
辅助生产部门	供水车间		1000	300
	运输车间	600		400
	机修车间	1400	800	
基本生产部门	甲产品	4000	4200	1800
	乙产品	3000	5600	1600
车间管理部门		500	2000	400
行政管理部门		500	1400	500
合计		10000	15000	5000

要求：采用代数分配法分配辅助生产费用并进行账务处理。

知识准备

一、代数分配法的原理

代数分配法指运用代数中联立多元一次方程组的原理分配辅助生产费用的方法。代数分配法首先设各辅助生产车间提供的产品或劳务的单位成本为未知数，并根据辅助生产车间之间相互提供产品或劳务的关系，联立多元一次方程组。通过解多元一次方程组，计算出各辅助生产车间产品或劳务的单位成本，即辅助生产费用分配率。再根据各受益单位（包括辅助生产车间）耗用产品或劳务的数量和相应的辅助生产费用分配率分配辅助生产费用。

二、代数分配法的特点

代数分配法的特点在于通过方程式求出各辅助生产车间实际单位成本，对所有受益单位分配。

三、代数分配法的分配流程

代数分配法的分配流程如图2-5-5所示。

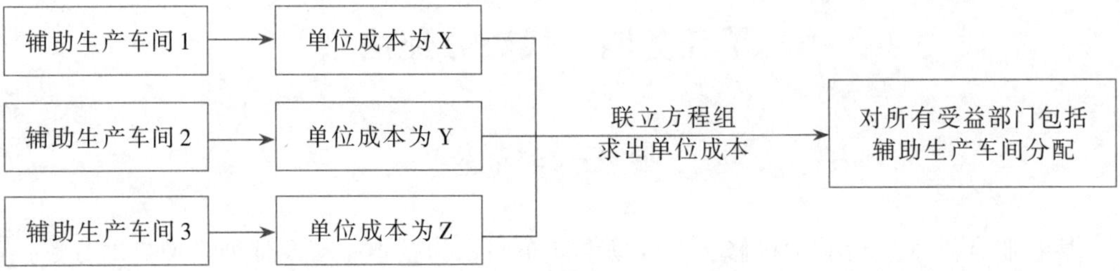

图2-5-5　代数分配法分配流程图

四、代数分配法的评价

采用代数分配法分配费用，分配结果最准确。但在分配之前要解方程，如果辅助生产车间较多，计算工作就比较复杂。

五、代数分配法的适用范围

代数分配法适用于辅助生产车间较少或会计工作实现了电算化的企业。

任务实施

步骤一：代数分配法分配辅助生产费用

根据本任务的任务描述可知，代数分配法的分配过程如下：

1.设供水车间的单位成本为X，运输车间的单位成本为Y，机修车间的单位成本为Z，联立方程组：

10 000X=5 000+1 000Y+300Z

15 000Y=3 000+600X+400Z

5 000Z=2 000+1 400X+800Y

求解得：X=0.5414　Y=0.2374　Z=0.5896

2.按受益劳务数量对所有受益部门进行分配：

供水车间=414.28　运输车间=560.68　机修车间=947.88

甲产品=4 223.96

乙产品=3 897

车间管理部门=981.34

企业管理部门=897.86

步骤二：编制辅助生产费用分配表

辅助生产费用分配表见表2-5-24。

表 2-5-24　**辅助生产费用分配表（代数分配法）**　金额单位：元

项目			辅助生产车间			
			供水车间	运输车间	机修车间	合计
待分配辅助生产费用			5 000	3 000	2 000	10 000
劳务供应数量总额			10 000	15 000	5 000	—
费用分配率（保留4位小数）			0.5414	0.2374	0.5896	—
受益单位及数额	供水车间	数量		1 000	300	—
		金额		237.40	176.88	414.28
	运输车间	数量	600		400	—
		金额	324.84		235.84	560.68
	机修车间	数量	1 400	800		—
		金额	757.96	189.92		947.88
	基本生产——甲产品	数量	4 000	4 200	1 800	—
		金额	2 165.60	997.08	1 061.28	4 223.96
	基本生产——乙产品	数量	3 000	5 600	1 600	—
		金额	1 624.20	1 329.44	943.36	3 897
	车间管理部门	数量	500	2 000	400	—
		金额	270.70	474.80	235.84	981.34
	行政管理部门	数量	500	1 400	500	—
		金额	270.70	332.36	294.80	897.86
合　计			5 414	3 561	2 948	11 923

步骤三：编制会计分录

根据本任务的任务描述可知，相关会计分录如下：

借：生产成本——基本生产成本——甲产品　　4 223.96

　　　　　　　　　　　　　　——乙产品　　3 897.00

　　　　　　——辅助生产成本——供水车间　　414.28

　　　　　　　　　　　　　　——运输车间　　560.68

　　　　　　　　　　　　　　——机修车间　　947.88

　　制造费用——辅助费摊销　　981.34

　　管理费用——辅助费摊销　　897.86

贷：生产成本——辅助生产成本——供水车间 5 414.00

——运输车间 3 561.00

——机修车间 2 948.00

课堂强化

[强化 2-5-6]

光华公司的锅炉车间、机修车间成本总额分别为 28 730 元和 12 300 元，具体供应对象和数量见表 2-5-25。

要求：按代数分配法分配辅助生产费用，编制表 2-5-26 并进行账务处理。

强化 2-5-6
参考答案

表 2-5-25 **辅助生产车间提供劳务汇总表**

<table>
<tr><th colspan="2">受益对象</th><th>锅炉（吨）</th><th>机修（小时）</th></tr>
<tr><td rowspan="2">辅助生产车间</td><td>锅炉车间</td><td>—</td><td>200</td></tr>
<tr><td>机修车间</td><td>400</td><td>—</td></tr>
<tr><td colspan="2">基本生产车间</td><td>9 500</td><td>2 500</td></tr>
<tr><td colspan="2">行政管理部门</td><td>3 500</td><td>500</td></tr>
<tr><td colspan="2">合计</td><td>13 400</td><td>3 200</td></tr>
</table>

表 2-5-26 **辅助生产费用分配表（代数分配法）** 金额单位：元

<table>
<tr><th colspan="4" rowspan="2">项目</th><th colspan="3">辅助车间</th></tr>
<tr><th>锅炉车间</th><th>机修车间</th><th>合计</th></tr>
<tr><td colspan="4">待分配辅助生产费用</td><td></td><td></td><td></td></tr>
<tr><td colspan="4">劳务供应数量总额</td><td></td><td></td><td></td></tr>
<tr><td colspan="4">费用分配率（保留 4 位小数）</td><td></td><td></td><td></td></tr>
<tr><td rowspan="8">受益单位及数额</td><td rowspan="4">辅助生产车间</td><td rowspan="2">锅炉车间</td><td>数量</td><td></td><td></td><td></td></tr>
<tr><td>金额</td><td></td><td></td><td></td></tr>
<tr><td rowspan="2">机修车间</td><td>数量</td><td></td><td></td><td></td></tr>
<tr><td>金额</td><td></td><td></td><td></td></tr>
<tr><td colspan="2" rowspan="2">基本生产车间</td><td>数量</td><td></td><td></td><td></td></tr>
<tr><td>金额</td><td></td><td></td><td></td></tr>
<tr><td colspan="2" rowspan="2">行政管理部门</td><td>数量</td><td></td><td></td><td></td></tr>
<tr><td>金额</td><td></td><td></td><td></td></tr>
<tr><td colspan="4">合计</td><td></td><td></td><td></td></tr>
</table>

子任务五　顺序分配法

任务描述

某企业有供水、运输、机修三个辅助生产车间，为基本生产及辅助生产提供劳务，各辅助生产车间的账面成本分别为5 000元、3 000元、2 000元，辅助生产车间提供有关劳务资料见表2-5-27。

要求：采用顺序分配法分配辅助生产费用并进行账务处理。

表2-5-27　　辅助生产车间提供劳务汇总表

受益对象		供水（吨）	运输（吨/公里）	机修（工时）
辅助生产部门	供水车间		1000	300
	运输车间	600		400
	机修车间	1400	800	
基本生产部门	甲产品	4000	4200	1800
	乙产品	3000	5600	1600
车间管理部门		500	2000	400
行政管理部门		500	1400	500
合计		10000	15000	5000

知识准备

一、顺序分配法的含义

顺序分配法又叫阶梯法，指各辅助生产车间分配费用时按照受益多少的顺序排列，受益少的排在前面（前者），先行分配，受益多的排在后面（后者），再行分配的一种方法。

二、顺序分配法的特点

顺序分配法的特点是前者分配给后者，而后者不分配给前者，后者的分配额等于其直接费用加上前者分配的费用之和。受益少的分配给受益多的。

三、顺序分配法的分配流程

顺序分配法分配流程如图2-5-6所示。

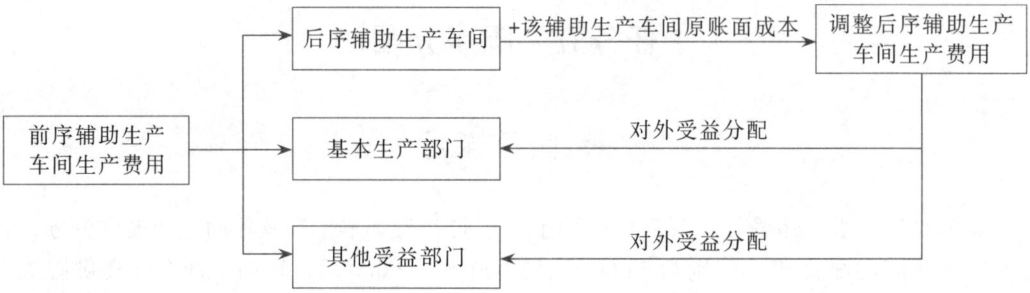

图2-5-6　顺序分配法分配流程图

四、顺序分配法的评价

顺序分配法不进行交互分配，各辅助生产车间只分配一次辅助生产费用，即分配给辅助生产车间以外的受益单位和排在后面的其他辅助生产车间，因而计算工作较为简便，但其未全面考虑辅助生产车间之间交互服务关系，因此，分配结果不够准确。

另外，各辅助生产车间费用分配的先后顺序也较难确定。所以，这种方法一般只适用辅助生产车间较多且交互服务数量有较明显差异（可以进行排序）的企业。

五、顺序分配法的适用范围

顺序分配法适用于辅助生产车间相互受益程度有明显差异的企业。

任务实施

步骤一：确定分配顺序

根据本任务的任务描述可知，辅助生产成本的分配顺序如下。

根据计划单价和受益数量可看出，各辅助生产车间按受益程度排列为：机修车间、运输车间、供水车间，故应先将供水车间生产费用对外分配，其次为运输车间，最后为机修车间。

步骤二：分配供水车间生产费用

根据本任务的任务描述可知，供水车间生产费用的分配过程如下。

分配供水车间生产费用：

供水车间分配率=5 000÷10 000 = 0.5

按受益数量对供水车间以外的部门分配，会计分录为：

借：生产成本——辅助生产成本——运输车间	300
——机修车间	700
生产成本——基本生产成本——甲产品	2 000
——乙产品	1 500
制造费用——辅助费摊销	250

借：管理费用——辅助费摊销　　250

　贷：生产成本——辅助生产成本——供水车间　　5 000

步骤三：分配运输车间生产费用

根据本任务的任务描述可知，运输车间生产费用的分配过程如下。

分配运输车间生产费用：

运输车间分配率=（3 000 + 300）÷（15 000−1 000）=0.2357

按受益数量对供水车间以外的部门分配，分录为：

借：生产成本——辅助生产成本——机修车间　　188.56

　　生产成本——基本生产成本——甲产品　　989.94

　　　　　　　　　　　　　　——乙产品　　1 319.92

　　制造费用——辅助费摊销　　471.40

　　管理费用——辅助费摊销　　330.18

　贷：生产成本——辅助生产成本——运输车间　　3 300

步骤四：分配机修车间生产费用

根据本任务的任务描述可知，机修车间生产费用的分配过程如下。

分配机修车间生产费用：

机修车间分配率=（2 000+700+188.56）÷（5 000−300−400）=0.6718

按受益数量对供水车间以外的部门分配，分录为：

借：生产成本——基本生产成本——甲产品　　1 209.24

　　　　　　　　　　　　　　——乙产品　　1 074.88

　　制造费用——辅助费摊销　　268.72

　　管理费用——辅助费摊销　　335.72

　贷：生产成本——辅助生产——机修车间　　2 888.56

课堂强化

[强化 2-5-7]

强化 2-5-7 参考答案

光华公司的锅炉车间、机修车间成本总额分别为 28 730 元和 12 300 元，具体供应对象和数量见表 2-5-28。

表 2-5-28　**辅助生产车间提供劳务汇总表**

受益对象		锅炉（吨）	机修（小时）
辅助生产车间	锅炉车间	—	200
	机修车间	400	—
基本生产车间		9 500	2 500
行政管理部门		3 500	500
合计		13 400	3 200

要求：按顺序分配法分配辅助生产费用并进行账务处理。

▶▶▶ 任务评价

根据子任务一至子任务五的要求实施并完成任务后，请填写任务评价参考表（见表2-5-29）。

表2-5-29 **辅助生产费用归集与分配任务评价参考表**

考评内容标准	实施评价		
	自我评价	学生互评	教师评价
了解辅助生产费用的内容（20分）			
掌握辅助生产费用分配方法（30分）			
能运用辅助生产费用分配方法进行核算及账务处理（50分）			
合计			

任务六　制造费用的归集与分配

任务描述

1.某车间制造费用总额21 000元，甲产品生产工时12 000小时，乙产品生产工时8 000小时，请将制造费用在甲、乙产品之间分配。要求：按生产工人工时比例分配法分配制造费用并进行账务处理。

微课11　制造费用的归集与分配（上）

2.某企业一生产车间本月生产甲、乙、丙3种产品，共发生制造费用96 000元，甲产品生产工人的工资薪金为36 000元，乙产品生产工人的工资薪金为20 000元，丙产品生产工人的工资薪金为24 000元。要求：采用生产工人工资比例分配法分配制造费用并进行账务处理。

3.某企业基本生产车间生产甲、乙、丙三种产品。本月已归集在“制造费用——基本生产”账户借方的制造费用合计为21 670元。甲产品生产耗用机器工时为3 260小时，乙产品生产耗用机器工时为2 750小时，丙产品生产耗用机器工时为2 658小时。要求按机器工时比例分配法分配制造费用并进行账务处理。

微课12　制造费用的归集与分配（下）

4.某企业2018年制造费用预算601 222元，2018年计划产量为：A产品20 000件，B产品16 500件。产品生产工时定额为：A产品3小时，B产品4小时。

（1）1月份，实际生产A产品1 200件，B产品860件。

（2）2月份，实际生产A产品2 100件，B产品1 300件。

（3）12月，对年末制造费用差额进行处理。全年实际发生制造费用621 554元，按计划分配率分配制造费用610 266元，其中：A产品298 400元，B产品311 866元。请按年度制造费用计划分配率分配法分配制造费用并进行账务处理。

知识准备

一、制造费用的归集与分配概述

（一）概念

制造费用指生产部门（包括基本生产部门和辅助生产部门），具体为车间、分厂发生的费用，是企业为组织和管理产品生产而直接发生的费用，还包括与产品生产有直接关系，而不直接计入产品成本的一些费用，也叫产品生产的间接费用，是产品成本的构成部分。

（二）组成

1.间接用于产品生产的费用，如机物料消耗，车间生产用房屋及建筑物的折旧费和修理费，车间生产用的照明费、取暖费、劳动保护费以及季节性停工和生产用固定资产修理期间的停工损失等。

2.直接用于产品生产，但管理上不要求或核算上不便于单独核算，因而没有专设成本项目的费用，如机器设备的折旧费和修理费、生产用低值易耗品的摊销、设计制图费和试验检验费等，生产工艺耗用的动力如果没有专设成本项目，也应列入制造费用。

3.车间、分厂等生产部门为组织和管理生产所发生的费用，如车间管理人员的工资及福利费，车间管理用房屋的折旧费和修理费，车间管理用具的摊销，车间管理用的照明费、取暖费、差旅费和办公费等。

（三）制造费用的明细账户设置

二级明细账：企业有多个基本生产部门，须按部门设置制造费用二级明细账，辅助生产部门的制造费用要单独核算时，也要设置二级明细账。

三级明细账：按制造费用的具体内容设明细账核算，账页格式为多栏式。图2-6-1为制造费用账户结构。

借方　　　　制造费用	贷方
1.发生的间接材料成本 2.发生的间接人工成本 3.其他各项间接费用	1.分配转出至基本生产成本和辅助生产成本
月末一般无余额，除采用按年度计划分配率分配法外	

图2-6-1　制造费用账户结构

制造费用账户分配转出流程如图2-6-2所示。

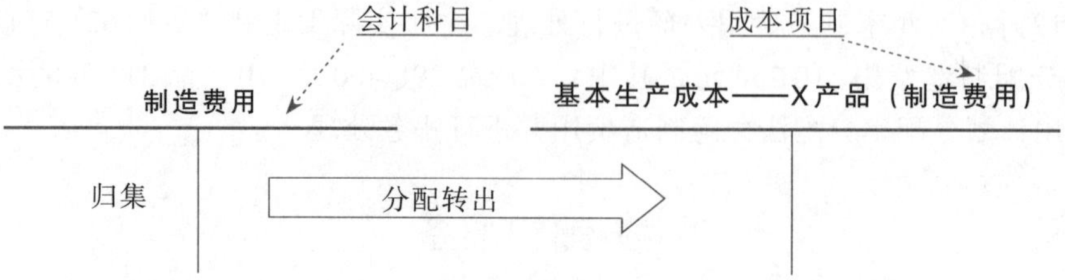

图2-6-2　制造费用账户分配转出流程

（四）核算流程

1.根据有关发票单据、发出材料汇总表、工资结算汇总表等编制记账凭证。

2.根据记账凭证登记制造费用明细账。

二、制造费用的分配

（一）分配原则

1.某生产车间只生产一种产品，发生的制造费用可直接列入该产品成本。

2.某生产车间生产多种产品，要采用适当的方法分配计入各种产品成本中。

基本生产车间生产多种产品，制造费用须在各种产品之间进行分配。分配标准有：

（1）生产工人生产工时，即生产工人生产加工产品所用的时间，又分实际生产工时、定额生产工时。

实际生产工时，即生产工人生产加工产品所用的实际时间，须通过统计才能得到该数据。

定额生产工时，根据生产工时定额乘产品的实际产量计算出来的数据。

生产工时定额，正常情况下生产工人生产加工一单位产品所用的时间，是事先根据产品生产加工的有关技术资料或实地测定的有关数据确定的。

（2）机器工时，即产品生产加工用的机器设备生产加工产品时所用的时间，又分实际机器工时、定额机器工时。

实际机器工时，即机器设备生产加工产品所用的实际时间，须通过统计才能得到该数据。

定额机器工时，根据机器工时定额乘产品的实际产量计算出来的数据。

分配标准的选择，企业的产品生产加工以人力为主，以生产工时为分配标准，主要靠机械设备，即机械化程度较高时，以机器工时为分配标准。实际工时较容易统计，用实际工时。定额工时较准确，则用定额工时可以大大提高分配效率。

（二）典型会计分录

借：生产成本——基本生产成本——A产品

——B产品

贷：制造费用——某车间

三、制造费用分配方法

生产工人工时比例分配法（或生产工时比例分配法）、生产工人工资比例分配法、机器工时比例分配法、年度制造费用计划分配率分配法。

（一）生产工人工时比例分配法

原理：按照各种产品所用生产工人实际工时的比例分配制造费用。

适用范围：适用于各种产品机械化程度相差不多的企业。

优点：生产工人工时的资料比较容易取得，核算工作很简便。

缺点：若各种产品的机械化程度不同，会影响费用分配的合理性。

计算方法：

制造费用分配率 = 该车间制造费用总额÷该车间生产工人工时总数

某种产品应负担的制造费用=该产品的生产工人工时数×制造费用分配率

（二）生产工人工资比例分配法

原理：按照各种产品所用生产工人工资的比例分配制造费用。

适用范围：适用于各种产品的工艺过程机械化程度相似、需要生产工人的操作技能水平大致相同的企业。

计算方法：

制造费用分配率 = 该车间制造费用总额÷该车间生产人员工资总数

某种产品应负担的制造费用=该产品的生产工人工资数×制造费用分配率

（三）机器工时比例分配法

原理：按照各种产品生产耗用机器工时的比例分配制造费用。

适用范围：适用于机械化、自动化程度较高的企业。

计算方法：

制造费用分配率 = 该车间制造费用总额÷各种产品耗用机器工时之和

某种产品应负担的制造费用=该产品生产耗用机器工时数×制造费用分配率

（四）年度制造费用计划分配率分配法

分配步骤：（假定以定额工时为分配标准）

1.计算年度计划分配率。

制造费用年度计划分配率 = 年度制造费用计划总额÷年度各种产品计划产量的定额工时总数

2.计算某产品某月应负担的制造费用。

某产品某月应负担的制造费用=该产品该月实际工时数×年度计划分配率

3.年末，分配制造费用实际发生额与计划分配额的差异额。

（1）差异额=全年制造费用实际发生额–按计划分配率分配的制造费用

（2）差异额分配率=产品该项间接费用累计额÷全部产品累计生产工时

（3）某产品应分配的差异额=该产品按计划分配率分配的制造费用×差异额分配率

任务实施

步骤一：生产工人工时比例分配法分配制造费用

根据本任务的任务描述可知，按生产工人工时比例分配法分配制造费用的分配过程如下。

制造费用分配率=21 000÷（12 000+8 000）=1.05

甲产品应分配制造费用=12 000×1.05=12 600（元）

乙产品应分配制造费用=8 000×1.05=8 400 （元）

相关分录如下：

借：生产成本——基本生产成本——甲产品　　12 600

——乙产品　　8 400

贷：制造费用——某车间　　21 000

步骤二：生产工人工资比例分配法分配制造费用

根据本任务的任务描述可知，按生产工人工资比例分配法分配制造费用的分配过程如下。

制造费用分配率=96 000÷（36 000+20 000+24 000）=1.2

甲产品应分配制造费用=36 000×1.2=43 200（元）

乙产品应分配制造费用=20 000×1.2=24 000 （元）

丙产品应分配制造费用=24 000×1.2=28 800（元）

相关分录如下：

借：生产成本——基本生产成本——甲产品　　43 200

——乙产品　　24 000

——丙产品　　28 800

贷：制造费用——某车间　　96 000

步骤三：机器工时比例分配法分配制造费用

根据本任务的任务描述可知，按机器工时比例分配法分配制造费用的分配过程如下。

制造费用分配率=21 670÷（3 260 + 2 750 + 2 658）=2.5

甲产品应负担的制造费用=3 260×2.5=8 150（元）

乙产品应负担的制造费用=2 750×2.5=6 875（元）

丙产品应负担的制造费用=2 658×2.5=6 645（元）

相关分录如下：

借：生产成本——基本生产成本——甲产品　　8 150

——乙产品　　6 875

——丙产品　　6 645

贷：制造费用——某车间　　21 670

步骤四：年度制造费用计划分配率分配法分配制造费用

根据本任务的任务描述可知，按年度制造费用计划分配率分配法分配制造费用的分配过程如下。

1. 年度制造费用计划分配率=601 222÷（20 000×3+16 500×4）=4.77

2.（1）1月份分配制造费用。

A产品=1 200×3×4.77=17 172（元）

B产品=860×4×4.77=16 408.8（元）

编制会计分录：

借：生产成本——基本生产成本——A产品　　17 172

　　　　　　　　　　　　　——B产品　　16 408.8

　贷：制造费用　　33 580.8

（2）2月份分配制造费用。

A产品=2 100×3×4.77=30 051（元）

B产品=1 300×4×4.77=24 804（元）

编制会计分录：

借：生产成本——基本生产成本——A产品　　30 051

　　　　　　　　　　　　　——B产品　　24 804

　贷：制造费用　　54 855

3.在12月，对年末制造费用差额的处理。

（1）差异的分配。

分配率=差异÷各种产品分配的制造费用

差异=621 554−610 266=11 288（元）

分配率=11 288÷（298 400+311 866）=0.018

A产品=298 400×0.018=5 371.2（元）

B产品=11 288−5 371.2=5 916.8（元）

（2）账务处理。

借：生产成本——基本生产成本——A产品　　5 371.2

　　　　　　　　　　　　　——B产品　　5 916.8

　贷：制造费用　　11 288

课堂强化

[强化2-6-1]

2019年6月30日，请根据北京科云股份有限公司相关单据（见表2-6-1、表2-6-2）编制制造费用分配表（见表2-6-3），并编制会计分录。

强化2-6-1
参考答案

表2-6-1

分页：51　总页：100

制造费用　明细账

二级科目：

2019年 月	日	凭单号	摘要	借方	贷方	借或贷	余额	(借)方 材料费	人工费	差旅费	水电费	折旧费	房租费
05	31		承前页			平	000						
06	20	记字030	报销生产车间差旅费	320000		借	320000			320000			
06	30	记字040	基本生产车间领用材料	1305000		借	1625000	1305000					
06	30	记字041	支付分摊生产车间水电费	1211000		借	2836000				1211000		
06	30	记字043	支付本月车间房租费	3500000		借	6336000						3500000
06	30	记字044	计提生产车间人员工资	1295500		借	7631500		1295500				
06	30	记字045	计提生产车间折旧费	376041		借	8007541					376041	

表 2-6-2

生产车间工时统计表

车间：基本生产车间　　　　日期：2019年06月30日

序号	项目	工时（小时）
001	男式皮鞋	3000
002	女式长统靴	2500
	合　计	5500

审核：吴浩　　　　制表：陈飞

表 2-6-3

制造费用分配表

车间：基本生产车间　　　　日期：2019年06月30日

项　　目			金　　额
制造费用归集	制造费用-差旅费		
	制造费用-材料费		
	制造费用-水电费		
	制造费用-房租费		
	制造费用-人工费		
	制造费用-折旧费		
	制造费用合计：		
制造费用分配	分配总工时(小时)		
	分配率（保留3位小数）		
	男式皮鞋	耗用工时	
		分摊金额（元）	
	女式长统靴	耗用工时	
		分摊金额（元）	

审核：　　　　制表：

[强化 2-6-2]

某企业基本生产车间生产甲、乙、丙3种产品。本月共耗用生产工时28 000小时，其中，甲产品9 000小时，乙产品12 000小时，丙产品7 000小时。本月共发生制造费用72 800元。

要求：采用生产工人工时比例分配法分配制造费用，并编制会计分录。

强化 2-6-2
参考答案

[强化 2-6-3]

2019 年 6 月 30 日，请根据北京科云股份有限公司会计收到的相关单据（见表 2-6-4、表 2-6-5）编制制造费用分配表（表 2-6-6），并编制会计分录。

强化 2-6-3
参考答案

表 2-6-4

产量统计表

车间：基本生产车间　　　　计量单位：双　　　　日期：2019年06月30日

序号	项目	当期产量
001	男式皮鞋	600
002	女式长统靴	400
	合　计	1000

审核：吴浩　　　　制表：陈飞

表 2-6-5

分页：51　总页：100

制造费用　　明细账

二级科目：

2019年 月	日	凭单号	摘　要	借方	贷方	借或贷	余额	（借）方 材料费	人工费	差旅费	水电费	折旧费	房租费
05	31		承前页			平	000						
06	20	记字030	报销生产车间差旅费	320000		借	320000			320000			
06	30	记字040	基本生产车间领用材料	1305000		借	1625000	1305000					
06	30	记字041	支付分摊生产车间水电费	1211000		借	2836000				1211000		
06	30	记字043	支付本月车间房租费	3500000		借	6336000						3500000
06	30	记字044	计提生产车间人员工资	1295500		借	7631500		1295500				
06	30	记字045	计提生产车间折旧费	376041		借	8007541					376041	

表 2-6-6

制造费用分配表

车间：基本生产车间　　　　日期：2019年06月30日

项　目			金　额
制造费用归集	制造费用-差旅费		
	制造费用-材料费		
	制造费用-水电费		
	制造费用-房租费		
	制造费用-人工费		
	制造费用-折旧费		
	制造费用合计：		
制造费用分配	当期产量（双）		
	分配率（保留3位小数）		
	男式皮鞋	当期产量（双）	
		分摊金额（元）	
	女式长统靴	当期产量（双）	
		分摊金额（元）	

审核：　　　　制表：

[强化 2-6-4]

某企业生产车间全年制造费用计划为93 690元；全年各种产品的计划产量为：A产品4 100件，B产品3 550件；单件产品的工时定额为：A产品5小时，B产品4小时。10月份实际产量为：A产品395件，B产品216件。10月实际发生制造费用为8 057元。

要求：按年度制造费用计划分配率分配法分配制造费用，并编制会计分录。

强化2-6-4 参考答案

任务评价

根据任务要求实施并完成任务后，请填写任务评价参考表（见表2-6-7）。

表2-6-7 **制造费用归集与分配任务评价参考表**

考评内容标准	实施评价		
	自我评价	学生互评	教师评价
了解制造费用的内容（20分）			
掌握制造费用的分配方法（30分）			
能运用制造费用分配方法进行核算及账务处理（50分）			
合计			

任务七　生产费用在完工产品和在产品之间的分配

如何既合理又简便地在完工产品与月末在产品之间分配生产费用，是产品成本计算工作中一个重要而复杂的问题，由于月初在产品成本与本月生产费用之和就是需要在完工产品与月末在产品之间分配的生产费用总额，因此，月末在产品成本的计算是否准确，直接影响到完工产品成本计算的正确性。

子任务一　定额成本法

微课13　定额成本法

任务描述

某企业生产的丙产品由两道工序组成，有关资料为：

费用定额：原材料200元，直接工资0.6元/小时，制造费用0.8元/小时。

工时定额：第一道工序40小时，第二道工序20小时。

月末在产品产量：第一道工序50件，第二道工序40件。

实际生产费用：直接材料：月初在产品12 000元，本月发生48 000元；直接人工：月初在产品2 100元，本月发生13 000元；制造费用：月初在产品3 200元，本月发生14 000元。

根据上述资料计算月末在产品定额成本（见表2-7-1）及编制丙产品生产成本分配表（见表2-7-2）并进行账务处理。

表2-7-1　**在产品定额成本计算表**

202×年×月　金额单位：元

产品名称	所在工序	在产品数量（件）	直接材料		在产品累计工时定额数（小时）	在产品定额人工（小时）	直接人工（0.6元/小时）	制造费用（0.8元/小时）	定额成本合计
			费用定额数	定额直接材料					
丙产品	1								
	2								

表2-7-2　**产品成本分配表（简表）**

日期：202×年×月×日

车间：××车间　产品：丙产品

项目	直接材料	直接人工	制造费用	合计
月初在产品成本				
本月生产费用				
合计				
月末在产品定额成本				
本月完工产品成本				

知识准备

一、在产品与产成品的含义

在产品也称“在制品”，指处于生产过程中，尚未最终完工，不能作为商品销售的产品。在产品有广义和狭义之分。广义在产品指从投料开始，到最终制成产成品交付验收入库前的一切产品，包括正在加工中的在制品（含正在返修的废品）、已经完成一个或几个生产步骤但还需继续加工的半成品、尚未验收入库的产成品和等待返修的废品。狭义在产品是就某一生产单位（如分厂或车间）或某一生产步骤来说的，它仅指本生产单位尚未加工或装配完成的产品。本任务所讨论的在产品指的是狭义在产品。

产成品指已经完成全部加工过程并可对外销售的产品，即完工产品。完工产品亦有广义和狭义之分，狭义完工产品指已经完成企业全部加工过程并可对外销售的产品，即产成品；广义完工产品不仅包括产成品，还包括只完成某一步骤生产的中间产品，即自制半成品。

二、在产品数量的确定

在产品数量确定的准确性直接影响产品成本计算的正确性。要准确核算在产品成本，必须准确确定在产品数量。在产品数量的确定方法通常有两种：一是通过设置在产品台账，即在产品收发结存账（一般格式见表2-7-3），采取永续盘存制来确定在产品数量；二是通过月末实地盘点，采取实地盘存制来确定在产品数量。为加强在产品实物管理，企业应定期对在产品进行清查，特别是在年度决算时，必须进行一次全面清查。

表2-7-3　**在产品收发结存账（在产品台账）**

车间：第一车间　在产品名称：甲产品　计量单位：台

202×年		摘要	收入		发出			结存		
月	日		凭证号	数量	凭证号	合格品	废品	已完工	未完工	废品
略		略	—	20	—	12	—	6	2	—
			—	33	—	31	1	—	1	—
			—	12	—	8	—	2	2	—
			…	…	…	…	…	…	…	…
		合计		320		260	4	36	20	—

在产品台账的填制，不仅对企业正确计算产品成本，加强生产资金管理有重要意义，而且结合在产品的定期清查工作，可以定期查清在产品的实有情况及盈亏数量，对保护企业财产的安全完整具有重要意义。

三、在产品清查的核算

为核实在产品数量，保护在产品的安全完整，企业必须定期和不定期地做好在产品的清查工作，以便准确地计算产品成本。在产品清查一般于月末结账前进行，通过实地盘点确定在产品的实际结存数量，与在产品台账记录的结存数量进行核对，如有不符，编制在产品盘点溢缺报告单，填明在产品名称、溢缺数量、溢缺金额、溢缺原因等，财会部门应对盘盈、盘亏在产品的数量、原因及处理意见进行审核，并按规定程序报经有关领导批准后进行相应账务处理。

（一）在产品盘盈的核算

企业在清查中发现在产品盘盈时，应按实际平均单位成本、定额成本或计划成本予以入账，借记“生产成本——基本生产成本”账户，贷记“待处理财产损溢——待处理流动资产损溢”账户；报经批准后，按规定对盘盈在产品进行核销时，一般应冲减“管理费用”，借记“待处理财产损溢——待处理流动资产损溢”账户，贷记“管理费用”账户。具体账务处理流程如图2-7-1所示。

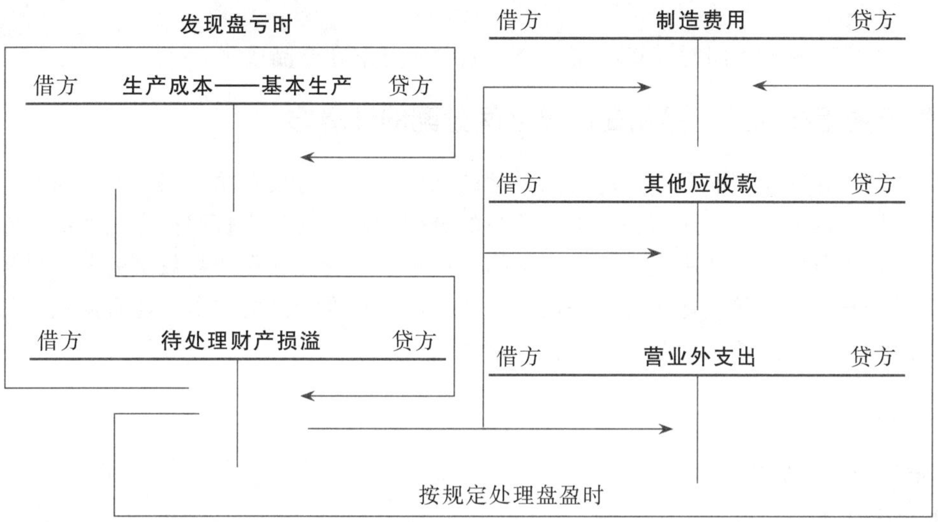

图2-7-1　在产品盘盈、盘亏处理流程图

（二）在产品盘亏和毁损的核算

1.在产品发生盘亏或毁损时。

借：待处理财产损溢——待处理流动资产损溢

　贷：生产成本——基本生产成本

2.核销在产品的盘亏或毁损时，应根据不同情况分别处理。

借：原材料（毁损在产品收回的残值）

　　其他应收款（应收过失人或保险公司赔偿的损失）

　　营业外支出（非正常损失的净损失）

　　管理费用（无法收回的损失）

　贷：待处理财产损溢——待处理流动资产损溢

需要说明的是，在产品盘亏、毁损要计算应负担的增值税，其增值税额也记入“待处理财产损溢”，即借记“待处理财产损溢”账户，贷记“应交税费——应交增值税（进项税额转出）”账户。

四、在产品成本与完工产品成本计算的关系

在产品数量是核算在产品成本的基础，在产品成本与完工产品成本之和就是产品生产费用总额，由于本期期末在产品成本就是下期期初在产品成本，因此，月初在产品成本、本月生产费用、完工产品成本和月末在产品成本之间的关系可用下列公式表示：

月初在产品成本+本月生产费用=本月完工产品成本+月末在产品成本

确定本月完工产品成本和月末在产品成本有3种模式：

1.先计算月末在产品成本，然后将生产费用合计（即月初在产品成本和本月生产费用之和）减去月末在产品成本，其余额就是完工产品成本；

2.先计算本期完工产品成本，然后将生产费用合计减去完工产品成本，其余额就是月

末在产品成本；

3.采用适当的方法同时计算出完工产品成本和月末在产品成本。

五、生产费用在完工产品和在产品之间分配的计算方法

生产费用在完工产品和在产品之间分配的准确与否，直接关系到完工产品与在产品计价的正确性。因此，企业应当正确选择适当的分配方法，将生产费用在完工产品和在产品之间进行合理分配。具体来说，企业要根据生产过程的特点和在产品数量的多少、各月在产品数量变化的大小等具体条件，采用适当的方法计算在产品的成本。通常采用的计算方法有：定额成本法、约当产量法、定额比例法。

六、定额成本法

（一）定额成本法概述

1.定额成本法的原理

定额成本法的原理是：企业如果具备完整的消耗定额资料，消耗定额比较准确、稳定，而且在产品数量变化不大的情况下，生产费用在完工产品与在产品之间的分配可以采用定额成本法，通过月末在产品数量和定额成本计算月末在产品成本。

2.定额成本法的特点

定额成本法的特点是：月末在产品成本根据月末在产品数量和单位定额成本计算，然后从本月该种产品的全部生产费用（如果有月初在产品，包括月初在产品成本）中扣除，以求得完工产品的成本。

3.定额成本法的计算方法（针对单工序产品而言）

某产品月末在产品成本=月末在产品数量×在产品单位定额成本

某产品完工产品总成本=该产品本月生产费用合计-该产品月末在产品成本

4.定额成本法的评价

采用此方法的关键在于计算月末在产品的定额成本。月末在产品定额成本的计算一般是分成本项目进行的。其中，直接材料项目可根据在产品数量和单位在产品材料成本定额计算，其他成本项目根据在产品累计工时定额和每一定额工时的费用额计算。

5.定额成本法的适用范围

定额成本法适用于各项消耗或费用定额比较准确、稳定，各月月末在产品数量变化不大的产品。

（二）多工序产品的计算步骤

1.确定月末在产品定额原材料费用。

月末在产品定额原材料费用的确定，由于材料的投料方式不同，计算方法也不一样。

①原材料为生产开始时一次投入，则月末在产品定额原材料费用计算方法为：

月末在产品定额原材料费用=$\sum$(每道工序在产品数量×材料费用定额)

②原材料为随生产进度陆续投入，则月末在产品定额原材料费用计算方法为：

月末在产品定额原材料费用=$\sum$(某工序累计原材料费用定额×该工序在产品数量)

某工序累计原材料费用定额=前道工序累计原材料费用定额+本工序原材料费用定额×50%

③原材料为分工序一次投入的，则某工序累计原材料费用定额按下列方法计算：

某工序累计原材料费用定额=前道工序累计原材料费用定额+本工序原材料费用定额

2.确定月末在产品定额工时。

确定月末在产品定额工时，要根据各工序结存的在产品数量和工时定额来计算成本。公式为：

月末在产品定额工时=$\sum$(某工序累计工时定额 × 该工序在产品数量)

某工序累计工时定额=前道工序累计工时定额+本工序工时定额×50%

3.确定月末在产品定额加工成本。

①计算月末在产品定额工资成本。

月末在产品定额工资成本=月末在产品定额工时×每小时工资定额

②计算月末在产品定额制造费用。

月末在产品定额制造费用=月末在产品定额工时×每小时制造费用定额

4.计算月末在产品定额成本。

月末在产品定额成本=月末在产品定额原材料费用+月末在产品定额工资成本+月末在产品定额制造费用

（三）单工序产品成本的定额成本法的运用

[例 2-7-1]

某企业按定额成本法计算3月办公桌的产品成本，计算流程如下：

表 2-7-4

产品成本分配表（定额成本法）

车间：基本生产车间　　产品：办公桌　　单位：元　　日期：202×年03月31日

项目		直接材料	直接人工	制造费用	合计
期初余额					
本月发生额					
合计：					
产品产量（张）	完工产品数量				
	在产品数量				
	合计：				
在产品单位定额					
月末在产品成本					
结转完工产品成本					

审核：　　制表：

（1）要将产品成本分配表（见表 2-7-4）填写完整，首先要查询一下3月的生产成本明细账（见表 2-7-5）。

（2）接着根据3月的产量情况表（见表 2-7-6）来填产品的产量数据；

（3）根据事先制定好的在产品单位定额表（见表 2-7-7）录入；

（4）接下来计算月末在产品成本和完工产品成本的金额。

表 2-7-5

分页：05 总页：20

生产成本 明细账

二级科目：基本生产成本-办公桌

202× 年		凭单号	摘要	借方	贷方	借或贷	余额	（借）方金额分析			
月	日							直接材料	直接人工	制造费用	
2	28		承前面			借	1056560				
2	28		本月合计	12608503	11551943	借	1056560	416000	369000	400000	
3	31	记041	生产领用原材料	3000000		借	4056560	3000000			
3	31	记042	计提人工费用	1800000		借	5856560		1800000		
3	31	记043	结转制造费用	8170000		借	14026560			8170000	

表 2-7-6

月末产量情况表

单位：北京科云股份有限公司　　单位：张　　日期：202×年03月31日

序号	产品名称	月初在产品	本月投产量	完工产品量	月末在产品
001	办公桌	50	200	225	25
002	办公椅	44	286	246	84

审核：吴浩　　制表：陈飞

表 2-7-7

在产品单位定额表

单位：北京科云股份有限公司　　单位：元/张　日期：202×年03月31日

序号	产品名称	项目	直接材料	直接人工	制造费用
001	办公桌	在产品定额	80	85	45
002	办公椅	在产品定额	56	59.50	31.50

审核：吴浩　　制表：陈飞

月末在产品成本=月末在产品数量×在产品单位定额成本

完工产品成本=生产费用合计-按定额成本法计算的月末在产品成本

（5）最终将产品成本分配表（见表2-7-8）填写完整。

表 2-7-8

产品成本分配表（定额成本）

车间：基本生产车间　　产品：办公桌　　单位：元　日期：202×年03月31日

项　　目		直接材料	直接人工	制造费用	合　　计
期初余额		4160.00	3690.00	4000.00	11850.00
本月发生额		30000.00	18000.00	81700.00	129700.00
合　计：		34160.00	21690.00	85700.00	141550.00
产品产量（张）	完工产品数量	225	225	225	
	在产品数量	25	25	25	
	合　计：	250	250	250	
在产品单位定额		80.00	85.00	45.00	210.00
月末在产品成本		2000.00	2125.00	1125.00	5250.00
结转完工产品成本		32160.00	19565.00	84575.00	136300.00

审核：　　制表：

任务实施

步骤一：填制在产品定额成本计算表

根据本任务的任务描述可知，在产品定额成本计算表见表2-7-9。

表 2-7-9　在产品定额成本计算表

202×年×月　　金额单位：元

产品名称	所在工序	在产品数量（件）	直接材料		在产品累计工时定额数（小时）	在产品定额人工（小时）	直接人工（0.6元/小时）	制造费用（0.8元/小时）	定额成本合计
			费用定额数	定额直接材料					
丙产品	1	50	200	10 000	20	1 000	600	800	11 400
	2	40	200	8 000	50	2 000	1 200	1 600	10 800
				18 000		3 000	1 800	2 400	22 200

在产品累计工时定额数计算如下：

第一道工序在产品累计工时定额=40×50%=20（小时）

第二道工序在产品累计工时定额=40+20×50%=50（小时）

步骤二：填制产品成本分配表

根据本任务的任务描述可知，产品成本分配表见表2-7-10。

表2-7-10　　产品成本分配表（简表）

日期：202×年×月×日

产品：丙产品　　车间：××车间　　单位：元

项目	直接材料	直接人工	制造费用	合计
月初在产品成本	12 000	2 100	3 200	17 300
本月生产费用	48 000	13 000	14 000	75 000
合计	60 000	15 100	17 200	92 300
月末在产品定额成本	18 000	1 800	2 400	22 200
本月完工产品成本	42 000	13 300	14 800	70 100

步骤三：编制会计分录

根据本任务的任务描述及表2-7-10产品成本分配表可知，相关会计分录如下：

借：库存商品——丙产品　　70 100

　贷：生产成本——基本生产成本——丙产品（直接材料）　　42 000

　　　　　　　　　　　　　　——丙产品（直接人工）　　13 300

　　　　　　　　　　　　　　——丙产品（制造费用）　　14 800

课堂强化

[强化2-7-1]

资料：某公司生产M产品，该产品月初和本月生产费用累计为：直接材料200 000元，直接人工40 000元，制造费用20 000元。原材料在生产开始时一次投入。单位产品直接材料费用定额为400元，月末在产品60件，定额工时共计2 000小时，费用定额为：直接人工3元/小时，制造费用1.4元/小时。

要求：采用定额成本法计算完工产品与月末在产品成本，填写表2-7-11，并进行相应的账务处理。

强化2-7-1
参考答案

表2-7-11　　产品成本分配表（简表）

日期：202×年×月×日

车间：××车间　　产品：M产品　　金额单位：元

项目	直接材料	直接人工	制造费用	合计
本月生产费用合计				
月末在产品数量/定额工时				
费用定额				
月末在产品定额成本				
本月完工产品成本				

子任务二　约当产量法

微课 14　约当产量法

任务描述

某企业只生产丙产品一种产品，该产品月初在产品及本月发生生产费用资料见表 2-7-12。

表 2-7-12　　丙产品生产费用明细表　　单位：元

项目	直接材料	直接人工	制造费用	合计
月初在产品成本	55 287	5 272	7 051	67 610
本月生产费用	91 753	32 648	36 399	160 800
合计	147 040	37 920	43 450	228 410

丙产品有关的产量资料见表 2-7-13。

表 2-7-13　　丙产品产量情况表

项目	产成品	月末在产品		
		加工程度 20%	加工程度 50%	加工程度 70%
实际产量（件）	6 000	1 500	1 800	1 000

生产丙产品所耗原材料在生产开始时投入 50%，在加工程度达 40% 时再投料 30%，其余的 20% 在加工程度达 60% 时投入。工费成本随加工程度逐渐发生。

要求：按约当产量法计算完工产品和月末在产品的成本并进行相关的账务处理。

知识准备

一、约当产量法的含义

约当产量法指将月末实际盘存的在产品数量，按其完工程度或投料程度折合成相当于完工产品的数量，然后将本期的生产费用按照月末完工产品数量和在产品约当产量比例进行分配，从而计算出完工产品成本和月末在产品成本的方法。

二、约当产量法的特点

约当产量法的特点是将生产费用合计，按完工产品数量与月末在产品数量折合成的完工产品数量（即约当产量）的比例进行分配，以计算完工产品成本和月末在产品成本。分配时按成本项目进行。

三、约当产量法的计算方法

约当产量法的计算步骤如下：

在产品约当产量=在产品数量×在产品完工程度

某项费用分配率=（月初在产品成本+本月发生生产费用）÷（本月完工产品数量+月末在产品约当产量）

完工产品成本=完工产品产量×该项费用分配率

在产品该项费用=月初在产品成本+本月发生生产费用－完工产品成本

要正确计算在产品的约当产量，首先必须确定投料方式和完工程度。

（一）投料方式和完工程度确定

原材料投入方式如图2-7-2所示。

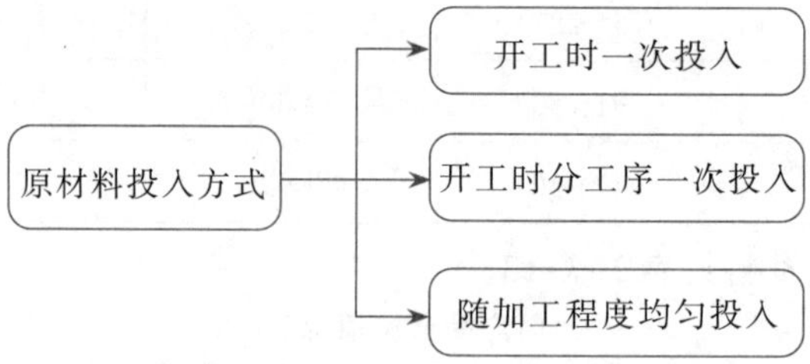

图2-7-2　原材料投入方式

1.原材料在开工时一次投入

当直接材料于生产开始时一次投入，即投料百分比为100%时，不论在产品完工程度如何，其单位在产品耗用的原材料与单位完工产品耗用的原材料是相等的。因此，已分配直接材料费用的在产品的实际数量即为在产品的约当产量。

［例2-7-2］

某产品本月份完工250件，月末在产品50件，原材料在生产开始时一次性投入。应分配费用：月初和本月发生的原材料费用8 700元，完工产品和月末在产品的原材料费用分配计算如下：

原材料分配率=8 700÷（250+50×100%）=29

在产品应分配原材料费用=50×29=1 450（元）

完工产品应分配原材料费用=8 700－1 450=7 250（元）

2.原材料在开工时分工序一次投入

当直接材料随生产过程陆续投入，且在每道工序开始时一次投入，即每道工序都要投入材料，而且在各道工序生产开始时材料全部投入，然后经连续加工生产出产成品。此时，每道工序的月末在产品应负担的材料费用为截至该工序的累计投料额，月末在产品可按投料比例折合为完工产品，确定月末在产品约当产量的公式如下：

某工序月末在产品约当产量=该工序在产品数量×截至该工序投料程度

某工序期末在产品投料程度=截至该工序累计投料额（数量）÷完工产品投料额（数量）×100%

[例 2-7-3]

某车间生产X产品需要经过3道工序，每道工序所需材料均在生产开始时一次投入，投料比例分别为第一道工序50%，第二道工序30%，第三道工序20%。202×年8月31日各工序的月末在产品数量分别是120件、80件和100件，据此计算月末在产品约当产量见表2-7-14。

表 2-7-14　　**X产品月末在产品约当产量计算表**

202×年8月31日

项目	第一道工序	第二道工序	第三道工序	合计
单位产品投料比例	50%	30%	20%	100%
月末在产品数量	120	80	100	300
各工序累计投料比例	50%	80%	100%	—
月末在产品约当产量	60	64	100	224

3.原材料随加工程度均匀投入

原材料随着生产进度陆续投入，同时在每道工序也是陆续投入的，在这种投料方式下，原材料的投料程度与生产工时的投入程度同步，在产品约当产量应按各工序在产品材料的消耗比例计算。其公式为：

$$某工序在产品投料程度=\frac{前面各道工序定额之和+本工序投料定额\times 50\%}{完工产品投料定额}\times 100\%$$

[例 2-7-4]

某产品本月完工200件，由两道工序制成，原材料在生产过程中随工序陆续投入。各工序原材料消耗定额为：第一道工序70千克，第二道工序30千克，共为100千克。各工序月末在产品数量为：第一道工序80件，第二道工序60件。月初和本月发生的原材料费用为10 200元，分配材料费用如下：

①计算在产品投料率：

第一道工序投料率=（70×50%）÷100×100%=35%

第二道工序投料率=（70+30×50%）÷100×100%=85%

②计算在产品约当产量：

第一道工序在产品约当产量=80×35%=28（件）

第二道工序在产品约当产量=60×85%=51（件）

期末在产品约当产量=28+51=79（件）

③计算分配材料费用：

原材料费用分配率=10 200÷（200+79）=36.56

月末在产品分配材料费用=79×36.56=2 888.24（元）

完工产品分配材料费用=10 200−2 888.24=7 311.76（元）

（二）完工程度的确定

在生产过程中，产品的完工程度越高，该产品应负担的加工费用就越多，因此，月末在产品应负担的加工费用的多少与产品的完工程度密切相关。所以在分配加工费用（如燃料动力、直接人工、制造费用）时，需采用完工程度计算约当产量。

1.分工序计算在产品完工程度

分工序计算在产品完工程度，指根据各工序的累计工时定额（实耗工时）占完工产品工时定额（实耗工时）的百分比，来确定各工序在产品完工程度的一种方法。其计算公式如下：

$$\text{某工序在产品完工程度}=\left(\frac{\text{在产品上道工序}}{\text{累计定额工时之和}}+\frac{\text{在产品本道}}{\text{工序定额工时}}\times 50\%\right)\div\frac{\text{产品工时}}{\text{定额总和}}\times 100\%$$

［例 2-7-5］

以例 2-7-3 资料为例，该公司生产的 X 产品定额工时为 60 小时，各工序分别为 30 小时、12 小时和 18 小时，则月末在产品约当产量计算结果见表 2-7-15。

表 2-7-15　**X 产品月末在产品约当产量计算表**

202×年 8 月 31 日

项目	第一道工序	第二道工序	第三道工序	合计
工时定额（小时）	30	12	18	60
完工程度	25%	60%	85%	—
月末在产品数量	120	80	100	300
月末在产品约当产量	30	48	85	163

2.不分工序计算在产品完工程度

不分工序计算在产品完工程度指企业对在产品确定一个平均完工程度（一般确定为 50%）作为各工序在产品完工程度的一种方法。

四、约当产量法的适用范围

约当产量法适用于月末在产品数量较大，各月月末在产品数量变化也较大，产品成本中原材料费用和人工及制造费用的比重相差不大的产品。

任务实施

步骤一：填制丙产品约当产量计算表

根据本任务的任务描述可知，丙产品约当产量计算表见表 2-7-16。

表 2-7-16　　丙产品约当产量计算表

加工程度	在产品数量（件）	直接材料约当产量		加工费约当产量	
		投料率	在产品	完工率	在产品
20%	1 500	50%	750	20%	300
50%	1 800	80%	1 440	50%	900
70%	1 000	100%	1 000	70%	700
合计	—	—	3 190	—	1 900

步骤二：填制丙产品成本计算表

根据本任务的任务描述可知，丙产品成本计算表见表 2-7-17。

表 2-7-17　　丙产品成本计算表

车间：××车间　　202×年×月　　单位：元

摘要	直接材料	直接人工	制造费用	合计
期初在产品成本	55 287	5 272	7 051	67 610
本期生产费用	91 753	32 648	36 399	160 800
生产费用合计	147 040	37 920	43 450	228 410
完工产品数量	6 000	6 000	6 000	—
在产品约当产量	3 190	1 900	1 900	—
约当总产量	9 190	7 900	7 900	—
分配率	16	4.8	5.5	—
完工产品成本	96 000	28 800	33 000	157 800
月末在产品成本	51 040	9 120	10 450	70 610

步骤三：编制会计分录

根据本任务的任务描述及表 2-7-17 丙产品成本计算表可知，相关会计分录如下：

借：库存商品——丙产品　　157 800

　贷：生产成本——基本生产成本——丙产品（直接材料）　　96 000

　　　　　　——基本生产成本——丙产品（直接人工）　　28 800

　　　　　　——基本生产成本——丙产品（制造费用）　　33 000

课堂强化

［强化 2-7-2］

资料：某企业生产的甲产品分三道工序制成，各工序的原材料消耗定额为：第一道工序100千克，第二道工序60千克，第三道工序40千克。月末在产品数量：第一道工序150件，第二道工序200件，第三道工序250件。

强化 2-7-2
参考答案

要求：（1）若原材料于每道工序开始时一次投入，计算各工序在产品的投料率和约当产量，并填制表2-7-18。

（2）若原材料于每道工序开始后随加工程度均匀投入，计算各工序在产品的投料率和约当产量，并填制表2-7-19。

表2-7-18　　月末在产品直接材料约当产量计算表

202×年×月

工序	月末在产品数量（件）	单位产品原材料消耗定额	投料率	在产品约当产量（件）
1				
2				
3				
合计				

表2-7-19　　月末在产品直接材料约当产量计算表

202×年×月

工序	月末在产品数量（件）	单位产品原材料消耗定额	投料率	在产品约当产量（件）
1				
2				
3				
合计				

［强化 2-7-3］

某企业生产A产品，分三道工序制成，A产品工时定额为100小时，其中：第一道工序40小时，第二道工序30小时，第三道工序30小时。月末在产品数量：第一道工序1 000件，第二道工序1 200件，第三道工序1 500件。各工序月末在产品在本道工序的平均加工程度按50%计算。

强化 2-7-3
参考答案

要求：计算各工序在产品的完工率和约当产量，并填入表2-7-20。

表 2-7-20　　　　各工序在产品的完工率及加工费约当产量计算表

202×年×月

工序	月末在产品数量（件）	单位产品工时定额	投料率	在产品约当产量（件）
1				
2				
3				
合计				

[强化 2-7-4]

北京科云股份有限公司生产的音箱是单步骤的，原材料在开始生产时一次投入，月末在产品的完工程度按50%计算，请根据下列单据（见表 2-7-21至表 2-7-24）编制产品成本分配表（见表 2-7-25），并编制会计分录。

强化 2-7-4
参考答案

表 2-7-21

产品产量情况表

单位：北京科云股份有限公司　　　　时间：2019年07月31日

产品名称	月初在产品数量	本月投产数量	本月完工产品数量	月末在产品数量
音箱	54	246	240	60
合计	54	246	240	60

审核人：吴浩　　　　制表人：陈飞

表 2-7-22

产品成本投入比率表

车间：基本生产车间　　　　日期：2019年07月31日

项目	直接材料	直接人工	制造费用
音箱	100%	50%	50%
影碟机	100%	50%	50%

审核：吴浩　　　　制表：陈飞

表 2-7-23

产品约当产量计算表

单位：北京科云股份有限公司　　　　产品：音箱　　　　日期：2019年07月31日

项目	直接材料	直接人工	制造费用
在产品数量	60	60	60
投入比例	100%	50%	50%
在产品约当产量	60	30	30
完工产品数量	240	240	240
产品约当产量合计	300	270	270

审核：　　　　制表：

表 2-7-24

分页：06　总页：20

生产成本　　明细账

二级科目：基本生产成本-音箱

2019年 月	日	凭单号	摘要	借方（亿千百十万千百十元角分）	贷方（亿千百十万千百十元角分）	借或贷	余额（亿千百十万千百十元角分）
06	30		承前页			借	2272960
06	30		本月合计	15783800	13510840	借	2272960
07	31	记040	生产音箱领用原材料	5505000		借	7777960
07	31	记043	计提人工费用	2710480		借	10488440
07	31	记045	结转制造费用	1294720		借	11783160

表 2-7-25

产品成本分配表（约当产量法）

车间：基本生产车间　　产品：音箱　　日期：2019年07月31日

项目		直接材料	直接人工	制造费用	合计
期初余额					
本月发生额					
合计：					
产品产量（套）	完工产品数量				—
	在产品约当产量				—
	合计：				—
单位成本（保留3位小数）					
结转完工产品成本					
月末在产品成本					

审核：　　制表：

子任务三　定额比例法

微课15　定额比例法

任务描述

某公司生产乙产品，202×年9月份有关费用及定额资料见表2-7-26。

表 2-7-26　**乙产品费用及有关定额资料**

品名：乙产品　　202×年9月　　金额单位：元

项目 内容	直接材料	直接人工	制造费用	合计
月初在产品	3 200	2 400	1 100	6 700
本月生产费用	19 600	8 800	6 600	35 000
单位完工产品定额	40千克	25小时	25小时	—
月末在产品定额	40千克	20小时	20小时	—
完工产品产量（件）	—	—	—	200
月末在产品产量（件）	—	—	—	100

要求：根据上述资料采用定额比例法计算完工产品和月末在产品成本，填制表2-7-27产品成本计算表并进行相关的账务处理。

表2-7-27　　　　　　　　　　**产品成本计算表**

产品名称：乙产品　　　　　　　　202×年9月　　　　　　　　金额单位：元

成本项目			直接材料	直接人工	制造费用	合计
月初在产品成本		①				
本月生产费用		②				
生产费用合计		③=①+②				
分配率		④=③÷（⑤+⑦）				
本月完工产品	定额耗用量或工时	⑤				
	实际费用	⑥=④×⑤				
月末在产品	定额耗用量或工时	⑦				
	实际费用	⑧=④×⑦				

知识准备

一、定额比例法的含义

定额比例法是按照定额消耗量、定额费用或定额工时的比例分配生产费用，从而计算出完工产品成本和月末在产品成本的一种方法。

二、定额比例法的特点

定额比例法的特点是：完工产品和月末在产品的成本计算按照生产费用占完工产品和月末在产品的定额消耗量或定额费用的比例来分配求得，而且在计算时，也是分成本项目进行的。其中，直接材料费用按原材料定额消耗量或原材料定额费用比例分配，其他成本项目按定额工时比例分配。

采用定额比例法，必须取得完工产品和月末在产品的定额消耗量和定额工时资料。完工产品的定额消耗量和定额工时用完工产品数量乘以单位产品原材料消耗定额、工时定额求得；月末在产品定额消耗量和定额工时用在产品的月末账面结存量或实际盘存量以及相应的材料消耗定额和工时定额求得。

三、计算方法

（一）直接材料费用的分配

$$\text{直接材料费用分配率}=\left(\text{月初在产品原材料成本}+\text{本月发生的原材料成本}\right)\div\left(\text{完工产品定额原材料耗用量}+\text{月末在产品定额原材料耗用量}\right)$$

完工产品应分配的直接材料费用=完工产品定额原材料耗用量×直接材料费用分配率

$$\text{月末在产品应分配的直接材料费用}=\text{月初在产品原材料成本}+\text{本月发生的原材料成本}-\text{完工产品应分配的直接材料费用}$$

（二）直接人工、制造费用的分配

$$\text{直接人工费用分配率}=\left(\text{月初在产品直接人工费用}+\text{本月发生的直接人工费用}\right)\div\left(\text{完工产品定额工时}+\text{月末在产品定额工时}\right)$$

$$\text{制造费用分配率}=\left(\text{月初在产品制造费用}+\text{本月发生的制造费用}\right)\div\left(\text{完工产品定额工时}+\text{月末在产品定额工时}\right)$$

完工产品应分配的直接人工费用 = 完工产品定额工时×直接人工费用分配率

$$\text{月末在产品应分配的直接人工费用}=\text{月初在产品直接人工费用}+\text{本月发生的直接人工费用}-\text{完工产品应分配的直接人工费用}$$

完工产品应分配的制造费用 = 完工产品定额工时×制造费用分配率

月末在产品应分配的制造费用 = 月初在产品制造费用+本月发生的制造费用－完工产品应分配的制造费用

四、定额比例法的适用范围

定额比例法适用于各项消耗定额或费用定额比较准确、稳定，且各月月末在产品数量变化比较大的产品。

任务实施

步骤一：直接材料成本分配

根据本任务的任务描述可知，直接材料的成本分配如下。

完工产品直接材料定额耗用量=40×200=8 000（千克）

月末在产品直接材料定额耗用量=40×100=4 000（千克）

直接材料费用分配率=（3 200+19 600）÷（8 000+4 000）=1.9

完工产品应负担的直接材料费用=8 000×1.9=15 200（元）

月末在产品应负担的直接材料费用=22 800−15 200=7 600（元）

步骤二：直接人工、制造费用成本分配

根据本任务的任务描述可知，直接人工、制造费用的成本分配如下。

完工产品直接人工（制造费用）定额工时=25×200=5 000（小时）

月末在产品直接人工（制造费用）定额工时=20×100=2 000（小时）

直接人工费用分配率=（2 400+8 800）÷（5 000+2 000）=1.6

完工产品应负担的人工费用=5 000×1.6=8 000（元）

月末在产品应负担的人工费用=11 200−8 000=3 200（元）

制造费用分配率=（1 100+6 600）÷（5 000+2 000）=1.1

完工产品应负担的制造费用=5 000×1.1= 5 500（元）

月末在产品应负担的制造费用=7 700−5 500=2 200（元）

步骤三：填制产品成本计算表

根据本任务的任务描述可知，产品成本计算表见表2-7-28：

完工产品成本=15 200+8 000+5 500=28 700（元）

月末在产品成本=7 600+3 200+2 200=13 000（元）

表2-7-28　　**产品成本计算表**

产品名称：乙产品　　202×年9月　　金额单位：元

成本项目			直接材料	直接人工	制造费用	合计
月初在产品成本		①	3 200	2 400	1 100	6 700
本月生产费用		②	19 600	8 800	6 600	35 000
生产费用合计		③=①+②	22 800	11 200	7 700	41 700
分配率		④=③÷（⑤+⑦）	1.9	1.6	1.1	—
本月完工产品	定额耗用量或工时	⑤	8 000	5 000	5 000	—
	实际费用	⑥=④×⑤	15 200	8 000	5 500	28 700
月末在产品	定额耗用量或工时	⑦	4 000	2 000	2 000	—
	实际费用	⑧=④×⑦	7 600	3 200	2 200	13 000

步骤四：编制会计分录

根据本任务的任务描述及表2-7-28产品成本计算表可知，相关会计分录如下：

借：库存商品——乙产品　　28 700

　贷：生产成本——基本生产成本——乙产品（直接材料）　　15 200

　　　　　　　　　　　　　　——乙产品（直接人工）　　8 000

　　　　　　　　　　　　　　——乙产品（制造费用）　　5 500

课堂强化

[强化2-7-5]

某公司生产K产品，9月初在产品成本为：直接材料4 000元，直接人工3 200元，制造费用1 600元，本月生产费用为：直接材料51 600元，直接人工19 200元，制造费用6 800元。本月完工产品400件，月末在产品100件，完工产品和在产品单位材料定额均为2元，完工产品单位工时定额1.5元，在产品单位工时定额1元。

要求：采用定额比例法计算完工产品成本与月末在产品成本，填写表2-7-29，并编制会计分录。

强化2-7-5
参考答案

表 2-7-29　　　　产品成本计算表

产品名称：K产品　　　　202×年9月　　　　金额单位：元

成本项目			直接材料	直接人工	制造费用	合计
月初在产品成本		①				
本月生产费用		②				
生产费用合计		③=①+②				
分配率		④=③÷（⑤+⑦）				
本月完工产品	定额耗用量或工时	⑤				
	实际费用	⑥=④×⑤				
月末在产品	定额耗用量或工时	⑦				
	实际费用	⑧=④×⑦				

[强化 2-7-6]

2019年10月31日，请根据相关表单（见表2-7-30至表2-7-32）编制北京科云股份有限公司产品成本分配表（见表2-7-33），并编制会计分录。

强化 2-7-6
参考答案

表 2-7-30

月末产量统计表

单位：北京科云股份有限公司　　　　日期：2019年10月31日

项目	月初在产品数量	本月投入量	月末在产品数量	月末完工产品数量
保温杯	509	341	130	720

审核：吴浩　　　　制表：陈飞

表 2-7-31

单位定额表

单位：北京科云股份有限公司　　　　产品：保温杯　　　　日期：2019年10月31日

项目	直接材料	直接人工	制造费用	合计
在产品单位定额	15.00	16.00	9.00	40.00
完工产品单位定额	28.00	32.00	17.00	77.00
合计	43.00	48.00	26.00	117.00

审核：吴浩　　　　制表：陈飞

表 2-7-32

分页：07　总页：20

生产成本　　明细账

二级科目：基本生产成本-保温杯

2019年 月	日	凭单号	摘要	借方（亿千百十万千百十元角分）	贷方（亿千百十万千百十元角分）	借或贷	余额（亿千百十万千百十元角分）
09	30		承前页			借	802800
09	30		本月合计	6500000	5697200	借	802800
10	31	记040	生产保温杯领用原材料	2038000		借	2840800
10	31	记041	计提人工费用	2058450		借	4899250
10	31	记042	结转制造费用	1127250		借	6026500

表 2-7-33

产品成本分配表（定额比例法）

车间：基本生产车间　　　　产品：保温杯　　　　金额单位：元　日期：2019年10月31日

项目			直接材料	直接人工	制造费用	合计
期初余额						
本月发生额						
合计：						
产品定额	在产品	在产品数量				—
		单位在产品定额				
		在产品定额				
	完工产品	完工产品数量				—
		单位完工产品定额				
		完工产品定额				
	产品定额合计：					
产品定额比例系数（保留3位小数）						—
月末在产品成本						
结转完工产品成本						

审核：　　　　制表：

▶▶▶ 任务评价

根据子任务一至子任务三的要求实施并完成任务后，请填写任务评价参考表（见表 2-7-34）。

表 2-7-34　　生产费用在完工产品与在产品之间的分配任务评价参考表

考评内容标准	实施评价		
	自我评价	学生互评	教师评价
了解在产品核算的相关内容（20分）			
掌握生产费用在完工产品与在产品之间的分配方法（30分）			
能运用约当产量法、定额比例法进行核算及账务处理（50分）			
合计			

项目小结

- 要素费用的归集与分配：材料费用、人工费用、燃料和动力费用、折旧费用及其他要素费用的归集与分配。分配率=待分配费用总额÷分配标准之和。
- 不可修复废品损失指不可修复废品的已耗生产成本减去废品残料价值、责任人赔偿款后的废品净损失。

- 由于不可修复废品的成本与合格品成本是同时发生和归集在一起的，因此，需要采取一定方法予以确定。一般情况下，可按废品所耗实际费用计算，也可按废品所耗定额费用计算。
- 按不可修复废品的数量和各项费用定额计算废品的定额成本，再将废品的定额成本扣除废品残料回收价值，算出废品损失，而不考虑废品实际发生的费用。该方法适用于消耗定额和费用定额比较健全的企业。
- 按废品的实际数量和各项消耗定额、费用定额计算不可修复废品的生产成本，实际成本与定额成本之间的差异额全部由合格品负担。
- 停工损失，指企业的生产车间或生产班组在停工期间发生的各项费用，包括停工期间支付的职工工资、福利费，所耗用的燃料、动力费以及应负担的制造费用。设“停工损失”总分类账或设“基本生产成本——停工损失”明细账。
- 辅助生产费用的归集和分配，是通过“生产成本——辅助生产成本”账户进行的。该账户一般应按辅助生产车间、车间下再按产品或劳务种类设置明细账，账中按照成本项目或费用项目设立专栏进行明细核算。辅助生产发生的各项生产费用，应记入“生产成本——辅助生产成本”账户的借方进行归集。
- 辅助生产车间既可能生产产品又可能提供劳务。所生产的产品，如工具、模具、修理用备件等，应在产品完工时，从“生产成本——辅助生产成本”账户的贷方分别转入“低值易耗品”“原材料”等账户的借方；所提供的劳务作业，如供水、供电、修理和运输等，其发生的辅助生产费用通常于月末在各受益单位之间按照一定的标准和方法进行分配后，从“生产成本——辅助生产成本”账户的贷方，转入“生产成本——基本生产成本”“制造费用”“管理费用”“销售费用”“在建工程”等有关账户的借方。
- 直接分配法：不考虑辅助生产车间之间相互提供劳务或产品的情况，将各辅助生产车间的生产费用直接分配给辅助生产车间以外的受益单位。
- 交互分配法是将辅助生产车间相互提供的劳务先行交互分配，然后再将各辅助生产车间交互分配后的实际费用全部分配给辅助生产车间以外各受益单位的一种分配方法。分两个步骤：（1）对内交互分配，即调整辅助生产车间的实际生产成本。先求出对内交互分配率，后调整，调整时应编制调整分录。对内交互分配率=原账面成本÷提供劳务总量；（2）对外受益分配，即将调整后的辅助生产成本对辅助生产车间以外的其他受益单位分配，应注意会计分录中的贷方数为调整后的各个辅助生产车间的实际成本。对外受益分配率=调整后实际成本÷对外提供劳务数量。
- 计划成本分配法：采用这种方法，辅助生产车间为各受益部门提供的劳务，都按劳务的计划成本进行分配，辅助生产车间实际发生的生产费用（包括辅助生产车间内部转入的费用）与按计划成本转出的费用差额（即成本差异），可以再分配给辅助生产车间以外的受益部门或全部计入管理费用。特点：两次分配。（1）先按劳务的计划单位成本分配辅助生产车间为各受益单位（包括其他辅助生产车间）提供的费用；（2）然后再将辅助生产车间实际发生的费用（包括交互分配转入的费用）与按计划成本分配转出的费用的差额，即成本差异，分配给辅助生产车间以外的受益单位。

- 代数分配法指运用代数中联立多元一次方程组的原理分配辅助生产费用的方法。采用代数分配法分配费用，分配结果最准确。
- 顺序分配法又叫阶梯法，指各辅助生产车间分配费用按照受益多少的顺序排列，受益少的排在前面（前者），先行分配，受益多的排在后面（后者），再行分配的一种方法。
- 制造费用分配的方法很多，通常采用的有生产工人工时比例分配法、生产工人工资比例分配法、机器工时比例分配法、年度制造费用计划分配率分配法等。
- 计算产品成本，必须要确定月末在产品的数量。月末在产品数量的确定可以有两种方法：一是通过账面核算资料确定，即通过在产品收发存明细账反映的期末结存数确定；二是在月末，通过对在产品进行盘点确定。在成本会计实务中，这两种方法往往是结合运用的，以确保在产品数量的准确。
- 定额成本法指月末在产品成本根据月末在产品数量和单位定额成本计算，然后从本月累计生产费用中扣除，以求得完工产品成本的一种方法。它适用于企业各项消耗定额或费用定额比较稳定、准确，各月月末在产品数量变化比较小的产品。
- 约当产量法是将期初在产品成本与本期发生的生产费用之和，按完工产品数量和月末在产品约当产量的比例进行分配，以计算本期完工产品成本和月末在产品成本的一种方法。而约当产量指根据月末在产品的投料和加工程度，将在产品按一定标准折合成相当于完工产品的数量。约当产量法适用于月末在产品数量较大，各月月末在产品数量变化也较大，产品成本中原材料费用和人工及制造费用的比重相差不大的产品。
- 定额比例法是将产品的生产成本按照完工产品和月末在产品的定额消耗量或定额费用的比例，分配计算完工产品成本和月末在产品成本的方法。它适用于各项消耗定额或费用定额比较准确、稳定，且各月月末在产品数量变化比较大的产品。

项目三
产品成本计算的基本方法

任务一　品种法的核算
任务二　分批法的核算
任务三　分步法的核算

学习目标

通过本章的学习，你应该达到以下目标：

【知识目标】　了解产品成本计算方法；熟悉各种成本计算方法的核算

【技能目标】　掌握各种成本计算方法的具体核算

【能力目标】　掌握品种法的核算；掌握一般分批法的应用，理解简化分批法的应用；掌握逐步结转分步法和平行结转分步法的核算；掌握成本还原的计算方法

案例引入

小李应聘到一家纺织厂做成本会计员，财务部老成本会计张师傅向小李介绍了企业的基本情况，该纺织厂规模不大，共有三个纺纱车间、两个织布车间。另外，还有若干为纺纱织布车间服务的辅助生产车间。该厂第一纺纱车间的纱全部对外销售，第二纺纱车间的纱供第一织布车间使用，第三纺纱车间的纱供第二织布车间使用。纺纱和织布的工序包括清花、粗纺、并条、粗纱、捻线、织布等工序。各工序生产的半成品直接供下一工序使用，不经过半成品库。

该厂现行的成本计算模式是：第一纺纱车间、第二纺纱车间和第一织布车间采用品种法计算成本，第三纺纱车间和第二织布车间采用逐步结转分步法计算成本。

为了加强企业的成本管理，纺织厂财务部对各车间生产的半成品均要进行考核；另外，主管部门还要对半成品成本情况进行评比和检查。

要求：纺织厂各车间成本计算方法的选择是否合理并说明理由。如果不合理，应如何改进？

分析：

1. 第一纺纱车间成本计算方法的选择合理。由于第一纺纱车间生产的纱直接对外销售，不为其他车间使用，因此，可以采用品种法计算成本。

2. 第二纺纱车间和第一织布车间成本计算方法的选择不合理。因为第二纺纱车间向第一织布车间提供半成品，为了进行成本考核和分析，应计算该步骤半成品成本，所以采用逐步结转分步法比较合理。

3. 第三纺纱车间和第二织布车间成本计算方法的选择合理。由于第三纺纱车间向第二织布车间提供半成品，为了进行成本考核和分析采用了逐步结转分步法计算该步骤半成品成本，所以是合理的。

项目概述

产品成本计算方法指将一定时期所发生的生产费用对象化到各产品上，以求得各产品总成本的方法。生产费用的对象化在成本会计中称为成本计算对象。产品成本计算的过程，就是按照一定的成本计算对象分配、归集生产费用的过程，可见产品成本计算对象的确定是成本计算的重要前提条件。一般来说，按照产品品种分配、归集生产费用是产品成本计算的基本要求，但在实际工作中，成本计算对象的确定还要受到企业生产类型的特点和管理要求的影响。

一、企业生产类型特点及其对产品成本计算方法的影响

（一）企业生产类型分类

企业生产类型分类如图3-0-1所示。

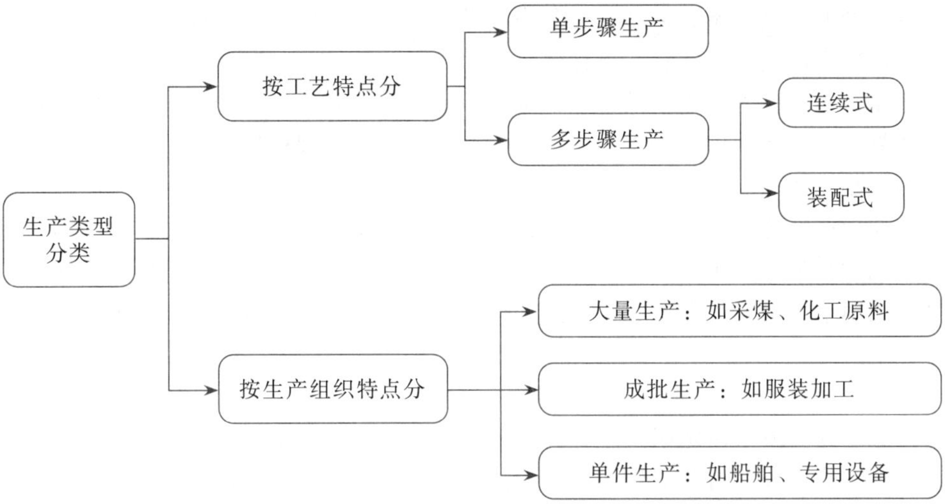

图3-0-1　企业生产类型

1.生产按工艺过程的特点分类

工业企业的生产按照工艺过程的特点划分，可以分为单步骤生产和多步骤生产2种类型。

单步骤生产又称简单生产，指在工艺技术上不能间断的生产，或者不能分散在不同地点进行的生产，如发电、铸件、煤气生产等。单步骤生产的企业，其产品的生产周期一般较短，通常没有自制半成品或其他中间产品，而且其工艺过程的特点决定了产品只能用一个企业或一个车间独立生产，而不能由几个车间协同进行生产。

多步骤生产又称复杂生产，指在工艺上可以间断、由若干加工步骤组成的生产。在整个生产活动过程中，它可以在不同时间、不同地点进行，也可以由几个企业或车间在不同的工作地点协作进行。多步骤生产的企业，其产品的生产周期一般较长，产品品种不是单一的，有半成品或中间产品。

按产品在生产过程中加工方式的不同，多步骤生产又可分为连续式多步骤生产和装配式多步骤生产2类。

连续式多步骤生产指原材料要经过若干相互联系的加工步骤，才能完成产成品的生产。前一个步骤生产出来的半成品是后一个步骤的加工对象，直到最后一个步骤完成后才能生产出产成品。采用连续式多步骤生产的典型企业有：造纸企业、纺织企业、冶金企业等。

装配式多步骤生产指将各种原材料平行地进行加工，制成产成品所需的各种零部件，再将零部件装配成产品的生产。采用装配式多步骤生产的典型企业有：电子、汽车、机械等制造企业。

2.生产按生产组织的特点分类

生产组织指企业产品生产的方式，它体现生产专业化程序和产品生产重复性的高低。企业的生产按生产组织的特点划分，可分为大量生产、成批生产和单件生产3种类型。

大量生产指不断地重复制造品种相同的产品的生产。其主要特点是：企业所生产的产品品种较多，生产有一定的重复性，如服装、印刷等都属于这种类型的生产。

成批生产按产品批量的大小，可分为大批生产和小批生产，大批生产的性质接近于大量生产，小批生产的性质接近于单件生产。

单件生产指按照购货单位的要求，生产个别的、性质特殊的产品。其主要特点是：所生产的产品品种较多，但很少重复生产，如船舶制造、重型机械制造、专业设备制造等都属于这种类型的生产。

在企业生产经营活动中，生产工艺技术和生产组织是结合在一起的，不同的结合方式形成了不同类型的生产企业。在一般情况下，单步骤生产大多属于大量生产，连续式多步骤生产一般属于大量大批生产，装配式多步骤生产可能属于大量生产、成批生产，也可能属于单件生产。

（二）生产类型特点对产品成本计算方法的影响

由于成本计算方法决定于成本计算对象，因此，生产类型的特点对成本计算方法的影响主要表现在成本计算对象的确定上。除此之外，它对生产费用计入产品成本的程序、成本计算期的确定以及生产成本在完工产品与在产品之间的分配方法等方面也有影响。具体如图 3-0-2 所示。

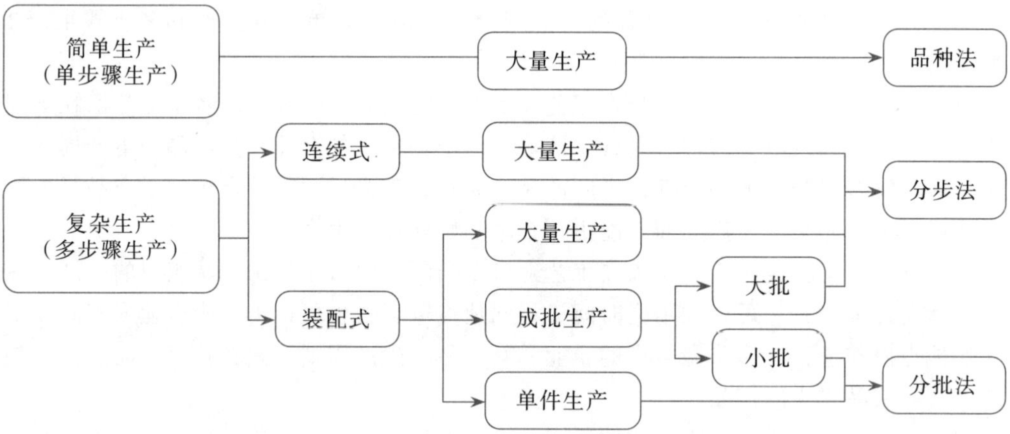

图 3-0-2　生产类型特点对产品成本计算方法的影响

1.对成本计算对象的影响

成本计算对象主要取决于生产类型的特点。

在大量大批单步骤的生产中，由于不间断地重复生产同类产品，中间又没有自制半成品的存在，因而只能以产品的品种作为成本计算对象来归集生产费用；而在大量大批多步骤生产中，由于各个步骤相对独立地生产半成品，生产费用完全可以按产品的生产步骤归集，因而就可以按各个加工步骤的产品作为成本计算对象，以计算各步骤半成品（最后步骤为产成品）的成本；至于单件或小批量生产，由于产品是以客户的订单或批别组织生产，因而就决定了可以按产品的订单或批别作为成本计算对象，以某订单或批别来归集生产费用，以计算各订单或各批别的产品总成本。

2.对生产费用计入产品成本程序的影响

生产费用计入产品成本程序，指产品生产过程中发生的各种耗费，经过一系列的归集与分配，最后汇总成产品成本的步骤和方法。

在单件生产情况下，成本计算对象就是该件产品，因而生产该产品所发生的全部生产费用都可以直接计入该产品成本。

在成批生产情况下，由于产品批别较多，产品生产所发生的生产费用，若能确定为生产某一批产品所发生的，则直接计入该批产品成本；若不能直接计入，则需要按一定标准分配计入各有关批别产品的成本。

在大量多步骤生产情况下，生产费用计入产品成本的程序比较复杂。如果是分步骤计算半成品成本，则各步骤生产中发生的生产费用除了分别归集到各步骤产品中之外，还要将上步骤归集的半成品成本随着半成品的实物的转移而逐步结转到下步骤的产品成本中，直至累计到最后步骤，成为完工产品的成本。如果不需要计算各步骤半成品成本，则各生产步骤仅归集本步骤产品生产所发生的生产费用，并计算出由产成品负担的份额，最后组合成完工产品的成本。

3.对产品成本计算期的影响

产品成本计算既包括完工产品成本的计算也包括在产品成本的计算，一般情况下都是定期于每月月末进行的，但在不同生产类型的企业中并不完全一样，这主要决定于生产组织的特点。在大量、大批生产中，由于生产活动连续不断地进行着，月末一般都有完工产品和在产品，因而产品成本计算都是定期于每月月末进行，而与产品的生产周期不一致。但在小批、单件生产中，不一定每月都有产品完工，完工产品成本有可能在某批或某件产品完工以后计算，因而完工产品成本的计算是不定期的，而是与生产周期一致的。在这类企业中，有的采用更简便的方法，即只在有产品完工的月份才对完工产品进行成本计算，而对未完工的在产品，只以总数反映在基本生产成本二级账中，而不计算在产品成本。

4.对完工产品与在产品之间费用分配的影响

生产类型的特点还影响到月末进行成本计算时有没有在产品、是否需要在完工产品与在产品之间分配费用的问题。在单步骤生产中，生产过程不能间断，生产周期也短，一般没有在产品或在产品数量很少，因而计算产品成本时不必在完工产品与在产品之间分配生产费用。在多步骤生产中，是否需要在完工产品与在产品之间分配费用，在很大程度上取决于生产组织的特点。在大量、大批生产中，由于生产连续不断地进行，而且经常存在在产品，因而在计算成本时就需要采用适当的方法将生产费用在完工产品与在产品之间进行分配。在小批、单件生产中，在每批、每件产品完工前，产品成本明细账中所记的生产费用就是在产品的成本。完工后，其所计的费用就是完工产品的成本，因而不存在完工产品与在产品之间分配费用的问题。

综上所述，产品成本计算工作中有3种不同的成本计算对象：

（1）以产品品种为成本计算对象；

（2）以产品批别为成本计算对象；

（3）以产品生产步骤为成本计算对象。

成本计算对象的确定，是设置产品成本明细账、归集生产费用、计算产品成本的前提，是构成成本计算方法的主要标志，因而也是区别各种成本计算基本方法的主要标志。各产品成本计算方法的特点如图3-0-3所示。

产品成本计算基本方法的特点

成本计算方法	成本计算对象	成本计算期	期末在产品成本的计算	适用范围	
				生产特点	成本管理要求
品种法	产品品种	按月计算，与会计报告期一致	单步骤生产下一般不需计算，多步骤生产下一般需计算	大量大批单步骤或多步骤生产	管理上不要求分步计算产品成本
分批法	产品批别	不定期计算，与生产周期一致	一般不需要计算	单件小批单步骤或多步骤生产	管理上不要求分步计算成本
分步法	产品品种及其所经过的步骤	按月计算，与会计报告期一致	需要计算	大量大批多步骤生产	管理上要求分步计算成本

图3-0-3　产品成本计算方法的特点

任务一　品种法的核算

任务描述

微课16　品种法

（一）企业基本情况

某工厂为单步骤生产企业，该公司设有一个生产车间，甲产品、乙产品由基本生产车间制造，另设机修车间为各部门提供修理劳务。乙产品期末在产品很少，管理上不要求计算其期末在产品的生产成本，甲产品的期末在产品较多，需要计算其期末在产品的生产成本。

（二）有关成本计算资料

1.月初在产品成本

甲、乙两种产品月初在产品成本资料见表3-1-1。

表3-1-1　　甲、乙产品月初在产品成本资料表

202×年9月　　单位：元

产品名称	直接材料	直接人工	制造费用	合计
甲产品	6 900	2 000	1 400	10 300
乙产品	4 500	1 300	1 700	7 500

2.本月生产数量

甲、乙产品本月产量资料见表3-1-2。

表3-1-2　　产量资料表

202×年9月　　单位：件

产品名称	月初在产品	本月投入	本月完工产品	月末在产品
甲产品	50	550	400	200
乙产品	80	330	410	—

3.本月发生生产费用

（1）本月发出材料汇总表见表3-1-3，材料于开始时一次性投入。

表3-1-3

发出材料汇总表

202×年9月

单位：元

领料部门和用途	原材料	备注
基本生产车间产品耗用：		
甲产品耗用	62 050	
乙产品耗用	28 860	
甲、乙产品共同耗用	18 000	（其中，甲产品耗用量1 800千克，乙产品耗用量1 200千克）
基本生产车间一般耗用	4 000	
辅助生产车间耗用：		
机修车间耗用	1 500	
厂部管理部门耗用	4 600	
合计	119 010	

（2）本月人工费用计算表见表3-1-4。

表3-1-4

人工费用计算表

202×年9月

单位：元

人员类别	人工费用总额	备注
基本生产车间：		
产品生产工人	36 000	（甲产品的生产工时为15 000小时，乙产品的生产工时为5 000小时）
车间管理人员	8 800	
辅助生产车间：		
机修车间工人	1 150	
厂部管理人员	4 900	
合计	50 850	

（3）本月固定资产折旧费用见表3-1-5。

表3-1-5

折旧费用表

202×年9月

单位：元

车间部门	提取的折旧费用
基本生产车间	12 720
机修车间	7 500
厂部管理部门	5 600
合计	25 820

（4）本月其他费用见表3-1-6。

表3-1-6　　其他费用表

202×年9月　　单位：元

车间部门	费用项目				
	办公费	保险费	其他	合计	支付方式
基本生产车间	1 500	2 000	500	4 000	银行存款支付
机修车间	900	500	500	1 900	
厂部管理部门	6 000	1 800	700	8 500	
合计	8 400	4 300	1 700	14 400	

4.辅助生产车间修理工时，见表3-1-7

表3-1-7　　辅助生产车间修理工时

受益单位	修理工时（小时）
基本生产车间	1 200
厂部管理部门	800
合计	2 000

5.有关费用分配

（1）甲、乙产品共同耗用的材料费用按定额耗用量比例分配。甲产品定额耗用量1 800千克，乙产品定额耗用量1 200千克。

（2）生产工人人工费用按甲、乙产品生产工时比例分配。甲产品生产工时为15 000小时，乙产品生产工时为5 000小时。

（3）制造费用按甲、乙产品生产工时比例分配。甲产品生产工时为15 000小时，乙产品生产工时为5 000小时。

要求：按照品种法进行成本核算，并编制相应的会计分录。

知识准备

一、品种法的核算

（一）品种法的含义及适用范围

产品成本计算的品种法，指以产品品种为成本计算对象，归集生产费用、计算产品成本的方法。一般适用于大量、大批、单步骤生产的企业，如发电、供水、采掘企业等，还适用于管理上不要求分步骤计算产品成本的大量、大批多步骤生产的企业，如糖果厂、造纸厂、小型水泥厂等。因为按品种核算产品成本是最基本的要求，所以品种法是最基本的成本计算方法。

在单一品种的单步骤大量生产企业，由于只有一种产品，不存在诸对象之间分配费用问题；由于生产过程短，没有（或很少有）在产品，不存在期末完工产品和在产品之间费用分配问题；汇总发生的生产费用就构成该产品的总成本。在这种成本计算程序相对简单的情况下采用的品种法，可称为简单品种法。在多品种、不需要分步计算产品成本的多步骤生产企业采用的品种法，生产费用要按产品品种归集和分配，并要计算期末在产品成本，具有品种法的典型性，称为典型品种法。

（二）品种法的特点

1.成本计算对象

品种法以产品品种为成本计算对象。

在采用品种法的企业中，如果只生产一种产品，就以该种产品为成本计算对象，开设产品成本明细账（或产品成本计算单）。这时，企业发生的生产费用都是直接费用，可直接根据有关凭证和费用分配表，登记该产品成本明细账中有关成本项目。如果生产多种产品，则分别以每种产品为成本计算对象，分别设置产品成本明细账，对发生的生产费用，分别按成本项目进行归集。凡是各种产品直接耗用的费用，可根据有关凭证和费用分配表直接记入该种产品成本明细账中的有关成本项目；凡属几种产品共同耗用的费用，则根据有关费用分配表分配记入各种产品成本明细账中的有关成本项目。

2.成本计算期

适用品种法的企业，其生产组织方式是大批、大量生产。这种类型的生产是连续不断地重复生产一种或几种产品，不可能在产品全部制造完工后计算其成本，一般是按月定期计算产品成本。

3.生产费用在完工产品和月末在产品之间的分配

在简单品种法下，不存在完工产品和月末在产品之间费用分配问题，本月产品成本明细账中归集的全部费用，就是该产品本月完工产品的总成本；总成本除以产量，即为该产品平均单位成本。采用品种法的企业，如果月末在产品数量很少，也可不必计算在产品成本，以简化成本计算；如果在产品数量比较多，就需要采用适当的方法，如约当产量法、在产品按定额成本计算法、定额比例法等，在完工产品和月末在产品之间分配生产费用，以便计算完工产品成本和月末在产品成本。

（三）品种法成本计算流程

1.按产品品种设置生产成本明细账

企业应以产品品种作为成本计算对象，开设基本生产成本明细账（或产品成本计算单），并根据企业成本管理的要求设置成本项目专栏，如果有月初在产品，在基本生产成本明细账中加入月初在产品成本。按照辅助生产单位或辅助生产单位提供的产品（劳务）品种，设置辅助生产成本明细账；在“制造费用”总分类账户下，按生产单位（分厂、车间）设置制造费用明细账，制造费用明细账应按费用项目设专栏。

2.归集和分配本月发生的各项要素费用

企业应根据发生各项费用的原始凭证和其他有关凭证归集和分配材料费用、人工费用和其他各项费用。按成本核算对象（产品品种）归集和分配生产费用时，凡能直接记入有关基本生产成本明细账的应当直接记入；不能直接记入的，应当按照受益原则分配，再根据有关费用分配表分别记入有关产品基本生产成本明细账。各生产单位发生的制造费用，先通过制造费用明细账归集，记入有关制造费用明细账。直接计入损益的管理费用、销售费用、财务费用，应分别记入有关期间费用明细账。

3.分配辅助生产费用

根据辅助生产成本明细账归集的本月辅助生产费用总额，按照企业确定的辅助生产费用分配方法，编制辅助生产单位的辅助生产费用分配表，分配辅助生产费用。根据分配结果，编制会计分录，分别记入有关产品生产成本明细账（产品成本计算单）、制造费用明细账和期间费用明细账。

辅助生产单位发生的制造费用，如果通过制造费用明细账归集，应在分配辅助生产费用前分别转入各辅助生产成本明细账，并计入该辅助生产单位本期费用（成本）总额。

4.分配基本生产车间制造费用

根据各基本生产车间制造费用明细账归集的本月制造费用，按照企业确定的制造费用分配方法，分别编制各基本生产车间的制造费用分配表，分配制造费用。根据分配结果，编制会计分录，分别记入有关产品基本生产成本明细账。

5.计算本月完工产品实际总成本和单位成本

根据产品基本生产成本明细账归集的本月生产费用合计数，在本月完工产品和月末在产品之间分配生产费用，计算出本月完工产品的实际总成本和月末在产品成本。各产品完工产品实际总成本分别除以其实际总产量，可以计算出该产品本月实际单位成本。根据产品成本计算结果，编制本月“完工产品成本汇总表”，编制结转本月完工产品成本的会计分录，并分别记入有关产品基本生产成本明细账和库存商品明细账。

品种法的计算流程如图3-1-1所示。

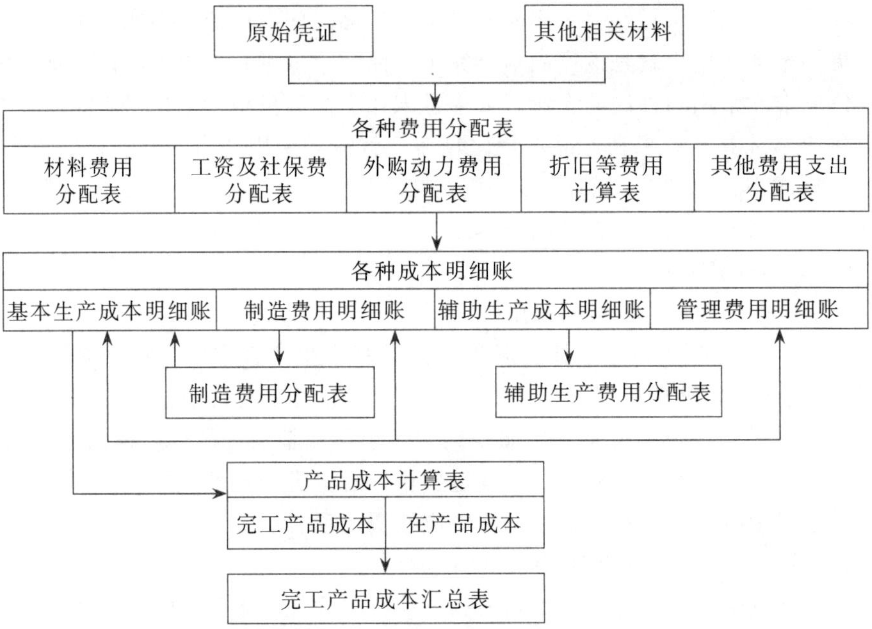

图3-1-1　品种法的计算流程图

任务实施

步骤一：设置有关成本费用明细账和成本计算单

根据本任务的任务描述可知，本企业按品种设置基本生产成本明细账（见表3-1-16，表3-1-17）和成本计算单（略），按车间设置辅助生产成本明细账（见表3-1-11）和制造费用明细账（见表3-1-13），其他与成本计算无关的管理费用明细账等。

步骤二：归集和分配本月发生的各项费用

根据本任务的任务描述、各项生产费用发生的原始凭证和其他有关资料，编制各项要素费用分配表，分配各项要素费用。

1.分配材料费用，见表3-1-8

表3-1-8　**材料费用分配表**

202×年9月　金额单位：元

应借账户		成本或费用明细项目	直接计入	间接计入			合计
				定额用量	分配率	分配额	
基本生产成本	甲产品	直接材料	62 050	1 800		10 800	72 850
	乙产品	直接材料	28 860	1 200		7 200	36 060
	小计		90 910	3 000	6	18 000	108 910
辅助生产成本	机修车间	机物料消耗	1 500				1 500
制造费用	基本生产车间	机物料消耗	4 000				4 000
管理费用	厂部管理部门	机物料消耗	4 600				4 600
合计			101 010			18 000	119 010

根据材料费用汇总表，编制发出材料的会计分录如下：

借：生产成本——基本生产成本——甲产品（直接材料）　72 850
　　　　　　——基本生产成本——乙产品（直接材料）　36 060
　　　　　　——辅助生产成本——机修车间　1 500
　　制造费用——基本生产车间（材料费）　4 000
　　管理费用——材料费　4 600
　贷：原材料　119 010

2.分配人工费用，见表3-1-9

表3-1-9　职工薪酬费用分配表

202×年9月　金额单位：元

应借账户			分配标准/生产工时	分配率	应分配人工费	合计
总账账户	明细账户	成本费用项目				
基本生产成本	甲产品	直接人工	15 000		27 000	27 000
	乙产品	直接人工	5 000		9 000	9 000
	小计		20 000	1.8	36 000	36 000
辅助生产成本	机修车间	职工薪酬				1 150
制造费用	基本生产车间	职工薪酬				8 800
管理费用	厂部管理部门	职工薪酬				4 900
合计					36 000	50 850

根据职工薪酬费用分配表，编制发出材料的会计分录如下：

借：生产成本——基本生产成本——甲产品（直接人工）　27 000
　　　　　　——基本生产成本——乙产品（直接人工）　9 000
　　　　　　——辅助生产成本——机修车间　1 150
　　制造费用——基本生产车间（职工薪酬）　8 800
　　管理费用——职工薪酬　4 900
　贷：应付职工薪酬　50 850

3.分配折旧及其他费用，见表3-1-10

表3-1-10　折旧及其他费用汇总表

202×年9月　金额单位：元

应借账户		折旧费	其他费用			
总账账户	明细账户		办公费	保险费	其他	合计
制造费用	基本生产车间	12 720	1 500	2 000	500	4 000
辅助生产成本	机修车间	7 500	900	500	500	1 900
管理费用	厂部管理部门	5 600	6 000	1 800	700	8 500
合计		25 820	8 400	4 300	1 700	14 400

根据折旧及其他费用分配表，编制会计分录如下：

借：制造费用——基本生产车间　12 720
　　生产成本——辅助生产成本（机修车间）　7 500
　　管理费用——折旧费　5 600
　贷：累计折旧　25 820

借：制造费用——基本生产车间（其他费用）　　4 000
　　生产成本——辅助生产成本（机修车间）　　1 900
　　管理费用——其他费用　　8 500
　贷：银行存款　　14 400

步骤三：分配辅助生产费用

根据本任务描述及上述有关要素费用分配表，将归属于辅助生产车间耗用的费用归集到辅助生产成本明细账，见表3-1-11。

表3-1-11　　**辅助生产成本明细账**

车间名称：机修车间　　单位：元

202×年		凭证号数	摘要	机物料消耗	职工薪酬	折旧费	办公费	保险费	其他费用	合计
月	日									
9	30	略	材料费用分配表	1 500						1 500
	30		职工薪酬费用分配表		1 150					1 150
	30		折旧及其他费用分配表			7 500	900	500	500	9 400
	30		本月合计	1 500	1 150	7 500	900	500	500	12 050
	30		结转各受益部门	1 500	1 150	7 500	900	500	500	12 050

根据“辅助生产成本明细账”中归集的辅助生产费用，采用直接分配法分配给各受益对象，见表3-1-12。

表3-1-12　　**辅助生产费用分配表**

202×年9月　　金额单位：元

车间部门	分配标准（修理工时）	分配率	金额
基本生产车间	1 200		7 230
厂部管理部门	800		4 820
合计	2 000	6.025	12 050

根据辅助生产费用分配表，结转辅助生产成本，编制会计分录如下：

借：制造费用——辅助费摊销　　7 230
　　管理费用——辅助费摊销　　4 820
　贷：生产成本——辅助生产成本——机修车间　　12 050

步骤四：分配制造费用

根据本任务的任务描述及上述有关要素费用分配表，将属于基本生产车间耗用的间接费用归集到制造费用明细账，见表3-1-13、表3-1-14。

表 3-1-13　　制造费用明细账

车间名称：基本生产车间　　单位：元

202×年		凭证号数	摘要	机物料	职工薪酬	折旧费	办公费	保险费	其他	辅助费摊销	合计
月	日										
9	30	略	材料表	4 000							4 000
	30		工资表		8 800						8 800
	30		折旧表			12 720	1 500	2 000	500		16 720
	30		辅助费表							7 230	7 230
	30		本月合计	4 000	8 800	12 720	1 500	2 000	500	7 230	36 750
	30		分配转出	4 000	8 800	12 720	1 500	2 000	500	7 230	36 750

表 3-1-14　　制造费用分配表

202×年 9 月　　金额单位：元

分配对象	分配标准（生产工时）	分配率	应分配金额
甲产品	15 000		27 562.50
乙产品	5 000		9 187.50
合计	20 000	1.8375	36 750

根据制造费用分配表，编制会计分录如下：

借：生产成本——基本生产成本——甲产品（制造费用）　　27 562.50

　　　　　　——基本生产成本——乙产品（制造费用）　　9 187.50

　贷：制造费用——基本生产车间　　36 750

步骤五：在完工产品与在产品之间分配生产费用

产品到月末时，既有完工产品又有在产品，因而要将甲产品基本生产成本明细账中归集的生产费用在完工产品和月末在产品之间进行分配。又因资料告知该企业月末在产品完工程度为50%，加上没有产品的定额成本以及成本计算方法的其他要求，因而适用约当产量法分配生产费用。乙产品由于没有月末在产品，则基本生产成本明细账中归集的生产费用全部是完工产品成本。

该企业本月甲产品完工入库400件，月末在产品200件，按约当产量法计算甲产品的完工产品成本和月末在产品成本。月末在产品约当产量计算情况见表3-1-15。

表 3-1-15　　在产品约当产量计算表

产品名称：甲产品　　单位：件

成本项目	在产品数量	投料程度（完工程度）	约当产量
直接材料	200	100%	200
直接人工	200	50%	100
制造费用	200	50%	100

表3-1-16　　　　**基本生产成本明细账**

产品名称：甲产品　　完工数量：400件　　在产品数量：200件　　金额单位：元

202×年		凭证号数	摘要	成本项目			合计
月	日			直接材料	直接人工	制造费用	
9	1		月初在产品成本	6 900	2 000	1 400	10 300
	30	略	材料费用表	72 850			72 850
	30		职工薪酬费用表		27 000		27 000
	30		制造费用表			27 562.50	27 562.50
	30		生产费用合计	79 750	29 000	28 962.50	137 712.50
	30		分配率	132.9167	58	57.925	—
	30		结转完工产品成本	53 166.68	23 200	23 170	99 536.68
	30		月末在产品成本	26 583.32	5 800	5 792.50	38 175.82

表3-1-17　　　　**基本生产成本明细账**

产品名称：乙产品　　完工数量：410件　　在产品数量：0件　　金额单位：元

202×年		凭证号数	摘要	成本项目			合计
月	日			直接材料	直接人工	制造费用	
9	1		月初在产品成本	4 500	1 300	1 700	7 500
	30	略	材料费用表	36 060			36 060
	30		职工薪酬费用表		9 000		9 000
	30		制造费用表			9 187.50	9 187.50
	30		生产费用合计	40 560	10 300	10 887.50	61 747.50
	30		结转完工产品成本	40 560	10 300	10 887.50	61 747.50

根据表3-1-16、表3-1-17中的结果，编制完工产品成本汇总表（见表3-1-18），并结转完工产品成本。

表3-1-18　　　　**完工产品成本汇总表**

202×年9月　　金额单位：元

成本项目	甲产品（400件）		乙产品（410件）	
	总成本 99 536.68	单位成本 248.84	总成本 61 747.50	单位成本 150.60
直接材料	53 166.68	132.92	40 560	98.93
直接人工	23 200	58	10 300	25.12
制造费用	23 170	57.92	10 887.50	26.55

根据完工产品成本汇总表及成品入库单，结转完工入库产品的生产成本，编制会计分录如下：

借：库存商品——甲产品　　99 536.68

　　　　　　——乙产品　　61 747.50

　贷：生产成本——基本生产成本——甲产品（直接材料）　　53 166.68

　　　　　　　　　　　　　　　——甲产品（直接人工）　　23 200

　　　　　　　　　　　　　　　——甲产品（制造费用）　　23 170

　　　　　　　　　　　　　　　——乙产品（直接材料）　　40 560

　　　　　　　　　　　　　　　——乙产品（直接人工）　　10 300

　　　　　　　　　　　　　　　——乙产品（制造费用）　　10 887.50

课堂强化

[强化 3-1-1]

北京科云股份有限公司一车间生产家用餐桌、办公桌两种产品，原材料都是在开始生产时一次投入，成本计算采用品种法。

家用餐桌期初在产品成本：直接材料 10 246.97 元，直接人工 6 498.10 元，制造费用 4 268.70 元。办公桌期初在产品成本：直接材料 9 546.30 元，直接人工 8 618.50 元，制造费用 4 576.45 元。本月有关费用见表 3-1-19、表 3-1-20。

强化 3-1-1
参考答案

表 3-1-19

分页：10　总页：20

生产成本　　明细账

二级科目：基本生产成本-家用餐桌

2019 年 月	日	凭单号	摘要	借方	贷方	借或贷	余额
03	31		承前页			借	2101377
03	31		本月合计	13954800	11853423	借	2101377
04	03	记 008	生产车间领用软木材料	4320000		借	6421377
04	10	记 016	生产车间领用油漆	81000		借	6502377
04	12	记 018	生产车间领用辅助材料	24000		借	6526377
04	28	记 038	生产人员发放福利费	48880		借	6575257
04	30	记 039	计提人工费用	3283540		借	9858797
04	30	记 046	结转辅助生产成本	1347740		借	11206537
04	30	记 047	结转制造费用	2661360		借	13867897

家用餐桌和办公桌完工产品和在产品的费用分配，按完工产品产量和在产品约当产量比例分配，产品产量情况见表 3-1-21。

表 3-1-20

分页：15　总页：20

生产成本　　明细账

二级科目：基本生产成本-办公桌

2019年 月	日	凭单号	摘要	借方（亿千百十万千百十元角分）	贷方（亿千百十万千百十元角分）	借或贷	余额（亿千百十万千百十元角分）
03	31		承前页			借	2274125
03	31		本月合计	14220000	11945875	借	2274125
04	03	记008	生产车间领用软木材料	2880000		借	5154125
04	08	记010	生产车间领用屏风	450000		借	5604125
04	10	记016	生产车间领用油漆	45000		借	5649125
04	12	记018	生产车间领用辅助材料	36000		借	5685125
04	28	记038	生产人员发放福利费	56120		借	5741245
04	30	记039	计提人工费用	3788960		借	9530205
04	30	记046	结转辅助生产成本	1671540		借	11201745
04	30	记047	结转制造费用	3070765		借	14272510

表 3-1-21

产品产量情况表

单位：北京科云股份有限公司　　　　时间：2019年04月30日

产品名称	月初在产品数量	本月投产数量	本月完工产品数量	月末在产品数量
家用餐桌	75	460	445	90
办公桌	70	400	360	110

审核：吴浩　　　　制表：陈飞

在产品约当产量计算表见表 3-1-22、表 3-1-23，制造费用分配表见表 3-1-24。

表 3-1-22

在产品约当产量计算表

单位：北京科云股份有限公司　　　　产品：家用餐桌　　　　日期：2019年04月30日

项目	直接材料	直接人工	制造费用
在产品数量	90	90	90
投入比例	80%	50%	50%
在产品约当产量	72	45	45

审核：吴浩　　　　制表：陈飞

表 3-1-23

在产品约当产量计算表

单位：北京科云股份有限公司　　　　产品名称：办公桌　　　　日期：2019年04月30日

项目	直接材料	直接人工	制造费用
在产品数量	110	110	110
投入比例	70%	50%	50%
在产品约当产量	77	55	55

审核：吴浩　　　　制表：陈飞

要求：根据上述经济业务编制会计分录，分别计算家用餐桌、办公桌两种产品总成本及在产品成本，填制表3-1-25、表3-1-26。

表3-1-24

制造费用分配表

车间：基本生产车间　　　　单位：元　　　　日期：2019年04月30日

项目			金额
制造费用归集	制造费用-材料费		1807.00
	制造费用-水电费		9660.00
	制造费用-房租费		24200.00
	制造费用-人工费		12605.00
	制造费用-折旧费		3404.15
	制造费用-辅助费摊销		5645.10
	制造费用合计：		57321.25
制造费用分配	分配总工时（小时）		5600
	分配率（保留3位小数）		10.236
	家用餐桌	耗用工时	2600
		分摊金额（元）	26613.60
	办公桌	耗用工时	3000
		分摊金额（元）	30707.65

审核：吴浩　　　　制表：陈飞

表3-1-25

完工产品成本计算表

车间：基本生产车间　　　　产品：家用餐桌　　　　单位：元　　　　日期：2019年04月30日

项目		直接材料	直接人工	制造费用	合计
期初余额					
本月发生额					
合计：					
产品产量（张）	完工产品数量				—
	在产品约当产量				—
	合计：				—
单位成本					
结转完工产品成本					
月末在产品成本					

审核：　　　　制表：

表3-1-26

完工产品成本计算表

车间：基本生产车间　　　　产品：办公桌　　　　单位：元　　　　日期：2019年04月30日

项目		直接材料	直接人工	制造费用	合计
期初余额					
本月发生额					
合计：					
产品产量（张）	完工产品数量				—
	在产品约当产量				—
	合计：				—
单位成本					
结转完工产品成本					
月末在产品成本					

审核：　　　　制表：

▶▶▶ 任务评价

根据任务要求实施并完成任务后，请填写任务评价参考表（见表3-1-27）。

表3-1-27　　品种法的核算任务评价参考表

考评内容标准	实施评价		
	自我评价	学生互评	教师评价
了解品种法核算的相关内容（20分）			
掌握品种法的分配方法（30分）			
能运用品种法进行核算及账务处理（50分）			
合计			

任务二　分批法的核算

子任务一　一般分批法

任务描述

微课17　分批法（上）

一、企业的基本情况

北京科云股份有限公司是一家主要生产塑料杯的企业。该公司设有一个基本生产车间和供电、机修两个辅助生产车间，成本核算采用一级核算，根据购货单位的订单进行小批生产，成本项目为“直接材料”“直接人工”“燃料和动力”“制造费用”四个项目。原材料按计划成本计价，本月材料成本差异率为2%。辅助生产车间发生的制造费用直接记入“辅助生产成本明细账”，不通过“制造费用”科目核算。采用分批法计算产品成本。

二、工作资料

1.产品批次产量资料见表3-2-1

表3-2-1　　产品批次产量资料表　　单位：件

产品批别	产量			
	月初在产品	本月投产	本月完工	月末在产品
L101批	50		50	
L201批		30	26	4
L301批		28		28

2.期初在产品成本见表3-2-2

表3-2-2　　　　期初在产品成本表　　　　单位：元

产品批别	直接材料	直接人工	燃料和动力	制造费用	合计
L101批	80 000	6 000	1 200	3 800	91 000

3.各项费用的分配标准

（1）材料费用采用产品产量比例法分配。

（2）工资费用、动力费用、制造费用采用生产工时比例法；本期L101批、L201批、L301批产品生产工时分别为2 500小时、3 500小时、4 000小时。

（3）辅助生产费用采用一次交互分配法。

（4）生产费用采用约当产量法，在完工产品和月末在产品之间进行分配，本期L201批产品、原材料系生产开始时一次性投入，在产品完工程度为50%。

4.202×年8月部分经济业务

（1）8月原材料发料凭证汇总表见表3-2-3。

表3-2-3　　　　原材料发料凭证汇总表

202×年8月　　　　单位：元

领料部门	用途	主要材料A	主要材料B	主要材料C	辅助材料	计划成本合计	成本差异（2%）	实际成本合计
基本生产车间	L101批产品							
基本生产车间	L201批产品	55 000	65 000			120 000	2 400	122 400
基本生产车间	L301批产品	50 000	62 000			112 000	2 240	114 240
基本生产车间	产品共同耗用				40 000	40 000	800	40 800
基本生产车间	一般消耗				15 000	15 000	300	15 300
小计		105 000	127 000		55 000	287 000	5 740	292 740
供电车间	一般消耗			1 400	600	2 000	40	2 040
机修车间	一般消耗			3 300	700	4 000	80	4 080
行政管理部门	管理费用			3 200	800	4 000	80	4 080
合计		105 000	127 000	7 900	57 100	297 000	5 940	302 940

（2）工资结算汇总表见表3-2-4。

表3-2-4　　工资结算汇总表

202×年8月　　单位：元

部门（或人员）		计时工资	奖金	津贴补贴	加班工资	应付工资	实发工资
基本生产车间	生产工人	44 250	2 200	1 650	1 100	49 200	49 200
	管理人员	12 000	1 500		100	13 600	13 600
	小计	56 250	3 700	1 650	1 200	62 800	62 800
辅助生产车间	供电车间	10 500	500	1 500	500	13 000	13 000
	机修车间	4 000	400	1 200	400	6 000	6 000
	小计	14 500	900	2 700	900	19 000	19 000
行政管理部门		20 000	1 800	1 200		23 000	23 000
合计		90 750	6 400	5 550	2 100	104 800	104 800

（3）固定资产折旧计算表见表3-2-5。

表3-2-5　　固定资产折旧计算表　　金额单位：元

使用单位		应计折旧固定资产原值	月综合折旧率（%）	月折旧额
基本生产车间		5 820 000	0.6	34 920
辅助生产车间	供电车间	3 300 000	0.6	19 800
	机修车间	1 290 000	0.6	7 740
行政管理部门		6 030 000	0.6	36 180
合计		16 440 000		98 640

（4）支付其他费用明细表见表3-2-6。

表3-2-6　　支付其他费用明细表

202×年8月　　单位：元

受益对象		办公费	差旅费	财产保险费	劳动保护费	合计
基本生产车间		600	3 000	2 100	2 500	8 200
辅助生产车间	供电车间	350	2 000	900	1 500	4 750
	机修车间	250	1 000	800	1 000	3 050
	小计	600	3 000	1 700	2 500	7 800
合计		1 200	6 000	3 800	5 000	16 000

（5）辅助生产车间提供劳务情况表见表3-2-7。

表3-2-7　　辅助生产车间提供劳务情况表

受益对象	供电度数（度）	修理工时数（小时）
供电车间		1 000
机修车间	5 000	
产品车间	75 000	
基本生产车间	5 500	4 000
行政管理部门	2 500	600
合计	88 000	5 600

三、工作要求

1.根据产品批别设置基本生产成本明细账，根据辅助生产车间开设辅助生产成本明细账，根据基本生产车间开设制造费用明细账。

2.按部门和产品批别归集和分配本月发生的各项费用并登记成本或费用明细账。

3.采用一次交互分配法分配本月归集的辅助生产费用并登记有关成本或费用明细账。

4.采用工时比例法分配本月归集的制造费用并登记有关成本或费用明细账。

5.编制成本计算单计算并结转本月完工产品成本，登记生产成本或费用明细账。

6.分配率保留小数点后四位，尾差由最后一项承担。

知识准备

一、分批法的特点及适用范围

（一）分批法的特点

产品成本计算的分批法，是按照产品的批别归集生产费用，计算产品成本的一种方法。分批法的特点，主要表现在以下几个方面：

1.以产品的批次为成本计算对象。分批法是以产品的批次（订单、生产任务通知单）为成本计算对象，开设产品成本计算单或设置生产成本明细账。一般情况下，分批法是按用户的订单划分批别、组织生产并计算成本的。但也有特殊情况，如果在一张订单中规定的产品有几个品种，为了分别计算不同产品的生产成本和便于生产管理，则应按产品的品种划分为若干批别，按批别组织生产，计算成本；如果在一张订单中规定的产品只有一种，但这种产品数量较大，不便于集中一次投入生产，或者需按用户单位要求分批交货，也可以按照一定数量分为若干批别，按批别分次投入生产，计算成本；如果在一张订单中只有一件产品，但其属于大型复杂的产品，生产周期长、价值较大、结构复杂，如大型船舶，则可按照产品的组成部分，分批组织生产，计算成本；如果在同一时期内，企业收到的不同订单中有相同的产品，为了经济合理地组织生产，则应将不同订单的相同产品合并为一批组织生产，并计算成本。这样，分批法的成本计算对象就不是购货单位原来的订单，而是生产计划部门下达的生产任务通知单。

2.以产品生产周期为成本计算期。采用分批法计算产品成本，产品成本要在产品完工后才能计算，因此，成本计算是不定期的，其成本计算期与产品生产周期一致，而与会计报告期不一致。

3.一般没有生产费用在完工产品与在产品之间分配的问题。在单件生产中，产品完工前，其产品成本明细账所归集的生产费用，均为在产品成本；产品完工后，其产品成本明细账所归集的生产费用，就是完工产品的成本，因而在月末计算成本时，不存在生产费用在完工产品与在产品之间分配的问题。

在小批生产中，由于产品批量较小，批内产品一般都能同时完工，或者在短期内全部完工。月末计算成本时，或者全部已经完工，或者全部没有完工，因而一般也不存在生产费用在完工产品与在产品之间分配的问题。但在批内产品跨月陆续完工的情况下，月末计算成本时，一部分产品已完工，另一部分尚未完工，这时就要在完工产品与在产品之间分配生产费用，以便计算完工产品成本和月末在产品成本。如果跨月陆续完工的情况不多，月末完工产品数量占批量比重较小，可以按计划单位成本、定额单位成本或近期相同产品的实际单位成本计算完工产品成本，从产品成本明细账中转出，剩余金额即为在产品成本。这种分配方法核算工作虽简单，但分配结果不甚正确。因而，在批内产品跨月陆续完工情况较多，月末完工产品数量占批量比重较大时，为了提高成本计算的正确性，就应采用适当的方法，将生产费用在完工产品与月末在产品之间进行分配，计算完工产品成本与月末在产品成本。

（二）分批法的适用范围

分批法适用于单件小批的单步骤生产或者管理上不要求分步计算各步骤半成品的多步骤生产，如重型机器制造、船舶制造以及服装、印刷工业等。

二、分批法的核算程序

分批法成本核算程序与品种法基本相同，不同的是成本明细账是按产品的批别开设的。其成本核算程序如下。

1.根据生产批别设置基本生产成本明细账（产品成本计算单）

会计部门根据用户的订单或生产任务通知单所确定的批别，为每批产品设置生产成本明细账，并按规定的成本项目设置专栏，用以归集和分配生产费用，计算各批产品的成本。

2.按产品批别归集和分配本月发生的各项费用

对于当月发生的各项生产费用，应根据有关的原始凭证等资料，能够按照批次划分的直接计入费用，包括直接材料费用、直接人工费用等，要在费用原始凭证上注明产品批号（或工作令号），以便据以直接记入各批产品生产成本明细账（产品成本计算单）；对于多批产品共同消耗的直接材料和直接人工等间接费用，则应在原始凭证上注明费用的用途，以便按费用项目归集，按照企业确定的费用分配方法，编制各种费用分配表在各批产品（各受益对象）之间进行分配之后，再分别记入各批产品生产成本明细账（产品成本计算单）。

3.分配辅助生产费用

在设有辅助生产车间的企业，月末将汇集的辅助生产费用分配给各受益对象，记入各批次产品的基本生产成本明细账、制造费用明细账和其他期间费用明细账。

4.分配基本生产车间的制造费用

基本生产车间的制造费用应由该生产车间所生产的各批次产品成本负担，月末需要将归集的制造费用分配给各受益对象，记入相应批别的生产成本明细账。

5.计算完工产品成本

如果月份内该批次产品全部完工，则该批次产品生产成本明细账中所归集的生产费用都是完工产品成本；如果该批次产品全部没有完工，则该批次产品生产成本明细账中所归集的生产费用都是在产品成本；如果该批产品部分完工，根据月末完工产品数量的多少，可采用计划成本、定额成本、定额比例、约当产量等方法，将生产费用在完工产品和在产品之间进行分配，分别确定完工产品成本与月末在产品成本。

分批法成本核算程序如图3-2-1所示。

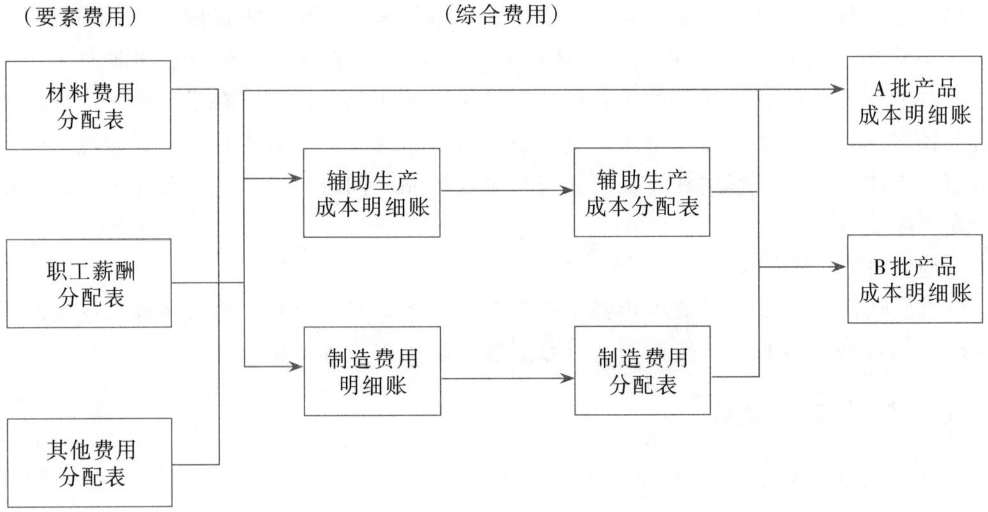

图3-2-1　分批法成本核算程序图

三、一般分批法应用举例

［例3-2-1］

光明工厂按分批法计算产品成本，8月份的产品批号见表3-2-8：

表3-2-8　**生产情况表**

#101	甲产品	100件	6月25日投产
#202	乙产品	80件	7月20日投产
#303	丙产品	300件	8月22日投产

各批产品的期初在产品成本，均已记录在各批产品的成本计算单上。本月发生的生产费用见表3-2-9。

表 3-2-9　　**生产费用**　　单位：元

产品批号及名称	原材料	工资及福利	制造费用	合计
#101 甲产品	2 460	690	435	3 585
#202 乙产品		720	600	1 320
#303 丙产品	3 600	480	150	4 230

该厂生产记录情况如下：

（1）#101 甲产品在本月内已全部完工入库。

（2）#202 乙产品本月全部尚未完工。

（3）#303 丙产品本月内完工 150 件，因部分需要对外销售，本月完工的先行入库，故生产费用要在完工产品和在产品之间进行分配，月末在产品约当产量 50 件，原材料在生产开始时一次投入，按实际产量比例分配，其他费用按完工产品数量和在产品约当产量比例分配。

要求：

（1）计算#101 甲产品全部完工产品的总成本和单位成本，将计算结果填入表 3-2-10。

表 3-2-10　　**产品成本计算表**

批号：#101　　开工日期：6/25

产品：甲产品　　批量：100 件　　完工日期：8/31

202×年		摘要	原材料	工资及福利	制造费用	合计
月	日					
6	30	6 月份发生成本	12 000	540	480	13 020
7	31	7 月份发生成本	540	540	420	1 500
8	31	本月发生费用	2 460	690	435	3 585
		完工产品成本	15 000	1 770	1 335	18 105
		完工产品单位成本	150	17.7	13.35	

（2）计算#202 乙产品在产品成本，将计算结果填入表 3-2-11 中。

表 3-2-11　　**产品成本计算表**

批号：#202　　开工日期：7/20

产品：乙产品　　批量：80 件　　完工日期：

202×年		摘要	原材料	工资及福利	制造费用	合计
月	日					
7	31	7 月份发生成本	6 000	660	390	7 050
8	31	本月发生费用		720	600	1 320
		合计	6 000	1 380	990	8 370

（3）计算#303丙产品本月完工产品的总成本、单位成本及期末在产品成本，将计算结果填入表3-2-12中。

表3-2-12

产品成本计算表

批号：#303　　　　开工日期：8/22

产品：丙产品　　　　批量：300件　　　　完工日期：

年		摘要	原材料	工资及福利	制造费用	合计
月	日					
8	31	本月发生费用	3 600	480	150	4 230
		分配率	12	2.4	0.75	
		在产品成本	1 800	120	37.50	1 957.50
		完工产品成本	1 800	360	112.50	2 272.50
		完工产品单位成本	12	2.4	0.75	

任务实施

步骤一：归集和分配本月发生的各项费用

根据本任务的任务描述中表3-2-1至表3-2-7和其他有关资料，编制分配表、登记相关的会计账簿和编制相关会计分录。

1.分配材料费用

根据本任务中本月原材料发料凭证汇总表3-2-3填制材料费用分配表3-2-13。

表3-2-13

材料费用分配表

202×年8月　　　　金额单位：元

应借账户		成本费用	直接计入	分配计入			合计
				产量（件）	分配率	分配金额	
基本生产成本	L201批	直接材料	122 400	30		21 103.45	143 503.45
	L301批	直接材料	114 240	28		19 696.55	133 936.55
	小计		236 640	58	703.4483	40 800	277 440
辅助生产成本	供电车间	直接材料	2 040				2 040
	机修车间	直接材料	4 080				4 080
	小计		6 120				6 120
制造费用		物料消耗	15 300				15 300
管理费用		公司经费	4 080				4 080
合计			262 140				302 940

根据材料费用分配表3-2-13编制会计分录：

借：生产成本——基本生产成本——L201批产品（直接材料）　143 503.45
　　　　　　　　　　　　　　——L301批产品（直接材料）　133 936.55
　　　　　　——辅助生产成本——供电车间　2 040
　　　　　　　　　　　　　　——机修车间　4 080
　　制造费用　15 300
　　管理费用　4 080
　贷：原材料　297 000
　　　材料成本差异　5 940

2.分配工资费用

根据本任务中本月工资结算汇总表3-2-4填制工资分配汇总表3-2-14。

表3-2-14

工资分配汇总表

202×年8月

金额单位：元

应借账户		成本或费用项目	直接计入工资费用	间接计入工资费用			合计
				生产工时	分配率	分配金额	
基本生产成本	L101批产品	直接人工		2 500		12 300	12 300
	L201批产品	直接人工		3 500		17 220	17 220
	L301批产品	直接人工		4 000		19 680	19 680
	小计			10 000	4.92	49 200	49 200
辅助生产成本	供电车间	直接人工	13 000				13 000
	机修车间	直接人工	6 000				6 000
	小计		19 000				19 000
制造费用		工资	13 600				13 600
管理费用		工资	23 000				23 000
合计			55 600			49 200	104 800

根据工资分配汇总表3-2-14编制会计分录：

借：生产成本——基本生产成本——L101批产品（直接人工）　12 300
　　　　　　　　　　　　　　——L201批产品（直接人工）　17 220
　　　　　　　　　　　　　　——L301批产品（直接人工）　19 680
　　生产成本——辅助生产成本——供电车间　13 000
　　　　　　　　　　　　　　——机修车间　6 000
　　制造费用——工资　13 600
　　管理费用——工资　23 000
　贷：应付职工薪酬——工资　104 800

3.根据任务描述中固定资产折旧计算表编制计提折旧的会计分录：

借：制造费用——折旧费 34 920
　　生产成本——辅助生产成本——供电车间 19 800
　　　　　　　　　　　　　——机修车间 7 740
　　管理费用——折旧费 36 180
　贷：累计折旧 98 640

根据本任务中支付其他费用明细编制会计分录：

借：制造费用——其他费用 8 200
　　生产成本——辅助生产成本——供电车间 4 750
　　　　　　　　　　　　　——机修车间 3 050
　贷：银行存款 16 000

步骤二：分配辅助生产费用

1.根据任务描述中辅助生产车间提供劳务情况表填制辅助生产费用分配表3-2-15。

表3-2-15　**辅助生产费用分配表**

202×年8月　金额单位：元

项目		供电车间			机修车间			合计
		数量（度）	分配率（元/度）	金额	数量（小时）	分配率（元/小时）	金额	
待分配辅助生产费用		88 000	0.4499	39 590	5 600	3.7268	20 870	60 460
交互分配	供电车间				1 000		3 726.80	3 726.80
	机修车间	5 000		2 249.50				2 249.50
对外分配辅助生产费用		83 000	0.4948	41 067.30	4 600	4.2158	19 392.70	60 460
对外分配	产品生产	75 000		37 110				37 110
	基本生产车间	5 500		2 721.40	4 000		16 863.20	19 584.60
	管理部门	2 500		1 235.90	600		2 529.50	3 765.40
合计		—	—	41 067.30			19 392.70	60 460

根据辅助生产费用分配表编制会计分录：

（1）借：生产成本——辅助生产成本——供电车间 2 249.50
　　　贷：生产成本——辅助生产成本——机修车间 2 249.50

（2）借：生产成本——辅助生产成本——机修车间 3 726.80
　　　贷：生产成本——辅助生产成本——供电车间 3 726.80

2. 动力费用分配表见表 3-2-16。

表 3-2-16　　　　　　　　　　　　**动力费用分配表**

202×年 8 月　　　　　　　　　　　　金额单位：元

分配对象	分配标准（生产工时）	分配率（元/小时）	分配金额
L101 批产品	2 500		9 277.50
L201 批产品	3 500		12 988.50
L301 批产品	4 000		14 844
合计	10 000	3.711	37 110

（3）借：生产成本——基本生产成本——L101 批产品（制造费用）　9 277.50

——L201 批产品（制造费用）12 988.50

——L301 批产品（制造费用）14 844

制造费用——辅助费摊销　　19 584.60

管理费用——辅助费摊销　　3 765.40

贷：生产成本——辅助生产成本——供电车间　　41 067.30

——机修车间　　19 392.70

步骤三：分配制造费用

根据任务描述，制造费用分配表见表 3-2-17。

表 3-2-17　　　　　　　　　　　　**制造费用分配表**

202×年 8 月　　　　　　　　　　　　金额单位：元

分配对象	分配标准（生产工时）	分配率	分配金额
L101 批产品	2 500		22 901.25
L201 批产品	3 500		32 061.75
L301 批产品	4 000		36 641.60
合计	10 000	9.1605	91 604.60

根据制造费用分配表编制会计分录：

借：生产成本——基本生产成本——L101 批产品（制造费用）　22 901.25

——L201 批产品（制造费用）　32 061.75

——L301 批产品（制造费用）　36 641.60

贷：制造费用　　91 604.60

步骤四：在完工产品与在产品之间分配生产费用

产品成本计算单见表 3-2-18、表 3-2-19、表 3-2-20 和表 3-2-21。

表 3-2-18　产品成本计算单

产品名称：L101 批　202×年 8 月　单位：元

成本项目	直接材料	直接人工	燃料和动力	制造费用	合计
月初在产品	80 000	6 000	1 200	3 800	91 000
本月发生费用		12 300	9 277.50	22 901.25	44 478.75
生产费用合计	80 000	18 300	10 477.50	26 701.25	135 478.75
完工产品成本	80 000	18 300	10 477.50	26 701.25	135 478.75
完工产品单位成本	1 600	366	209.55	534.025	2 709.575

表 3-2-19　产品成本计算单

产品名称：L201 批　202×年 8 月　单位：元

成本项目	直接材料	直接人工	燃料和动力	制造费用	合计
本月发生费用	143 503.45	17 220	12 988.50	32 061.75	205 773.70
生产费用合计	143 503.45	17 220	12 988.50	32 061.75	205 773.70
约当产量（件）	30	28	28	28	—
分配率	4 783.4483	615	463.875	1 145.0625	—
结转完工产品成本	124 369.66	15 990	12 060.75	29 771.63	182 192.04
在产品成本	19 133.79	1 230	927.75	2 290.12	23 581.66
完工产品单位成本	4 783.4483	615	463.875	1 145.0625	7 007.3858

表 3-2-20　产品成本计算单

产品名称：L301 批　202×年 8 月　单位：元

成本项目	直接材料	直接人工	燃料和动力	制造费用	合计
本月发生费用	133 936.55	19 680	14 844	36 641.60	205 102.15
生产费用合计	133 936.55	19 680	14 844	36 641.60	205 102.15
月末在产品成本	133 936.55	19 680	14 844	36 641.60	205 102.15

表 3-2-21　完工产品成本汇总表

202×年 8 月　单位：元

产品批别	直接材料	直接人工	燃料及动力	制造费用	总成本	单位成本
L101 批	80 000	18 300	10 477.50	26 701.25	135 478.75	2 709.575
L201 批	124 369.66	15 990	12 060.75	29 771.63	182 192.04	7 007.3858
合计	204 369.66	34 290	22 538.25	56 472.88	317 670.79	—

根据完工产品成本汇总表编制会计分录：

借：库存商品——L101 批产品　　135 478.75

　　　　　　——L201 批产品　　182 192.04

　贷：生产成本——基本生产成本——L101 批产品　　135 478.75

　　　　　　　　　　　　　　　——L201 批产品　　182 192.04

根据资料登记辅助生产成本多栏式明细账。

课堂强化

[强化 3-2-1]

2019 年 8 月 31 日，北京科云股份有限公司按分批法计算产品成本，共有三个批次的产品：701 批次钢质保温杯、702 批次塑料杯和 801 批次陶瓷杯子，该公司相关资料见表 3-2-22 至表 3-2-30。

强化 3-2-1
参考答案

表 3-2-22

生产任务表

车间：基本生产车间　　日期：2019年08月31日

订单号	订单量（个）	交货时间	产品名称	投产时间	完工时间	07月份已投产量	08月份投产量	备注
701批次	25000	2019年09月05日	钢质保温杯	2019年07月02日	2019年08月12日	20000	5000	已完工
702批次	30000	2019年09月12日	塑料杯	2019年07月15日	2019年08月25日	12000	18000	已完工
801批次	25000	2019年09月25日	陶瓷杯子	2019年08月05日	预计2019年09月中旬		10000	

审核：吴浩　　制表：陈飞

表 3-2-23

分页：10　总页：20

生产成本　　明细账

二级科目：基本生产成本-701批次

2019年 月	日	凭单号	摘要	借方	贷方	借或贷	余额	（借）方金额分析：直接材料	直接人工	制造费用
07	31		承前页			借	21305700			
07	31		本月合计	21305700		借	21305700	3600000	4356840	13348860
08	07	记019	生产领用材料	900000		借	22205700	900000		
08	31	记042	计提人工费	1343160		借	23548860		1343160	
08	31	记052	结转制造费用	3280060		借	26828920			3280060

表 3-2-24

入　库　单

№：55623418

交货单位：北京科云股份有限公司　　2019 年 08 月 31 日

品名	单位	规格	数量	单价	金额（千百十万千百十元角分）
钢质保温杯（701 批次）	个		25000		
合计大写	仟　佰　拾　万　仟　佰　拾　元　角　分 ¥				

第二联　会计联

记账 陈飞　保管 岳嘉禾　制票 岳嘉禾

有 3-2-25

完工产品成本计算表

车间：基本生产车间　　订单：701批次　　日期：2019年08月31日

项目	直接材料	直接人工	制造费用	合计
07月份投入成本				
08月份投入成本				
累计投入成本合计：				
订单数量				---
单位成本（保留2位小数）				

审核：　　制表：

表 3-2-26

分页：10　总页：20

生产成本　明细账

二级科目：基本生产成本-702批次

2019年 月	日	凭单号	摘要	借方	贷方	借或贷	余额	（借）方金额 直接材料	直接人工	制造费用
07	31		承前页			借	17756100			
07	31		本月合计	17756100		借	17756100	4500000	4129320	9126780
08	07	记004	生产领用材料	3000000		借	20756100	3000000		
08	31	记042	计提人工费	2110680		借	22866780		2110680	
08	31	记052	结转制造费用	5154380		借	28021160			5154380

表 3-2-27

完工产品成本计算表

车间：基本生产车间　　订单：702批次　　日期：2019年08月31日

项目	直接材料	直接人工	制造费用	合计
07月份投入成本				
08月份投入成本				
累计投入成本合计：				
订单数量				---
单位成本（保留2位小数）				

审核：　　制表：

表 3-2-28

入库单

№：55623409

交货单位：北京科云股份有限公司　　2019 年 8 月 31 日

品名	单位	规格	数量	单价	金额
塑料杯（702批次）	个		30000		
合计大写	仟 佰 拾 万 仟 佰 拾 元 角 分 ¥				

第二联 会计联

记账 陈飞　　保管 岳嘉禾　　制票 岳嘉禾

表 3-2-29

分页：10　总页：20

生产成本　　明细账

二级科目：基本生产成本-801批次

2019年 月	日	凭单号	摘要	借方	贷方	借或贷	余额	（借）方金额 直接材料	直接人工	制造费用
08	01		承前页			平	000			
08	05	记012	生产领用材料	2000000		借	2000000	2000000		
08	31	记042	计提人工费	1726660		借	3726660		1726660	
08	31	记052	结转制造费用	4217010		借	7943670			4217010

表 3-2-30

完工产品成本计算表

车间：基本生产车间　　　　订单：801批次　　　　日期：2019年08月31日

项目	直接材料	直接人工	制造费用	合计
08月份投入成本				
08月已投产量				—

审核：　　　　制表：

要求：编制701批次钢质保温杯、702批次塑料杯和801批次陶瓷杯子的完工产品成本计算表并进行相应的账务处理。

子任务二　简化分批法

任务描述

微课18　分批法（下）

科云工厂小批量生产多种产品，批数较多，为简化核算，采用简化分批法计算各批产品成本。

该工厂202×年6月份的产品批号有：

406号	A产品9件	4月份投产	本月全部完工
501号	B产品8件	5月份投产	本月完工4件
509号	C产品7件	5月份投产	尚未完工
609号	D产品6件	本月投产	尚未完工

该公司基本生产成本二级账及各批产品生产成本明细账见表3-2-31至表3-2-35。

表 3-2-31

基本生产成本二级账

（各批产品总成本）

单位：元

202×年		摘要	直接材料	生产工时（小时）	燃料和动力	直接人工	制造费用	合计
月	日							
5	31	期初余额	70 000	20 500	9 000	43 000	25 000	147 000
6	30	本月发生费用	30 000	19 500	5 000	23 000	12 000	70 000
6	30	累计	100 000	40 000	14 000	66 000	37 000	217 000
6	30	累计间接费用分配率						
6	30	完工转出成本						
6	30	余额						

（1）计算各成本项目的累计分配率。

（2）完工产品直接材料费用和生产工时根据各批产品生产成本明细账中完工产品的直接材料费用和生产工时数汇总登记。

（3）完工产品的各项间接费用，可以根据本账内完工产品工时与各项累计间接费用分配率相乘求得，也可以根据各批产品生产成本明细账中完工产品的各项间接费用汇总登记。

表3-2-32　　生产成本明细账

产品批号：406　　单位：元

产品名称：A产品　　投产日期：4月

产品批量：9件　　202×年6月　　完工日期：6月

202×年		摘 要	直接材料	生产工时	燃料和动力	直接人工	制造费用	合计
月	日							
4	30	本月发生费用	19 000	5 780				
5	31	本月发生费用	12 000	4 400				
6	30	本月发生费用	5 000	4 920				
6	30	累计数及累计间接费用分配率	36 000	15 100				
6	30	完工转出成本						
6	30	完工产品单位成本						

表3-2-33　　生产成本明细账　　单位：元

产品批号：501　　投产日期：5月

产品名称：B产品　　完工日期：6月25日

产品批量：8件　　202×年6月　　（本月完工4件）

202×年		摘 要	直接材料	生产工时	燃料和动力	直接人工	制造费用	合计
月	日							
5	31	本月发生费用	20 000	4 500				
6	30	本月发生费用	5 000	3 700				
6	30	累计数及累计间接费用分配率	25 000	8 200				
6	30	完工（4件）转出成本	12 500	5 000				
6	30	完工产品单位成本						
6	30	在产品成本						

表3-2-34　　生产成本明细账

产品批号：509　　单位：元

产品名称：C产品　　投产日期：5月

产品批量：7件　　202×年6月　　完工日期：

202×年		摘 要	直接材料	生产工时	燃料和动力	直接人工	制造费用	合计
月	日							
5	31	本月发生费用	19 000	5 820				
6	30	本月发生费用	2 000	3 780				

表 3-2-35　　生产成本明细账

产品批号：609　　单位：元

产品名称：D产品　　投产日期：6月

产品批量：6件　　202×年6月　　完工日期：

202×年		摘　要	直接材料	生产工时	燃料和动力	直接人工	制造费用	合计
月	日							
6	30	本月发生费用	18 000	7 100				

知识准备

在小批、单件生产的企业或车间中，如果同一月份投产的产品批数很多，且月末在产品批数较多，而每月完工批数不多，例如机械制造厂或修配厂。在这种情况下，如果将当月发生的间接费用在各批产品之间进行分配，而不管各批产品是否已经完工，这样，间接费用的分配工作就会非常繁重，为了简化核算工作，可采用简化的不分批计算在产品成本的简化分批法。

一、简化分批法的特点

1.需设置基本生产成本二级账。账中按成本项目登记全部产品的月初在产品生产成本、本月发生生产费用和累计的生产费用，同时还登记全部产品的月初在产品生产工时、本月生产工时和累计的生产工时。在有完工产品的月份，根据累计间接费用（一般为除原材料之外的各项费用）和累计生产工时，计算累计间接费用分配率。

全部产品某项累计间接费用分配率 = 分配产品该项间接费用累计额÷全部产品累计生产工时

2.按照产品批别开设生产成本明细账（产品成本计算单）。每一批别产品在完工以前，账内只按月登记该批产品的直接费用（如直接材料费用）和生产工时，而不按月分配、登记各项间接费用，因而也就不能计算该批产品的在产品成本。只在有完工产品的月份，才按完工产品的累计生产工时和累计间接费用分配率，计算完工产品应负担的各项间接费用并登记转出，月末在产品仍不登记间接费用。间接费用仍留在基本生产成本二级账中。完工产品应负担的各项间接费用的计算公式如下：

某批完工产品应负担的某项间接费用=该批完工产品累计生产工时×该项累计间接费用分配率

二、简化分批法的成本核算程序

1.根据“生产任务通知单”设立各批别产品的基本生产成本明细账和基本生产成本二级账，根据材料费用分配表和生产工时记录等将各批别产品耗用的材料费用和耗用的工时记入各批产品成本明细账和基本生产成本二级账；

2.根据其他要素费用分配表，将人工费用和制造费用等记入基本生产成本二级账 ；

3.月终，将二级账中的直接材料费用和生产工时与各批产品成本明细账中的直接材料费用和生产工时进行核对；

4.月终，如有完工产品，计算累计间接费用分配率，并据此分配间接费用，登记完工产品批别的基本生产成本明细账，计算完工产品成本。

简化分批法成本核算程序如图3-2-2所示。

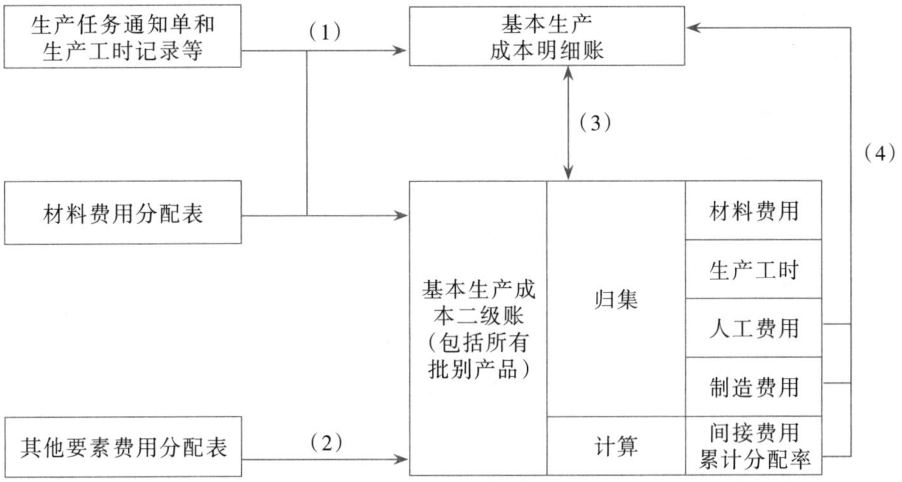

图3-2-2　简化分批法成本核算程序

任务实施

根据任务描述，编制基本生产成本二级账及各批产品生产成本明细账，见表3-2-36至表3-2-40。

表3-2-36　**基本生产成本二级账**

（各批产品总成本）

202×年		摘　要	直接材料	生产工时	燃料和动力	直接人工	制造费用	合计
月	日							
5	31	期初余额	70 000	20 500	9 000	43 000	25 000	147 000
6	30	本月发生费用	30 000	19 500	5 000	23 000	12 000	70 000
6	30	累计	100 000	40 000	14 000	66 000	37 000	217 000
6	30	累计间接费用分配率			0.35	1.65	0.925	
6	30	完工转出成本	48 500	20 100	7 035	33 165	18 592.50	107 292.50
6	30	余额	51 500	19 900	6 965	32 835	18 407.50	109 707.50

表中各成本项目计算如下：

（1）燃料和动力累计分配率=14 000÷40 000=0.35

直接人工累计分配率=66 000÷40 000=1.65

制造费用累计分配率=37 000÷40 000=0.925

（2）完工产品直接材料费用和生产工时根据各批产品生产成本明细账中完工产品的直接材料费用和生产工时数汇总登记。

（3）完工产品的各项间接费用，可以根据本账内完工产品工时与各项累计间接费用分配率相乘求得，也可以根据各批产品生产成本明细账中完工产品的各项间接费用汇总登记。

表 3-2-37 生产成本明细账

产品批号：406 单位：元

产品名称：A产品 投产日期：4月

产品批量：9件 202×年6月 完工日期：6月

202×年		摘 要	直接材料	生产工时	燃料和动力	直接人工	制造费用	合计
月	日							
4	30	本月发生费用	19 000	5 780				
5	31	本月发生费用	12 000	4 400				
6	30	本月发生费用	5 000	4 920				
6	30	累计数及累计间接费用分配率	36 000	15 100	0.35	1.65	0.925	
6	30	完工转出成本	36 000	15 100	5 285	24 915	1 3967.50	80 167.50
6	30	完工产品单位成本	4 000		587.22	2 768.33	1 551.95	8 907.50

表 3-2-38 生产成本明细账 单位：元

产品批号：501 投产日期：5月

产品名称：B产品 完工日期：6月25日

产品批量：8件 202×年6月 （本月完工4件）

202×年		摘 要	直接材料	生产工时	燃料和动力	直接人工	制造费用	合计
月	日							
5	31	本月发生费用	20 000	4 500				
6	30	本月发生费用	5 000	3 700				
6	30	累计数及累计间接费用分配率	25 000	8 200	0.35	1.65	0.925	
6	30	完工（4件）转出成本	12 500	5 000	1 750	8 250	4 625	27 125
6	30	完工产品单位成本	3 125		437.50	2 062.50	1 156.25	6 781.25
6	30	在产品成本	12 500	3 200				

采用简化的分批法计算产品成本，虽有利于简化成本核算工作，但是在这种方法下，各未完工批别的成本明细账不能完整地反映各批产品的在产品成本。只能在适当的条件下，才能采用这种方法，否则会影响成本计算工作的正确性。首先，这种方法只能在各月间接费用的水平相差不大的情况下采用，因累计间接费用分配率是根据本月及以前几个月份的累积间接费用计算的，如本月份间接费用水平与前几个月份间接费用水平相差悬殊，按累计平均的间接费用分配率计算本月投产、本月完工的产品成本，将会偏离实际较大。其次，这种方法只应在同一月份投产的产品批数很多，但月末完工批数较少，月末未完工批数较多的情况下采用。这样，才会简化核算工作，否则仍要按批数在大多数完工产品成本明细账中分配登记各项间接费用，不能起到简化核算工作的作用。

表 3-2-39　　生产成本明细账

产品批号：509　　单位：元

产品名称：C产品　　投产日期：5月

产品批量：7件　　202×年6月　　完工日期：

202×年		摘　要	直接材料	生产工时	燃料和动力	直接人工	制造费用	合计
月	日							
5	31	本月发生费用	19 000	5 820				
6	30	本月发生费用	2 000	3 780				

表 3-2-40　　生产成本明细账

产品批号：609　　单位：元

产品名称：D产品　　投产日期：6月

产品批量：6件　　202×年6月　　完工日期：

202×年		摘　要	直接材料	生产工时	燃料和动力	直接人工	制造费用	合计
月	日							
6	30	本月发生费用	18 000	7 100				

▶▶▶ 任务评价

根据子任务一至子任务二的要求实施并完成任务后，请填写任务评价参考表（见表3-2-41）。

表 3-2-41　　分批法的核算任务评价参考表

考评内容标准	实施评价		
	自我评价	学生互评	教师评价
了解分批法核算的相关内容（20分）			
掌握分批法的分配方法（30分）			
能运用分批法进行核算及账务处理（50分）			
合计			

任务三　分步法的核算

分步法是按照产品品种和每种产品所经过的生产步骤归集生产费用、计算产品成本的一种方法。产品成本计算的分步法适用于大量、大批的多步骤生产，因为在这些企业中，产品生产可以分为若干步骤进行。例如：钢铁企业可以分为炼铁、炼钢、轧钢等步骤；纺织企业可以为分纺纱、织布等步骤。为了加强各生产步骤的成本管理，不仅要求按照产品品种归集生产费用，计算产品成本，而且要求按照产品的生产步骤归集生产费用，计算各大步骤产品成本，提供反映各种产品及其各生产步骤成本计划执行情况的资料。

在实际工作中，出于成本管理对各生产步骤成本资料的不同要求（即是否需要计算各生产步骤的半成品成本）和简化成本计算工作的考虑，各生产步骤成本的计算和结转，又分为逐步结转和平行结转两种方法，因此分步法相应地分为逐步结转分步法和平行结转分步法。

子任务一　逐步结转分步法

任务描述

微课19　分步法（上）

假定新华公司的甲产品生产分两个步骤在两个车间内进行，第一车间为第二车间提供半成品，第一车间生产甲半成品，交半成品库验收，第二车间按需要量向半成品库领用。各步骤完工产品与月末在产品之间费用的分配采用约当产量法。该公司202×年5月有关成本计算资料如下：

1.产量资料见表3-3-1。

表3-3-1　**产量资料**　单位：件

项目	月初在产品	本月投入	本月完工	月末在产品
第一车间	90	350	360	80
第二车间	110	420	370	160

假定材料在第一车间生产开始时一次投入，各加工步骤的在产品完工程度为50%。

2.月初在产品成本资料见表3-3-2。

表3-3-2　**月初在产品成本**　单位：元

项目	直接材料	半成品	直接人工	制造费用	合计
第一车间	7 800		1 000	650	9 450
第二车间		14 000	1 500	500	16 000

3.月初库存甲半成品500件，其实际成本为61 280元。

4.本月发生费用（第二车间不包括第一车间转入的费用）见表3-3-3。

表3-3-3　**本月生产费用表**　单位：元

项目	直接材料	直接人工	制造费用	合计
第一车间	30 000	10 000	4 000	44 000
第二车间		10 000	3 800	13 800

5.假定半成品成本按加权平均法计算，其各步骤成本计算为：

（1）根据月初在产品成本资料及本月发生的生产费用及产量资料，登记第一车间生产成本明细账，可计算出甲半成品成本，见表3-3-4。

表 3-3-4　　第一车间生产成本明细账　　完工：360件

甲半成品　　202×年5月　　单位：元　　在产品：80件

项目		直接材料	直接人工	制造费用	合计
月初在产品成本					
本月生产费用					
生产费用合计					
产品数量	完工产品数量				
	在产品约当产量				
	合计				
分配率（单位成本）					
完工半成品成本					
月末在产品成本					

（2）根据第一车间所生产的甲半成品交库单及第二车间领用半成品的领用单，登记自制半成品明细账，见表3-3-5。

表 3-3-5　　自制半成品明细账　　数量单位：件

半成品：甲半成品　　202×年5月　　金额单位：元

月份	月初结存		本月增加		合计			本月减少	
	数量	实际成本	数量	实际成本	数量	实际成本	单位成本	数量	实际成本
5									
6									

（3）根据月初在产品成本资料、本月发生生产费用及产量资料、第二车间半成品领用单，登记第二车间生产成本明细账，计算完工产品成本，见表3-3-6。

表 3-3-6　　第二车间生产成本明细账　　完工：370件

202×年5月　　单位：元　　在产品：160件

项目		半成品	直接人工	制造费用	合计
月初在产品成本					
本月生产费用					
生产费用合计					
产品数量	完工产品数量				
	在产品约当产量				
	合计				
分配率（单位成本）					
完工产品成本					
月末在产品成本					

6.若半成品按计划成本综合结转见表3-3-7。

表3-3-7　　自制半成品明细账　　单位：元

半成品：甲半成品　　202×年5月　　计划单位成本：128元

月份	月初余额			本月增加			合计					本月减少		
	数量	计划成本	实际成本	数量	计划成本	实际成本	数量	计划成本	实际成本	成本差异	差异率%	数量	计划成本	实际成本
	1	2	3	4	5	6	7=1+4	8=2+5	9=3+6	10=9-8	11=10÷8	12	13	14=13+13×11
5														
6														

7.进行产成品的成本还原见表3-3-8。

表3-3-8　　产品成本还原计算表

甲产品　　202×年5月　　单位：元

行次	项目	还原率	半成品	直接材料	直接人工	制造费用	合计
1							
2							
3							
4=1+3							

知识准备

一、分步法的特点

产品成本计算的分步法，指以产品的品种及其所经过的生产步骤作为成本计算对象归集生产费用、计算产品成本的方法。这种方法的主要特点表现为以下几个方面。

1.以生产步骤为成本计算对象

采用分步法计算产品成本，如果只生产一种产品，成本计算对象就是该种产品及其各生产步骤的半成品。生产成本明细账应分别按产品品种及其各个生产步骤的半成品设置，计算各步骤的半成品成本和完工产品成本；如果生产多种产品，其成本计算对象就是各种完工产品的成本及各个生产步骤的半成品成本，生产成本明细账应分别按每种产品及其各个生产步骤的半成品设置，计算各种产品及其半成品成本。

在实际工作中，采用分步法计算产品成本，产品成本计算方法上的分步与产品实际生产步骤的口径有时一致，有时并不一致。例如：在按生产步骤设立车间的企业中，一般情况下，分步计算成本也就是分车间计算成本；如果企业生产规模很大，车间内又分成几个生产步骤，而管理上又要求分步计算成本，也可以在车间内按要求分步计算成本；相反，如果企业生产规模很小，管理上也不要求分车间计算成本，也可将几个车间合并为一个步骤计算成本。总之，企业应根据管理要求，本着管理核算工作的原则，确定成本计算对象。

2.以会计期间为成本计算期

在大量、大批的多步骤生产中，由于生产过程较长，可以间断，而且往往都是跨月陆续完工的，因此，成本计算一般都是按月、定期地进行，而与生产周期不一致。

3.生产费用需要在完工产品与在产品中进行分配

在月末计算产品成本时，各步骤一般都存在未完工的在产品，这样，为了计算完工产品成本和月末在产品成本，还需要采用适当的分配方法，将汇集在生产成本明细账中的生产费用，在完工产品与在产品之间采用适当方法进行分配。

4.上一步骤半成品是下一步骤的加工对象

在大量、大批多步骤生产中，由于产品的生产是分步骤进行的，上一步骤生产的半成品是下一步骤的加工对象，因此，要计算各种产品的产成品成本，还需要按产品品种结转各步骤的成本，这是分步法与其他成本计算方法的不同之处，也是分步法的一个重要特点。

二、逐步结转分步法的概念和特点

逐步结转分步法指按各加工步骤归集生产费用、计算各加工步骤半成品成本，而且半成品成本随着半成品实物转移而在各加工步骤之间顺序结转，最后计算出产成品成本的一种成本计算方法。逐步结转分步法也称计算半成品成本的分步法或顺序结转分步法。逐步结转分步法主要有以下几个特点：

1.各生产步骤半成品成本的结转同实物的结转相一致，即半成品实物转入哪一个生产步骤，半成品成本也随之转入哪一个生产步骤。

2.除第一个生产步骤外，其余各生产步骤的生产费用均包括两部分，即上步骤转入的半成品成本和本步骤发生的生产费用。

3.各生产步骤的完工产品，除最后步骤为产成品之外，其余各步骤均为半成品，同时，各步骤的在产品均为狭义在产品，即各生产步骤中正加工尚未完工的在制品，在产品成本是按在产品实物所在地反映的，各步骤成本明细账的期末余额，就是结存在该步骤在产品的全部成本。

三、逐步结转分步法的适用范围

逐步结转分步法主要适用于成本管理中需要提供各个生产步骤半成品成本资料的企业。尤其是大量、大批连续多步骤生产企业。在这些企业中，从原材料投入生产到产成品制成，中间要顺序经过几个生产步骤，前面各生产步骤所生产的都是半成品，只有最后步骤生产的才是产成品。各生产步骤生产的半成品，既可以转交给下一生产步骤继续加工，耗用在不同产品上，还可以作为商品对外销售。例如，纺织企业生产的棉纱，既可以企业自用，继续加工，又可以作为商品，直接对外出售。为此，除了需要计算各种产成品成本外，还必须计算各生产步骤所产半成品成本。同时，为了加强成本管理、降低成本、考核成本计划执行情况，也需计算半成品成本。

四、逐步结转分步法的核算程序

逐步结转分步法的成本核算程序取决于半成品实物的流转程序，半成品实物的流转程序有两种：一种是半成品不通过仓库收发，另一种是半成品通过仓库收发。

（一）半成品不通过仓库收发

在半成品不通过仓库收发的情况下，逐步结转分步法的产品成本核算程序是：先计算第一步骤生产的半成品成本，然后随着半成品实物转移，将其半成品成本从第一步骤产品成本明细账转入第二步骤相同产品的产品成本明细账，再加上第二步骤所发生的生产费用，计算出第二步骤所产半成品成本，并将其转入第三步骤，这样，按照生产步骤逐步计算（累计）并结转半成品成本，直到最后步骤计算出产成品成本。其成本核算程序如图3-3-1所示。

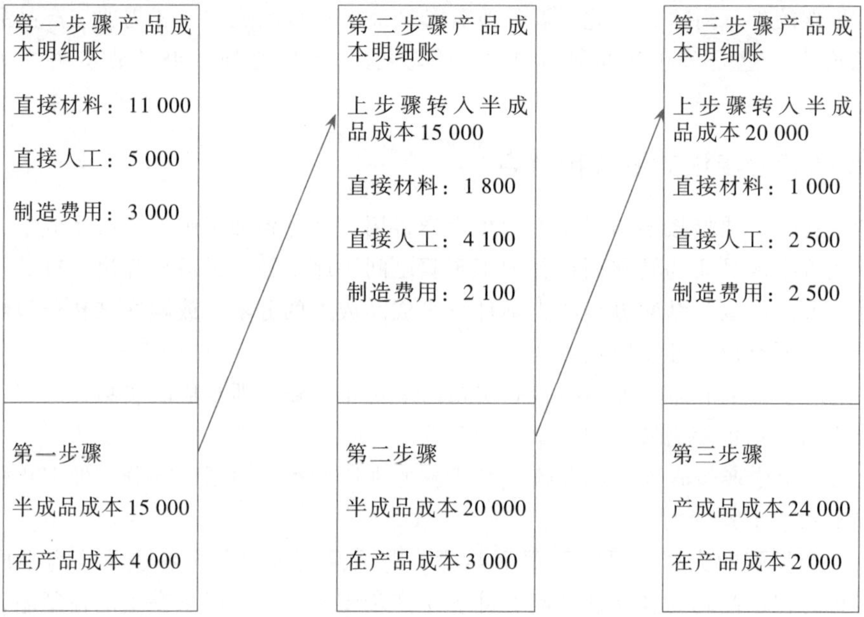

图3-3-1　逐步结转分步法成本核算程序图

（二）半成品通过仓库收发

如果各步骤半成品完工后须通过仓库收发，那么应设置自制半成品明细账进行核算，逐步结转分步法的核算程序如图3-3-2所示。

五、综合结转分步法

综合结转分步法是将各生产步骤所耗用的上一步骤半成品成本，不分成本项目，而是以一个综合数记入该步骤产品成本明细账中的“半成品”成本项目中。综合结转可以按照半成品的实际成本结转，也可以按照半成品的计划成本结转。

（一）半成品按实际成本综合结转

在半成品按实际成本综合结转的情况下，如果半成品实物不通过仓库收发，上一步骤的半成品成本等额转入下一步骤产品成本明细账中的“半成品”成本项目；半成品实物如

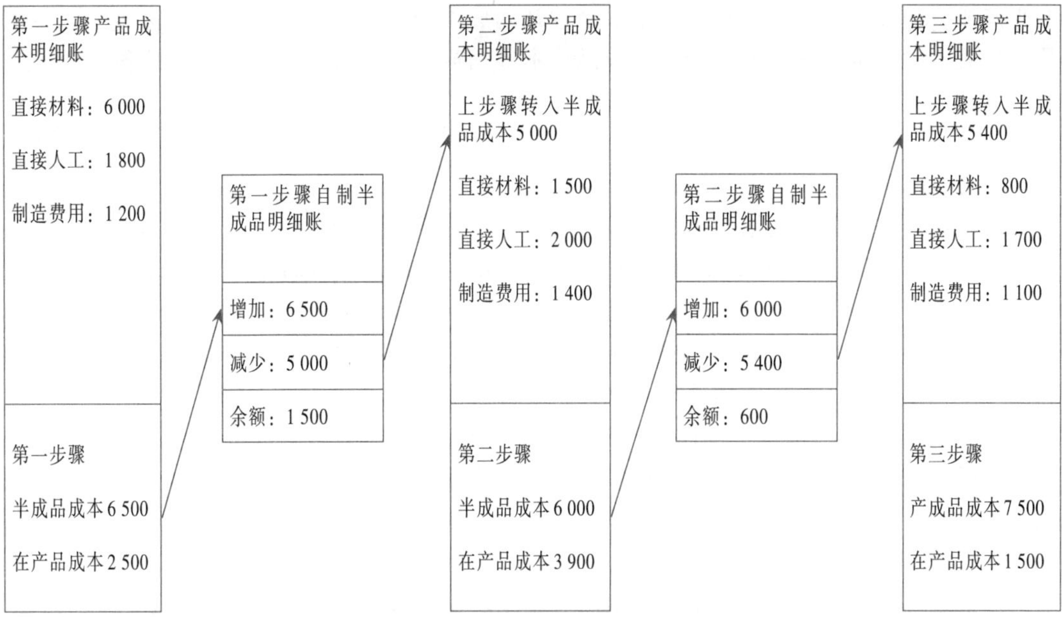

图3-3-2　逐步结转分步法成本核算程序图

果通过仓库收发，由于各月所产半成品的实际单位成本往往不同，因而所耗半成品的单位成本也有计价的问题，半成品可以同材料核算一样，采用先进先出法或加权平均法等方法计算。

（二）半成品按计划成本综合结转

在半成品按计划成本综合结转情况下，半成品日常收发的明细核算均按计划成本计价；在半成品实际成本计算出来后，再计算半成品成本差异额和差异率，调整领用半成品的计划成本。

1.半成品按计划成本综合结转所用账表的特点

（1）自制半成品明细账不仅要反映半成品收发和结存的数量及实际成本，而且要反映半成品收发和结存的计划成本、成本差异额及成本差异率。

（2）在产品生产成本明细账中，对于所耗用半成品的成本，可以直接按照调整成本差异后的实际成本登记；也可以按照计划成本和成本差异率分别登记，以便于分析上一步骤半成品成本差异对本步骤成本的影响，如采用后一种做法，产品生产成本明细账中的“半成品 ”项目，应分设“计划成本”“成本差异”“实际成本”三栏。

2.按计划成本综合结转半成品成本的优点

（1）能简化和加速半成品核算和产品成本计算工作。按计划成本结转半成品成本，可以简化和加速半成品收发的凭证计价和记账工作；半成品成本差异率如果不是按半成品品种，而是按类别计算，可以省去大量的计算工作；如果月初半成品存量较大，本月耗用的半成品大部分甚至全部是以前月份生产的，本月所耗半成品差异调整也可以根据上月半成品成本差异率计算，这样，不仅简化了计算工作，并且各步骤的成本计算也可以同时进行，从而加速产品成本的计算工作。

（2）便于对各步骤成本进行考核和分析。按计划成本结转半成品成本，可以在各步骤的生产成本明细账中分别反映所耗半成品的计划成本和成本差异，因而在考核和分析各步骤产品成本时，可以剔除上一步骤半成品成本节约或超支的影响，正确地反映各生产步骤的成本超支或节约情况，便于成本考核和分析工作的进行。

（三）综合结转分步法的成本还原

1.成本还原的含义

采用综合结转分步法结转半成品成本时，上一步骤转入的自制半成品成本，综合记入“半成品”成本项目，这样，简化了成本计算流程。但是，在最后生产步骤计算出的产品成本中，除了本步骤发生的生产费用是按原始成本项目反映外，前面各个生产步骤发生的各项费用，都集中在“半成品”成本项目中，这样的计算结果不能反映出直接材料、燃料和动力、直接人工、制造费用等成本项目在全部成本中所占的比重，即不能提供按成本项目反映的成本资料。因此，当成本管理要求按照规定成本项目考核和分析企业产品成本计划的完成情况时，就需要进行成本还原，即将产成品所耗半成品的综合成本分解还原为按原始成本项目反映的成本，以满足企业考核和分析产成品成本构成的需要。

2.成本还原的方法

通常采用的成本还原方法是：从最后一个生产步骤开始，将产成品所耗上一生产步骤自制半成品的综合成本，按照上一生产步骤本月生产该种半成品的成本结构进行还原，依次从后向前逐步分解，直至第一加工步骤为止，还原为直接材料、燃料和动力、直接人工、制造费用等，然后，再汇总各加工步骤相同成本项目的金额，从而计算出按原始成本项目反映的产成品成本。

如果产品的生产步骤不止两步，那么在进行一次还原后，还会有自制半成品成本项目，则应继续还原，直到自制半成品项目全部分解成按原始成本项目反映为止。

以上采用的成本还原方法是按本月所产该半成品的成本结构进行还原的方法。这种方法相对来说比较简单，但由于没有考虑以前月份所产半成品成本结构的影响，在各月所产半成品的成本结构变化较大的情况下，采用这种方法进行成本还原会产生误差。因为本月产成品所耗用的半成品不一定都是本月生产的，一般还包括月初结存的半成品，而月初结存的半成品与本月生产的半成品，其成本结构往往不同，还原结果的准确性必然会受到较大影响。如果半成品的定额成本或计划成本比较准确，为了提高还原结果的准确性，产成品所耗用半成品费用可以按定额成本或计划成本的结构进行还原。为此，上述成本还原计算表中第2行“按成本项目分列的本月所产半成品的总成本”，应改为“按成本项目分列的半成品定额或计划单位成本”。

六、分项结转分步法

分项结转分步法是将各生产步骤所耗用的上一步骤半成品成本，按照成本项目分项转入该步骤产品成本明细账的各个成本项目中，如果半成品通过半成品库收发，在自制半成品明细账中登记半成品成本时，也要按成本项目分别登记。

采用分项结转分步法时，可以按照半成品的实际成本结转，也可以按照半成品的计划成本结转，然后再按成本项目分项调整成本差异。但按计划成本结转时，因分项调整成本差异的工作量较大，因此，在实际工作中大多采用按实际成本分项结转。分项结转法的基本原理与综合结转法基本相同，这里就不举例说明了，只说明基本生产成本结转程序，见表3-3-9、表3-3-10、表3-3-11。

表3-3-9　　第一车间基本生产成本明细账　　完工：8件

产品名称：A半成品　　202×年5月　　单位：元　　在产品：4件

项目	直接材料	直接人工	制造费用	成本合计
月初在产品成本	12 000	10 000	8 000	30 000
本月生产费用	36 000	30 000	22 000	88 000
合计	48 000	40 000	30 000	118 000
单位成本（分配率）	4 000	4 000	3 000	—
完工产品成本	32 000	32 000	24 000	88 000
月末在产品成本	16 000	8 000	6 000	30 000

表3-3-10　　第二车间基本生产成本明细账　　完工：8件

产品名称：B半成品　　202×年5月　　单位：元　　在产品：4件

项目	直接材料	直接人工	制造费用	成本合计
月初在产品成本	4 000	4 000	1 000	9 000
本月生产费用	—	4 000	3 000	7 000
本月所耗半成品	32 000	32 000	24 000	88 000
合计	36 000	40 000	28 000	104 000
单位成本（分配率）	3 000	4 000	2 800	—
完工产品成本	24 000	32 000	22 400	78 400
月末在产品成本	12 000	8 000	5 600	25 600

表3-3-11　　第三车间基本生产成本明细账　　完工：3件

产品名称：甲产品　　202×年5月　　单位：元　　在产品：2件

项目	直接材料	直接人工	制造费用	成本合计
月初在产品成本	1 000	2 000	1 100	4 100
本月生产费用	—	1 000	2 000	3 000
本月所耗半成品	24 000	32 000	22 400	78 400
合计	25 000	35 000	25 500	85 500
单位成本（分配率）	5 000	8 750	6 375	—
完工产品成本	15 000	26 250	19 125	60 375
月末在产品成本	10 000	8 750	6 375	25 125

通过上表可以看出，分项结转半成品成本可以直接、正确地提供按原始成本项目反映的企业产成品成本资料，便于从整个企业角度考核和分析产品成本计划的执行情况，不需要进行成本还原。对于月末在产品成本来说，上步骤转入的半成品各成本项目的费用，在转入步骤加工时就已经全部投入，可以直接按本月完工产品（指本步骤完工半成品或产成品）数量和在产品数量进行分配；对于本月本步骤发生的生产费用，除生产开始时一次投入的原材料费用外，其余项目的费用尚未全部投入，一般都是随着生产进度陆续发生，需要按照完工产品数量和在产品约当产量进行分配，这样，成本计算结果才会准确，否则成本计算的正确性就会受到影响。半成品成本项目分项结转，采用约当产量法计算在产品成本的工作量比较大。为简化成本核算工作，在定额管理基础较好，各项消耗定额或费用比较准确、稳定的企业，月末在产品成本可以采用定额比例法或定额成本法计算，这样各成本项目就不必分设“上步骤转入”和“本步骤发生”两个成本项目列示。

任务实施

步骤一：计算甲半成品成本

根据任务描述中月初在产品成本资料及本月发生的生产费用及产量资料，登记第一车间生产成本明细账（见表3-3-12），可计算出甲半成品成本。

表3-3-12 第一车间生产成本明细账 完工360件

甲半成品 202×年5月 在产品80件

项目		直接材料	直接人工	制造费用	合计
月初在产品成本		7 800	1 000	650	9 450
本月生产费用		30 200	10 000	3 850	44 050
生产费用合计		38 000	11 000	4 500	53 500
产品数量	完工产品数量	360	360	360	
	在产品约当产量	80	40	40	
	合计	440	400	400	
分配率（单位成本）		86.3636	27.5	11.25	
完工半成品成本		31 090.90	9 900	4 050	45 040.90
月末在产品成本		6 909.10	1 100	450	8 459.10

根据第一车间的半成品交库单所列交库数量及成本，编制会计分录如下：

借：自制半成品——甲半成品 45 040.90

贷：生产成本——基本生产成本——第一车间（直接材料） 31 090.90

——第一车间（直接人工） 9 900

——第一车间（制造费用） 4 050

步骤二：登记自制半成品明细账及编制领用分录

根据任务描述中第一车间所生产的甲半成品交库单及第二车间领用半成品的领用单，登记自制半成品明细账，见表3-3-13。

表3-3-13　　自制半成品明细账　　数量单位：件

半成品：甲半成品　　202×年5月　　金额单位：元

月份	月初结存		本月增加		合计			本月减少	
	数量	实际成本	数量	实际成本	数量	实际成本	单位成本	数量	实际成本
5	500	62 000	360	45 040.90	860	107 040.90	124.47	420	52 277.40
6	440	54 560							

①表格中甲半成品加权平均单位成本=107 040.90÷860=124.47（元）

②发出甲半成品成本=420×124.47=52 277.40（元）

根据第二车间半成品领用单，编制会计分录：

借：生产成本——基本生产成本——第二车间　　52 277.40

　贷：自制半成品——甲半成品　　52 277.40

步骤三：计算完工产品成本

根据任务描述中月初在产品成本资料、本月发生生产费用及产量资料、第二车间半成品领用单，登记第二车间生产成本明细账，见表3-3-14，计算完工产品成本。

表3-3-14　　第二车间生产成本明细账　　完工：370件

甲产成品　　202×年5月　　在产品：160件

项目		半成品	直接人工	制造费用	合计
月初在产品成本		14 000	1 500	500	16 000
本月生产费用		52 277.40	10 000	4 000	66 277.40
生产费用合计		66 277.40	11 500	4 500	82 277.40
产品数量	完工产品数量	370	370	370	
	在产品约当产量	160	80	80	
	合计	530	450	450	
分配率（单位成本）		125.0517	25.5556	10	
完工产品成本		46 269.13	9 455.57	3 700	59 424.70
月末在产品成本		20 008.27	2 044.43	800	22 852.70

在上列生产成本明细账中，设置了“月末在产品成本”项目栏，其目的就是综合登记所耗用第一车间半成品的成本。其中本期半成品费用，应根据计价后的第二车间半成品领用单登记。根据第二车间的产成品交库单所列产成品交库数量和第二车间生产成本明细账

中完工转出产成品成本，编制会计分录如下：

借：库存商品——甲产品　　59 424.70

　贷：生产成本——基本生产成本——第二车间（直接材料）　　46 269.13

　　　——第二车间（直接人工）　　9 455.57

　　　——第二车间（制造费用）　　3 700.00

步骤四：半成品按计划成本综合结转

若半成品按计划成本综合结转，依据任务描述可知，自制半成品明细账见表3-3-15。

表3-3-15　　**自制半成品明细账**

半成品：甲半成品　　202×年5月　　计划单位成本：128元

月份	月初余额			本月增加			合计					本月减少		
	数量	计划成本	实际成本	数量	计划成本	实际成本	数量	计划成本	实际成本	成本差异	差异率%	数量	计划成本	实际成本
	1	2	3	4	5	6	7=1+4	8=2+5	9=3+6	10=9−8	11=10÷8	12	13	14=13+13×11
5	500	64 000	61 280	360	46 080	45 040.90	860	110 080	106 320.90	−3 759.10	−3.415	420	54 125.80	52 277.40
6	440	54 560												

注：11 半成品成本差异率 $=\dfrac{\text{月初结存半成品成本差异}+\text{本月收入半成品成本差异}}{\text{月初结存半成品计划成本}+\text{本月收入半成品计划成本}}\times 100\%$

发出半成品成本差异=发出半成品计划成本×半成品成本差异率

=54 125.80×（−3.415%）=−1 848.40（元）

14 发出半成品实际成本=发出半成品计划成本+发出半成品差异

=54 125.80−1 848.40=52 277.40（元）

步骤五：成本还原

$$\text{成本还原分配率}=\frac{\text{本月产成品所耗上一步骤自制半成品成本}}{\text{本月所产该种自制半成品总成本}}=\frac{46\,269.13}{45\,040.90}=1.0273$$

$$\frac{\text{所耗自制半成品成本}}{\text{还原为各成本项目金额}}=\frac{\text{本月所产该自制半成品成本中的}}{\text{各该成本项目金额}}\times\frac{\text{成本还原}}{\text{分配率}}$$

所耗自制半成品还原为直接材料=31 090.9×1.0273=31 939.68（元）

所耗自制半成品还原为直接人工=9 900×1.0273 =10 170.27（元）

所耗自制半成品还原为制造费用 =46 269.13−31 939.68−10 170.27=4 159.18（元）

还原后各成本项目之和为46 269.13元，与产成品所耗用自制半成品成本相抵销。然后将还原前产成品成本与产成品中自制半成品成本的还原额，按照相同的成本项目汇总，计算出还原后产成品成本。还原后产成品成本如下：

直接材料=31 939.68（元）

直接人工=9 455.57 +10 170.27 =19 625.84（元）

制造费用 =3 700 +4 159.18 =7 859.18（元）

合计：59 424.70（元）

在实际工作中，成本还原一般是通过成本还原计算表进行的，产品成本还原计算表见表3-3-16。

表3-3-16　　产品成本还原计算表

甲产品　　202×年5月　　单位：元

行次	项目	还原率	半成品	直接材料	直接人工	制造费用	合计
1			46 269.13		9 455.57	3 700	59 424.70
2				31 090.90	9 900	4 050	45 040.90
3		1.0273	−46 269.13	31 939.68	10 170.27	4 159.18	0
4=1+3				31 939.68	19 625.84	7 859.18	59 424.70

课堂强化

强化3-3-1
参考答案

[强化3-3-1]

2019年9月30日，采用逐步综合结转分步法计算北京科云股份有限公司儿童连体衣的成本，分成三个步骤进行核算，相关资料见表3-3-17、表3-3-18。

表3-3-17

生产车间在制品单位定额成本

车间：基本生产车间　　产品：儿童连体衣　　日期：2019年09月30日

序号	项目	自制半成品	直接材料	直接人工	制造费用	合计
001	第一步骤		4.20	8.60	7.00	19.80
002	第二步骤	20.00	6.5	12.20	11.50	50.20
003	第三步骤	42.30	5.50	7.20	6.00	61.00

审核：吴浩　　制表：陈飞

表3-3-18

月末生产车间产品产量统计表

车间：基本生产车间　　产品：儿童连体衣　　日期：2019年09月30日

序号	项目	本月投产量	领用前一步骤自制半成品数量	在制品数量		自制半成品入库数量	完工产品入库数量
				月初在制品产量	月末在制品产量		
001	第一步骤	2220	----	300	220	2300	--
002	第二步骤	--	2400	250	200	2450	--
003	第三步骤	--	2500	270	290	--	2480

审核：吴浩　　制表：陈飞

（1）编制第一步骤产品成本计算表（见表3-3-19、表3-3-20、表3-3-21），并进行账务处理。

表3-3-19

分页：10 总页：20

生产成本 明细账

二级科目：基本生产成本-第一步骤

2019年 月	日	凭单号	摘要	借方	贷方	借或贷	余额	（借）方金额 直接材料	直接人工	制造费用
08	31		承前页			借	691610			
08	31		本月合计	6902300	6210690	借	691610	155065	283900	252645
09	01	记003	生产领用布料	1200000		借	1891610	1200000		
09	30	记035	发放非货币性福利	80000		借	1971610		80000	
09	30	记042	计提人工费	3103000		借	5074610		3103000	
09	30	记049	结转制造费用	3127740		借	8202350			3127740

表3-3-20

入 库 单 №55623420

交货单位：基本生产车间-第一步骤　　2019年09月30日

品名	单位	规格	数量	单价	金额（千百十万千百十元角分）
儿童连体衣-上衣	件		2300		
合计大写	仟 佰 拾 万 仟 佰 拾 元 角 分 ¥				

第二联 会计联

记账 陈飞　保管 岳嘉禾　制票 岳嘉禾

表3-3-21

完工产品成本计算表

车间：第一步骤生产车间　产品名称：儿童连体衣-上衣　单位：元　制表日期：2019年09月30日

项目			直接材料	直接人工	制造费用	合计
第一步骤	期初余额					
	本月发生额					
	合计：					
	产品产量（套）	在制品产量				---
		自制半成品产量				---
		合计：				---
	在制品单位定额成本					
	月末在制品成本					
	完工半成品成本					

审核：　制表：

（2）领用第一步骤自制半成品（见表3-3-22、表3-3-23），并进行账务处理。

表3-3-22

领　料　单　　No.43843111

领料部门：基本生产车间-第二步骤

用　途：生产儿童连体衣　　　2019 年 09 月 30 日

编号	品名	规格及型号	单位	数量		计划价格	
				请领	实发	单价	总价
001	儿童连体衣-上衣		套	2400	2400		
合　计							

第二联　记账

记账：陈飞　　发料：岳嘉禾　　领料：陈亚娜

表3-3-23

发出自制半成品成本计算表

品名：自制半成品-儿童连体衣-上衣　　　日期：2019年09月30日

日期	摘要	收入			发出			结存		
		数量	单价	金额	数量	单价	金额	数量	单价	金额
09月01日	期初结存							1200	33.86	40632.00
09月30日	入库	2300	33.77	77671.00				3500	33.80	118303.00
09月30日	领用				2400	33.80	81120.00	1100	33.80	37183.00

审核：吴浩　　制表：陈飞

（3）编制第二步骤产品计算表（见表3-3-24、表3-3-25），并进行相应的账务处理（资料见表3-3-17、表3-3-18及表3-3-21）。

表3-3-24

分页：12　总页：20

生产成本　　明细账

二级科目：基本生产成本-第二步骤

2019年 月	日	凭单号	摘要	借方	贷方	借或贷	余额	（借）方金额分析：直接材料	直接人工	制造费用	自制半成品
08	31		承前页			借	1640835				
08	31		本月合计	6002690	4361855	借	1640835	244890	558725	476320	360900
09	04	记011	生产领用布料	960000		借	2600835	960000			
09	12	记024	生产领用扣眼松紧带	345000		借	2945835	345000			
09	30	记035	发放非货币性福利	70000		借	3015835		70000		
09	30	记042	计提人工费	2608500		借	5624335		2608500		
09	30	记049	结转制造费用	2132550		借	7756885			2132550	
09	30	记051	生产领用自制半成品	8112000		借	15868885				8112000

表 3-3-25

完工产品成本计算表

单位：元

车间：第二步骤生产车间　　产品：儿童连体衣-衣裤缝纫完成　　制表日期：2019年09月30日

项目			自制半成品	直接材料	直接人工	制造费用	合计
第二步骤	期初余额						
	领用前一步骤自制半成品			—	—	—	
	本步骤生产费用		—				
	合计						
	产品产量（套）	在制品产量					—
		半成品产量					—
		合计					—
	在制品单位定额成本						
	月末在制品成本						
	完工半成品成本						

审核：　　制表：

（4）领用第二步骤自制半成品（见表3-3-26、表3-3-27），并进行账务处理。

表 3-3-26

领　料　单

No. 43843122

领料部门：基本生产车间-第三步骤

用　　途：生产儿童连体衣　　2019 年 09 月 30 日

编号	品名	规格及型号	单位	数量		计划价格	
				请领	实发	单价	总价
001	儿童连体衣-衣裤缝纫		套	2500	2500		
合　　计							

第二联　记账

记账：陈飞　　发料：岳嘉禾　　领料：陈亚娜

（5）编制第三步骤产品计算表（见表3-3-28、表3-3-29），并进行相应的账务处理（资料见表3-3-17、表3-3-18及表3-3-25）。

（6）进行成本还原（见表3-3-30、表3-3-31），三步骤需要进行两次还原（资料见表3-3-21、表3-3-25及表3-3-29）。

表 3-3-27

发出自制半成品成本计算表

品名：自制半成品-儿童连体衣-衣裤缝纫完成

单位：元
日期：2019年09月30日

日期	摘要	收入			发出			结存		
		数量	单价	金额	数量	单价	金额	数量	单价	金额
09月01日	期初结存							900	58.17	52351.15
09月30日	入库	2450	60.67	148648.85				3350	60.00	201000.00
09月30日	领用				2500	60.00	150000.00	850	60.00	51000.00

审核：吴浩　　　制表：陈飞

表 3-3-28

分页：14　总页：20

生产成本　明细账

二级科目：基本生产成本-第三步骤

2019年 月	日	凭单号	摘要	借方	贷方	借或贷	余额	（借）方金额分析 直接材料	直接人工	制造费用	自制半成品
08	31		承前页			借	2476729				
08	31		本月合计	6170380	3693651	借	2476729	399046	874959	734724	468000
09	15	记030	生产领用ideal拉链	650000		借	3126729	650000			
09	30	记035	发放非货币性福利	50000		借	3176729		50000		
09	30	记042	计提人工费	1822500		借	4999229		1822500		
09	30	记049	结转制造费用	1848116		借	6847345			1848116	
09	30	记053	生产领用自制半成品	15000000		借	21847345				15000000

表 3-3-29

完工产品成本计算表

车间：第三步骤生产车间　　产品：儿童连体衣

单位：元
制表日期：2019年09月30日

项目			自制半成品	直接材料	直接人工	制造费用	合计
第三步骤	期初余额						
	领用前一步骤自制半成品			—	—	—	
	本月生产费用		—				
	合计						
	产品产量（套）	在制品产量					—
		完工成品产量					—
		合计					—
	在制品单位定额成本						
	月末在制品成本						
	完工产品成本						

审核：　　　制表：

表 3-3-30

第一次成本还原计算表

单位：元

单位：北京科云股份有限公司　　产品：儿童连体衣　　日期：2019年09月30日

项目	自制半成品-衣裤缝纫完成	自制半成品-上衣	直接材料	直接人工	制造费用	成本合计
还原前产成品成本						
第二步本月所产半成品成本	—					
还原率（保留4位小数）						
半成品还原（保留2位小数）	—					
第一次还原后产成品成本	—					

审核：　　制表：

表 3-3-31

第二次成本还原计算表

单位：元

产品：儿童连体衣　　日期：2019年09月30日

项目	自制半成品-上衣	直接材料	直接人工	制造费用	成本合计
还原前产成品成本					
第一步本月所产半成品成本	—				
还原率（保留4位小数）					
半成品还原（保留2位小数）	—				
第二次还原后产成品成本	—				
产成品单位成本（保留2位小数）	—				

审核：　　制表：

[强化 3-3-2]

承上题，2019年9月30日，采用逐步分项结转分步法计算北京科云股份有限公司儿童连体衣的成本，分成三个步骤进行核算。

（1）编制第一步骤产品计算表（见表3-3-32），并进行账务处理。

（2）编制第二步骤产品计算表（见表3-3-33），并进行账务处理。

（3）编制第三步骤产品计算表（见表3-3-34），并进行账务处理。

强化 3-3-2
参考答案

表 3-3-32

完工产品成本计算表

车间：第一步骤生产车间　　产品名称：儿童连体衣　　单位：元　制表日期：2019年09月30日

项　目			直接材料	直接人工	制造费用	合计
第一步骤	期初余额					
	本月发生额					
	合　计：					
	产品产量（套）	在制品产量				—
		完工半成品产量				—
		合 计：				—
	在制品单位定额成本					
	月末在制品成本					
	完工半成品成本					

审核：　　制表：

表 3-3-33

完工产品成本计算表

车间：第二步骤生产车间　　产品：儿童连体衣　　单位：元　制表日期：2019年09月30日

项　目			直接材料	直接人工	制造费用	合计
第二步骤	期初余额					
	本步骤发生额					
	第一步骤转入					
	合计					
	产品产量（套）	在制品产量				—
		半成品产量				—
		合计				—
	在制品单位定额成本					
	月末在制品成本					
	完工半成品成本					

审核：　　制表：

表 3-3-34

完工产品成本计算表

单位：元

车间：第三步骤生产车间　　产品：儿童连体衣　　制表日期：2019年09月30日

项目			直接材料	直接人工	制造费用	合计
第三步骤	期初余额					
	本步骤发生额					
	第二步骤转入					
	合计					
	产品产量（件）	在制品产量				—
		完工产品产量				—
		合计				—
	在制品单位定额成本					
	月末在制品成本					
	完工产品成本					

审核：　　制表：

子任务二　平行结转分步法

任务描述

微课 20　分步法（下）

北京科云股份有限公司生产的 A 产品，需分三个步骤分别由三个基本生产车间进行加工，半成品不经过半成品库收发，第一车间生产的半成品直接转至第二车间继续加工，加工成第二车间的半成品再直接转至第三车间，然后加工成产成品，将下列各表填制完整并结转完工产品成本。该企业 202×年 4 月份有关产量和成本资料见表 3-3-35、表 3-3-36。

表 3-3-35　　**产量资料**　　单位：件

摘要		第一车间	第二车间	第三车间
半成品数量转移情况	月初在产品数量	100	200	300
	本月投产或上步转入数量	300	280	300
	本月完工数量	280	300	350
	月末在产品数量	120	180	250

假定各车间的月末在产品的加工程度为 50%，原材料在第一车间生产开始时一次投入，计算各车间应计入最终产品（产成品）成本的份额，填制表 3-3-37、表 3-3-38 和表 3-3-39：

表 3-3-36

各车间月初在产品成本及本月生产费用

202×年 4 月

单位：元

项目	第一车间				第二车间			第三车间		
	直接材料	直接人工	制造费用	合计	直接人工	制造费用	合计	直接人工	制造费用	合计
月初在产品成本	30 000	5 000	5 500	40 500	7 000	3 000	10 000	1 500	1 000	2 500
本月生产费用	25 000	9 000	5 000	39 000	8 500	3 600	12 100	6 000	3 000	9 000
生产费用合计	55 000	14 000	10 500	79 500	15 500	6 600	22 100	7 500	4 000	11 500

表 3-3-37

第一车间生产成本明细账

202×年 4 月

金额单位：元

项目	直接材料	直接人工	制造费用	合计
月初在产品成本				
本月生产费用				
生产费用合计				
约当产量				
分配率（保留 4 位小数）				
应计入产成品成本份额（完工数量 350 件）				
月末在产品成本				

表 3-3-38

第二车间生产成本明细账

202×年 4 月

金额单位：元

项目	直接材料	直接人工	制造费用	合计
月初在产品成本				
本月生产费用				
生产费用合计				
约当产量				
分配率（保留 4 位小数）				
应计入产成品成本份额（完工数量 350 件）				
月末在产品成本				

表 3-3-39

第三车间生产成本明细账

202×年 4 月

金额单位：元

项目	直接材料	直接人工	制造费用	合计
月初在产品成本				
本月生产费用				
生产费用合计				
约当产量				
分配率（保留 4 位小数）				
应计入产成品成本份额（完工数量 350 件）				
月末在产品成本				

最后汇总各车间应计入产品成本的份额，计算产成品成本，填制表 3-3-40。

表 3-3-40

A 产品成本汇总计算表

完工数量：350 件

产品名称：A 产品

202×年 4 月

单位：元

项目	直接材料	直接人工	制造费用	合计
第一车间计入产品成本的份额				
第二车间计入产品成本的份额				
第三车间计入产品成本的份额				
完工产品（350 件）总成本				
完工产品单位成本（保留 2 位小数）				

知识准备

一、平行结转分步法的特点

平行结转分步法指在各生产步骤不计算所耗用上一步骤的半成品成本，只计算本步骤发生的生产费用以及生产费用中应计入产成品成本的份额，即将各步骤应计入产成品成本的份额，从各步骤生产成本明细中平行结转出来，汇总计算产成品成本的一种成本计算方法。因此，平行结转分步法也称为不计算半成品成本的分步法。平行结转分步法主要有以下特点：

1. 不设置半成品成本账户。采用平行结转分步法，由于各生产步骤不计算，也不用逐步结转半成品成本，所以无论半成品实物是否通过半成品仓库收发，都不需要设置“自制半成品”账户和“自制半成品明细账”账户进行核算，也不需要编制半成品结转的会计分录；各生产步骤明细账归集本步骤所发生的生产费用，不需要设置“半成品”成本项目，并且各步骤半成品成本也不需要随着半成品实物的转移而转移，而是留在各步骤生产成本明细账中，半成品成本的核算与实物相脱节。

2.各步骤的完工产品要视最后完工产品而定。采用平行结转分步法，各生产步骤所归集的生产费用也需在完工产品与月末在产品之间分配，但与逐步结转分步法不同的是，平行结转分步法下的完工产品指最终完工的产成品，不是指各步骤完工的半成品，因此某步骤生产成本明细账中转出的完工产品成本，只是指该步骤生产费用中应由产成品负担的份额。

3.在产品是广义的。平行结转分步法下的在产品，既包括本步骤正在加工的在制品，又包括本步骤已加工完毕交给各半成品仓库的半成品或本步骤已完工但正在以后步骤进一步加工且尚未最终完工的半成品，只要产品尚未最终完工，无论停留在哪个步骤都只能算在产品。因此，平行结转分步法下的在产品是广义的在产品，其成本也是广义在产品成本，即在产品成本按其发生地点分散记录和反映在各加工步骤生产成本明细账中，所以，各步骤生产费用的分配是在产成品与广义在产品之间进行的。

二、平行结转分步法的适用范围

平行结转分步法主要适用于成本管理上不要求计算半成品成本的企业，尤其是半成品不对外销售的大量、大批装配式多步骤生产企业。在这类企业中，从原材料投入生产到产成品制成的过程中，首先是对各种材料先进行加工，加工成各种零件和部件（半成品），然后再由装配车间装配成各种产成品。这类企业各生产步骤半成品的种类很多，但半成品对外销售的情况却很少，在管理上不需要计算半成品成本，采用平行结转分步法可简化和加速成本计算工作。在某些连续式多步骤生产企业，如果各生产步骤所生产的半成品仅供本企业下一步继续加工，不准备对外销售，也可以采用平行结转分步法计算产品成本。

三、平行结转分步法的核算程序

1.按所生产的产品的品种及其所经过的生产步骤设置产品生产成本明细账，按各生产步骤归集生产费用，计算出每一步骤所发生的生产费用。

2.月末，采用一定的方法将各生产步骤所归集的生产费用在产成品和广义在产品之间分配，计算出各生产步骤应计入产成品成本的份额。

3.将各生产步骤生产费用应计入产成品成本的份额平行结转、汇总，计算出产成品成本。其成本核算程序如图3-3-3所示。

四、产成品成本份额的计算

采用平行结转分步法计算产成品成本时，各步骤应计入产成品成本的份额应按下列公式计算：

$$\text{某步骤应计入产成品成本的份额}=\text{产成品数量}\times\frac{\text{单位产成品耗用}}{\text{该步骤半成品数量}}\times\text{该步骤半成品单位成本}$$

$$\text{某步骤半成品单位成本}=\frac{\text{该步骤月初在产品成本}+\text{该步骤本月发生的生产费用}}{\text{该步骤完工的产品数量（约当产量）}}$$

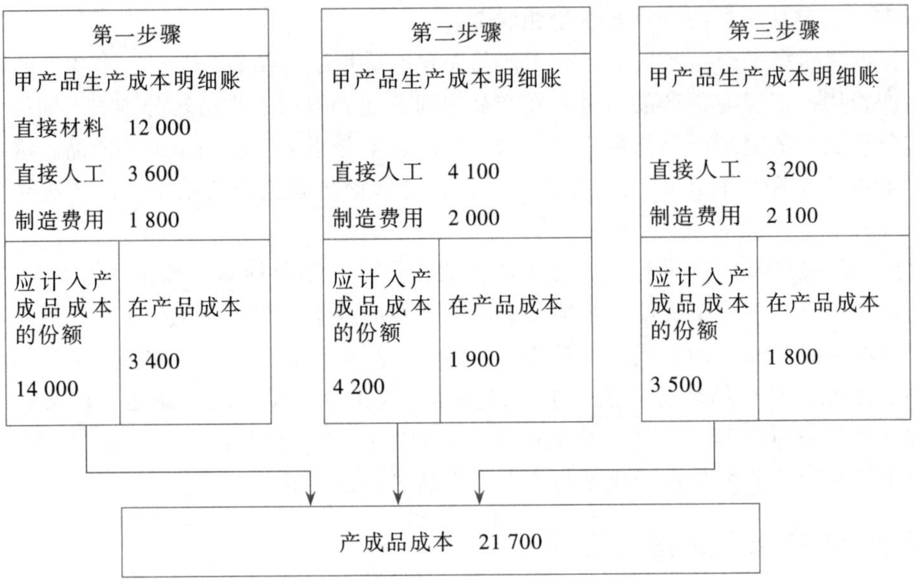

图3-3-3 平行结转分步法成本核算程序图

某步骤完工产品约当产量 = 该步骤狭义月末在产品约当产量 + 本月完工产品所耗用该步骤半成品数量 + 该步骤已完工留存在半成品库和以后各步骤月末半成品数量

= 该步骤的月初半成品数量 + 本月完工半成品数量 + 该步骤狭义月末在产品约当产量

式中“该步骤的月初半成品数量”指月初已经过该步骤加工而留存在半成品仓库的半成品数量和已转至后续各步骤需继续加工的在产品（半成品）数量之和。由于这部分半成品在该步骤加工的费用已归集在该步骤月初在产品成本中，因而其数量应计入该步骤分配成本的约当产量中。

任务实施

步骤一：填制第一车间生产成本明细账

根据本任务的任务描述可知，第一车间生产成本明细账见表3-3-41。

表3-3-41 第一车间生产成本明细账

202×年4月　　　　金额单位：元

项目	直接材料	直接人工	制造费用	合计
月初在产品成本	30 000	5 000	5 500	40 500
本月生产费用	25 000	9 000	5 000	39 000
生产费用合计	55 000	14 000	10 500	79 500
约当产量	900	840	840	—
分配率（保留4位小数）	61.1111	16.6667	12.5000	—
应计入产成品成本份额（完工数量350件）	21 388.89	5 833.35	4 375	31 597.24
月末在产品成本	33 611.11	8 166.65	6 125	47 902.76

表中应计入产成品成本份额的计算方法：

直接材料的约当产量=120+280+200+300=900（件）

直接人工的约当产量=120×50%+280+200+300=840（件）

制造费用的约当产量=120×50%+280+200+300=840（件）

应计入产成品成本份额，应根据前列公式计算：

直接材料=$\frac{55\,000}{900}$×350=21 388.89（元）

直接人工=$\frac{14\,000}{840}$×350=5 833.35（元）

制造费用=$\frac{10\,500}{840}$×350=4 375（元）

步骤二：填制第二车间生产成本明细账

根据本任务的任务描述可知，第二车间生产成本明细账见表3-3-42。

表3-3-42　　第二车间生产成本明细账

202×年4月　　金额单位：元

项目	直接材料	直接人工	制造费用	合计
月初在产品成本		7 000	3 000	10 000
本月生产费用		8 500	3 600	12 100
生产费用合计		15 500	6 600	22 100
约当产量		690	690	—
分配率（保留4位小数）		22.4638	9.5652	—
应计入产成品成本份额（完工数量350件）		7 862.33	3 347.82	11 210.15
月末在产品成本		7 637.67	3 252.18	10 889.85

表中应计入产成品成本份额的计算方法：

直接人工的约当产量=180×50%+300+300=690（件）

制造费用的约当产量=180×50%+300+300=690（件）

应计入产成品成本份额，应根据前列公式计算：

直接人工=$\frac{15\,500}{690}$×350=7 862.33（元）

制造费用=$\frac{6\,600}{690}$×350=3 347.82（元）

步骤三：填制第三车间生产成本明细账

根据本任务的任务描述可知，第三车间生产成本明细账见表3-3-43。

表3-3-43中应计入产成品成本份额的计算方法：

直接人工的约当产量=350+250×50%=475（件）

制造费用的约当产量=350+250×50%=475（件）

应计入产成品成本份额：

表 3-3-43　　第三车间生产成本明细账

202×年 4 月　　单位：元

项目	直接材料	直接人工	制造费用	合计
月初在产品成本		1 500	1 000	2 500
本月生产费用		6 000	3 000	9 000
生产费用合计		7 500	4 000	11 500
约当产量		475	475	—
分配率（保留 4 位小数）		15.7895	8.4211	—
应计入产成品成本份额（完工数量 350 件）		5 526.33	2 947.39	8 473.72
月末在产品成本		1 973.67	1 052.61	3 026.28

直接人工$=\frac{7\,500}{475}\times 350=5\,526.33$（元）

制造费用$=\frac{4\,000}{475}\times 350=2\,947.39$（元）

步骤四：计算产品成本并编制会计分录

根据本任务描述及表 3-3-41、表 3-3-42、表 3-3-43，汇总各车间应计入产品成本的份额，计算产成品成本，见表 3-3-44：

表 3-3-44　　A 产品成本汇总计算表　　完工数量：350 件

产品名称：A 产品　　202×年 4 月　　单位：元

项目	直接材料	直接人工	制造费用	合计
第一车间计入产品成本的份额	21 388.89	5 833.35	4 375	31 597.24
第二车间计入产品成本的份额		7 862.33	3 347.82	11 210.15
第三车间计入产品成本的份额		5 526.33	2 947.39	8 473.72
完工产品（350 件）总成本	21 388.89	19 222.01	10 670.21	51 281.11
完工产品单位成本（保留 2 位小数）	61.11	54.92	30.49	146.52

根据产成品入库单，编制会计分录如下：

借：库存商品——A 产品　　51 281.11

　贷：生产成本——基本生产成本——第一车间　　31 597.24

　　　　　　　　　　　　　　——第二车间　　11 210.15

　　　　　　　　　　　　　　——第三车间　　8 473.72

课堂强化

强化 3-3-3
参考答案

［强化 3-3-3］

2019 年 9 月 30 日，采用平行结转分步法计算北京科云股份有限公司儿童连体衣的成本，分成三个步骤进行核算，相关资料见表 3-3-45、表 3-3-46：

表 3-3-45

在制品投入约当比率表

单位：北京科云股份有限公司　　　　日期：2019年09月30日

项目	直接材料	直接人工	制造费用
第一步骤	100%	50%	50%
第二步骤	100%	50%	50%
第三步骤	80%	50%	50%

审核：吴浩　　　　制表：陈飞

表 3-3-46

月末生产车间产品产量统计表

车间：基本生产车间　　　　产品：儿童连体衣　　　　日期：2019年09月30日

序号	项目	本月投产量	在制品数量		本步骤完工量	完工产品量
			月初在制品产量	月末在制品产量		
001	第一步骤	2220	300	220	2300	—
002	第二步骤	—	250	200	2350	—
003	第三步骤	—	270	290	—	2330

审核：吴浩　　　　制表：陈飞

（1）根据表3-3-45、表3-3-46资料，编制第一步骤产品约当产量计算表及第一步骤产品成本计算表（见表3-3-47、表3-3-48、表3-3-49）。

表 3-3-47

第一步骤产品约当产量计算表

单位：元

车间：基本生产车间-第一步骤　　　　产品：儿童连体衣　　　　日期：2019年09月30日

项目	直接材料	直接人工	制造费用
第一步骤月末在产品数量			
在制品投入比率			
第一步骤月末在产品约当产量			
第二步骤月末在产品数量			
第三步骤月末在产品数量			
广义在产品数量			

审核：　　　　制表：

表 3-3-48

分页：10 总页：20

生产成本 明细账

二级科目：基本生产成本-第一步骤

2019年 月	日	凭单号	摘要	借方	贷方	借或贷	余额	（借）方金额分析：直接材料	直接人工	制造费用
08	31		承前页			借	691610			
08	31		本月合计	6902300	6210690	借	691610	155065	283900	252645
09	01	记003	生产领用布料	1200000		借	1891610	1200000		
09	30	记035	发放非货币性福利	80000		借	1971610		80000	
09	30	记042	计提人工费	3103000		借	5074610		3103000	
09	30	记049	结转制造费用	3127740		借	8202350			3127740

表 3-3-49

第一步骤产品成本计算表

车间：基本生产车间－第一步骤　产品：儿童连体衣　日期：2019 年 09 月 30 日　单位：元

项目		直接材料	直接人工	制造费用	合计
期初余额					
本月发生额					
合计					
产品投入约当产量（件）	完工产品数量				—
	广义在产品数量				—
	合计				—
单位成本（保留 2 位小数）					
应计入产成品中的份额					
月末在产品成本					

审核：　　　　制表：

（2）根据表 3-3-45、表 3-3-46，编制第二步骤产品约当产量计算表及第二步骤产品成本计算表（见表 3-3-50、表 3-3-51、表 3-3-52）。

表 3-3-50

第二步骤产品约当产量计算表

单位：元

车间：基本生产车间-第二步骤　产品：儿童连体衣　日期：2019年09月30日

项目	直接材料	直接人工	制造费用
第二步骤月末在产品数量			
在制品投入比率			
第二步骤月末在产品约当产量			
第三步骤月末在产品数量			
广义在产品数量			

审核：　　　　制表：

表 3-3-51

分页：12　总页：20

生产成本　　明细账

二级科目：基本生产成本-第二步骤

2019年 月	日	凭单号	摘要	借方	贷方	借或贷	余额	（借）方金额：直接材料	直接人工	制造费用
08	31		承前页			借	1279935			
08	31		本月合计	6002690	4722755	借	1279935	244890	558725	476320
09	04	记011	生产领用布料	960000		借	2239935	960000		
09	12	记024	生产领用和跟松紧带	345000		借	2584935	345000		
09	30	记035	发放非货币性福利	70000		借	2654935		70000	
09	30	记042	计提人工费	2608500		借	5263435		2608500	
09	30	记049	结转制造费用	2132550		借	7395985			2132550

表 3-3-52

第二步骤产品成本计算表

单位：元

车间：基本生产车间-第二步骤　　产品：儿童连体衣　　日期：2019年09月30日

项目		直接材料	直接人工	制造费用	合计
期初余额					
本月发生额					
合计：					
产品投入约当产量（件）	完工产品数量				—
	广义在产品数量				—
	合计：				—
单位成本(保留2位小数)					
应计入产成品中的份额					
月末在产品成本					

审核：　　制表：

（3）根据表3-3-45、表3-3-46，编制第三步骤产品约当产量计算表及第三步骤产品成本计算表（见表3-3-53、表3-3-54、表3-3-55）。

表 3-3-53

第三步骤产品约当产量计算表

单位：元

车间：基本生产车间-第三步骤　　产品：儿童连体衣　　日期：2019年09月30日

项目	直接材料	直接人工	制造费用
第三步骤月末在产品数量			
在制品投入比率			
第三步骤月末在产品约当产量			
广义在产品数量			

审核：　　制表：

表 3-3-54

分页：14 总页：20

生产成本　　明细账

二级科目：基本生产成本-第三步骤

2019年 月	日	凭单号	摘要	借方	贷方	借或贷	余额	（借）方金额：直接材料	直接人工	制造费用
08	31		承前页			借	2008729			
08	31		本月合计	5702380	3693651	借	2008729	399046	874959	734724
09	15	记030	生产领用ideal拉链	650000		借	2658729	650000		
09	30	记035	发放非货币性福利	50000		借	2708729		50000	
09	30	记042	计提人工费	1822500		借	4531229		1822500	
09	30	记049	结转制造费用	1848116		借	6379345			1848116

表 3-3-55

第三步骤产品成本计算表

车间：基本生产车间-第三步骤　　产品：儿童连体衣　　单位：元　日期：2019年09月30日

项目		直接材料	直接人工	制造费用	合计
期初余额					
本月发生额					
合计：					
产品投入约当产量（件）	完工产品数量				—
	广义在产品数量				—
	合计：				—
单位成本（保留2位小数）					
应计入产成品中的份额					
月末在产品成本					

审核：　　制表：

（4）根据表 3-3-46、表 3-3-49、表 3-3-52 及表 3-3-55 编制完工产品成本汇总表（见表 3-3-56、表 3-3-57），并进行相关账务处理。

表 3-3-56

入　库　单

№：55623420

交货单位：北京科云股份有限公司　　2019 年 09 月 30 日

品名	单位	规格	数量	单价	金额（千百十万千百十元角分）
儿童连体衣	件		2330		
合计大写	仟 佰 拾 万 仟 佰 拾 元 角 分 ¥				

第二联　会计联

记账 陈飞　　保管 岳嘉禾　　制票 岳嘉禾

表 3-3-57

完工产品成本汇总表

单位：元

车间：基本生产车间　　产品：儿童连体衣　　日期：2019年09月30日

项　目	直接材料	直接人工	制造费用	合　计
第一步骤				
第二步骤				
第三步骤				
成本合计				
单位成本(保留2位小数)				

审核：　　制表：

任务评价

根据任务3-3-1至任务3-3-2下达的要求实施并完成任务后，请填写任务评价参考表（见表3-3-58）。

表 3-3-58　　分步法的核算任务评价参考表

考评内容标准	实施评价		
	自我评价	学生互评	教师评价
了解分步法核算的相关内容（20分）			
掌握逐步结转分步法和平行结转分步法的分配方法（30分）			
能运用分步法进行核算及账务处理（50分）			
合计			

项目小结

- 产品成本计算方法指将一定时期所发生的生产费用对象化到各项产品上，以求得各项产品总成本和单位成本的方法。决定产品成本计算方法的主要标志是产品成本计算对象，而决定产品成本计算对象的因素是生产类型的特点和管理要求。
- 产品成本计算的基本方法有品种法、分批法和分步法三种。由于企业生产情况复杂多样，企业管理条件和管理工作基础差异不一，为了简化成本计算工作或较好地利用管理条件，还可以采用一些其他成本计算方法，主要有分类法和定额法。

- 品种法是以产品品种作为成本计算对象归集生产费用计算产品成本的一种方法。品种法的主要特点：一是成本计算对象是产品品种；二是成本计算期与会计报告期一致；三是月末一般要将生产费用在完工产品与在产品之间分配。品种法的成本计算程序等同于产品成本计算的一般程序。
- 分批法是按照产品的批别归集生产费用，计算产品成本的一种方法。分批法适用于单件、小批的单步骤生产或者管理上不要求分步计算各步骤半成品的多步骤生产。有两种方法：一般分批法和简化分批法。
- 分步法是按照产品品种和每种产品所经过的生产步骤归集生产费用、计算产品成本的一种方法。产品成本计算的分步法适用于大量、大批的多步骤生产，因为在这些企业中，产品生产可以分为若干步骤进行。在实际工作中，出于成本管理对各生产步骤成本资料的不同要求（即是否需要计算各生产步骤的半成品成本）和简化成本计算工作的考虑，各生产步骤成本的计算和结转，又分为逐步结转和平行结转两种方法，因此分步法相应地分为逐步结转分步法和平行结转分步法。
- 逐步结转分步法指按各加工步骤归集生产费用、计算各加工步骤半成品成本，而且半成品成本随着半成品实物转移而在各加工步骤之间顺序结转，最后计算出产成品成本的一种成本计算方法。
- 平行结转分步法指在各生产步骤不计算所耗用上一步骤的半成品成本，只计算本步骤发生的生产费用以及生产费用中应计入产成品成本的份额，即将各步骤应计入产成品成本的份额，从各步骤生产成本明细账中平行结转出来，汇总计算产成品成本的一种成本计算方法。因此，平行结转分步法也称为不计算半成品成本的分步法。

项目四
成本管理

任务一　目标成本法
任务二　标准成本法
任务三　变动成本法
任务四　作业成本法

学习目标

通过本章的学习，你应该达到以下目标：

【知识目标】　了解目标成本、标准成本、变动成本及作业成本相关概念

【技能目标】　掌握目标成本法、标准成本法、变动成本法、作业成本法的计算步骤

【能力目标】　能够熟练运用目标成本法、标准成本法、变动成本法、作业成本法进行成本管理

案例引入

办企业、做产品总是要源源不断地投入，但是钱都花哪儿去了呢？又有多少企业能够说得清？现实中，不少生产企业仍处于按产品类型进行核算的阶段，根本无法统计各产品线及各车间的材料成本、间接制造成本等。可想而知，随着企业生产规模的扩大，企业将面临不确定的管控风险。在广东清远，有这么一家做汽车内外饰电镀件的公司——清远市信和实业有限公司（以下简称信和实业公司），该公司从事塑胶锌、铝合金零件表面电镀和涂装加工工作，提供模具制造、注塑、压铸等完整的产品生产配套服务。

信和实业公司总占地面积40 000平方米，已投产建设面积13 000平方米，拥有一条塑料电镀自动生产线、一条汽车配件电镀龙门线、一条金属电镀自动生产线、两条喷漆涂装线、一个注塑车间。

随着业务越来越复杂，接单量变大，公司要克服的管理挑战也越来越多。

一方面，行业管理难点重重：

（1）利润空间越来越小；

（2）五金件种类多，管理难度大；

（3）价格波动较大，报价效率偏低，订单追踪较难；

（4）生产工艺多，要求高，计划难度大；

（5）模具、治具、挂具的管理难度大；

（6）成本核算精细度差、分析较难。

另一方面，各种内部管理问题让人头疼，急需改善和优化：标准化程度不高、数据滞后、过程失控、成本粗放……

实现集团化运营管理、精确核算成本及费用分析成为信和实业公司的当务之急。

要求：请问你知道什么是成本管理吗？企业成本管理的内容有哪些？企业又该如何进行成本管理呢？

分析：成本管理，是指企业营运过程中实施成本预测、成本决策、成本计划、成本核算、成本分析和成本考核等一系列管理活动的总称。

成本管理的主要内容包括成本预测、成本决策、成本计划、成本控制、成本核算、成本分析和成本考核。

成本管理方法主要有目标成本法、标准成本法、变动成本法、作业成本法等。

项目概述

一、成本管理的原则

企业应用成本管理工具和方法时，应遵循以下原则：

1.业本融合原则。成本管理工具和方法的实施应与企业业务优势互补并相辅相成，做到成本管理责任到人、控制到位、考核严格、目标落实。

2.适应性原则。成本管理工具和方法应与生产经营特点和成本管理的目标要求相适应，尤其是要与企业发展战略或竞争战略相适应。企业还应根据经营特点、组织类型和成本管理要求，选择恰当的成本计算对象，确定不同的成本计算方法。

3.成本效益原则。成本管理工具和方法的实施应权衡成本管理的收益，避免获得的收益小于投入的成本。

4.重要性原则。成本管理工具和方法应重点管理对成本有重大影响的项目，力求精确，从简处理那些不太重要的琐碎项目。

二、成本管理的阶段

成本管理一般可以划分为以下三个阶段：

1.事前成本管理阶段，主要是对未来的成本水平及其发展趋势所进行的预测与规划，包括成本预测、成本决策和成本计划三个步骤；

2.事中成本管理阶段，主要是对运营过程中发生的成本进行干预与控制，即成本控制；

3.事后成本管理阶段，主要是在成本发生之后进行的核算、分析和考核，包括成本核算、成本分析和成本考核三个步骤。

三、成本管理的主要内容

成本管理的主要内容包括成本预测、成本决策、成本计划、成本控制、成本核算、成本分析和成本考核。

（一）成本预测

成本预测是以现有条件为前提，在历史成本资料的基础上，根据未来可能发生的变化，利用科学的方法，对未来的成本水平及其发展趋势进行描述和判断的成本管理活动。

（二）成本决策

成本决策是在充分利用已有资料的基础上，对运营过程中与成本相关问题的各个方案，运用定性和定量的方法，综合经济效益、质量、效率和规模等指标，进而确定运营过程中与成本相关的最优方案的成本管理活动。

（三）成本计划

成本计划是以运营计划和有关成本资料为基础，根据成本决策所确定的目标，通过一定的程序、运用一定的方法进行的针对计划期企业的生产耗费和成本水平具有约束力筹划的成本管理活动。

（四）成本控制

成本控制是成本管理的核心，成本控制是成本管理者根据预定的目标，对成本发生和形成过程以及影响成本的各种因素条件施加主动的影响或干预，使成本按照预期方向发展的成本管理活动。成本控制的三个原则：一是全面控制原则，即成本控制要全部、全员、全程控制；二是经济效益原则，提高经济效益不单单是降低成本的绝对数，更重要的是实现相对的节约，以较少的消耗取得更多的成果，取得更佳的经济效益；三是例外管理原则，即成本控制要将注意力集中在不寻常的情况上。

（五）成本核算

成本核算是成本管理的基础环节，成本核算是根据成本计算对象，按照法规制度和企业管理的要求，利用会计核算体系，采用适当的成本计算方法，对运营过程中实际发生的各种耗费按照规定的成本项目进行计算、归集与分配，取得不同成本计算对象的总成本和单位成本并将其传递给有关使用者的成本管理活动。成本核算分为财务成本核算和管理成本核算，财务成本核算采用历史成本计量，管理成本核算则既可以用历史成本又可以用现在成本或未来成本。

（六）成本分析

成本分析是成本管理的重要组成部分，成本分析是在成本核算提供的实际成本及其他有关资料的基础上，运用一定的方法，揭示成本变化情况，进一步查明影响成本变动的各种因素、产生的原因，明确相应的责任单位和责任人的责任，并提出建设性的建议，以采取有效措施控制成本的成本管理活动。

（七）成本考核

成本考核是定期对成本计划及有关指标实际完成情况进行总结和评价，对成本控制的效果进行评估，对成本计划及其有关指标实际完成情况进行定期总结和评价，并根据考核结果和责任制的落实情况，进行相应奖励和惩罚，以监督和促进企业加强成本管理责任制，提高成本管理水平的成本管理活动。

成本分析贯穿于成本管理的全过程，成本计划在战略上对成本核算、成本控制、成本分析和成本考核进行指导，成本计划的变动是企业外部经济环境和企业内部竞争战略变动的结果，而成本核算、成本控制、成本分析和成本考核则通过成本信息的流动互相联系。

成本管理方法主要有目标成本法、标准成本法、变动成本法、作业成本法等。下面将一一概述。

任务一　目标成本法

任务描述

北京科云股份有限公司欲进行新产品研发，根据市场调查，同类净水器产品的市场销售价格为3 000元/台，预计需要缴纳的税金及附加为销售额的15%，销售利润率为30%。

要求：1.请进行目标成本计算。

2.对该产品进行功能评分，并根据表4-1-1进行目标分解。

3.请按照表4-1-2计算该产品的成本系数及价值系数。

表 4-1-1 零部件功能评分表 金额单位：元

零部件	功能评分	功能系数	分解的目标成本
微滤膜	1		
压缩碳	3		
超滤膜	1		
滤芯	4		
外壳	1		
合计	10		

表 4-1-2 零部件价值系数计算表 金额单位：元

零部件	功能系数	分解的目标成本	设计成本	成本系数	价值系数	成本降低额
微滤膜	0.10	165	180			
压缩碳	0.30	495	560			
超滤膜	0.10	165	190			
滤芯	0.40	660	720			
外壳	0.10	165	150			
合计	1.00	1 650	1 800			

4. 请按照表 4-1-3 对零部件成本进行改进分析。

表 4-1-3 零部件成本改进分析表

零部件	价值系数	分析意见
微滤膜		
压缩碳		
超滤膜		
滤芯		
外壳		

知识准备

一、目标成本法概述

目标成本法，指企业以市场为导向，以目标售价和目标利润为基础确定产品的目标成本，从产品设计阶段开始，通过各部门、各环节乃至与供应商的通力合作，共同实现目标成本的成本管理方法。

二、目标成本法应用环境

（一）应用目标成本法所需要的主要外部条件

1. 一般应处于比较成熟的买方市场，且产品在设计、性能、质量、价值等方面呈现出较为明显的多样化特征；

2.能够及时、准确地提供产品售价、成本、利润以及性能、质量、工艺、流程、技术等方面的信息。

（二）应用目标成本法所需要的主要内部条件

1.企业以创造和提升顾客价值为前提，以降低成本或成本优化为主要手段，谋求竞争中的成本优势，保证目标利润的实现；

2.设立由研究与开发、工程、供应、生产、营销、财务、信息等有关部门负责人组成的跨部门组织，负责目标成本的制定、计划、分解、下达与考核，并建立相应的工作机制，有效协调有关部门之间的分工与合作；

3.能及时、准确取得目标成本计算所需要的各种财务和非财务信息。

三、目标成本法应用程序

目标成本法的应用需要经过目标成本的设定、分解、达成到再设定、再分解、再达成的多重循环的方法流程，以实现对产品方案反复、连续的改进。具体包括四个步骤：确定目标成本、目标成本的分解、目标成本的实现、跟踪评价和持续优化。

（一）确定目标成本

企业首先通过市场调查来收集信息，了解客户愿意为这种产品所支付的价格以及期望的功能、质量，同时还应掌握竞争对手所能提供的产品状况。公司根据市场调查得到的价格，扣除所需要得到的利润以及为继续开发产品所需的研究经费，这样计算出来的结果就是产品在制造、分销和产品加工处理过程中所允许的最大成本，即目标成本，用公式表示是：

产品目标成本=目标售价-目标利润

目标售价的设定必须考虑顾客感知的产品价值、竞争产品的预期相对功能和售价以及企业针对该产品的战略目标等因素。

目标利润的设定应综合考虑利润预期、历史数据、竞争地位等因素。

若考虑到税费的话，产品目标成本还应减去相应税费。

［例4-1-1］

A公司是一家生产多媒体音箱的企业，主要生产电脑音箱，2019年销售额为1 000万元。由于市场竞争日趋激烈，估计2020年上述音箱市场价格会下跌25%，在销售量不变的前提下，预计2020年上述音箱的销售额为840万元。公司经董事会决定，在全公司实行目标成本制，努力降低成本，确保2020年利润总额不低于2019年的利润额164万元，2020年目标利润定为178万元。

2020年目标成本=840-178=662（万元）

（二）目标成本的分解

企业应按主要功能对可实现的目标成本进行分解，确定产品所包含的每一零部件的目标成本。在分解时，首先应确定主要功能的目标成本，然后寻求实现这种功能的方法，并把主要功能分解到零件，将主要功能级的目标成本分配给零件，形成零件级目标成本。

同时，企业应将零件级目标成本转化为供应商的目标售价，将企业所面临的竞争压力传递给供应商。

对于目标成本的分解，可以采用功能评分法。

其中：某部件的功能系数=该部件的功能评分÷总分

分解的目标成本=功能系数×目标总成本

（三）目标成本的实现

企业应按照可控性原则、责权利统一原则和可行性原则，将设定的可实现目标成本、零件级目标成本和供应商目标售价进一步量化为可控制的财务和非财务指标，落实到各责任主体，形成各责任主体的责任成本和成本控制标准，并辅之以相应的权限，将设定的可实现目标成本落到实处。

其中：

该部件的成本系数=每个部件的设计成本÷设计成本总额

该部件的价值系数=该部件的功能系数÷该部件的成本系数

该部件的成本降低额=该部件的设计成本-该部件的目标成本

（四）跟踪评价和持续优化

企业应定期将产品实际成本与设定的可实现目标成本进行对比，确定二者的差异及其性质，分析差异的成因，探求消除各种重要不利差异的可行途径和措施，进行可实现目标成本的重新设定与达成，推动成本的持续改善。

四、目标成本法优缺点

（一）目标成本法的主要优点

目标成本法的主要优点：一是突出从原材料到产品出售全过程成本管理，有助于提高成本管理的效率和效果；二是强调产品寿命周期成本的全过程和全员管理，有助于提高客户价值和产品市场竞争力；三是谋求成本规划与利润规划活动的有机统一，有助于提升产品的综合竞争力。

（二）目标成本法的主要缺点

目标成本法的主要缺点：其应用不仅要求企业具有各类所需要的人才，更需要各有关部门和人员的通力合作，对企业管理水平要求较高。

任务实施

步骤一：目标成本计算

根据本任务的任务描述可知，北京科云股份有限公司的目标成本计算如下：

预计税金及附加=3 000×15%=450（元）

目标利润=3 000×30%=900（元）

目标成本=3 000-450-900=1 650（元）

步骤二：进行产品功能评分，并进行目标分解

根据本任务的任务描述可知，北京科云股份有限公司的零部件功能评分及分解目标成本表见表4-1-4。

表4-1-4　　零部件功能评分及分解目标成本表　　金额单位：元

零部件	功能评分	功能系数	分解的目标成本
微滤膜	1	0.10	165
压缩碳	3	0.30	495
超滤膜	1	0.10	165
滤芯	4	0.40	660
外壳	1	0.10	165
合计	10	1.00	1 650

步骤三：计算该产品的成本系数及价值系数

根据本任务的任务描述可知，北京科云股份有限公司的零部件成本系数及价值系数计算表见表4-1-5。

表4-1-5　　零部件成本系数及价值系数计算表　　金额单位：元

零部件	功能系数	分解的目标成本	设计成本	成本系数	价值系数	成本降低额
微滤膜	0.10	165	180	0.10	1.00	15
压缩碳	0.30	495	560	0.31	0.97	65
超滤膜	0.10	165	190	0.11	0.91	25
滤芯	0.40	660	720	0.40	1.00	60
外壳	0.10	165	150	0.08	1.25	-15
合计	1.00	1 650	1 800	1.00	—	150

步骤四：对零部件成本进行改进分析

根据本任务的任务描述可知，北京科云股份有限公司的零部件成本改进分析表见表4-1-6。

表4-1-6　　零部件成本改进分析表

零部件	价值系数	分析意见
微滤膜	1.00	功能与成本比例适宜，不必改进
压缩碳	0.97	功能小，成本高，重点改进
超滤膜	0.91	功能小，成本高，重点改进
滤芯	1.00	功能与成本比例适宜，不必改进
外壳	1.25	功能大，成本低，可抵补其他零部件成本

课堂强化

[强化 4-1-1]

某公司计划推出一款节能环保产品，预计202×年可生产3 000套，销售2 800套，售价100元 / 套，销售税率为5%，全年期间费用为20 000元，目标利润为50 000元。根据目标成本预测法，计算该公司202×年的全年销售成本、单位产品目标生产成本和全年生产总成本。

强化 4-1-1
参考答案

[强化 4-1-2]

A公司是一家专门生产太阳能电池板的公司。近年来，随着环境污染越来越严重，太阳能电池板也逐渐走入百姓的生活。公司市场分析人员认为，客户对太阳能电池板的价格最为关注，并且希望太阳能电池板变得越来越小。市场调查和技术研发发现，生产每块85×100mm大小的电池板，销售价格为9.8元/块，则产品将非常有竞争力。公司计划采用目标成本法确定产品的目标成本，并实行目标成本管理。

强化 4-1-2
参考答案

要求：

（1）指出设定目标成本主要包括哪些方面。

（2）如果A公司要求的销售利润率为30%，计算目标成本。

（3）如果A公司要求的成本利润率为40%，计算目标成本。

任务评价

根据任务要求实施并完成任务后，请填写本任务评价参考表（见表4-1-7）。

表4-1-7　　目标成本法任务评价参考表

考评内容标准	实施评价		
	自我评价	同学互评	教师评价
了解目标成本法（20分）			
掌握目标成本法计算步骤（30分）			
能运用目标成本法计算目标成本（50分）			
合计			

任务二　标准成本法

任务描述

北京科云股份有限公司生产A产品，需耗用甲材料。生产一件A产品耗用甲材料标准为3千克，甲材料标准价格为每千克120元。生产A产品单位标准工时为20小时，直接人工标准工资率为12元/小时。

要求：1.计算生产A产品的直接材料标准成本。

2.计算生产A产品的直接人工标准成本。

3.北京科云股份有限公司生产A产品变动制造费用预算数为45 000元，预算总工时为5 000小时。计算生产A产品的变动制造费用标准成本。

4.北京科云股份有限公司生产A产品固定性折旧费为20 000元，固定性管理人员工资为25 000元，固定性维护费为10 000元，预算总工时为5 000小时。计算生产A产品的固定制造费用的标准成本。

5.北京科云股份有限公司生产A产品需使用直接材料甲。本期生产A产品500件，耗用甲材料1 400千克，甲材料的实际价格为每千克130元，计算A产品的材料价格差异、材料数量差异和材料成本差异。

6.北京科云股份有限公司本期生产A产品500件，实际耗用人工8 000小时，实际工资总额100 000元，平均工资率12.5元/小时。计算A产品的直接人工成本差异、直接人工工资率差异和直接人工效率差异。

7.北京科云股份有限公司本期生产A产品500件，实际耗用人工8 000小时，实际发生变动制造费用48 000元，变动制造费用标准分配率为9元，标准耗用人工5 000小时。计算A产品的变动制造费用成本差异，变动制造费用分配率差异和变动制造费用效率差异。

知识准备

一、标准成本法

标准成本，指在正常的生产技术水平和有效的经营管理条件下，企业经过努力应达到的产品成本水平。成本差异，指实际成本与标准成本之间的差额。当实际成本大于标准成本时，形成超支差异；当实际成本小于标准成本时，形成节约差异。

标准成本法，指企业以预先制定的标准成本为基础，通过比较标准成本与实际成本，核算和分析成本差异、揭示成本差异动因、实施成本控制、评价经济业绩的一种成本管理方法。

标准成本法的主要内容包括：标准成本的制定、成本差异的计算和分析、成本差异的账务处理。其中标准成本的制定是采用标准成本法的前提和关键，据此可以达到成本事前控制的目的；成本差异计算和分析是标准成本法的重点，借此可以促成成本控制目标的实现，并据以进行经济业绩考评。下面将详细介绍标准成本的制定及成本差异的计算。

二、产品标准成本

产品标准成本通常由直接材料标准成本、直接人工标准成本和制造费用标准成本构成。每一成本项目的标准成本应分为用量标准（包括单位产品消耗量、单位产品人工工时等）和价格标准（包括原材料单价、工资率、制造费用分配率等）。

（一）直接材料标准成本

直接材料标准成本，指直接用于产品生产的材料成本标准，包括标准用量和标准单价两方面。一般由生产部门负责，会同技术、财务、信息等部门根据经验和历史数据，按照一定的方法制定直接材料的标准用量。一般由采购部门负责，会同财务、生产、信息等部门，在考虑市场环境及其变化趋势、订货价格以及最佳采购批量等因素的基础上综合确定直接材料的标准单价。

直接材料标准成本的计算公式如下：

直接材料标准成本=单位产品的标准用量×材料的标准单价

按计划成本核算的企业，材料的标准单价可以采用材料计划单价。

[例4-2-1]

某公司生产产品，耗用丙材料。一件产品耗用丙材料标准为10千克，每千克丙材料标准价格为2.5元，计算生产该产品的直接材料标准成本。

直接材料标准成本=单位产品的标准用量×材料的标准单价

=10×2.5 =25（元）

（二）直接人工标准成本

直接人工标准成本，指直接用于产品生产的人工成本标准，包括标准工时和标准工资率。一般由生产部门会同技术、财务、信息等部门，在对产品生产所需作业、工序、流程工时进行技术测定的基础上，考虑正常的工作间隙，并适当考虑生产条件的变化，生产工序、操作技术的改善以及相关工作人员主观能动性的充分发挥等因素，合理确定单位产品直接人工的标准工时。一般由人事部门根据企业薪酬制度以及国家有关职工薪酬制度改革的相关规定制定直接人工的标准工资率。

直接人工标准成本的计算公式如下：

直接人工标准成本=单位产品的标准工时×小时标准工资率

[例4-2-2]

某公司生产产品，单位产品标准工时为15小时，直接人工标准工资率为25元/小时。计算生产该产品的直接人工标准成本。

直接人工标准成本=单位产品的标准工时×小时标准工资率

=15×25=375（元）

（三）变动制造费用标准成本

制造费用成本标准应区分变动制造费用项目和固定制造费用项目。

变动制造费用，指通常随产量变化而成正比例变化的制造费用。变动制造费用标准成本包括标准用量和标准价格。

变动制造费用的标准用量可以是单位产品的燃料、动力、辅助材料等标准用量，也可以是产品的直接人工标准工时，或者是单位产品的标准机器工时。标准用量的选择需考虑用量与成本的相关性，制定方法与直接材料的标准用量以及直接人工的标准工时类似。

变动制造费用的标准价格可以是燃料、动力、辅助材料等标准价格，也可以是小时标准工资率等。制定方法与直接材料的标准单价以及直接人工的标准工资率类似。

变动制造费用标准成本的计算公式如下：

变动制造费用标准成本=变动制造费用的标准用量×变动制造费用的标准价格

［例 4-2-3］

甲产品单位工时标准为 4 小时/千克，变动制造费用标准价格为 10 元/小时。本月预算产量为 20 000 千克，实际产量为 24 000 千克，实际工时为 86 400 小时，实际变动制造费用为 867 500 元。计算单位产品的变动制造费用标准成本。

单位产品的变动制造费用标准成本=4×10=40（元）

（四）固定制造费用标准成本

固定制造费用，指在一定产量范围内，其费用总额不会随产量变化而变化，始终保持固定不变的制造费用。固定制造费用一般按照费用的构成项目实行总量控制。也可以根据需要，通过计算标准分配率，将固定制造费用分配至单位产品，形成固定制造费用的标准成本。

固定制造费用标准成本的计算公式如下：

固定制造费用标准成本=固定制造费用项目预算

固定制造费用总成本=$\sum$固定制造费用标准成本

固定制造费用标准分配率=单位产品的标准工时÷预算总工时

固定制造费用标准成本=固定制造费用总成本×固定制造费用标准分配率

［例 4-2-4］

甲产品单位工时标准为 4 小时/千克，固定制造费用标准分配率为 16 元/小时。本月预算产量为 2 000 千克，实际产量为 2 400 千克，实际工时为 8 640 小时，实际固定制造费用为 100 000 元。计算甲产品的固定制造费用标准成本。

固定制造费用标准成本=固定制造费用总成本×固定制造费用标准分配率

=4×2 000×16=128 000（元）

三、产品成本差异

企业应定期将实际成本与标准成本进行比较和分析，以确定差异数额及性质，揭示差异形成的动因，落实责任主体，寻求可行的改进途径和措施。

成本差异的计算与分析一般按成本或费用项目进行。

（一）直接材料成本差异

直接材料成本差异，指直接材料实际成本与标准成本之间的差额，该项差异可分解为直接材料价格差异和直接材料数量差异。

直接材料价格差异，指在采购过程中，直接材料实际价格脱离标准价格所形成的差异；直接材料数量差异，指在产品生产过程中，直接材料实际消耗量脱离标准消耗量所形成的差异。有关计算公式如下：

直接材料成本差异=实际成本-标准成本

=实际耗用量×实际单价-标准耗用量×标准单价

直接材料成本差异=直接材料价格差异＋直接材料数量差异

直接材料价格差异=实际耗用量×（实际单价-标准单价）

直接材料数量差异=（实际耗用量-标准耗用量）×标准单价

直接材料成本差异分解图见图4-2-1。

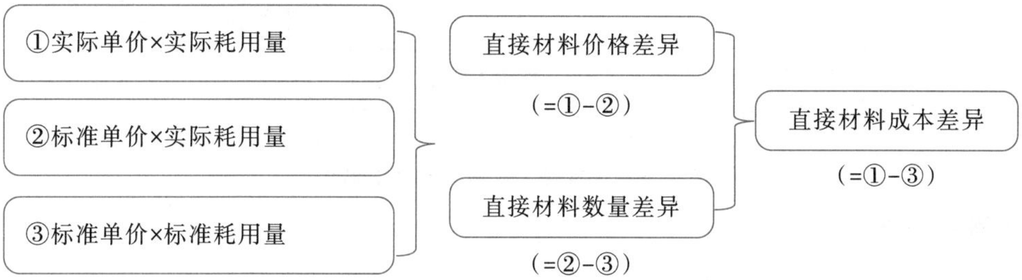

图4-2-1　直接材料成本差异分解图

［例4-2-5］

本月生产产品400件，使用材料2 500千克，材料单价为0.55元/千克；直接材料的单位产品标准成本为3元，即每件产品耗用6千克直接材料，每千克材料的标准价格为0.5元。计算该产品的直接材料价格差异、直接材料数量差异和直接材料成本差异。

直接材料价格差异=实际耗用量×（实际单价-标准单价）

=2 500×（0.55-0.5）

=125（元）

直接材料数量差异=（实际耗用量-标准耗用量）×标准单价

=（2 500-400×6）×0.5

=50（元）

直接材料成本差异=直接材料价格差异＋直接材料数量差异

=125+50

=175（元）

（二）直接人工成本差异

直接人工成本差异，指直接人工实际成本与标准成本之间的差额，该差异可分解为直接人工工资率差异和直接人工效率差异。

直接人工工资率差异，指实际工资率脱离标准工资率形成的差异，计算时按实际工时计算确定；直接人工效率差异，指实际工时脱离标准工时形成的差异，计算时按标准工资率计算确定。有关计算公式如下：

直接人工成本差异=实际成本-标准成本

=实际工时×实际工资率-标准工时×标准工资率

直接人工成本差异=直接人工工资率差异+直接人工效率差异

直接人工工资率差异=实际工时×（实际工资率-标准工资率）

直接人工效率差异=（实际工时-标准工时）×标准工资率

直接人工成本差异分解图见图4-2-2。

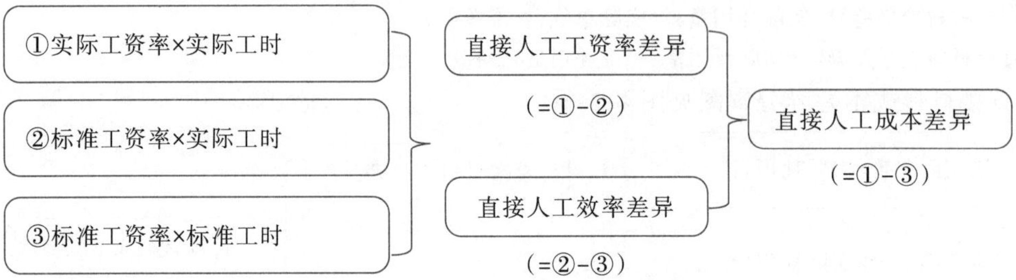

图 4-2-2　直接人工成本差异分解图

[例 4-2-6]

某企业本月生产产品400件，实际使用工时890小时，支付工资4 539元；直接人工的标准成本是10元，即每件产品标准工时为2小时，标准工资率为5元/小时。计算该产品的直接人工工资率差异、直接人工效率差异和直接人工成本差异。

直接人工工资率差异=实际工时×（实际工资率-标准工资率）

=890×（4 539÷890-5）

=89（元）

直接人工效率差异=（实际工时-标准工时）×标准工资率

=（890-400×2）×5

=450（元）

直接人工成本差异=直接人工工资率差异+直接人工效率差异

=89+450

=539（元）

（三）变动制造费用差异

变动制造费用差异，指变动制造费用实际发生额与变动制造费用标准成本之间的差额，该差异可分解为变动制造费用分配率差异和效率差异。

变动制造费用分配率差异，指燃料、动力、辅助材料等变动制造费用的实际分配率脱离标准分配率的差异；变动制造费用效率差异，指燃料、动力、辅助材料等变动制造费用的实际消耗工时脱离标准工时的差异。变动制造费用成本差异的计算和分析原理与直接材料和直接人工成本差异的计算和分析相同。有关计算公式如下：

变动制造费用成本差异=实际成本-标准成本

=实际工时×实际分配率-标准工时×标准分配率

变动制造费用成本差异=变动制造费用分配率差异+变动制造费用效率差异

变动制造费用分配率差异=实际工时×（实际分配率-标准分配率）

变动制造费用效率差异=（实际工时-标准工时）×标准分配率

变动制造费用成本差异分解图见图4-2-3。

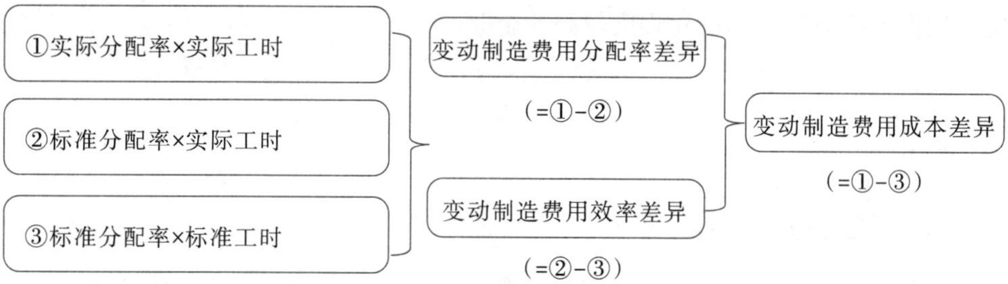

图4-2-3　变动制造费用成本差异分解图

［例4-2-7］

某公司本月实际产量400件，实际工时890小时，实际发生变动制造费用1 958元，变动制造费用标准成本为4元，即每件产品标准工时为2小时，变动制造费用标准分配率为2元/小时。计算该产品的变动制造费用成本差异、变动制造费用分配率差异和变动制造费用效率差异。

变动制造费用分配率差异=实际工时×（实际分配率-标准分配率）
=890×（1 958÷890-2）
=178（元）

变动制造费用效率差异=（实际工时-标准工时）×标准分配率
=（890-400×2）×2
=180（元）

变动制造费用成本差异=变动制造费用分配率差异+变动制造费用效率差异
=180+178
=358（元）

（四）固定制造费用成本差异

固定制造费用成本差异，指固定制造费用实际成本与其标准成本之间的差额。其计算公式如下：

固定制造费用成本差异=固定制造费用实际成本-固定制造费用标准成本（预算）

企业应根据固定制造费用的性质，分析差异的形成原因，并将之追溯至相关的责任主体。

四、标准成本法的优缺点

（一）标准成本法的优点

标准成本法能及时提示实际成本偏离预定标准的差异，反映各成本项目不同性质的差异，同时还可作为计量业绩的尺度，有利于考核各项成本的形成与管理部门的业绩。同时，标准成本的制定及其差异和动因的信息可以使企业预算的编制更为科学和可行，有助于企业的经营决策。

（二）标准成本法的缺点

标准成本法在实际应用中需要企业标准管理水平较高，产品的成本标准比较准确、稳定，在使用条件上存在一定的局限性，系统维护成本较高。只适用于产品及其生产条件相对稳定或生产流程与工艺标准化程度较高的企业。

任务实施

步骤一：计算直接材料标准成本

根据本任务的任务描述可知，北京科云股份有限公司生产A产品的直接材料标准成本计算如下：

直接材料标准成本=单位产品的标准用量×材料的标准单价

=3×120 =360（元）

步骤二：计算直接人工标准成本

根据本任务的任务描述可知，北京科云股份有限公司生产A产品的直接人工标准成本计算如下：

直接人工标准成本=单位产品的标准工时×小时标准工资率

=20×12 =240（元）

步骤三：计算变动制造费用标准成本

根据本任务的任务描述可知，北京科云股份有限公司生产A产品的变动制造费用标准成本计算如下：

变动制造费用的标准价格=变动制造费用预算数÷预算总工时

=45000÷5000 =9（元/小时）

变动制造费用标准成本=变动制造费用的标准用量×变动制造费用的标准价格

= 9×20 =180（元）

步骤四：计算固定制造费用标准成本

根据本任务的任务描述可知，北京科云股份有限公司生产A产品的固定制造费用标准成本计算如下：

固定制造费用总成本=$\sum$固定制造费用标准成本

=固定性折旧费+固定性管理人员工资+固定性维护费

=20 000+25 000+10 000

=55 000（元）

固定制造费用标准分配率=单位产品的标准工时÷预算总工时

=20÷5 000

=0.004

固定制造费用标准成本=固定制造费用总成本×固定制造费用标准分配率

=55 000×0.004

=220（元）

步骤五：计算直接材料成本差异

根据本任务的任务描述可知，北京科云股份有限公司生产A产品的直接材料价格差异、直接材料数量差异和直接材料成本差异计算如下：

直接材料价格差异=实际耗用量×（实际单价-标准单价）

=1 400×（130-120）

=14 000（元）

直接材料数量差异=（实际耗用量-标准耗用量）×标准单价

=（1 400-3×500）×120

=-12 000（元）

直接材料成本差异=直接材料价格差异 + 直接材料数量差异

=14 000+（-1 2000）

=2 000（元）

步骤六：计算直接人工成本差异

根据本任务的任务描述可知，北京科云股份有限公司生产A产品的直接人工工资率差异、直接人工效率差异和直接人工成本差异计算如下：

直接人工工资率差异=实际工时×（实际工资率-标准工资率）

=8 000×（12.5-12）

=4 000（元）

直接人工效率差异=（实际工时-标准工时）×标准工资率

=（8 000-20×500）×12

=-24 000（元）

直接人工成本差异=直接人工工资率差异+直接人工效率差异

=4 000+（-24 000）

=-20 000（元）

步骤七：计算变动制造费用成本差异

根据本任务的任务描述可知，北京科云股份有限公司生产A产品的变动制造费用分配率差异、变动制造费用效率差异和变动制造费用成本差异计算如下：

变动制造费用分配率差异=实际工时×（实际分配率-标准分配率）

=8 000×（48 000÷8 000-9）

=-24 000（元）

变动制造费用效率差异=（实际工时-标准工时）×标准分配率

=（8 000-5 000）×5

=15 000（元）

变动制造费用成本差异=变动制造费用工资率差异+变动制造费用效率差异

=-24 000+15 000

=-9 000（元）

课堂强化

[强化4-2-1]

某企业生产甲产品，单位产品耗用的直接材料标准成本资料见表4-2-1。

强化4-2-1
参考答案

表4-2-1　　直接材料标准成本表

成本项目	价格标准	用量标准	标准成本
直接材料	0.5元/千克	6千克	3元

直接材料实际购进量是4 000千克，单价0.55元/千克；本月生产产品400件，使用材料2 500千克。要求：

（1）计算该企业生产甲产品直接材料成本差异。

（2）将直接材料成本差异进行分解。

[强化4-2-2]

某企业使用A材料生产甲产品，其直接材料和直接人工的标准成本资料如下：本月实际用工6 400小时，人工成本33 600元，本月共生产甲产品2 000件。直接人工标准成本资料见表4-2-2。

强化4-2-2
参考答案

表4-2-2　　直接人工标准成本表

成本项目	价格标准	数量标准	标准成本
直接人工	5元/小时	3小时	15元

要求：

（1）计算本月人工工资率差异与人工效率差异。

（2）计算直接人工成本差异。

[强化4-2-3]

某企业生产B产品，实际产量4 000件，实际工时8 400小时，实际发生变动制造费用5 208元，单位产品标准工时为2小时，标准变动制造费用分配率为0.6元/小时。

强化4-2-3
参考答案

要求：

（1）计算B产品变动制造费用的成本差异。

（2）计算B产品变动制造费用分配率差异和变动制造费用效率差异。

任务评价

根据任务要求实施并完成任务后，请填写本任务评价参考表（见表4-2-3）。

表 4-2-3　　标准成本法任务评价参考表

考评内容标准	实施评价		
	自我评价	同学互评	教师评价
了解标准成本法（20分）			
掌握产品标准成本的计算（30分）			
能运用标准成本法进行成本差异分析（50分）			
合计			

任务三　变动成本法

任务描述

北京科云股份有限公司202×年1—6月某项混合成本与有关产量的历史资料见表4-3-1。

要求：1.利用高低点法分解该项混合成本，并建立相应的成本性态模型。

2.假如7月份预计产量为160件，请预测7月份的混合成本是多少。

表4-3-1　　北京科云股份有限公司202×年1-6月某混合成本与产量统计表

月份	产量（件）	成本（元）
1	100	700
2	110	820
3	120	820
4	150	1 000
5	150	1 020
6	170	1 060

3.假设北京科云股份有限公司只生产一种产品，202×年8月的有关资料如下：期初存货为零，本期生产量为1 000件，本期销售量900件，每件售价10元。生产共产生直接材料费3 500元，直接人工费2 000元，变动制造费用500元，固定制造费用1 500元，固定性销售与行政管理费用为1 450元。要求：分别用变动成本法和完全成本法计算北京科云股份有限公司本期的营业利润。

知识准备

变动成本法，指企业以成本性态分析为前提条件，仅将生产过程中消耗的变动生产成本作为产品成本的构成内容，而将固定生产成本和非生产成本作为期间成本，直接由当期收益予以补偿的一种成本管理方法。

一、成本性态

成本性态，也叫成本习性，指按照成本与业务量之间的相互依存关系，将全部成本划分为固定成本、变动成本和混合成本。

（一）固定成本

固定成本，指业务量在一定范围内增减变动，其总额保持不变，而单位成本则随着业务量的增加而相对减少的成本。固定成本总额和单位固定成本用坐标图表示见图4-3-1和图4-3-2。

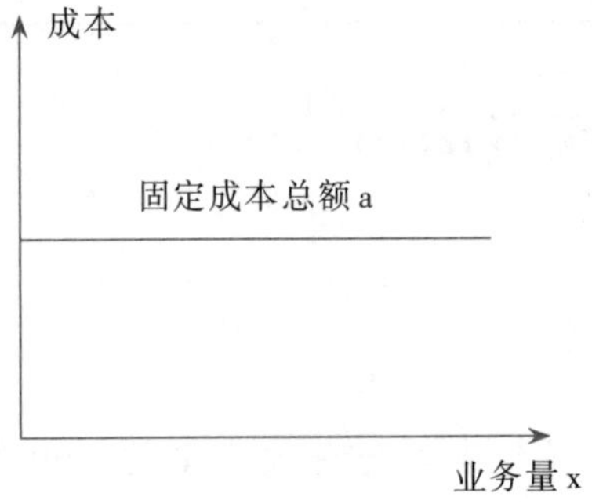

图4-3-1　固定成本总额

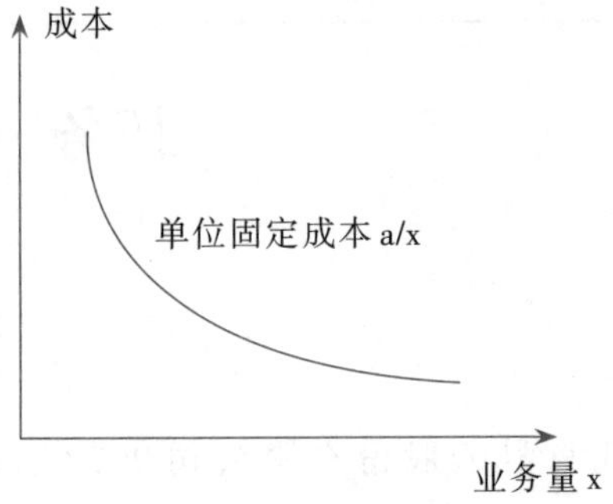

图4-3-2　单位固定成本

（二）变动成本

变动成本，指业务量在一定范围内增减变动，其总额发生相应的正比例变动，而单位成本不受业务量变动的影响而保持不变的成本。单位变动成本和变动成本总额用坐标图表示见图4-3-3和图4-3-4。

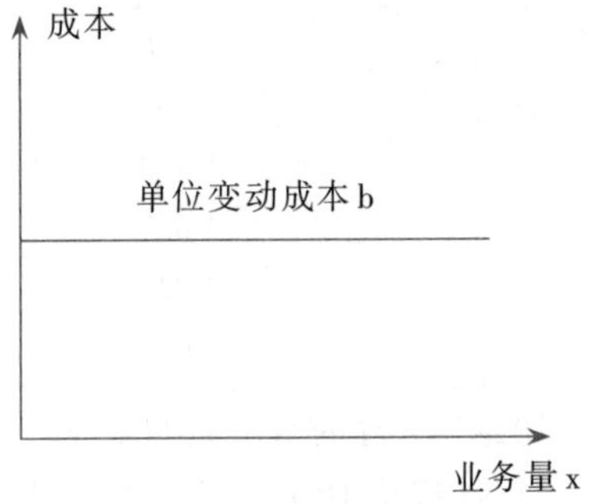

图4-3-3　单位变动成本

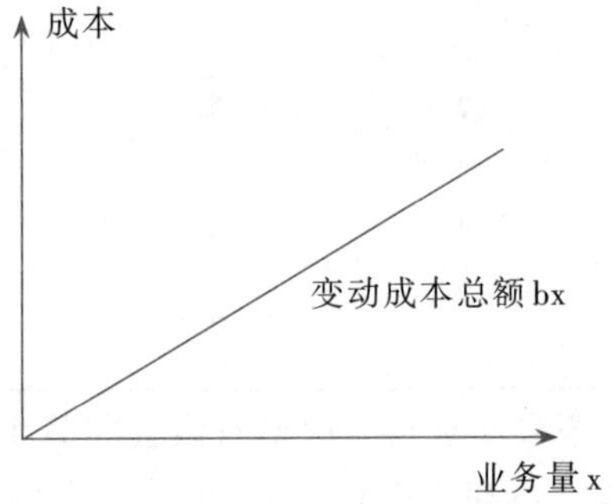

图4-3-4　变动成本总额

（三）混合成本

混合成本，指总额随业务量变动但不成正比例变动的那部分成本。混合成本又可进一步分为半变动成本、半固定成本、延期变动成本和曲线式混合成本。

1.半变动成本

半变动成本又称为标准式混合成本，指总成本虽然受产量变动的影响，但是其变动的幅度并不同产量的变动保持严格的比例。半变动成本是一种同时包含固定成本和变动成本因素的混合成本。这类成本的固定部分是不受业务量影响的基数成本，变动部分则是在基数成本的基础上随业务量的增长而正比例增长的成本，如企业的电话费、水费、电费、煤气费、机器设备维修保养费等。半变动成本用坐标图表示见图4-3-5。

2.半固定成本

半固定成本又称阶梯式混合成本，其总额会随产量呈阶梯式变动。这类成本的特点是在一定业务量范围内不随业务量的变动而变动，类似固定成本，当业务量突破这一范围，成本就会跳跃上升，并在新的业务量变动范围内固定不变，直到出现另一个新的跳跃为止，如企业化验员、保养工、质检员、运货员等人员的工资等。半固定成本用坐标图表示见图4-3-6。

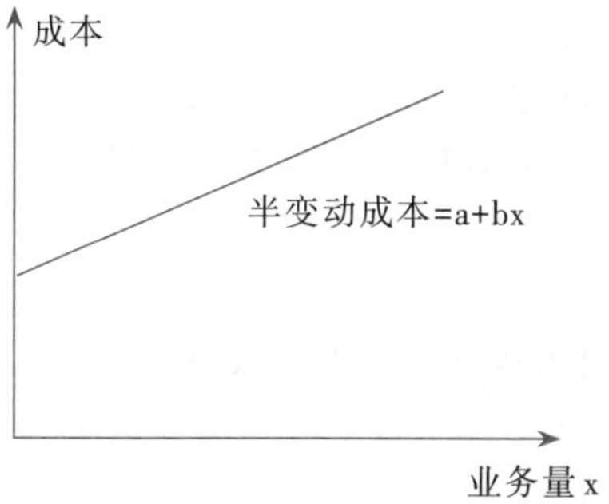

图4-3-5　半变动成本

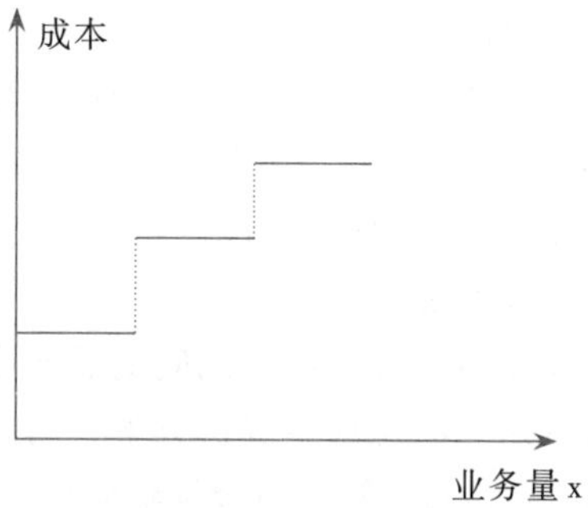

图4-3-6　半固定成本

3.延期变动成本

延期变动成本又称低坡式混合成本，指在一定产量范围内总额保持稳定，超过特定产量则开始随产量正比例增长的成本。例如，在正常产量情况下给员工支付固定月工资，当产量超过正常水平后则需支付加班费，这种人工成本就属于延期变动成本。延期变动成本用坐标图表示见图4-3-7。

4.曲线式混合成本

曲线式混合成本通常有一个初始量，一般不变，相当于固定成本；在这个初始量的基础上，成本随业务量变动但并不存在线性关系，在坐标图上表现为一条抛物线。按照曲线斜率的不同变动趋势，这类混合成本可进一步分为递增型混合成本和递减型混合成本。无论哪一类混合成本都可以直接或间接地用一条直线方程Y=a+bx去模拟它的曲线斜率，这就为成本性态分析中采用一定方法进行混合成本分解提供了数学依据。曲线式混合成本用坐标图表示见图4-3-8。

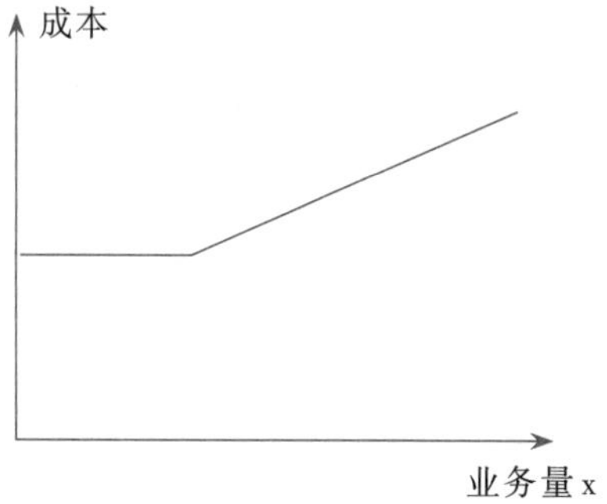

图4-3-7　延期变动成本

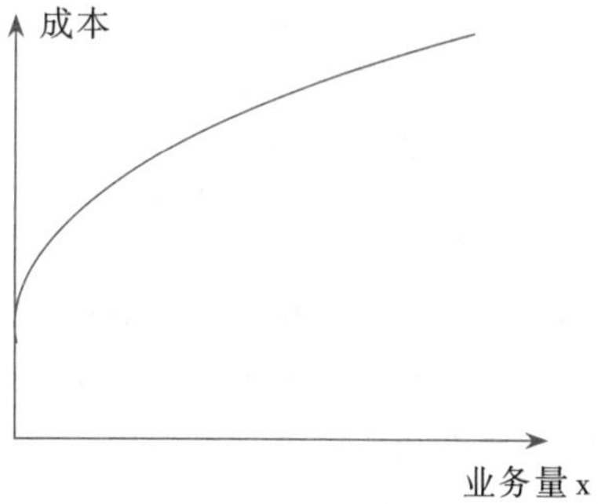

图4-3-8　曲线式混合成本

二、成本性态分析

企业应按照一定程序应用变动成本法，其应用程序一般包括成本性态分析、变动成本计算、损益计算等步骤。

成本性态分析指企业基于成本与业务量之间的关系，运用技术方法，将业务范围内发生的成本分解为固定成本和变动成本的过程。混合成本，也可以进一步分解为固定成本和变动成本。混合成本的分解方法有历史成本法、账户分析法、工程分析法。

（一）历史成本法

历史成本法即根据以往若干期的数据所表现出来的实际成本与业务量之间的依存关系来描述成本的性态，并以此来确定决策所需的未来成本数据。历史成本法又包括高低点法、散布图法、回归分析法。

1.高低点法

企业以过去某一会计期间的总成本和业务量资料为依据，从中选取业务量最高点和业务量最低点，将总成本进行分解，得出成本模型。计算公式如下：

$$\text{单位变动成本}=\frac{\text{最高点业务量的成本}-\text{最低点业务量的成本}}{\text{最高点业务量}-\text{最低点业务量}}$$

固定成本=最高点业务量的成本−单位变动成本×最高点业务量

或：　　=最低点业务量的成本−单位变动成本×最低点业务量

［例 4-3-1］

北京科云股份有限公司1-6月运输费劳务量及总成本资料见表4-3-2，请采用高低点法计算该公司的单位变动成本和固定成本。

表 4-3-2　**北京科云股份有限公司1-6月劳务量及总成本资料表**

项目	1月	2月	3月	4月	5月	6月
劳务量（千米）	2 100	2 000	1 500	2 300	2 800	3 000
总成本（元）	65 000	62 000	45 000	69 000	90 000	87 000

（1）先确定高低点

3月份劳务量1 500千米最低，对应的成本为45 000元，6月份劳务量3 000千米最高，对应成本为87 000元。

（2）计算单位变动成本

$$\text{单位变动成本}=\frac{87\,000-45\,000}{3\,000-1\,500}=28\text{（元）}$$

（3）计算固定成本

固定成本=87 000−3 000×28= 3 000（元）

或　　　　=45 000−1 500×28= 3 000（元）

（4）建立成本方程

$Y=a+bx=3\,000+28x$

[例4-3-2]

承上例，预计7月劳务量为3 300千米，请预测7月份的总成本。

把 x=3 300代入成本方程，

Y=3 000+28x

=3 000+28×3 300

=95 400（元）

高低点法计算较简单，只采用了历史成本资料中的高点和低点两组数据，故代表性较差。

2.散布图法

散布图法的基本原理与高低点法一样，也认为混合成本的性态可以被近似地描述为Y=a+bx，区别在于a和b是通过坐标图而非通过方程式计算得到的。

其基本做法就是在坐标图中，以横轴代表业务量x，以纵轴代表混合成本Y，将各种业务量水平下的混合成本逐个标注在坐标图上，然后通过目测，在各成本点之间画出一条反映成本变动平均趋势的直线（理论上这条直线距各成本点之间的离差平方和最小）。这条直线与纵轴的交点就是固定成本，斜率则是单位变动成本。

[例4-3-3]

承上例，以北京科云股份有限公司1–6月运输费和总成本的数据为基础，绘制了图4-3-9。

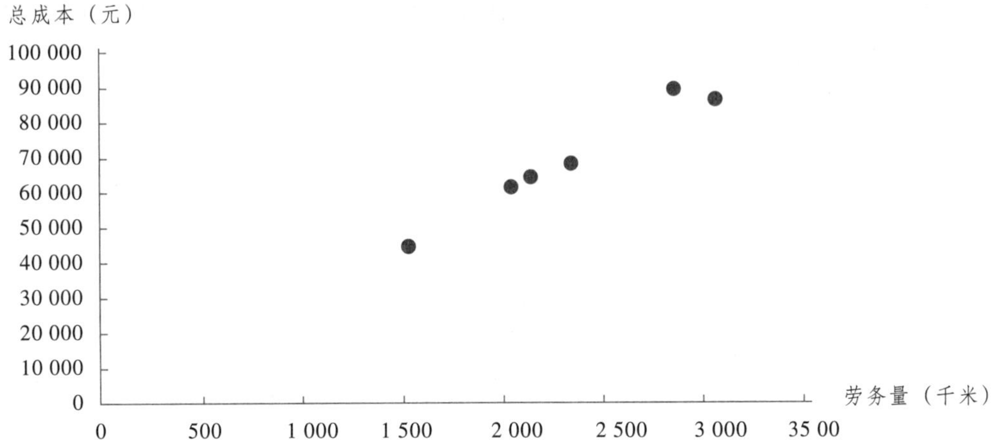

图4-3-9　散布图

3.回归分析法

企业根据过去一定期间的业务量和混合成本的历史资料，应用最小二乘法原理，计算最能代表业务量与混合成本关系的回归线方程，借以确定混合成本中固定成本和变动成本的方法。计算公式如下：

假设混合成本符合总成本模型，即：Y=a+bx

式中：a为固定成本；b为单位变动成本。

$$b = \frac{n\sum x_i y_i - \sum x_i \sum y_i}{n\sum x_i^2 - (\sum x_i)^2}$$

$$a = \frac{\sum y_i - b\sum x_i}{n}$$

（二）账户分析法

账户分析法指企业根据有关成本账户及其明细账的内容，结合其与产量的依存关系，判断其比较接近哪一类成本，则将其视为哪一类成本。

账户分析法较为简便易行，但比较粗糙且带有主观性。

（三）技术测定法

技术测定法是企业根据生产过程中各种材料和人工成本消耗量的技术测定来划分固定成本和变动成本的方法。其基本步骤为：

1.确定研究的成本项目；

2.对导致成本形成的生产过程进行观察和分析；

3.确定生产过程的最佳操作方法。

技术测定法仅适用于投入成本和产出数量之间有规律性联系的成本分解。

三、变动成本法下产品成本的计算

在变动成本法下，为加强短期经营决策，按照成本性态，企业的生产成本分为变动生产成本和固定生产成本，非生产成本分为变动非生产成本和固定非生产成本。其中，只有变动生产成本才构成产品成本，其随产品实体的流动而流动，随产量变动而变动。完全成本法与变动成本法的比较见图4-3-10。

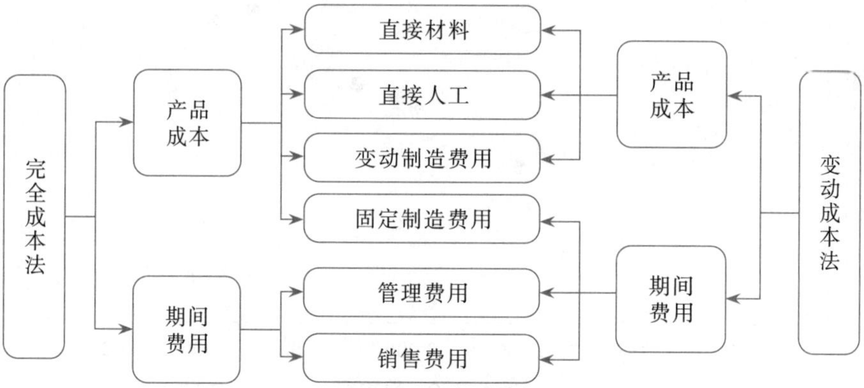

图4-3-10　完全成本法与变动成本法的比较

四、变动成本法下损益计算

在变动成本法下，利润的计算通常通过贡献式损益表。该表一般应包括营业收入、变动成本、边际贡献、固定成本、利润等项目。其中，变动成本包括变动生产成本和变动非生产成本2部分，固定成本包括固定生产成本和固定非生产成本2部分。贡献式损益表中损益的计算包括以下2个步骤：

（一）计算边际贡献总额

边际贡献总额=营业收入总额−变动成本总额

=销售单价×销售量−单位变动成本×销售量

=（销售单价−单位变动成本）×销售量

=单位边际贡献×销售量

（二）计算当期利润

营业利润=边际贡献总额−固定成本总额

［例4-3-4］

某公司生产LED电灯，期初没有存货，本期生产10 000件，销量为8 000件，单位售价300元，每件产品需消耗直接材料50元，直接人工25元，变动制造费用30元。本期固定制造费用合计80 000元，销售和管理费用均为固定的，每年消耗100 000元。请用变动成本法确定当期营业利润。

1.单位变动成本=50+25+30=105（元）

2.边际贡献总额=（销售单价−单位变动成本）×销售量

=（300−105）×8 000

=1 560 000（元）

3.固定成本总额=固定制造费用+固定期间费用

=80 000+100 000

=180 000（元）

4.营业利润=边际贡献总额−固定成本总额

=1 560 000−180 000

=1 380 000（元）

［例4-3-5］

承上例，请用完全成本法计算当期营业利润。

1.产品单位成本=50+25+30+80 000÷10 000=113（元）

2.产品销货成本=113×8 000=904 000（元）

3.期间成本=100 000（元）

4.销售毛利=300×8 000−904 000=1 496 000（元）

5.营业利润=1 496 000−100 000=1 396 000（元）

由上述例题可知，同一企业同一期间，变动成本法和完全成本法计算的损益结果不同。主要原因在于：

1.在变动成本法下，产品成本全部由变动生产成本构成，包括：直接材料、直接人工和变动制造费用，期间成本由全部固定生产成本和全部非生产成本之和构成；在完全成本法下，产品成本包括全部生产成本，包括直接材料、直接人工、制造费用，期间成本则仅包括全部非生产成本。因为成本的构成不同，所以当出现期末存货时，按变动成本法全部成本都可以弥补，而完全成本法的固定制造费用就会转入存货。

2.营业利润的计量程序不同。在变动成本法下，只能按贡献式损益确定程序计量营业损益；而在完全成本法下，则必须按传统式损益确定程序计量营业损益。在变动成本法下，首先用营业收入补偿本期实现销售产品的变动成本，从而确定边际贡献，然后再用边际贡献补偿固定成本以确定当期营业利润。完全成本法下损益确定程序则是首先用营业收入补偿本期实现销售产品的营业成本，从而确定营业毛利，然后再用营业毛利补偿营业费用以确定当期营业利润。

五、变动成本法的优缺点

（一）变动成本法的优点

变动成本法能为企业内部管理提供成本决策依据，其积极效应体现在下列方面：（1）区分固定成本与变动成本，有利于明确企业产品盈利能力和划分各部门成本管理和业绩评价标准；（2）保持利润与销售量增减相一致，有利于促使企业重视销售工作，实现以销定产，防止产品大量积压；（3）揭示了销售量、成本和利润之间的依存关系，结合本量利分析，使当期利润真正反映企业经营状况，有利于企业经营预测和决策。

（二）变动成本法的缺点

变动成本法在实际运用中存在下列可能的困难及产生的不利影响：（1）计算的单位产品或服务成本，并不是完全的产品或服务成本，不能反映产品生产过程中产生的全部费用；（2）不能适应长期决策的需要；（3）变动成本法一般会降低对期末存货的估价，降低营业利润总额。

任务实施

步骤一：用高低点法建立成本性态模型

根据本任务的任务描述可知，北京科云股份有限公司的成本性态模型计算如下：

$b=(Y_2-Y_1)\div(x_2-x_1)$

$=(1\ 060-700)\div(170-100)$

$=360\div70=5.14$

$a=Y-bx=700-5.14\times100=186$

成本性态模型：$Y=186+5.14x$

步骤二：预计7月份的混合成本

根据本任务的任务描述可知，北京科云股份有限公司7月份的混合成本计算如下：

当 $x=160$，$Y=186+5.14\times160=1\ 008.4$（元）

步骤三：用变动成本法计算营业利润

根据本任务的任务描述可知，北京科云股份有限公司用变动成本法计算营业利润如下：

变动成本总额=3 500+2 000+500=6 000（元）

单位变动成本=6 000÷1 000=6（元）

边际贡献总额=（销售单价-单位变动成本）×销售量

=（10-6）×900

=3 600（元）

固定成本总额=固定制造费用+固定期间费用

=1 500+1 450

=2 950（元）

营业利润=边际贡献总额-固定成本总额

=3 600-2 950

=650（元）

步骤四：用完全成本法计算营业利润

根据本任务的任务描述可知，北京科云股份有限公司用完全成本法计算营业利润如下：

产品总成本=3 500 + 2 000 + 500 + 1 500=7 500（元）

单位产品成本=7 500÷1 000=7.5（元/件）

产品销货成本=7.5×900=6 750（元）

期间成本=1 450（元）

销售毛利=10×900-6 750=2 250（元）

营业利润=2 250-1 450=800（元）

课堂强化

[强化 4-3-1]

某企业A产品2019年上半年各月的维修费与维修工时的资料见表4-3-3。

强化 4-3-1
参考答案

表 4-3-3　　A产品2019年上半年各月维修资料

项目	1月	2月	3月	4月	5月	6月
维修工时（小时）	1 700	1 820	1 200	2 000	1 800	1 900
维修费（元）	2 200	2 750	2 200	3 000	2 500	2 700

要求：（1）采用高低点法对维修费进行成本性态分析并建立成本模型。

（2）假如7月份预计维修工时2 300小时，请预计7月份的维修费是多少。

[强化 4-3-2]

某企业本期有关资料如下：单位直接材料成本10元，单位直接人工成本5元，单位变动制造费用7元，固定制造费用总额4 000元，固定性销售与管理费用1 000元。期初存货为零，本期生产量1 000件，销售量600件，单位售价40元。

强化 4-3-2
参考答案

要求：分别按变动成本法和完全成本法计算当期营业利润。

▶▶▶ 任务评价

根据任务要求实施并完成任务后，请填写本任务评价参考表（见表4-3-4）。

表4-3-4　　变动成本法任务评价参考表

考评内容标准	实施评价		
	自我评价	同学互评	教师评价
了解成本性态（20分）			
掌握成本性态分析（40分）			
能运用变动成本法进行损益计算（40分）			
合计			

任务四　作业成本法

任务描述

北京科云股份有限公司是一家生产制造型企业。企业采用作业成本法核算产品成本。该企业某月发生直接材料成本32 000元，其中甲产品耗用18 000元，乙产品耗用14 000元；直接人工成本19 000元，其中甲产品应负担11 000元，乙产品应负担8 000元；制造费用56 000元。

要求：1.请按照表4-4-1计算各作业中心的动因率。

表4-4-1　　作业中心动因率计算表

作业中心	资源分配	成本动因	动因量			动因率
			甲产品	乙产品	合计	
材料整理	14 000	处理材料批数	10	30	40	
质量检验	10 000	检验次数	10	15	25	
机器调试	20 000	调试次数	80	120	200	
使用机器	12 000	机器小时数	20	80	100	

2.请按照表4-4-2将资源成本分配到各产品。

3.假定该企业的当月产量为甲产品500件，乙产品400件，期初期末在产品为零，请按照表4-4-3计算这个月的完工产品总成本和完工产品单位成本。

表4-4-2　　资源成本分配率计算表

作业中心	动因量		动因率	资源成本分配	
	甲产品	乙产品		甲产品	乙产品
材料整理	10	30			
质量检验	10	15			
机器调试	80	120			
使用机器	20	80			
合计					

表4-4-3　　甲、乙产品成本计算表　　单位：元

项目	甲产品	乙产品
直接材料		
直接人工		
制造费用		
完工产品总成本		
完工产品产量		
完工产品单位成本		

知识准备

作业成本法，指企业将资源费用准确分配到产品、服务等成本对象的一种成本计算方法。

一、作业成本法基本概念

（一）资源及资源动因

资源，指企业在一定期间内开展经济活动所消耗的各项货币、材料、人力、动力等。资源费用既包括各种房屋及建筑物、设备、材料、商品等各种有形资源的耗费，也包括信息、知识产权、土地使用权等各种无形资源的耗费，还包括人力资源耗费以及其他各种税费支出等。

资源动因指资源被各种作业消耗的方式和原因，它反映作业中心对资源的消耗情况，是资源成本分配到作业中心和作业的标准。例如，如果人工方面的费用主要与从事各项作业的人数相关，那么，就可以按照人数来向各作业中心（作业成本库）分配人工方面的费用。在这里，从事各项作业的人数，就是资源动因。以科云地铁运营有限公司为例，公司资源及相应的资源动因见图4-4-1。

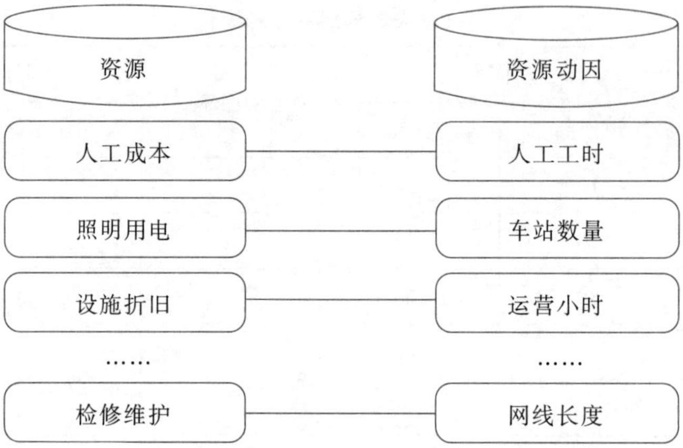

图 4-4-1　科云地铁运营有限公司资源及资源动因图

（二）作业及作业动因

作业，指企业生产过程中的各工序和环节，是基于特定目的重复执行的任务或活动，是连接资源和成本对象的桥梁。一项作业既可以是一项非常具体的任务或活动，也可以泛指一类任务或活动。

按消耗对象不同，作业可分为主要作业和次要作业。主要作业指被产品、服务或顾客等最终成本对象消耗的作业。次要作业是被原材料、主要作业等介于中间地位的成本对象消耗的作业。

作业动因指各个作业被最终产品或服务消耗的方式和原因，是将作业成本分到产品或服务中去的标准。例如，如果各种产品或劳务在每份订单上所耗用的费用基本相当，就以订单份数来向各种产品或劳务分配订单作业成本。在这里，订单的份数就是一项作业动因。以科云地铁运营有限公司为例，公司作业及相应的作业动因见图 4-4-2。

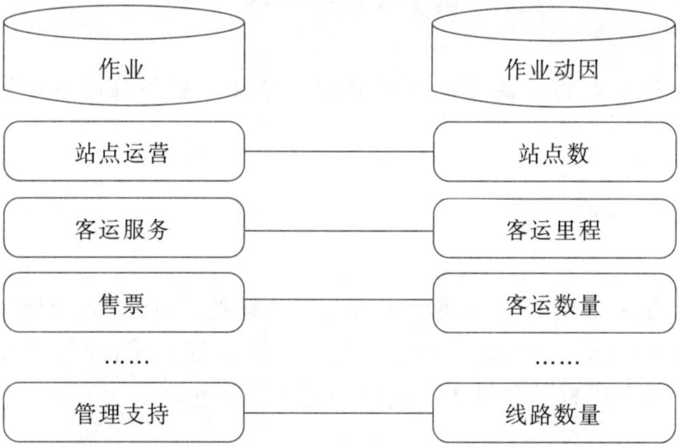

图 4-4-2　科云地铁运营有限公司作业及作业动因图

（三）成本对象

成本对象，指企业追溯或分配资源费用、计算成本的对象物。成本对象可以是工艺、流程、零部件、产品、服务、分销渠道、客户、作业、作业链等需要计量和分配成本的各种项目。

（四）作业中心

作业中心可以是某一项具体的作业，也可以是若干个相互联系的能够实现某种特定功能的作业的集合。例如，在原材料采购作业中，材料采购、材料入库、材料仓库保管都是相互联系的且都可以归类为材料处理作业中心。

二、作业成本法的基本原理

（一）作业成本法的基本原理

作业成本法以“作业消耗资源、产品消耗作业”为原则，按照资源动因将资源费用追溯或分配至各项作业，计算出作业成本，然后再根据作业动因，将作业成本追溯或分配至各成本对象，最终完成成本计算的过程。作业成本法基本原理见图4-4-3。

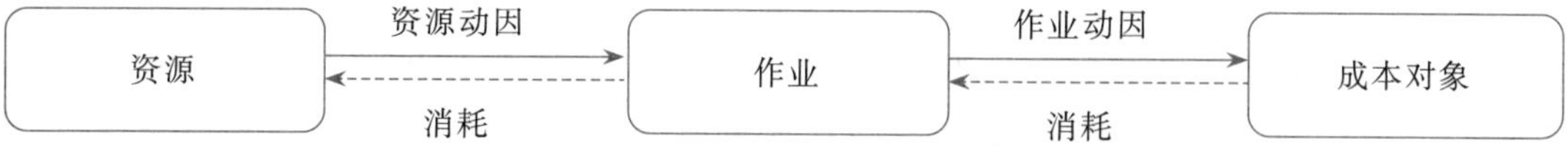

图4-4-3　作业成本法基本原理

以科云地铁运营有限公司为例，公司作业成本法应用示例见图4-4-4，公司作业动因及成本对象表见表4-4-4。

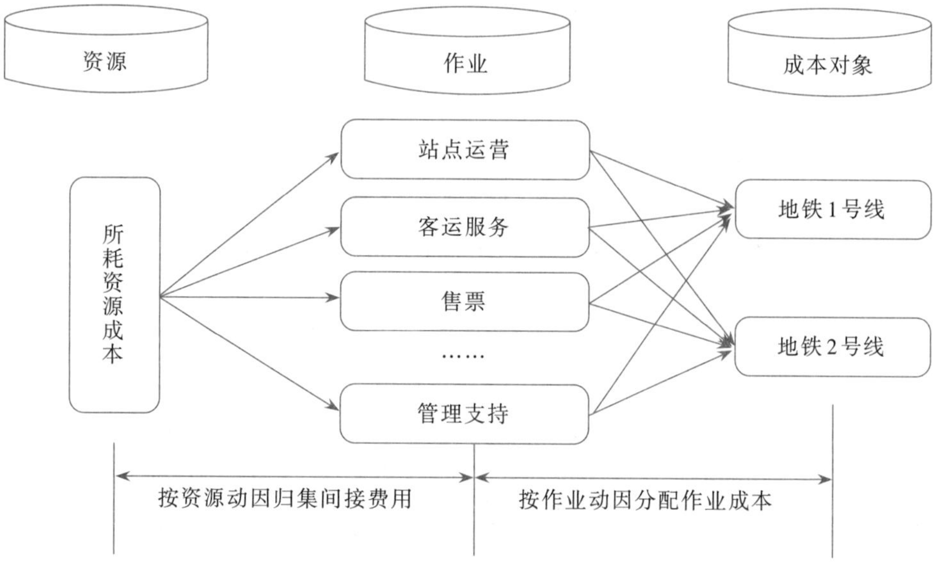

图4-4-4　科云地铁运营有限公司作业成本法应用示例图

（二）作业成本法与传统成本核算方法的区别

作业成本法与传统成本法的比较见图4-4-5。

由图4-4-5可见，传统成本法与作业成本法在生产成本归集中，对直接材料和直接人工的处理是一致的，两者的区别主要体现在制造费用等间接费用的处理上。

传统成本法：制造费用以产量、直接人工工时或机器工时为分配依据。

作业成本法：

（1）把发生的制造费用划分为一个或多个作业环节，如维修机器作业、搬运作业、质量检验作业等；

表4-4-4　　科云地铁运营有限公司作业动因及成本对象表

作业	资源	资源动因	作业动因	成本对象	
				地铁1号线	地铁2号线
				作业量	作业量
站点运营	人工成本	人工工时	站点数	17个	21个
	照明用电	车站数量			
	控制系统用电	车站数量			
	设施折旧	运营小时			
客运服务	人工成本	人工工时	客运里程	420 000万客/千米	530 000万客/千米
	机车动力用电	运行距离			
售票	人工成本	人工工时	客运数量	36 000万人/次	42 000万人/次
	电子售票系统	售票机数量			
管理支持	人工成本	人工工时	线路数量	1条	1条
	其他成本	相关成本定额			
维修	材料成本	资产规模材料成本	单位资产规模材料成本	—	—
	人工成本	人工工时	维修工时	9 500小时	11 000小时
通信	网络传输	网络线路长度	网络线路千米数	285千米	320千米
	检修维护	网络线路长度	检修千米数	570千米	640千米

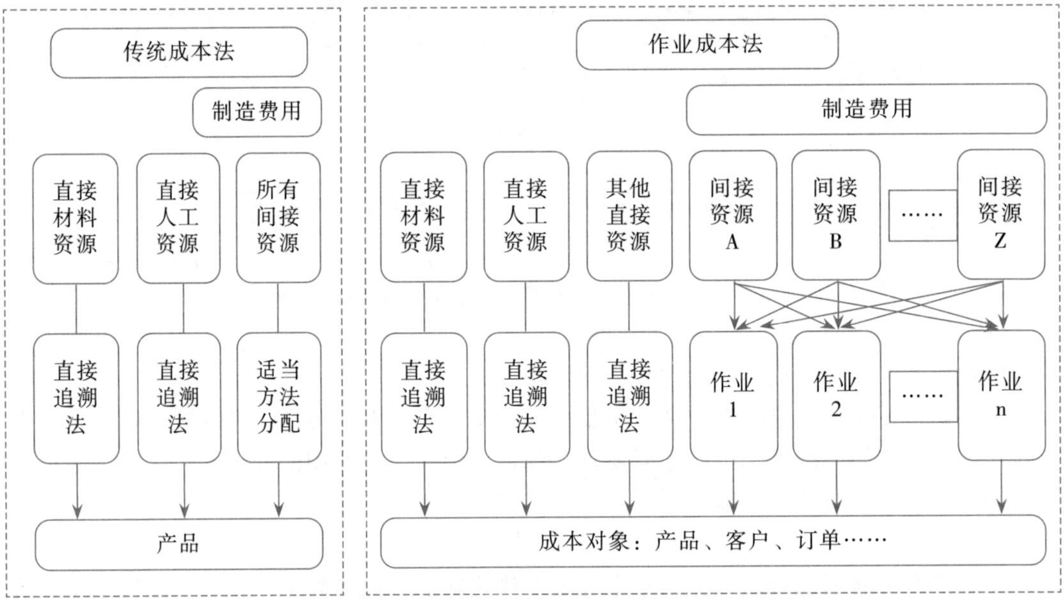

图4-4-5　作业成本法与传统成本法比较图

（2）根据作业量的大小，将制造费用分配到各作业中；

（3）依据相应的成本动因，如维修工时、搬运数量、检查次数等将各作业中心的成本分配到成本对象。

三、作业成本法的计算程序

（一）定义资源

资源可以是会计账面上所有的成本和费用科目及明细科目。会计上的成本和费用科目实际上是资源的价值或者是耗费资源的代价。

在作业成本法下，企业应将当期所有的资源费用，遵循因果关系和受益原则，根据资源动因和作业动因，分项目经由作业追溯或分配至相关的成本对象，确定成本对象的成本。

（二）作业认定

作业认定，指企业识别由间接或辅助资源执行的作业集，确认每一项作业完成的工作以及执行该作业所耗费的资源费用，并据以编制作业清单的过程。

作业认定的内容主要包括对企业每项消耗资源的作业进行识别、定义和划分，确定每项作业在生产经营活动中的作用、同其他作业的区别以及每项作业与耗用资源之间的关系。

（三）将资源费用归集到作业

企业根据资源耗用与作业之间的因果关系，将所有的资源成本直接追溯或按资源动因分配至各作业中心，计算各作业总成本。

（四）把作业成本分配到产品

企业将各作业中心的作业成本按作业动因分配至产品等成本对象，并结合直接追溯的资源费用，计算出各成本对象的总成本和单位成本。

作业成本分配率=某一成本库耗用的可归集的总成本÷该成本库对应的总作业量

其意义和作用类似于制造成本法的制造费用分配率。

作业成本的分配方法为：某产品应分配的某类作业成本为C，则

C_i=该类作业成本分配率×该产品消耗的该类作业量

$\sum C_i$ = 该产品应分配的全部作业成本

生产产品的总成本即生产产品所发生的直接成本与制造费用之和：

总成本=直接材料+直接人工+制造费用

［例 4-4-1］

某企业生产甲、乙产品各1 000件，甲产品由部件A和部件B各一件组成，乙产品由部件C和部件D各一件组成。甲产品直接材料费8 000元，直接人工费4 000元。乙产品直接材料费15 000元，直接人工费6 000元。制造费用分设多个作业中心进行归集，然后再按作业动因分配到甲、乙两种产品。企业各作业中心成本动因及动因数量见表4-4-5。

要求：请用作业成本法计算甲、乙产品成本。

表 4-4-5　　作业成本动因及动因数量

作业中心	成本动因	资源耗费（元）	部件A	部件B	部件C	部件D
材料处理	搬运数量	9 600	5	15	12	18
开机准备	准备次数	8 000	5	5	14	16
设备维护	维护小时	6 000	70	100	80	150
机器加工	机器小时	27 000	3 000	4 500	3 500	2 500
质量检测	检测次数	5 100	35	35	50	50

1.计算作业成本分配率，见表4-4-6。

表 4-4-6　　作业成本分配率计算表

作业中心	成本动因	资源耗费（元）	部件A	部件B	部件C	部件D	合计	分配率
材料处理	搬运数量	9 600	5	15	12	18	50	192
开机准备	准备次数	8 000	5	5	14	16	40	200
设备维护	维护小时	6 000	70	100	80	150	400	15
机器加工	机器小时	27 000	3 000	4 500	3 500	2 500	13 500	2
质量检测	检测次数	5 100	35	35	50	50	170	30

2.对作业中心成本进行分配，见表4-4-7。

表 4-4-7　　作业中心成本分配表

作业中心	分配率	甲产品分配金额				乙产品分配金额				合计	
		部件A		部件B		部件C		部件D			
		动因数量	成本	动因数量	成本	动因数量	成本	动因数量	成本	动因数量	成本
材料处理	192	5	960	15	2 880	12	2 304	18	3 456	50	9 600
开机准备	200	5	1 000	5	1 000	14	2 800	16	3 200	40	8 000
设备维护	15	70	1 050	100	1 500	80	1 200	150	2 250	400	6 000
机器加工	2	3 000	6 000	4 500	9 000	3 500	7 000	2 500	5 000	13 500	27 000
质量检测	30	35	1 050	35	1 050	50	1 500	50	1 500	170	5 100
合计	—	—	10 060	—	15 430	—	14 804	—	15 406	—	55 700

3.计算甲、乙两种产品生产成本，见表4-4-8。

表4-4-8　产品生产成本计算表　单位：元

产品	直接材料	直接人工	制造费用	合计	单位产品成本
甲产品	8 000	4 000	25 490	37 490	37.49
乙产品	15 000	6 000	30 210	51 210	51.21
合计	23 000	10 000	55 700	88 700	—

四、作业成本法的优缺点

（一）作业成本法的优点

1.作业成本法能够提供更加准确的有关产品、服务、分销渠道、客户以及作业、流程、作业链（或价值链）等方面的成本信息和其他相关信息，这些信息既有助于企业提高定价和资本性决策的正确性，又可使原来无法完成的作业与流程、分销渠道、顾客服务改进等成为现实，提高资源配置效率和顾客价值的创造能力。

2.动态与特征以及对成本动因的更加全面、深入的认识和理解，有助于改善和强化成本控制，提高成本控制的有效性，促进绩效管理的不断改进和完善。

3.作业成本法能够提供全口径、多维度、更准确的财务与非财务信息，有助于企业提升其战略规划能力，推进作业基础预算，使预算更加详细和准确，提高作业、流程、作业链（价值链）管理的能力。

（二）作业成本法的缺点

在作业成本法的应用过程中，由于部分作业的识别、划分、合并与认定，成本动因的选择以及成本动因计量方法的选择等均存在较大的主观性，操作较为复杂，开发和维护费用较高。

任务实施

步骤一：计算各作业中心的动因率

根据本任务的任务描述可知，北京科云股份有限公司的作业中心动因率计算表见表4-4-9。

表4-4-9　作业中心动因率计算表

作业中心	资源分配	成本动因	动因量			动因率
			甲产品	乙产品	合计	
材料整理	14 000	处理材料批数	10	30	40	350
质量检验	10 000	检验次数	10	15	25	400
机器调试	20 000	调试次数	80	120	200	100
使用机器	12 000	机器小时数	20	80	100	120

步骤二：将资源成本分配到各产品

根据本任务的任务描述可知，北京科云股份有限公司的资源成本分配率计算表见表 4-4-10。

表 4-4-10　　资源成本分配率计算表

作业中心	动因量		动因率	资源成本分配	
	甲产品	乙产品		甲产品	乙产品
材料整理	10	30	350	3 500	10 500
质量检验	10	15	400	4 000	6 000
机器调试	80	120	100	8 000	12 000
使用机器	20	80	120	2 400	9 600
合计				17 900	38 100

步骤三：计算完工产品总成本和单位成本

根据本任务的任务描述可知，北京科云股份有限公司的甲、乙产品成本计算表见表 4-4-11。

表 4-4-11　　甲、乙产品成本计算表　　单位：元

项目	甲产品	乙产品
直接材料	18 000	14 000
直接人工	11 000	8 000
制造费用	17 900	38 100
完工产品总成本	46 900	60 100
完工产品产量	500	400
完工产品单位成本	93.8	150.25

课堂强化

[强化 4-4-1]

某公司作业情况见表 4-4-12，请为各作业选择合适的成本动因。

强化 4-4-1
参考答案

表 4-4-12　　某公司作业及成本动因表

作业	成本动因	作业	成本动因
机器启动		质量控制	
生产计划		厂房维护	
材料移动		设备保险	
供电		员工监管	

（1）机器启动小时数　（2）厂房的占地面积　（3）供电量　（4）检验次数
（5）生产批次数　（6）直接人工工时　（7）材料移动次数　（8）保险费

[强化 4-4-2]

某制造公司生产 A、B 两种产品，2020 年 5 月，该企业有关资料见表 4-4-13。

强化 4-4-2 参考答案

表 4-4-13　　某制造公司 A、B 产品作业水平表

作业中心	成本动因	成本（元）	作业水平	
			A 产品	B 产品
生产准备	准备次数	70 000	30	20
材料管理	零件数	20 000	15	25
包装与运输	运输数量	45 000	5 000	7 000
合计		135 000		

该公司采用作业成本法分配间接费用，请按照表 4-4-14 完成作业成本的分配。

表 4-4-14　　作业成本分配表

作业中心	资源分配	成本动因	动因量			动因率	成本分配	
			A 产品	B 产品	合计		A 产品	B 产品
生产准备	70 000	准备次数						
材料管理	20 000	零件数						
包装与运输	45 000	运输数量						
合计	135 000							

▶▶▶ 任务评价

根据任务要求实施并完成任务后，请填写本任务评价参考表（见表 4-4-15）。

表 4-4-15　　作业成本法任务评价参考表

考评内容标准	实施评价		
	自我评价	同学互评	教师评价
了解作业成本法基本概念（20分）			
掌握作业成本法的基本原理和计算程序（30分）			
能运用作业成本法进行计算（50分）			
合计			

项目小结

- 目标成本法，指企业以市场为导向，以目标售价和目标利润为基础确定产品的目标成本，从产品设计阶段开始，通过各部门、各环节乃至与供应商的通力合作，共同实现目标成本的成本管理方法。
- 目标成本法的应用需要经过目标成本的设定、分解、达成到再设定、再分解、再达成的多重循环的方法流程，以实现产品方案的反复、连续的改进。具体包括四个步骤：确定目标成本、目标成本的分解、目标成本的实现、跟踪评价和持续优化。
- 产品标准成本通常由直接材料标准成本、直接人工标准成本和制造费用标准成本构成。每一成本项目的标准成本应分为用量标准（包括单位产品消耗量、单位产品人工工时等）和价格标准（包括原材料单价、工资率、制造费用分配率等）。
- 企业应定期将实际成本与标准成本进行比较和分析，以确定差异数额及性质，揭示差异形成的动因，落实责任主体，寻求可行的改进途径和措施。
- 成本性态，也叫成本习性，指按照成本与业务量之间的相互依存关系，将全部成本划分为固定成本、变动成本和混合成本。混合成本的分解方法有历史成本法、账户分析法、工程分析法。
- 在变动成本法下，利润的计算通常通过贡献式损益表。其中

  边际贡献总额=营业收入总额-变动成本总额
  　　　　　　=销售单价×销售量-单位变动成本×销售量
  　　　　　　=（销售单价-单位变动成本）×销售量
  　　　　　　=单位边际贡献×销售量

  营业利润=边际贡献总额-固定成本总额
- 作业成本法以“作业消耗资源、产品消耗作业”为原则，按照资源动因将资源费用追溯或分配至各项作业，计算出作业成本，然后再根据作业动因，将作业成本追溯或分配至各成本对象，最终完成成本计算的过程。

项目五
产品成本分析

学习目标

通过本章的学习，你应该达到以下目标：

【知识目标】 了解与熟悉成本分析的流程；了解成本分析的具体方法；了解成本分析的主要内容。

【技能目标】 掌握成本分析的具体方法；掌握产品生产成本分析和期间费用分析的内容。

【能力目标】 运用相关方法进行产品成本分析；运用相关方法进行期间费用分析。

案例引入

在竞争日益激烈的社会，只有更加优秀的企业才能立于不败之地，优秀的企业离不开优秀的管理，而成本管理又是企业管理的重中之重，企业只有做好了成本管理，才能不断地向前发展，才能越走越远、越走越好。

光明乳业始创于1911年，拥有100多年的历史。牛奶，作为美味营养的自然食品，从牧场到消费者，光明乳业为消费者全程把关。通过打造全产业链，把牧场管理、乳品加工、物流冷链、品牌销售联结到一起，层层监控，以牧业、乳制品的开发、生产和销售为主营业务，是中国领先的高端乳品生产者，公司拥有世界一流的乳品研究院、乳品加工设备以及先进的乳品加工工艺，主营产品包括新鲜牛奶、新鲜酸奶、乳酸菌饮品、常温牛奶、常温酸奶、婴儿奶粉、奶酪、黄油、冰淇淋、烘焙产品等多个品类。

公司在全产业链模式下，放眼全球，不断完善生产过程中的各个环节。除了更好地满足需求，进行多产品的开发以外，还从物流与销售等环节，层层监控，确保高品质的产品与服务始终如一。

要取得良好的经济效益，进行成本管理和控制是一项十分重要的措施。对一个企业来说，材料物资消耗和产量的多少、生产设备和资金利用是否合理、经营管理水平的好坏、劳动生产率的高低都会直接或间接地从成本指标中显示出来。作为全国最大的鲜奶制品生产销售企业，在蒙牛和伊利以常温奶迅速抢占全国市场份额的市场夹击下，在公众对食品安全始终保持高度敏感的今天，为了应对日益增长的成本压力，光明乳业如何来管理、分析和控制企业的成本呢？

要求： 请说说企业进行成本分析的意义。

分析： 成本分析是增加企业利润的根本途径，通过成本控制，企业不仅能增加利润，而且能使销售利润率得到显著提升。成本分析还有利于培育企业的成本竞争优势，企业做任何策略调整都要基于成本，比如调整价格，只有在成本调整的基础上进行价格调整才是可行的。对于一个企业而言，做好成本分析与控制，等于给自己做了一个诊断。通过分析与控制，可以发现企业的一些问题，让企业趋吉避凶。通过成本分析，建立起科学合理的成本分析与控制系统，让管理者全面、清晰地掌握影响公司业绩的核心环节，全面了解公司的成本构架、盈利情况，进而把握正确的决策方向，从根本上改善企业成本状况，真正实现有效的成本控制。

项目概述

成本分析概述

成本分析是成本核算工作的继续和延伸，是成本会计的重要组成部分。成本分析是企业利用成本核算资料以及其他有关资料，对企业成本、费用水平及其构成情况进行分析研究，查明影响成本、费用升降的具体原因，寻找降低成本、节约费用的方法和途径的一项管理活动。

（一）制订分析计划

进行成本分析前应制订分析计划，包括人员分工、进度安排、分析内容及拟采用的分析方法等。制订分析计划时要充分结合企业的实际情况，一个好的成本分析计划是成本分析顺利进行的保证。

（二）收集整理数据

收集整理数据的准确性对接下来的成本分析工作具有重要的意义。分析者应根据成本分析的目的有针对性地收集整理相关数据，从而保证能收集到有用的数据。在数据的收集中要特别注意相关资料的及时性、完整性、准确性，只有具有实效性的数据才能够让分析的结果符合企业的实际情况。

（三）实施成本分析

完成分析计划制订及数据收集整理工作后就进入成本分析的关键步骤——成本分析的实施。

成本分析要顺利实施，首先要选择恰当的方法。在成本分析方法的选择上要简单实用，容易得出结论且能让成本分析报告使用者看懂。同时，分析方法要符合企业自身实际，不可生搬硬套。

其次，对相关指标进行对比，找出矛盾所在。

再次，针对找出的矛盾所在进行基本因素分析。成本分析不仅要解释现象，而且应分析出现该现象的原因。

（四）得出分析结论

通过深入分析，正确评价企业成本计划的执行结果，提高企业讲求经济效益的积极性；通过指标对比，揭示成本升降的原因，查明影响成本变化的各种因素，进一步提高企业管理水平；结合企业生产经营条件的变化，寻求进一步降低成本的途径和方法。

（五）形成分析报告

成本分析报告是成本分析的最后步骤。它将成本分析的基本问题、分析结论以及针对问题提出的措施建议以书面的形式表示出来，为企业管理层作出决策提供依据。同时也能为后续的分析提供参考，保证成本分析的连续性。

任务一　常用成本分析方法

任务描述

北京科云股份有限公司202×年部分财务数据及相关资料见表5-1-1、表5-1-2、表5-1-3，请按要求完成任务。

表 5-1-1　　北京科云股份有限公司成本对比分析表　　金额单位：元

项目	本年计划成本	本年实际成本	成本差异额	成本差异率
A 产品	1 000 000	980 000		
B 产品	2 500 000	2 600 000		
C 产品	3 800 000	4 000 000		
合计				—

表 5-1-2　　北京科云股份有限公司 A 产品材料成本表

项目	计划数	实际数
产品产量（件）	200	220
单位产品材料消耗量（千克）	30	28
材料单价（元）	50	48
材料费用（元）	300 000	295 680

表 5-1-3　　北京科云股份有限公司简化利润表　　单位：元

项目	202×年	202×-1 年
营业收入	9 800 000	8 450 000
减：营业成本	7 580 000	6 890 000
销售费用	600 000	450 000
管理费用	800 000	650 000
财务费用	500 000	400 000
利润总额	320 000	60 000

要求：

1.根据表 5-1-1 北京科云股份有限公司成本对比分析表，采用对比分析法，计算各种产品的成本差异额和成本差异率。

2.根据表 5-1-2 北京科云股份有限公司 A 产品材料成本表，运用因素分析法计算各有关因素变动对材料成本的影响。

3.根据表 5-1-3，完成以下要求：

（1）计算 202×-1、202×两个年度的销售收入成本率。

（2）计算 202×-1、202×两个年度的成本利润率。

（3）计算 202×年度销售费用构成比率、管理费用构成比率、财务费用构成比率。

知识准备

成本分析的具体方法是完成成本分析目标的重要手段。通常采用的成本分析方法有：比较分析法、比率分析法、连环替代法等。

一、比较分析法

比较分析法是根据分析的不同要求和目的，对指标实际数做各种各样的对比，揭示差异、分析原因的一种分析方法。比较分析法是日常分析工作中最常用的一种方法。它可以是本期与上期指标之间的比较、实际与计划指标之间的比较、本企业与同行业或国内外同类企业的先进指标之间的比较等。采用比较分析法时，应注意进行对比的成本指标，在经济内容、计算方法、计算期间和影响指标形成的客观条件等方面的可比性。如果相比的指标之间有不可比因素，应先按可比的口径进行调整，再进行对比。

比较分析法有2种比较形式，一种是绝对数比较，如A产品计划单位成本300元，实际单位成本为290元；另一种是增减数比较，如实际单位成本比计划降低10元。

二、比率分析法

比率分析法是通过计算有关指标之间的相对数，即比率，进行分析评价的一种方法。比率分析法一般有以下3种形式。

（一）相关比率分析法

相关比率分析法是通过计算两个性质不同而又相关的指标的比率进行分析的方法。

在实际工作中，由于企业规模不同等原因，单纯地对比产值、销售收入或利润等绝对数的多少，不能说明企业经济效益的好坏，利用相对指标可以反映企业的经济效益状况。

通常计算的相关比率指标有：

$$\text{产值成本率}=\frac{\text{产品生产成本}}{\text{工业总产值或商品产值}}\times 100\%$$

$$\text{销售收入成本率}=\frac{\text{销售成本}}{\text{销售收入}}\times 100\%$$

$$\text{成本利润率}=\frac{\text{利润总额}}{\text{成本费用总额（或销售成本）}}\times 100\%$$

［例 5-1-1］

甲企业202×年度利润总额500 000元，成本、费用总额为6 000 000元。乙企业202×年度利润总额400 000元，成本、费用总额为5 000 000元。试分析哪一个企业的经营状况好一些。

从绝对数看，甲企业实现的利润总额大，但其成本、费用总额也大，我们无法直接进行判断，因此可利用相关比率分析法进行分析。

甲企业成本利润率为：

成本利润率=500 000÷6 000 000×100%=8.33%

乙企业成本利润率为：

成本利润率=400 000÷5 000 000×100%=8%

从以上计算可以看出，甲企业的成本利润率高，说明甲企业的经营状况较优。

产值成本率和销售收入成本率这两个指标是越低越好，而成本利润率指标则是越高越好。

（二）构成比率分析法

构成比率分析法也称为比重分析法，是通过计算某项指标的各个组成部分占总体的比重，即部分与全部的比率，进行分析的分析方法。通过这种分析，可以反映产品成本的构成是否合理。

$$产品成本的构成比率=\frac{直接材料（或直接人工、制造费用）}{产品成本总额}\times 100\%$$

$$期间费用构成比率=\frac{管理费用（或财务费用、销售费用）}{期间费用总额}\times 100\%$$

$$制造费用构成比率=\frac{某费用项目数额}{制造费用总额}\times 100\%$$

（三）趋势比率分析法

趋势比率分析法指通过连续若干期相同指标的对比，揭示各期之间的增减变化，据以预测经济发展趋势的一种分析方法。由于计算时采用的基期数值不同，趋势比率又分为定基比率和环比比率2种。

定基比率=比较期数值÷固定基期数值×100%

环比比率=比较期数值÷前一期数值×100%

比率分析法的主要优点在于，通过比率计算，可以把某些不可比的企业变成可比的企业，便于外部或内部决策者选择投资方案时进行比较分析。但比率法也存在不足之处：①比率的数字只反映比值，不能说明其绝对额的变动；②比率分析法与比较分析法一样，无法说明指标变动的具体原因。成本分析的目标，一方面是发现问题，更重要的还是查明原因。

三、连环替代法

连环替代法又称定量因素分析法，它是用来分析引起某个经济指标变动的各个因素影响程度的一种数量分析方法。

（一）连环替代法的含义

连环替代法是根据因素之间的内在依存关系，依次测定各因素变动对经济指标影响的一种分析方法。通过这种计算方法可以衡量各个因素对综合指标的影响程度，从而更好地分析、管理经济活动。

（二）连环替代法的分析程序

连环替代法的分析程序如下：

1.确定分析指标及其影响因素之间的关系。

在企业的成本分析中，一般影响因素有：产量、单价、小时工资率、工时等。因此，企业在运用因素分析法时，首先要找出最敏感的因素。

2.连环顺序替代。

以基期指标体系为计算基础，用分析期中的每一个因素顺序替换基期数，其他因素不变。每个因素替换为分析期数后不再返回为基期数。后面因素的替换均是在前面因素已经替换成分析期数的基础上进行的。如此类推，有几个因素就需要替换几次，逐一地替换。

3.比较替代结果。

每个因素替换以后，均会得出一个综合指标的结果，将每个因素替换以后的结果与替换以前的结果相减，即可得出该替换因素变动对综合指标的影响数额。

4.检验分析结果。

将已计算出来的各因素的影响额汇总相加与综合指标变动的总差异比较。如果二者相等，说明计算分析结果可能正确。如果二者不相等，则说明分析结果一定不正确。

（三）连环替代法的应用

1.计算公式。

假设某一经济指标N由相互联系的A、B、C三个因素组成，计划指标、实际指标和实际脱离计划的差异数计算如图5-1-1所示。

步骤一：计划指标 $N_0 = A_0 \times B_0 \times C_0$

↓

步骤二：实际指标 $N_1 = A_1 \times B_1 \times C_1$

↓

步骤三：差异数 $D = N_1 - N_0$

图5-1-1　计划指标、实际指标和实际脱离计划的差异数计算

2.各个因素的变动对指标N的影响程度的计算。

计划指标 $N_0=A_0 \times B_0 \times C_0$　　（1）

第一次替代 $N_2=A_1 \times B_0 \times C_0$　　（2）

第二次替代 $N_3=A_1 \times B_1 \times C_0$　　（3）

第三次替代 $N_1=A_1 \times B_1 \times C_1$　　（4）

3.测定的结果。

A因素变动的影响=（2）－（1）$=N_2-N_0$

B因素变动的影响=（3）－（2）$=N_3-N_2$

C因素变动的影响=（4）－（3）$=N_1-N_3$

综合各因素变动的影响程度=D=（N_2-N_0）+（N_3-N_2）+（N_1-N_3）$=N_1-N_0$

采用连环替代法必须按一定顺序替代各因素，即先数量指标，后质量指标；先实物指标，后价值量指标；先主要指标，后次要指标。否则，计算结果就不准确。

［例5-1-2］

某企业生产乙产品，每件所耗工时数和每小时制造费用的计划数和实际数见表5-1-4。

表 5-1-4　　乙产品单位产品耗用制造费用情况表

项　目	单位产品所耗工时	每小时制造费用	单位产品制造费用（元）
本年计划	10小时	5	50
本月实际	11小时	4.5	49.50

要求：计算单位产品制造费用变动的总差异，并采用连环替代法分析各因素变动对总差异的影响程度。

单位产品制造费用变动的总差异=49.50−50= −0.5（元）

制造费用计划数=10×5=50（元）　（1）

第一次替代：11×5=55（元）　（2）

第二次替代：11×4.5=49.5（元）　（3）

单位产品所耗工时数的提高使制造费用增加：（2）−（1）=55−50=5（元）

每小时制造费用的降低使制造费用节约：（3）−（2）=49.5−55=−5.5（元）

单位产品所耗工时数和每小时制造费用两个因素变化对单位产品制造费用的影响为：5+（−5.5）=−0.5（元）

分析结果可知，由于单位产品所耗工时数增加使制造费用增加5元，由于每小时制造费用降低使材料费用实际比计划节约5.5元，因此全部因素的影响为5+（−5.5）=−0.5（元）。

（四）连环替代法注意事项

连环替代法的主要作用在于分析计算综合经济指标变动的原因及各因素的影响程度。但该方法也有一定的局限性，在运用时应注意以下几个问题：

1.连环替代的顺序性。因素排列顺序一般遵循数量指标在前，质量指标在后的原则；也可遵循重要性原则，即主要影响因素在前，次要影响因素在后。

2.替代因素的连环性。连环替代法是严格按照各因素的排列顺序逐次以一个因素的分析期实际数替换基期数。除第一次替换外，每个因素的替换都是在前一个因素替换的基础上进行的。

3.计算结果的假设性。运用这一方法在测定某一因素影响时，是以假定其他因素不变为条件的。

任务实施

步骤一：计算成本差异额和差异率

根据本任务的任务描述可知，北京科云股份有限公司各种产品的成本差异额和成本差异率计算见表5-1-5。

表 5-1-5　　北京科云股份有限公司成本对比分析表　　金额单位：元

项目	本年计划成本	本年实际成本	成本差异额	成本差异率
A 产品	1 000 000	980 000	-20 000	-2.00%
B 产品	2 500 000	2 600 000	100 000	4.00%
C 产品	3 800 000	4 000 000	200 000	5.26%
合计	7 300 000	7 580 000	280 000	—

步骤二：确定各有关因素变动对材料成本的影响

根据本任务的任务描述可知，北京科云股份有限公司运用因素分析法计算确定各有关因素变动对材料成本的影响计算如下：

总差异 = 2 95 680-300 000=-4 320（元）

计划材料费用=200×30×50=300 000（元）

第一次替代= 220×30×50=330 000（元）

第二次替代= 220×28×50=308 000（元）

实际材料费用=220×28×48=295 680（元）

产量变动对材料费用的影响=330 000-300 000=30 000（元）

材料单耗变动对材料费用的影响=308 000-330 000=-22 000（元）

材料单价变动对材料费用的影响=295 680-308 000= -12 320（元）

三个因素变动对材料费用的影响=30 000-22 000-12 320= -4 320（元）

步骤三：计算各比率指标

根据本任务的任务描述可知，北京科云股份有限公司销售收入成本率、成本利润率、销售费用构成比率、管理费用构成比率、财务费用构成比率的计算如下：

（1）202×-1 年销售收入成本率=销售成本÷销售收入×100%

=6 890 000÷8 450 000×100%=81.54%

202×年销售收入成本率=销售成本÷销售收入×100%

=7 580 000÷9 800 000×100%=77.35%

（2）202×-1 年成本利润率=利润总额÷成本费用×100%

=60 000÷（6 890 000+450 000+650 000+400 000）×100%

=0.72%

202×年成本利润率=利润总额÷成本费用×100%

=320 000÷（7 580 000+600 000+800 000+500 000）×100%

=3.38%

（3）202×年期间费用总额=600 000+800 000+500 000=1 900 000（元）

202×年销售费用构成比率=销售费用÷期间费用总额×100%

=600 000÷1 900 000×100%=31.58%

202×年管理费用构成比率=管理费用÷期间费用总额×100%

=800 000÷1 900 000×100%=42.11%

202×年财务费用构成比率=财务费用÷期间费用总额×100%

=500 000÷1 900 000×100%=26.32%

课堂强化

[强化 5-1-1]

某企业生产甲、乙两种产品，耗用A材料1 000千克，每千克5元；耗用B材料4 000千克，每千克4元。甲产品实际产量200件，单位产品材料定额费用为20元，乙产品实际产量450件，单位产品材料定额费用为30元。

要求：按照材料定额费用比例法分配材料，并编制会计分录。

强化5-1-1
参考答案

[强化 5-1-2]

某企业甲产品有关资料见表5-1-6。

表5-1-6　　甲产品材料费用情况表

项目	计量单位	计划	实际
产品产量	件	210	200
材料单耗	千克	10	12
材料单价	元	5	4
材料费用	元	10 500	9 600

强化5-1-2
参考答案

要求：根据上述资料，采用因素分析法分析各因素变动对材料费用的影响。

[强化 5-1-3]

某公司本年度发生销售费用3 000元，管理费用5 000元，财务费用2 000元，请计算该年度销售费用构成比率、管理费用构成比率、财务费用构成比率。

强化5-1-3
参考答案

任务评价

根据任务要求实施并完成任务后，请填写本任务评价参考表（见表5-1-7）。

表5-1-7　　常用成本分析方法任务评价参考表

考评内容标准	实施评价		
	自我评价	学生互评	教师评价
了解成本分析的具体方法（20分）			
掌握成本分析法的计算步骤（30分）			
能运用比率分析法和连环替代法进行成本分析（50分）			
合计			

任务二　产品成本分析

微课21　产品单位成本分析

任务描述

北京科云股份有限公司202×-1、202×年部分财务数据见表5-2-1、5-2-2。

表5-2-1　北京科云股份有限公司A产品生产成本构成表　单位：元

项目	202×-1年	202×年
直接材料成本	1 302	1 159
直接人工成本	609	551
制造费用	189	190
生产成本合计	2 100	1 900

表5-2-2　北京科云股份有限公司管理费用明细表　单位：元

项目	202×-1年	202×年
工资及福利费	6 432	6 454
劳动保险费	430	434
业务招待费	421	898
工会经费	104	115
折旧费	1 540	1 540
技术开发费	2 786	3 860
其他	5 026	5 344
管理费用合计	16 739	18 645

要求：1.请根据表5-2-1北京科云股份有限公司A产品生产成本构成表，按照表5-2-3对A产品的产品成本构成进行分析。

表5-2-3　北京科云股份有限公司A产品生产成本构成分析表　单位：元

项目	202×-1年	202×年	变动额	202×-1年构成比率	202×年构成比率
直接材料成本	1 302	1 159			
直接人工成本	609	551			
制造费用	189	190			
生产成本合计	2 100	1 900			

2.请根据表5-2-2北京科云股份有限公司管理费用明细表，按照表5-2-4对北京科云股份有限公司的管理费用进行分析。

表5-2-4　北京科云股份有限公司管理费用分析表　单位：元

项目	202×-1年	202×年	变动额	202×-1年构成比率	202×年构成比率
工资及福利	6 432	6 454			
劳动保险费	430	434			
业务招待费	421	898			
工会经费	104	115			
折旧费	1 540	1 540			
技术开发费	2 786	3 860			
其他	5 026	5 344			
管理费用合计	16 739	18 645			

知识准备

一、成本分析的内容

成本分析指对全部产品成本计划的完成情况进行总的评价，分为3个方面：

第一，在核算资料的基础上，通过深入分析，正确评价企业成本计划的执行结果，提高企业和职工追求经济效益的积极性。

第二，提示成本升降的原因，正确地查明影响成本高低的各种因素及原因，进一步提高企业管理水平。

第三，寻求进一步降低成本的途径和方法。成本分析还可以结合企业生产经营条件的变化，正确选定适应新情况的最合适的成本水平。

二、产品成本分析

（一）全部产品成本分析

全部产品成本分析是对全部产品总成本计划完成情况所进行的综合分析，了解全部产品成本计划的执行情况与产品成本升降情况，从而查明变动幅度较大的产品成本和成本项目。一般情况下通过对产品类别进行分析，了解全部产品成本水平的变动情况，分析成本变动究竟是哪种产品引起的，为下一步分析指明方向。其中，产品类别可以分为可比产品和不可比产品。

1.可比产品

可比产品指企业曾经生产过且拥有相关成本资料的产品。对该种产品成本分析可以通过上年度实际成本与本年度实际成本的比较来评估计划成本完成状况，也可以将企业本年实际成本与计划成本进行比较，了解企业实际成本是降低了还是上升了。通过此种对比分析可以了解企业发展中的缺陷，从而进行经营状况的分析，改善管理模式。

2.不可比产品

不可比产品指企业之前没有生产过的新产品或属试制而未正式投产的产品。该种产品可能与企业以前生产的产品在品种上相似，但是制作工艺上基本不同，企业没有此种产品的成本资料，其成本水平无法与过去进行比较。因此对于不可比产品一般不规定成本降低任务，但应制定计划成本，作为分析考核其成本升降情况的依据。将本期实际成本与计划成本进行对比分析，借此可确定实际成本与计划成本的差异，了解成本计划的执行结果。

［例 5-2-1］

甲企业生产A、B、C、D4种产品，其中A产品和B产品为可比产品，C产品和D产品为不可比产品，202×年全部产品成本情况如表5-2-5所示。

表 5-2-5　**甲企业202×年全部产品成本分析表**　单位：元

产品类别	产品名称	计划成本	实际成本	差额
可比产品	A产品	34 500	33 980	-520
	B产品	23 450	22 350	-1 100
	小计	57 950	56 330	-1 620
不可比产品	C产品	14 590	18 670	4 080
	D产品	9 800	9 790	-10
	小计	24 390	28 460	4 070
全部产品成本合计		82 340	84 790	2 450

由表5-2-5可知，全部产品实际成本比计划增加了2 450元，原因是可比产品成本降低了1 620元，不可比产品成本增加了4 070元。可比产品中，B产品实际成本比计划成本降低了1 100元。不可比产品中，D产品实际成本和计划成本差别不大，C产品实际成本比计划成本增加了4 080元，具体原因需要进一步分析。

（二）主要产品单位成本分析

分析主要产品单位成本也就是对某个产品单位成本的变化进行综合分析，归纳总结上年成本、同年成本以及历史成本的变化，找出影响成本升降变动的原因，寻求降低成本的途径，制定更加具体的降低成本的措施。

1.产品成本构成分析

产品成本主要由直接材料、直接人工、制造费用三部分构成。产品成本构成分析就是分析构成产品成本的各项目所发生的变化。通过产品构成分析，可以了解产品成本变动原因，挖掘成本降低潜力。

［例 5-2-2］

承例5-2-1，C产品全年产量20件，按照成本项目反映的单位产品计划成本和实际成本如表5-2-6所示。

表 5-2-6　**C产品单位成本情况表**　单位：元

成本项目	计划成本	实际成本
直接材料	360.00	445.00
直接人工	229.00	353.00
制造费用	140.50	135.50
合计	729.50	933.50

要求：根据表5-2-6的数据，对C产品按成本项目进行分析。

表 5-2-7　　**C产品单位成本分析表**　　单位：元

成本项目	计划成本	实际成本	差异额	差异率	各项目变动对单位成本的影响
直接材料	360.00	445.00	85.00	23.61%	11.65%
直接人工	229.00	353.00	124.00	54.15%	17.00%
制造费用	140.50	135.50	-5.00	-3.56%	-0.69%
合计	729.50	933.50	204.00	27.96%	27.96%

从表 5-2-7 可知，C产品单位实际成本比计划成本增加了 204 元，增加了 27.96%，主要是由于直接材料和直接人工成本项目增加引起的，其中直接材料项目增加了 85 元，增加了 23.61%；直接人工项目增加了 124 元，增加了 54.15%。直接材料项目和直接人工项目因何原因增加，则需要结合企业实际情况再做进一步分析。

2. 直接材料项目分析

直接材料不论在产品成本还是企业总成本中，占的比重都相当大。因此，在企业产品成本分析中，对直接材料的分析和改善尤为重要。

材料单价和材料数量是影响材料成本的两个主要因素。大部分企业都使用外购原材料，因此原材料的单价就会直接影响原材料的成本。生产同一件产品，不同员工采用不同技术，所消耗的材料数量也不尽相同，因此，材料的消耗量也成为影响材料成本的另一项重要因素。

3. 直接人工项目分析

直接人工项目分析必须结合企业工资制度来进行，因为工资制度的不同，会导致影响直接人工的因素不同。

在计件工资制度下，影响单位产品成本直接人工项目的因素是计件单价；在计时工资制度下，影响因素则是人工工时和小时工资率。一般来说， 小时工资率与工人技术级别有关。人工工时则与工人生产效率有关，企业可以通过提高管理水平进行控制。

[例 5-2-3]

某企业C产品直接人工有关数据见表 5-2-8，请对其进行直接人工项目分析。

表 5-2-8　　**C产品直接人工资料表**

项目	计划数	实际数
单位产品耗用工时	240	235
小时工资率	8	9
单位产品人工费用	1 920	2 115

根据资料，可以计算C产品单位产品人工费用差额=2 115-1 920=195（元）

计划单位产品人工费用=240×8=1 920（元）　　（1）

替换单位产品耗用工时=235×8=1 880（元）　　（2）

替换小时工资率=235×9=2 115（元）　　（3）

小时工资率变动影响额=（3）-（2）=2 115-1 880=235（元）

单位产品耗用工时变动影响额=（2）-（1）=1 880-1920=-40（元）

单位产品人工费用变动合计=单位产品耗用工时变动影响额 + 小时工资率变动影响额

=（-40）+235=195（元）

从上面计算中可以看出，甲产品单位成本中工资费用实际比计划高了 195 元，主要是由小时工资率提高造成的。

4.损失性费用分析

损失性费用也是企业的生产成本之一，因而要及时对废品损失和停工损失进行统计分析。企业要及时有效地找出废品产生的原因，降低废品率以便降低企业的生产成本。同时还要分析企业停工损失产生的原因，优化管理程序，尽可能地避免不必要的停工。

三、制造费用项目分析

制造费用指生产部门（包括基本生产部门和辅助生产部门），具体为车间、分厂发生的费用，是企业为组织和管理产品生产而直接发生的费用，也叫产品生产的间接费用，还包括与产品生产有直接关系，而不直接计入产品成本的一些费用，是产品成本的构成部分。

制造费用包括材料消耗、员工工资、车间租金、水电费、机器设备折旧和摊销等。企业应对制造费用做一个恰当的区隔，分析构成项目，进而找到控制点。

对影响制造费用的原因，可以通过对制造费用各项目实际数和计划数进行对比分析，研究制造费用计划完成情况；也可以用各项目上年数和本年数进行对比，分析本年制造费用产生变动的原因。

[例 5-2-4]

甲公司制造费用相关资料见表 5-2-9，请对该公司制造费用进行分析。

表 5-2-9　**甲公司制造费用分析表**　单位：元

项目	上年数	本年数	差异额	差异率
材料费	140 800	131 100	-9 700	-6.89%
人工费	125 500	129 550	4 050	3.23%
差旅费	35 000	32 000	-3 000	-8.57%
水电费	45 800	47 600	1 800	3.93%
折旧费	340 000	350 000	10 000	2.94%
房租费	123 400	130 500	7 100	5.75%
合计	810 500	820 750	10 250	1.26%

从表 5-2-9 可以看出，甲公司制造费用本年度较上年度增长了 10 250 元，增长率为 1.26%，其中材料费和差旅费分别下降 9 700 元和 3 000 元，对此应结合产量的增减变动加以分析，判断其变动是否合理。折旧费和房租费则增长较多，分别增长了 10 000 元和 7 100 元。从增长率看，房租费和水电费增长率较高，公司应重点关注。

四、期间费用分析

除了产品成本之外，期间费用也在企业总成本中占有很大比重。期间费用包括管理费用、销售费用、财务费用等。企业可以通过对期间费用计划或预算的具体执行情况进行考核，然后对各部分费用的构成、增减变动情况进行分析，从而找到发生变动的原因并制定合理的解决措施，使各项成本费用得到有效控制。对期间费用的分析可以从水平分析、结构分析2方面考虑。

（一）期间费用水平分析

期间费用水平分析指将分析期的某项期间费用与企业前期或某一历史时期的数据进行对比，研究该项期间费用发展变动情况的一种分析方式。

对比的方式有以下几种：

一是绝对值增减变动，计算公式是：

绝对值变动额=分析期某项期间费用实际数-基期该项期间费用实际数

二是增减变动率，计算公式是：

$$变动率=\frac{绝对值变动额}{基期该项期间费用实际数}\times 100\%$$

三是变动比率值，计算公式是：

$$变动比率值=\frac{分析期某项期间费用实际数}{基期该项期间费用实际数}$$

下面以管理费用为例介绍期间费用水平分析。

［例5-2-5］

甲公司近五年管理费用如表5-2-10所示，请对该企业管理费用变动情况进行分析。

表5-2-10　　**甲公司管理费用分析表**　　单位：元

项目	第一年	第二年	第三年	第四年	第五年
管理费用总额	345 000	360 000	350 000	420 000	468 000
增长额	—	15 000	-10 000	70 000	48 000
增长率	—	4.35%	-2.78%	20.00%	11.43%

通过表5-2-10可以看出近5年甲公司管理费用的变动情况。第二年与第一年相比，管理费用正常增加，但第三年管理费用减少了10 000元，减少2.78%，而第四年和第五年管理费用则有一个明显的增长趋势，其中第四年管理费用增加了70 000元，增长了20.00%，第五年增加了48 000元，增长了11.43%。这样的变化是否正常，则需要结合当年的营业收入做进一步分析。

销售费用、财务费用也可采用同样方法进行分析，就不再累述。

（二）期间费用结构分析

期间费用结构分析指计算某项期间费用各项目占总体的比重或结构，反映的是期间费用各项目与该项期间费用的关系及变动情况。期间费用结构分析的一般步骤是：

1.确定各项目占该期间费用总额的比重或者百分比，计算公式是：

$$某项目的比重=\frac{该项目金额}{期间费用总金额}\times 100\%$$

2.通过各项目比重，可以分析具体项目的重要性。一般项目比重越大，说明其对总体的影响程度越高，越需要企业重视。

3.将分析期各项目比重与前期同项目比重进行对比，可以分析各项目比重变化情况，以便发现问题，提出改进建议。

下面以销售费用为例，介绍期间费用结构分析。

[例 5-2-6]

甲公司 202×年和 202×-1 年的销售费用明细如表 5-2-11 所示。

表 5-2-11　**甲公司销售费用明细表**　单位：元

项目	202×-1 年	202×年
职工薪酬	10 000	12 000
差旅费	5 600	5 000
包装费	2 340	2 400
装卸运输费	7 780	8 030
保险费	2 300	2 500
广告费	40 000	45 000
水电费	1 450	1 690
折旧及摊销	5 000	5 400
合计	74 470	82 020

请对该公司销售费用结构变动情况进行分析。

表 5-2-12　**甲公司销售费用结构分析表**　单位：元

项目	202×-1 年	202×年	变动额	202×-1 年构成率	202×年构成率	差异
职工薪酬	10 000	12 000	2 000	13.43%	14.63%	1.20%
差旅费	5 600	5 000	-600	7.52%	6.10%	-1.42%
包装费	2 340	2 400	60	3.14%	2.93%	-0.21%
装卸运输费	7 780	8 030	250	10.45%	9.79%	-0.66%
保险费	2 300	2 500	200	3.09%	3.05%	-0.04%
广告费	40 000	45 000	5 000	53.71%	54.86%	1.15%
水电费	1 450	1 690	240	1.95%	2.06%	0.11%
折旧及摊销	5 000	5 400	400	6.71%	6.58%	-0.13%
合计	74 470	82 020	7 550	100%	100%	0

通过对甲公司销售费用构成结构进行分析，可以看出广告费和职工薪酬是构成销售费用的主要项目，其中 202×年广告费占全年销售费用的 54.86%，职工薪酬占 14.63%。与 202×-1 年相对比，全年销售费用增加了 7 550 元，职工薪酬和广告费的比重分别上升了 1.20%和 1.15%。因而企业要重点关注这两项费用。而差旅费及装卸运输费比重则有所下降。其余项目比重变化较小。各销售费用变动的原因可以结合企业实际做进一步分析。

管理费用、财务费用也可采用同样方法进行分析，就不再累述。

五、成本分析评估标准

在成本分析中，评估标准也很重要，评估标准不同往往得到的结果就不同。

概括来说，成本分析评估的标准主要有三个。

（一）预算标准

在成本控制过程中，预算是至关重要的一个环节。

预算管理是成本控制的最佳利器。企业要将成本控制好，就要先算后花，即提前进行预算管理。

（二）历史标准

历史标准有两个：

一是，历史上销售与成本各自的最高水平，即最高的销售和最低的成本；

二是，历史平均水平。

（三）行业标准

目前，对于企业来说，确定行业标准的最好方法就是将上市公司作为标杆，从上市公司中找到行业的标准值，进行标杆管理。

任务实施

步骤一：A产品的产品成本构成分析

根据本任务的任务描述可知，北京科云股份有限公司A产品生产成本构成分析见表5-2-13。

表5-2-13　　北京科云股份有限公司A产品生产成本构成分析表　　单位：元

项目	202×-1年	202×年	变动额	202×-1年构成比率	202×年构成比率
直接材料成本	1 302	1 159	-143	62.00%	61.00%
直接人工成本	609	551	-58	29.00%	29.00%
制造费用	189	190	1	9.00%	10.00%
生产成本合计	2 100	1 900	-200	100.00%	100.00%

步骤二：管理费用分析

根据本任务的任务描述可知，北京科云股份有限公司的管理费用分析见表5-2-14。

表 5-2-14　**北京科云股份有限公司管理费用分析表**　单位：元

项　目	202×-1年	202×年	变动额	202×-1年构成比率	202×年构成比率
工资及福利	6 432	6 454	22	38.43%	34.62%
劳动保险费	430	434	4	2.57%	2.33%
业务招待费	421	898	477	2.52%	4.82%
工会经费	104	115	11	0.62%	0.62%
折旧费	1 540	1 540	0	9.20%	8.26%
技术开发费	2 786	3 860	1 074	16.64%	20.70%
其他	5 026	5 344	318	30.02%	28.65%
管理费用合计	16 739	18 645	1 906	100.00%	100.00%

课堂强化

[强化 5-2-1]

强化 5-2-1
参考答案

某企业生产甲产品的有关单位成本资料见表5-2-15。

表 5-2-15　**甲产品单位成本表**　单位：元

成本项目	202×-1年	202×年
直接材料	655	602
直接人工	159	123
制造费用	322	356
产品单位成本	1 136	1 081

要求：请根据表5-2-15，完成表5-2-16甲产品单位成本构成分析表。

表 5-2-16　**甲产品单位成本构成分析表**　单位：元

项目	202×-1年	202×年	变动额	202×-1年构成比率	202×年构成比率
直接材料成本	655	602			
直接人工成本	159	123			
制造费用	322	356			
产品单位成本	1 136	1 081			

[强化 5-2-2]

佳乐公司的销售费用明细表见表5-2-17。

强化 5-2-2
参考答案

表 5-2-17　　佳乐公司销售费用明细表　　单位：元

序号	项　目	202×-1 年	202×年
1	工资	10 377	30 445
2	差旅费	5 062	7 044
3	运输费	9 288	5 432
4	包装费	8 243	7 240
5	销售佣金	0	2 900
6	仓储费	1 041	732
7	广告费	6 876	4 386
8	展览费	4 878	7 504
9	会议费	3 688	7 414
10	其他	7 420	5 120
11	销售费用合计	56 873	78 217

要求：请根据表 5-2-17，完成表 5-2-18 佳乐公司销售费用构成分析表。

表 5-2-18　　佳乐公司销售费用构成分析表　　单位：元

序号	项　目	202×-1 年	202×年	变动额	202×-1 年构成比率	202×年构成比率
1	工资	10 377	30 445			
2	差旅费	5 062	7 044			
3	运输费	9 288	5 432			
4	包装费	8 243	7 240			
5	销售佣金	0	2 900			
6	仓储费	1 041	732			
7	广告费	6 876	4 386			
8	展览费	4 878	7 504			
9	会议费	3 688	7 414			
10	其他	7 420	5 120			
11	销售费用合计	56 873	78 217			

▶▶▶ 任务评价

根据任务要求实施并完成任务后，请填写本任务评价参考表（见表 5-2-19）。

表 5-2-19　　**成本报表分析任务评价参考表**

考评内容标准	实施评价		
	自我评价	学生互评	教师评价
了解成本分析的主要内容（20分）			
掌握产品生产成本分析和期间费用分析的内容（20分）			
能运用相关方法进行产品成本分析（30分）			
能运用相关方法进行期间费用分析（30分）			
合计			

项目小结

- 成本分析是企业利用成本核算资料以及其他有关资料，对企业成本、费用水平及其构成情况进行分析研究，查明影响成本、费用升降的具体原因，寻找降低成本、节约费用的方法和途径的一项管理活动。
- 比较分析法是根据分析的不同要求和目的，对指标实际数做各种各样的对比，揭示差异、分析原因的一种分析方法。比较分析法是日常分析工作中最常用的一种方法。它可以是本期与上期指标之间的比较、实际与计划指标之间的比较、本企业与同行业或国内外同类企业的先进指标之间的比较等。采用比较分析法时，应注意进行对比的成本指标，在经济内容、计算方法、计算期间和影响指标形成的客观条件等方面的可比性。
- 比率分析法是通过计算有关指标之间的相对数，即比率，进行分析评价的一种方法。比率分析法一般有以下三种形式：（1）相关比率分析法；（2）构成比率分析法；（3）趋势比率分析法。比率分析法可以把某些不可比的企业变成可比的企业，便于外部或内部决策者选择投资方案时进行比较分析。比率法存在以下不足之处：（1）比率的数字只反映比值，不能说明其绝对额的变动；（2）比率分析法与比较分析法一样，无法说明指标变动的具体原因。
- 连环替代法是根据因素之间的内在依存关系，依次测定各因素变动对经济指标影响的一种分析方法。通过这种方法可以衡量各个因素对综合指标的影响程度，从而更好地分析、管理经济活动。连环替代法的分析程序为：（1）确定分析指标及其影响因素之间的关系；（2）连环顺序替代；（3）比较替代结果；（4）检验分析结果。
- 产品成本主要由三部分构成：直接材料、直接人工、制造费用。
- 期间费用的构成：销售费用、财务费用和管理费用。
- 成本分析评估标准：预算标准、历史标准、行业标准。

下篇　实训篇

项目一　产品成本的归集与分配实训[①]

实训一　材料费用的归集

1.生产车间领用材料：2019年3月2日，北京科云股份有限公司会计人员收到以下2张原始单据（见训表1-1-1、训表1-1-2），请根据相关单据进行账务处理。

B-1
扫码看处理

训表1-1-1

领　料　单　　No.43843079

领料部门：基本生产车间
用　　途：生产领用　　2019 年 03 月 02 日

编号	品名	规格及型号	单位	数量		计划价格	
				请领	实发	单价	总价
001	钛铝合金板		个	6000	6000		
合　计							

第二联　记账

记账：陈飞　　发料：岳嘉禾　　领料：陈亚郦

训表1-1-2

材料分配表

名称：北京科云股份有限公司　　原材料：钛铝合金板　　日期：2019年03月02日

部门	产品名称	成本项目	计划投产数（台）	单耗（个/台）	材料领用个数（个）	单价（元）	分配金额（元）
生产车间	笔记本电脑	原材料	1000	3	3000	100.00	300000.00
生产车间	台式电脑	原材料	1500	2	3000	100.00	300000.00
合计					6000		600000.00

审核：吴锆　　制单：陈飞

2.生产车间生产产品领用材料：2019年3月2日，北京科云股份有限公司会计人员收到以下4张原始单据（见训表1-2-1至训表1-2-4），请根据相关单据进行账务处理。

B-2
扫码看处理

① 本项目实训资料来源于科云财会理实一体化平台。

训表 1-2-1

领 料 单

No. 43843081

领料部门：基本生产车间

用　途：生产笔记本电脑　　　　2019 年 03 月 02 日

编号	品名	规格及型号	单位	数量		计划价格	
				请领	实发	单价	总价
004	1号芯片		个	1000	1000		
合 计							

第二联 记账

记账：陈飞　　发料：岳嘉禾　　领料：陈亚娜

训表 1-2-2

领 料 单

No. 43843082

领料部门：基本生产车间

用　途：生产台式电脑　　　　2019 年 03 月 02 日

编号	品名	规格及型号	单位	数量		计划价格	
				请领	实发	单价	总价
005	2号芯片		个	1500	1500		
合 计							

第二联 记账

记账：陈飞　　发料：岳嘉禾　　领料：陈亚娜

训表 1-2-3

发出材料成本计算表

单位：北京科云股份有限公司　　原材料：1号芯片　　时间：2019年03月02日

日期	摘要	收入			发出			结存		
		数量	单价	金额	数量	单价	金额	数量	单价	金额
03月01日	期初结存							3000	500.00	1500000.00
03月02日	领用				1000	500.00	500000.00	2000	500.00	1000000.00

审核：吴婧　　制表：陈飞

训表 1-2-4

发出材料成本计算表

单位：北京科云股份有限公司　　原材料：2号芯片　　时间：2019年03月02日

日期	摘要	收入			发出			结存		
		数量	单价	金额	数量	单价	金额	数量	单价	金额
03月01日	期初结存							5000	350.00	1750000.00
03月02日	领用				1500	350.00	525000.00	3500	350.00	1225000.00

审核人：吴谱　　制表人：陈飞

3.生产车间一般耗用：2019年3月14日，北京科云股份有限公司会计人员收到以下2张原始单据（见训表1-3-1、训表1-3-2），请根据相关单据进行账务处理。

B-3
扫码看处理

训表 1-3-1

领　料　单　　No.25745623

领料部门：基本生产车间
用　　途：车间耗用　　2019 年 03 月 14 日

编号	品名	规格及型号	单位	数量		计划价格	
				请领	实发	单价	总价
111	辅助材料-机油		罐	10	10		
合　计							

第二联　记账

记账：陈飞　　发料：岳嘉禾　　领料：陈亚鹏

训表 1-3-2

领用材料计算表

名称：北京科云股份有限公司　　原材料：辅助材料-机油　　日期：2019年03月14日

材料名称	购入数量（罐）	购入单价（元）	购入金额（元）	领用数量（罐）	领用金额（元）	摊销方式	本次摊销额（元）	领用部门
机油	100	15.00	1500.00	10	150.00	一次摊销	150.00	基本生产车间
	100		1500.00	10	150.00			

审核：吴谱　　制单：陈飞

4.行政部门领用修理用材料：2019年3月13日，北京科云股份有限公司会计人员收到以下2张原始单据（见训表1-4-1、训表1-4-2），请相关根据单据进行账务处理。

B-4
扫码看处理

训表 1-4-1

领 料 单

No.25745623

领料部门：行政部门
用　　途：维修设备　　　　2019 年 03 月 13 日

编号	品名	规格及型号	单位	数量		计划价格	
				请领	实发	单价	总价
002	插座		个	8	8		
合		计					

第二联 记账

记账：陈飞　　发料：岳嘉禾　　领料：董智磊

训表 1-4-2

材料分配表

单位：北京科云股份有限公司　　原材料：插座　　日期：2019年03月13日

部门	成本项目	材料领用个数（个）	单价（元）	领用金额（元）	备注
行政部门	原材料	8	80.00	640.00	用于行政部门维修设备。
合计		8	80.00	640.00	

审核：吴浩　　制单：陈飞

5.辅助生产车间领用材料：2019 年 3 月 15 日，北京科云股份有限公司会计人员收到以下 2 张原始单据（见训表 1-5-1、训表 1-5-2），请根据相关单据进行账务处理。

B-5
扫码看处理

训表 1-5-1

领 料 单

No.43843085

领料部门：辅助生产车间
用　　途：生产领用　　　　2019 年 03 月 15 日

编号	品名	规格及型号	单位	数量		计划价格	
				请领	实发	单价	总价
003	电线		米	90000	90000		
合		计					

第二联 记账

记账：陈飞　　发料：岳嘉禾　　领料：陈亚娜

训表 1-5-2

材料分配表

单位：北京科云股份有限公司　　　　原材料：电线　　　　日期：2019年03月15日

部门	车间	成本项目	计划投产数（台）	单耗（米/台）	材料领用数（米）	单价（元）	分配金额（元）
辅助生产车间	供电车间	原材料	20000	1.5	30000	1.00	30000.00
辅助生产车间	蒸汽车间	原材料	30000	2	60000	1.00	60000.00
合计	—	—	50000		90000	—	90000.00

审核：吴浩　　　　制单：陈飞

6. 编制发出材料成本计算表：2019年3月31日，北京科云股份有限公司会计收到3张原始单据（见训表1-6-1、训表1-6-2、训表1-6-3），请根据相关单据编制发出材料成本计算表（见训表1-6-4）并进行账务处理。

B-6
扫码看处理

训表 1-6-1

领　料　单

No. 30324414

领料部门：基本生产车间
用　　途：生产家用餐桌　　　　2019 年 03 月 13 日

编号	品名	规格及型号	单位	数量		计划价格	
				请领	实发	单价	总价
003	G1201油漆		盒	150	150		
合　计							

第二联　记账

记账：陈飞　　发料：岳嘉禾　　领料：陈亚郦

训表 1-6-2

领　料　单

No. 30324413

领料部门：基本生产车间
用　　途：生产办公桌　　　　2019 年 03 月 13 日

编号	品名	规格及型号	单位	数量		计划价格	
				请领	实发	单价	总价
003	G1201油漆		盒	150	150		
合　计							

第二联　记账

记账：陈飞　　发料：岳嘉禾　　领料：陈亚郦

训表 1-6-3

材料成本计划单价表

单位：北京科云股份有限公司　　　　　　　　　　　　　　　　时间：2019年03月31日

材料名称	原材料			周转材料
	屏风	软木材料	G1201油漆	714号螺丝
计量单位	张	卷	盒	盒
货币计量单位	元	元	元	元
计划单价	120.00	1690.00	212.00	45.00

审核：吴浩　　　　　　　　　　制表：陈飞

训表 1-6-4

发出材料成本计算表

单位：北京科云股份有限公司　　　　原材料：G1201油漆　　　　计量单位：盒

日期	摘要	收入			发出			结存		
		数量	单价	金额	数量	单价	金额	数量	单价	金额
03月01日	期初结存							100	212.00	21200.00
03月05日	购进	500	212.00	106000.00				600	212.00	127200.00
03月13日	领用									
03月24日	购进	100	212.00	21200.00						
03月31日	本期发生额									

审核：　　　　　　　　　　制表：

7. 编制材料成本差异计算表：承前所述，2019 年 3 月 31 日，请根据相关资料编制材料成本差异计算表和分配表并进行账务处理，见训表 1-7-1 至训表 1-7-4。

B-7
扫码看处理

训表 1-7-1

最高储存量 ________
最低储存量 ________

原材料　明细账

本账页数	10
本户页数	8

编号 003　规格 ________　明细科目 G1201油漆　名称 ________

2019 年		凭证		摘要	借方			贷方			结存		
月	日	种类	号数		数量	单价	百十万千百十元角分	数量	单价	百十万千百十元角分	数量	单价	百十万千百十元角分
03	01			期初余额							100	212.00	2120000
03	05	记字	005	购进材料，已入库	500	212.00	10600000				600	212.00	12720000
03	13	记字	011	生产领用材料				300	212.00	6360000	300	212.00	6360000
03	24	记字	024	购进材料，已入库	100	212.00	2120000				400	212.00	8480000
03	31			本月合计	600	212.00	12720000	300	212.00	6360000	400	212.00	8480000

训表 1-7-2

材料成本差异

明细科目：原材料　　　　第8 页 共20 页

2019年 月	日	凭证 种类	号数	摘要	借方	贷方	借或贷	余额
03	01			期初余额			平	000
03	05	记	005	购进材料，已入库		100000	贷	100000
03	24	记	024	购进材料，已入库		20000	贷	120000
03	31			本月合计		120000	贷	120000

训表 1-7-3

材料成本差异计算表

单位：北京科云股份有限公司　　　　时间：2019年03月31日

存货名称	材料成本差异		计划成本		本期材料成本差异率（百分比表示保留2位小数）	本期发出材料成本差异
	期初结存数	本月验收入库	期初结存数	本月验收入库		
原材料	0.00	-1200.00				
合计		-1200.00			——	

审核：　　　　制表：

训表 1-7-4

材料成本差异分配表

单位：北京科云股份有限公司　　　　时间：2019年03月31日

项目		本期发生额	本期材料成本差异率	本期发出材料成本差异
基本生产成本	办公桌			
	家用餐桌			
合计			——	

审核：　　　　制表：

8.编制发出材料成本计算表（先进先出法）：2019年3月10日，北京科云股份有限公司会计收到2张原始单据（见训表1-8-1、训表1-8-2），请编制发出材料成本计算表（见训表1-8-3）并进行账务处理。

B-8
扫码看处理

训表 1-8-1

原材料　明细账

最高储存量 ______　　本账页数 1
最低储存量 ______　　本户页数 10

编号 001　规格 ______　明细科目 软木材料　名称 ______

2019年 月	日	凭证 种类	号数	摘要	借方 数量	借方 单价	借方 金额	贷方 数量	贷方 单价	贷方 金额	结存 数量	结存 单价	结存 金额
03	01			期初结存							200	1700.0(	34000000

训表 1-8-2

领　料　单　　No.30324402

领料部门：基本生产车间
用　　途：生产办公桌　　　　2019 年 03 月 10 日

编号	品名	规格及型号	单位	数量		计划价格	
				请领	实发	单价	总价
001	软木材料		卷	300	300		
合　　计							

第二联　记账

记账：陈飞　　发料：岳嘉禾　　领料：陈亚娜

训表 1-8-3

发出材料成本计算表（先进先出法）

单位：北京科云股份有限公司　　原材料：软木材料　　计量单位：卷

项目		收入			发出			结存		
日期	摘要	数量	单价	金额	数量	单价	金额	数量	单价	金额
03月01日	期初结存									
03月02日	购入	200	1800.00	360000.00						
03月10日	领用									

审核：　　制表：

9.编制发出材料成本计算表（月末一次加权平均法）：2019 年 3 月 31 日，北京科云股份有限公司会计收到 3 张原始单据（见训表 1-9-1、训表 1-9-2、训表 1-9-3），请编制发出材料成本计算表（见训表 1-9-4）。（保留 2 位小数）

B-9
扫码看处理

训表 1-9-1

最高储存量 ________
最低储存量 ________

原材料　　明细账

本账页数	1
本户页数	10

编号 001　规格 ________　明细科目 G1201 油漆　名称 ________

2019 年		凭证		摘要	借方			贷方			结存		
月	日	种类	号数		数量	单价	百十万千百十元角分	数量	单价	百十万千百十元角分	数量	单价	百十万千百十元角分
03	01			期初结存							100	210.00	2100000

训表 1-9-2

领　料　单

No. 30324235

领料部门：基本生产车间

用　　途：生产办公桌　　　　2019 年 03 月 09 日

编号	品名	规格及型号	单位	数量		计划价格	
				请领	实发	单价	总价
001	G1201油漆		金	100	100		
合		计					

第二联　记账

记账：陈飞　　发料：岳嘉禾　　领料：陈亚娜

训表 1-9-3

领　料　单

No. 30324245

领料部门：基本生产车间

用　　途：生产办公桌　　　　2019 年 03 月 18 日

编号	品名	规格及型号	单位	数量		计划价格	
				请领	实发	单价	总价
001	G1201油漆		金	150	150		
合		计					

第二联　记账

记账：陈飞　　发料：岳嘉禾　　领料：陈亚娜

训表 1-9-4

发出材料成本计算表（月末一次加权平均法）

单位：北京科云股份有限公司　　　原材料：G1201油漆　　　时间：2019年03月31日

项目		收入			发出			结存		
日期	摘要	数量	单价	金额	数量	单价	金额	数量	单价	金额
03月01日	期初结存									
03月03日	购进	200	200.00	40000.00						
03月09日	领用				100					
03月16日	购进	300	220.00	66000.00						
03月18日	领用				150					
03月26日	购进	100	205.00	20500.00						
03月31日	本月合计	600								

审核：　　　　制表：

实训二　人工费用的归集

1.计提工资：2019年7月31日，北京科云股份有限公司计提工资，请根据相关单据（见训表2-1-1）进行账务处理（制造费用明细设人工费）。

B-10
扫码看处理

训表2-1-1

工资核算表

单位：北京科云股份有限公司　　　　日期：2019年07月31日

部　门	姓名	基本工资	出勤天数	电话补贴	餐费补贴	车费补贴	应付工资	个人交社保	个人交住房公积金	税前工资	单位缴社保	单位交住房公积金	单位总支出
生产车间管理人员	刘洋	3500.00	22				3500.00	135.00	120.00	3245.00	206.00	120.00	3826.00
生产车间管理人员	张飞	3000.00	22	400.00		250.00	3650.00	135.00	120.00	3395.00	206.00	120.00	3976.00
合　计		6500.00		400.00		250.00	7150.00	270.00	240.00	6640.00	412.00	240.00	7802.00

审核：吴锆　　制表：陈飞

2.计提社保费用：2019年7月31日，北京科云股份有限公司计提社保费用，请根据相关单据（见训表2-2-1、训表2-2-2）进行账务处理（制造费用明细设人工费）。

B-11
扫码看处理

训表2-2-1

工资核算表

单位：北京科云股份有限公司　　　　日期：2019年07月31日

部　门	姓名	基本工资	出勤天数	电话补贴	餐费补贴	车费补贴	应付工资	个人交社保	个人交住房公积金	税前工资	单位缴社保	单位交住房公积金	单位总支出
生产车间管理人员	刘洋	3500.00	22				3500.00	135.00	120.00	3245.00	206.00	120.00	3826.00
生产车间管理人员	张飞	3000.00	22	400.00		250.00	3650.00	135.00	120.00	3395.00	206.00	120.00	3976.00
合　计		6500.00		400.00		250.00	7150.00	270.00	240.00	6640.00	412.00	240.00	7802.00

审核：吴锆　　制表：陈飞

训表2-2-2

社会保险费缴费明细

单位：北京科云股份有限公司

项目	个人承担	企业承担
养老保险	205.71	189.00
医疗保险	51.43	120.54
失业保险	12.86	60.23
工伤保险	0.00	2.23
生育保险	0.00	40.00
合计	270.00	412.00

审核：吴锆　　制单：陈飞

3.计提住房公积金：2019年7月31日，北京科云股份有限公司计提住房公积金，请根据相关单据（见训表2-3-1）进行账务处理（制造费用明细设人工费）。

B-12
扫码看处理

训表2-3-1

工资核算表

单位：北京科云股份有限公司　　　　日期：2019年07月31日

部门	姓名	基本工资	出勤天数	电话补贴	餐费补贴	车费补贴	应付工资	个人交社保	个人交住房公积金	税前工资	单位缴社保	单位交住房公积金	单位总支出
生产车间管理人员	刘洋	3500.00	22				3500.00	135.00	120.00	3245.00	206.00	120.00	3826.00
生产车间管理人员	张飞	3000.00	22	400.00		250.00	3650.00	135.00	120.00	3395.00	206.00	120.00	3976.00
合　计		6500.00		400.00		250.00	7150.00	270.00	240.00	6640.00	412.00	240.00	7802.00

审核：吴浩　　　　制表：陈飞

4.报销职工教育经费：2019年7月31日，北京科云股份有限公司会计收到2张原始单据（见训图2-4-1、训图2-4-2），请根据相关单据进行账务处理。

B-13
扫码看处理

训图2-4-1

费用报销单

日期：　2019年 07 月 31 日　　　　附件 1 张

报销人	陈亚娜	所属部门	生产车间	报销形式	现金
				支票号码	
报销项目		摘要		金额	备注
教育培训费		报销员工教育经费		1500.00	
合　　计				¥1500.00	
金额大写（人民币）：壹仟伍佰元整				原借款：0.00元	公司应支付：¥1500.00元 个人应退回：0.00元

现金付讫

财务经理：张乐　部门经理：高清平　会计：陈飞　出纳：谢娜　收款人：陈亚娜

训图 2-4-2

北京增值税普通发票

1100092620　　发票联　　№01265235

校验码 56103 85483 06997 53983　　开票日期：2019 年 07 月 31 日

购买方	名　　称：北京科云股份有限公司 纳税人识别号：91110908045615075X 地 址、电 话：北京高新园创新路55号01088227854 开户行及账号：中国工商银行北京分行11000760904870809101			密码区	1*6<+81+574+9*2+/>0-39063/* -*0/968*624582>91*3/*1<6*42 2477</42**0+7-2</24-630-391 611+>/51433*124*5-+44><9/94		
货物或应税劳务、服务名称	规格型号	单位	数量	单价	金额	税率	税额
*生活服务*教育培训费		课时	2	707.545	1415.09	6%	84.91
合　　计					¥1415.09		¥84.91
价税合计（大写）	⊗壹仟伍佰圆整				（小写）¥1500.00		
销售方	名　　称：北京蓝天实业有限公司 纳税人识别号：91110270590544459X 地 址、电 话：北京海淀区西苑三里08号01083847491 开户行及账号：中国工商银行北京西城支行1100076323130010			备注	北京蓝天实业有限公司 91110270590544459X 发票专用章		

收款人：　　复核：　　开票人：李涵　　销售方：（章）

税总函[2016]507号北京伊诺尔印务有限公司

第二联：发票联 购买方记账凭证

5.结转职工教育经费：2019年7月31日，北京科云股份有限公司会计收到2张原始单据（见训图2-4-1、训图2-4-2），请根据相关单据进行账务处理。

B-14
扫码看处理

6.发放非货币性福利：2019年7月31日，北京科云股份有限公司会计收到3张原始单据（见训表2-6-1、训表2-6-2、训图2-6-1），请根据相关单据进行账务处理。

B-15
扫码看处理

训表 2-6-1

费用报销单

日期：2019年 07 月 31 日　　附件 2 张

报销人	董智磊	所属部门	行政部门	报销形式	现金
				支票号码	
报销项目		摘要		金额	备注
菊花茶		发放非货币性福利		2784.00	
		现金付讫			
合　　计				¥2784.00	
金额大写（人民币）：贰仟柒佰捌拾肆元整				原借款：0.00元	公司应支付：¥2784.00元 个人应退回：0.00元

财务经理：张乐　　部门经理：林月　　会计：陈飞　　出纳：谢郦　　收款人：董智磊

训表 2-6-2

福利费发放签收明细表

单位：北京科云股份有限公司　　　　　　　　　　　　　　　　　　　　　　日期：2019年07月31日

序号	部门	岗位	姓名	发放形式	发放标准	领取人签字
001	综合管理部	总经理	许建辉	饮料	116.00	许建辉
002	综合管理部	行政经理	林月	饮料	116.00	林月
003	综合管理部	行政人员	董智磊	饮料	116.00	董智磊
004	综合管理部	仓库管理员	岳嘉禾	饮料	116.00	岳嘉禾
005	财务管理部	财务经理	张乐	饮料	116.00	张乐
006	财务管理部	财务主管	吴浩	饮料	116.00	吴浩
007	财务管理部	会计	陈飞	饮料	116.00	陈飞
008	财务管理部	出纳	谢娜	饮料	116.00	谢娜
009	业务发展部	业务经理	陈晓芬	饮料	116.00	陈晓芬
010	业务发展部	业务员	曹璐菲	饮料	116.00	曹璐菲
011	业务发展部	业务员	黄莱悦	饮料	116.00	黄莱悦
012	基本生产车间	车间管理人员	高清平	饮料	116.00	高清平
013	基本生产车间	车间管理人员	陈婷婷	饮料	116.00	陈婷婷
014	基本生产车间	车间管理人员	陈亚娜	饮料	116.00	陈兵
015	基本生产车间	车间员工（热水器）	张军	饮料	116.00	张军
016	基本生产车间	车间员工（热水器）	朱建华	饮料	116.00	朱建华
017	基本生产车间	车间员工（热水器）	邓碧云	饮料	116.00	邓碧云
018	基本生产车间	车间员工（热水器）	陈秀兰	饮料	116.00	陈秀兰
019	基本生产车间	车间员工（空调）	孙洪辉	饮料	116.00	孙洪辉
020	基本生产车间	车间员工（空调）	石伟	饮料	116.00	石伟
021	基本生产车间	车间员工（空调）	杨火进	饮料	116.00	杨火进
022	基本生产车间	车间员工（空调）	李小春	饮料	116.00	李小春
023	基本生产车间	车间员工（空调）	吕平清	饮料	116.00	吕平清
024	基本生产车间	车间员工（空调）	钟清华	饮料	116.00	钟清华
	合计				2784.00	

审核：吴浩　　　　　　　　　　　　出纳：谢娜　　　　　　　　　　　　制表：陈飞

训图 2-6-1

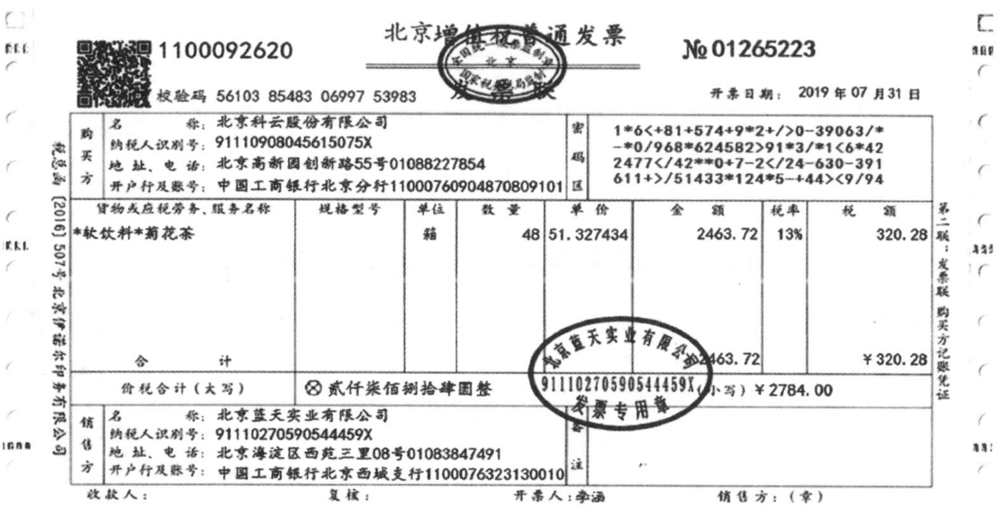

北京增值税普通发票

1100092620　　　　发票联　　　　№ 01265223

校验码 56103 85483 06997 53983　　　　开票日期：2019 年 07 月 31 日

购买方	
名　　称：	北京科云股份有限公司
纳税人识别号：	91110908045615075X
地址、电话：	北京高新园创新路55号01088227854
开户行及账号：	中国工商银行北京分行110007609048708091O1

密码区：
1*6<+81+574+9*2+/>0-39063/*
-*0/968*624582>91*3/*1<6*42
2477</42**0+7-2</24-630-391
611+>/51433*124*5-+44><9/94

货物或应税劳务、服务名称	规格型号	单位	数量	单价	金额	税率	税额
*软饮料*菊花茶		箱	48	51.327434	2463.72	13%	320.28
合　　计					2463.72		¥320.28

价税合计（大写）⊗贰仟柒佰捌拾肆圆整　　（小写）¥2784.00

销售方	
名　　称：	北京蓝天实业有限公司
纳税人识别号：	91110270590544459X
地址、电话：	北京海淀区西苑三里08号01083847491
开户行及账号：	中国工商银行北京西城支行1100076323130010

备注

收款人：　　　　复核：　　　　开票人：李涵　　　　销售方：（章）

税总函[2016] 507号 北京伊诺尔印务有限公司

第二联：发票联 购买方记账凭证

北京蓝天实业有限公司 91110270590544459X 发票专用章

7.结转非货币性福利：2019年7月31日，北京科云股份有限公司会计收到1张原始单据（见训表2-6-2），请根据此单据进行账务处理。

B-16
扫码看处理

8.编制工资表（按计件工资）：2019年7月31日，请编制生产车间工资表（按计件工资核算，见训表2-8-1）。

B-17
扫码看处理

训表2-8-1

生产车间工资表

单位：北京科云股份有限公司　　　　时间：2019年07月31日

职位	姓名	基本工资	完成件数	单价计件	计件工资	应付工资	个人缴纳社保	个人住房公积金	单位缴纳社保	单位缴纳公积金	单位支付合计
车间生产人员	张雅兵	800.00	250	10.00			161.46	120.00	351.85	120.00	
车间生产人员	李礼辉	800.00	245	10.00			161.46	120.00	351.85	120.00	
车间生产人员	龚亚飞	800.00	233	10.00			161.46	120.00	351.85	120.00	
车间生产人员	张思季	700.00	260	9.00			161.46	120.00	351.85	120.00	
车间生产人员	李金智	700.00	256	9.00			161.46	120.00	351.85	120.00	
车间生产人员	侯红	700.00	255	9.00			161.46	120.00	351.85	120.00	
合计金额		4500.00	---	---			968.76	720.00	2111.10	720.00	

审核：　　　　制表：

9.编制生产车间工资表（按工时核算）：2019年7月31日，请编制生产车间工资表（按工时核算，见训表2-9-1）。

B-18
扫码看处理

训表2-9-1

生产车间工资表

单位：北京科云股份有限公司　　　　时间：2019年07月31日

职位	姓名	基本工资	工时	单价工时	工时工资	应付工资	个人缴纳社保	个人住房公积金	单位缴纳社保	单位缴纳公积金	单位支付合计
车间生产人员	张雅兵	800.00	250	10.00			161.46	120.00	351.85	120.00	
车间生产人员	李礼辉	800.00	245	10.00			161.46	120.00	351.85	120.00	
车间生产人员	龚亚飞	800.00	233	10.00			161.46	120.00	351.85	120.00	
车间生产人员	张思季	700.00	260	9.00			161.46	120.00	351.85	120.00	
车间生产人员	李金智	700.00	256	9.00			161.46	120.00	351.85	120.00	
车间生产人员	侯红	700.00	255	9.00			161.46	120.00	351.85	120.00	
合计金额		4500.00	---	---			968.76	720.00	2111.10	720.00	

审核：　　　　制表：

实训三　动力费用及其他费用的核算

1.外购电力的核算：2019年4月30日，北京科云股份有限公司会计人员收到4张原始单据（见训图3-1-1至图3-1-4），请根据单据进行账务处理。

B-19
扫码看处理

训图 3-1-1

北京增值税专用发票

发 票 联

351100092620　　№ 44114370

开票日期：2019 年 04 月 30 日

购买方	名　　称：北京科云股份有限公司 纳税人识别号：91110908045615075X 地 址、电 话：北京高新园创新路55号 01088227854 开户行及账号：中国工商银行北京分行 110007609048708091012				密码区	1*6<+81+574+9*2+/>0-39063/* -*0/968*624582>91*3/*1<6*42 2477</42**0+7-2</24-630-391 611+>/51433*124*5-+44><9/94		
货物或应税劳务、服务名称	规格型号	单位	数量	单价	金额		税率	税额
*供电*电费		千瓦时	4000	1.50	6000.00		13%	780.00
合　　计					¥6000.00			¥780.00
价税合计（大写）	⊗陆仟柒佰捌拾圆整				（小写）¥6780.00			
销售方	名　　称：北京市供电局 纳税人识别号：91110908045615067X 地 址、电 话：北京电信园跃进路40号 010-65135901 开户行及账号：中国工商银行北京西城支行 11000763231300107544				备注			

收款人：　　复核：　　开票人：王忠　　销售方：（章）

税总函［2016］117号海南华森实业公司

第三联：发票联　购买方记账凭证

训图 3-1-2

付款申请单

申请部门：生产车间　　　　2019 年 04 月 30 日

收款单位名称（全称）	付款事由（用途）		金额	付款方式
北京市供电局	支付电费		6780.00	转账
备注	银行转讫			
合计金额（大写）	零 佰零 拾零 万击 仟柒 佰捌 拾零 元零 角零 分		合计金额（小写）	¥:6780.00
发票种类	增值税专用发票	款项所属账期	2019 年 04 月	

总经理：许建辉　审批：张乐　财务：陈飞　主管：秦亚飞　经办：陈亚卿

训图 3-1-3

中国工商银行
转账支票存根

10209320
69854365

附加信息

出票日期 2019 年 04 月 30 日

收款人：北京市供电局

金　额：¥6780.00

用　途：支付电费

单位主管　　会计

训图 3-1-4

中国工商银行进账单（回　单）　1

2019年　04　月　30　日

出票人	全　称	北京科云股份有限公司	收款人	全　称	北京市供电局
	账　号	110007609048708091012		账　号	110007632313001075445
	开户银行	中国工商银行北京分行		开户银行	中国工商银行北京西城支行
金额	人民币（大写）	陆仟柒佰捌拾元整		亿千百十万千百十元角分	¥678000
票据种类		票据张数			
票据号码					
	复核：　记账：			开户银行签章	

（印章：中国工商银行北京分行 2019.04.30 转账 转讫）

此联是开户银行交给持票人的回单

2.外购燃料的核算：2019年4月30日，北京科云股份有限公司会计人员收到4张原始单据（见训图3-2-1至训图3-2-4），请根据相关单据进行账务处理。

B-20
扫码看处理

训图 3-2-1

北京增值税专用发票

351100092620　　　　№ 63873892

发票联　　　　开票日期：2019年04月30日

购买方	名　称：北京科云股份有限公司 纳税人识别号：91110908045615075X 地址、电话：北京高新园创新路55号01088227854 开户行及账号：中国工商银行北京分行110007609048708091012			密码区	1*6<+81+574+9*2+/>0-39063/* -*0/968*624582>91*3/*1<6*42 2477</42**0+7-2</24-630-391 611+>/51433*124*5-+44><9/94		
货物或应税劳务、服务名称	规格型号	单位	数量	单价	金额	税率	税额
*燃气*工业煤气		立方米	500	350.00	175000.00	13%	22750.00
合　计					¥175000.00		¥22750.00
价税合计（大写）	⊗壹拾玖万柒仟柒佰伍拾圆整				（小写）¥197750.00		
销售方	名　称：北京煤炭建设有限公司 纳税人识别号：91110270590544385X 地址、电话：北京电信园颐姬路38号 010-65135902 开户行及账号：中国工商银行北京西城支行 11000763231300107528			备注			

收款人：　　复核：　　开票人：李云　　销售方：（章）

（印章：北京煤炭建设有限公司 91110270590544385X 发票专用章）

税总函[2016]117号海南华森实业公司

第三联：发票联 购买方记账凭证

训图 3-2-2

付款申请单

申请部门：生产车间　　　　2019 年 04 月 30 日

收款单位名称（全称）		付款事由（用途）	金额	付款方式
北京煤炭建设有限公司		支付工业煤气使用费	197750.00	转账
备注	支付生产车间工业煤气使用费[illegible]04月01日-30日 银行转讫			
合计金额（大写）	零 佰壹 拾玖 万柒 仟柒 佰伍 拾零 元零 角零 分		合计金额（小写）	￥:197750.00
发票种类	增值税专用发票	款项所属账期	2019 年 04 月	

总经理：许建辉　审批：张乐　财务：陈飞　主管：秦亚飞　经办：陈亚娜

训图 3-2-3

中国工商银行
转账支票存根
10209320
69854370

附加信息

出票日期 2019 年 04 月 30 日

收款人：	北京煤炭建设有限公司
金　额：	￥197750.00
用　途：	支付燃料费

单位主管　　会计

训图 3-2-4

中国工商银行 进 账 单（回　单）　1

2019年 04 月 30 日

出票人	全　称	北京科云股份有限公司	收款人	全　称	北京煤炭建设有限公司
	账　号	110007609048708091012		账　号	110007632313001075445
	开户银行	中国工商银行北京分行		开户银行	中国工商银行北京西城支行
金额	人民币（大写）	壹拾玖万柒仟柒佰伍拾元整		亿千百十万千百十元角分	￥19775000
票据种类		票据张数			
票据号码					
复核：　记账：			开户银行签章		

中国工商银行北京分行 2019.04.30 转账 转讫

此联是开户银行交给持票人的回单

3. 分配产品费用：2019 年 4 月 30 日，北京科云信息股份有限公司会计人员收到 1 张单据（见训表 3-3-1），请根据此单据进行账务处理。

B-21
扫码看处理

训表 3-3-1

产品分配表

单位：北京科云股份有限公司　　　　金额单位：元　　　　日期：2019年04月30日

费用项目	支付金额	总工时（小时）	分配率	部门	使用工时（小时）	分摊金额
水电费	6000.00	2250.00	80.44	办公桌组	750.00	60330.00
燃料费	175000.00			家用餐桌组	1500.00	120670.00
合计	181000.00	2250.00	80.44	—	2250.00	181000.00

审核：吴浩　　　　制表：陈飞

4. 出租办公楼折旧：2019 年 1 月 31 日，北京科云股份有限公司会计人员收到 1 张原始单据（见训表 3-4-1），请根据此单据进行账务处理（累计折旧不设二级科目，出租按成本模式计量）。

B-22
扫码看处理

训表 3-4-1

折旧表

单位：北京科云股份有限公司　　　　日期：2019年01月31日

品名	原值	购入时间	折旧年限	残值	月折旧额	累计折旧	使用情况
办公楼	1350000.00	2018.06.02	20	67500.00	5343.75	37406.25	经营性出租
合计	1350000.00			67500.00	5343.75	37406.25	

审核人：吴浩　　　　制表人：陈飞

5. 计提固定资产折旧：2019 年 3 月 31 日，北京科云股份有限公司会计人员收到 1 张原始单据（见训表 3-5-1），请根据单此据进行账务处理（累计折旧不设二级科目）。

B-23
扫码看处理

训表 3-5-1

固定资产折旧表

单位：北京科云股份有限公司　　　　时间：2019年03月31日

代码	名称	类别	使用部门	使用情况	入账日期	增加方式	折旧方法	预计使用期间	原值	预计净残值	每月折旧
001	三星笔记本电脑	办公设备	总经办	使用中	2018-06-08	购入	年限平均法	36个月	5000.00	250.00	131.94
002	三星笔记本电脑	办公设备	总经办	使用中	2018-06-10	购入	年限平均法	36个月	5000.00	250.00	131.94
003	联想电脑台式机2台	办公设备	行政部	使用中	2018-06-05	购入	年限平均法	36个月	8800.00	440.00	232.22
004	联想电脑台式机4台	办公设备	财务部	使用中	2018-06-05	购入	年限平均法	36个月	17600.00	880.00	464.44
005	传真一体机	办公设备	办公室	使用中	2018-06-08	购入	年限平均法	36个月	8500.00	425.00	224.31
006	打印机	办公设备	办公室	使用中	2018-06-10	购入	年限平均法	36个月	2200.00	110.00	58.06
小计									**47100.00**	**2355.00**	**1242.91**
007	本田小轿车	交通工具	市场部	使用中	2018-07-15	购入	年限平均法	48个月	104850.00	5242.50	2075.16
008	本田小轿车	交通工具	市场部	使用中	2018-08-20	购入	年限平均法	48个月	121850.00	6092.50	2411.61
009	联想电脑台式机3台	办公设备	市场部	使用中	2018-06-05	购入	年限平均法	36个月	13200.00	660.00	348.33
小计									**239900.00**	**11995.00**	**4835.10**
010	联想电脑台式机3台	办公设备	生产车间	使用中	2018-06-05	购入	年限平均法	36个月	12000.00	600.00	316.67
011	流水线-H	机械设备	生产车间	使用中	2018-07-05	购入	年限平均法	36个月	30400.00	1520.00	802.22
012	滑车立式带锯床	机械设备	生产车间	使用中	2018-07-10	购入	年限平均法	36个月	150500.00	7525.00	3971.53
013	龙门刨床	机械设备	生产车间	使用中	2018-07-25	购入	年限平均法	36个月	246000.00	12300.00	6491.67
小计									**438900.00**	**21945.00**	**11582.09**
014	联想电脑台式机2台	办公设备	辅助生产车间-供电	使用中	2018-06-05	购入	年限平均法	36个月	9000.00	450.00	237.50
015	变频电力设备系统	机械设备	辅助生产车间-供电	使用中	2018-07-05	购入	年限平均法	36个月	37000.00	1850.00	976.39
小计									**46000.00**	**2300.00**	**1213.89**
016	联想电脑台式机2台	办公设备	辅助生产车间-蒸汽	使用中	2018-07-05	购入	年限平均法	36个月	9000.00	450.00	237.50
017	CLHC型燃煤锅炉	机械设备	辅助生产车间-蒸汽	使用中	2018-07-15	购入	年限平均法	48个月	88000.00	4400.00	1741.67
小计									**97000.00**	**4850.00**	**1979.17**
合计									**868900.00**	**43445.00**	**20853.16**

审核人：吴浩　　　　制表人：陈飞

6.购入画图软件：2019年12月17日，北京科云股份有限公司会计人员收到4张原始单据（见训图3-6-1至训图3-6-4），请根据相关单据进行账务处理。

B-24
扫码看处理

训图 3-6-1

广东增值税专用发票

351100092620　　　　№ 44114378

（印章：全国统一发票监制章　广东　国家税务总局监制 [illegible]）

发票联

开票日期：2019 年 12 月 17 日

购买方	名　　称：北京科云股份有限公司 纳税人识别号：91110908045615075X 地 址、电 话：北京高新园创新路55号01088227854 开户行及账号：中国工商银行北京分行110007609048708091012	密码区	1*6<+81+574+9*2+/>0-39063/* -*0/968*624582>91*3/*1<6*42 2477</42**0+7-2</24-630-391 611+>/51433*124*5-+44><9/94

货物或应税劳务、服务名称	规格型号	单位	数量	单价	金额	税率	税额
*软件*画图软件		套	1	50000.00	50000.00	13%	6500.00
合　　计					¥50000.00		¥6500.00
价税合计（大写）	⊗ 伍万陆仟伍佰圆整				（小写）¥56500.00		

销售方	名　　称：广州凯特股份有限公司 纳税人识别号：91440100590554895X 地 址、电 话：广州酷麦园三开路08号020-36589547 开户行及账号：中国工商银行广州朝阳支行110007632313658968954	备注	

收款人：　　复核：　　开票人：郑小文　　销售方：（章）

（印章：广州凯特股份有限公司　91440100590554895X　发票专用章）

税总函［2016］117号海南华森实业公司

第三联：发票联　购买方记账凭证

训图 3-6-2

销 售 单　2

客户名称：北京科云股份有限公司　　2019 年 12 月 17 日　　No:44114317

品 名	规 格	单位	单价	数量	金额
画图软件		套	56500.00	1	56500.00
总计金额（大写）：人民币伍万陆仟伍佰元整					￥56500.00

第一联：存根（白）第二联：客户（红）

信用审批：宋杰伊　　业务主管：蒋欣　　经办人：谢浪

训图 3-6-3

ICBC 中国工商银行　业务回单（付款）

日期：2019 年12月17日　　回单编号：20150098

付款人户名：北京科云股份有限公司　　付款人开户行：中国工商银行北京分行
付款人账号（卡号）：110007609048708091012
收款人户名：广州凯特股份有限公司　　收款人开户行：中国工商银行广州朝阳支行
收款人账号（卡号）：110007632313658968954
金额：伍万陆仟伍佰元整　　小写：　￥56500.00 元
业务（产品）种类：同行付款　　凭证种类：000000000　　凭证号码：0000000000000000
摘要：购入画图软件　　用途：购入画图软件　　币种：人民币
交易机构：0410000298　　记账柜员：00023　　交易代码：52083　　渠道：其他渠道
附言：
支付交易序号：5894928　　报文种类：00100 汇兑报文　　委托日期：2019年12月17日
业务类型(种类)：同行付款
收款人地址：广州海麦园三开路08号
付款人地址：北京高新园创新路55号

中国工商银行北京分行 自助回单机专用章 (003)

本回单为第1次打印，注意重复　　打印日期：2019 年12月17日　　打印柜员：9　　验证码：4985B3B3006

训图 3-6-4

付款申请单

申请部门：行政部　　2019 年 12 月 17 日

收款单位名称（全称）		付款事由（用途）		金额	付款方式
广州凯特股份有限公司		购入画图软件		56500.00	网银转账
备注	购入画图软件				
合计金额（大写）	零 佰零 拾伍 万陆 仟伍 佰零 拾零 元零 角零 分			合计金额（小写）	￥:56500.00
发票种类	增值税专用发票		款项所属账期	2019 年 12 月	

银行转讫

总经理：许建辉　　审批：吴浩　　财务：陈飞　　主管：林月　　经办：董智磊

7.编制无形资产摊销表：承上题，2019年12月31日，请编制无形资产摊销表（见训表3-7-1）并进行账务处理。

B-25
扫码看处理

训表 3-7-1

摊销表

单位：北京科云股份有限公司　　　　日期：2019年12月31日

品名	原值	购入时间	摊销年限	月摊销额	累计摊销	使用部门
画图软件			10			生产车间
合计		—	—			—

审核：　　　　制表：

8.摊销无形资产：2019年6月30日，北京科云股份有限公司会计人员收到1张原始单据（见训表3-8-1），请根据此单据进行账务处理（累计摊销不设二级科目）。

B-26
扫码看处理

训表 3-8-1

摊销表

单位：北京科云股份有限公司　　　　日期：2019年06月30日

品名	原值	购入时间	摊销年限	月摊销额	累计摊销	使用部门
软件	100000.00	2019.02.26	10	833.33	4166.65	生产车间
商标权	500000.00	2019.04.26	10	4166.67	12500.01	生产车间
专利权	200000.00	2019.03.26	10	1666.67	6666.68	管理部门
合计	800000.00			6666.67	23333.34	

审核人：吴浩　　　　制表人：陈飞

实训四　损失性费用的核算

1.转出废品损失：2019年3月31日，北京科云股份有限公司本月投产笔记本电脑1 000台全部完工，在入库前检测环节发现3台不可修复废品，会计人员收到以下原始单据（见训表4-1-1、训表4-1-2），请根据相关单据进行账务处理。

B-27
扫码看处理

训表 4-1-1

不可修复废品损失计算单

车间：基本生产车间　　产品：笔记本电脑　　日期：2019年03月31日

项目	直接材料	直接人工	制造费用	合计
费用总额	830000.00	17728.00	61000.8	908728.80
分配标准	1000台	1000台	1000台	—
分配率（保留2位小数）	830.00	17.73	61.00	908.73
废品承担标准	3台	3台	3台	—
转出废品损失额	2490.00	53.19	183.00	2726.19

审核：吴浩　　制表：陈飞

训表 4-1-2

废品通知单

日期：2019年03月31日

送检信息		检测结果		
送检部门	基本生产车间	合格产品（台）	不合格产品（台）	
送检产品	笔记本电脑			
送检数量（台）	1000		料废	工废
责任人	张思季	997	3	—

检测分析：

1. 致废分析：因检测系统问题，在检测时烧坏笔记本的主板配件；
2. 建议：产品不可修复，建议按残次品处理。

检测员：杨一凡

2.收回残料收入：承上题，2019年3月31日，北京科云股份有限公司会计人员收到以下原始单据（见训图4-2-1、训图4-2-2、训图4-2-3），请根据相关单据进行账务处理。

B-28
扫码看处理

训图 4-2-1

收款收据　　№ 30324402

客户名称：北京蓝天实业有限公司　　2019 年 03 月 31 日

项目	单位	数量	单价	金额（十万千百十元角分）	备注
报废笔记本收入	台	3	487.07	146120	
合计人民币（大写）零拾零万壹仟肆佰陆拾壹元贰角零分				146120	

现金收讫

收款人 谢娜　　会计 陈飞　　收款单位（盖章）

北京科云股份有限公司 财务专用章

第三联：会计联

522-54

训图 4-2-2

销　售　单　　1

客户名称：北京蓝天实业有限公司　　2019 年 03 月 31 日　　No:30324504

品名	规格	单位	单价	数量	金额
报废笔记本		台	487.07	3	1461.20
总计金额（大写）：人民币壹仟肆佰陆拾壹元贰角整					¥1461.20

第一联：存根（白）第二联：客户（红）

信用审批：许建辉　　业务主管：林月　　经办人：董智磊

训图 4-2-3

北京增值税普通发票

1100092620　　№45678989

校验码 56103 85483 06997 53983　　开票日期：2019 年 03 月 31 日

购买方	名称：北京蓝天实业有限公司 纳税人识别号：91110270590544459X 地址、电话：北京海淀区西苑三里08号01083847491 开户行及账号：中国工商银行北京西城支行1100076323130010	密码区	1*6<+81+574+9*2+/>0-39063/* -*0/968*624582>91*3/*1<6*42 2477</42**0+7-2</24-630-391 611+>/51433*124*5-+44><9/94

货物或应税劳务、服务名称	规格型号	单位	数量	单价	金额	税率	税额
*电子计算机*笔记本电脑		台	3	431.03	1293.10	13%	168.10
合计					¥1293.10		¥168.10
价税合计（大写）	⊗壹仟肆佰陆拾壹圆贰角整				（小写）¥1461.20		

销售方	名称：北京科云股份有限公司 纳税人识别号：91110908045615075X 地址、电话：北京高新园创新路55号01088227854 开户行及账号：中国工商银行北京分行1100076090487080 9101	备注	北京科云股份有限公司 91110908045615075X 发票专用章

收款人：　　复核：　　开票人：谢娜　　销售方：（章）

税总函〔2016〕507号北京伊诺尔印务有限公司

第一联：记账联 销售方记账凭证

3.废品净损失转回废品损失：承上题，2019年3月31日，北京科云股份有限公司会计人员收到以下原始单据（见训表4-3-1），请根据此单据将废品净损失转回废品损失。

B-29
扫码看处理

训表 4-3-1

不可修复废品损失计算单

车间：基本生产车间　　产品：笔记本电脑　　日期：2019年03月31日

项目	直接材料	直接人工	制造费用	合计
费用总额	830000.00	17728.00	61000.8	908728.80
分配标准	1000台	1000台	1000台	—
分配率（保留2位小数）	830.00	17.73	61.00	908.73
废品承担标准	3台	3台	3台	—
转出废品损失额	2490.00	53.19	183.00	2726.19
收回残料收入	—	—	—	1293.10
废品损失转回完工产品成本	—	—	—	1433.09

审核：吴浩　　制表：陈飞

4.废品损失转入当期完工产品成本：2019年3月31日，北京科云股份有限公司将完工的997台笔记本电脑验收后入库，会计人员收到以下原始单据（见训表4-4-1、训表4-4-2、训表4-4-3），请根据相关单据进行账务处理。

B-30
扫码看处理

训表 4-4-1

完工产品成本计算表

车间：基本生产车间　　产品：笔记本电脑　　日期：2019 年 03 月 31 日

项目	直接材料	直接人工	制造费用	合计
费用总额	830000.00	17728.00	61000.80	908728.80
转出废品损失额	2490.00	53.19	183.00	2726.19
转出废品损失后金额	827510.00	17674.81	60817.80	906002.61
废品净损失转回完工产品成本	—	—	—	1433.09
完工产品总成本				907435.70

训表 4-4-2

单位成本计算表

车间：基本生产车间　　产品：笔记本电脑　　日期：2019年03月31日

项目	完工产品总成本	数量	单价
笔记本电脑	907435.7	997	910.17

审核：吴浩　　制表：陈飞

训表 4-4-3

入　库　单

№ 2213432

交货单位：北京科云股份有限公司　　　　2019 年 03 月 31 日

品名	单位	规格	数量	单价	金额 千	百	十	万	千	百	十	元	角	分
笔记本电脑	台		997											
合计大写	仟 佰 拾 万 仟 佰 拾 元 角 分 ¥													

第二联 会计联

记账 陈飞　　保管 岳嘉禾　　制票 岳嘉禾

5. 支付返工费：2019 年 3 月 31 日，北京科云股份有限公司本月投产 1 500 台台式电脑全部完工，在入库前检测环节发现 15 台因责任人疏忽需要返工处理，返工费用为 300 元/台，公司用银行存款支付返工费用。会计人员收到以下原始单据（见训图 4-5-1 至训图 4-5-4），请根据相关单据进行账务处理。

B-31
扫码看处理

训图 4-5-1

废品通知单

日期：2019年03月31日

送检信息		检测结果		
送检部门	基本生产车间	合格产品（台）	不合格产品（台）	
送检产品	台式电脑			
送检数量（台）	1500		料废	工废
责任人	张思季	1485	—	15

检测分析：

1. 致废分析：因责任人疏忽，主机箱零件装错，需送零件生产商宏达公司拆除重装。

2. 建议：产品可修复，建议返工修复。

检测员：杨一凡

训图 4-5-2

ICBC 中国工商银行　业务回单（付款）

日期：2019 年03月31日　　回单编号：67854893

付款人户名：北京科云股份有限公司　　付款人开户行：中国工商银行北京分行

付款人账号（卡号）：110007609048708091012

收款人户名：北京宏达股份有限公司　　收款人开户行：中国工商银行北京朝阳支行

收款人账号（卡号）：110007632313001012354

金额：肆仟伍佰元整　　小写：¥4500.00 元

业务（产品）种类：同行付款　　凭证种类：000000000　　凭证号码：0000000000000000

摘要：返工费　　用途：返工费　　币种：人民币

交易机构：0410000298　　记账柜员：00023　　交易代码：52063　　渠道：其他渠道

附言：

支付交易序号：5894928　　报文种类：00100 汇兑报文

业务类型(种类)：同行付款

收款人地址：北京朝阳区人民广场108号

付款人地址：北京高新园创新路55号

中国工商银行北京分行 电子回单 日期：2019年03月31日 自助回单机专用章 (003)

本回单为第1次打印，注意重复　　打印日期：2019 年03月31日　　打印柜员：9　　验证码：4985B3B3006

训图 4-5-3

北京增值税普通发票

1100092620　　发票联　　№78654567

校验码 56103 85483 06997 53983　　开票日期：2019 年 03 月 31 日

购买方	名　称：北京科云股份有限公司 纳税人识别号：91110908045615075X 地 址、电 话：北京高新园创新路55号01088227854 开户行及账号：中国工商银行北京分行11000760904870809101			密码区	1*6<+81+574+9*2+/>0-39063/* -*0/968*624582>91*3/*1<6*42 2477</42**0+7-2</24-630-391 611+>/51433*124*5-+44><9/94		
货物或应税劳务、服务名称	规格型号	单位	数量	单价	金额	税率	税额
*劳务*返工费		次	1	3982.30	3982.30	13%	517.70
合　计					¥3982.30		¥517.70
价税合计（大写）	⊗肆仟伍佰圆整				（小写）¥4500.00		
销售方	名　称：北京宏达股份有限公司 纳税人识别号：91110270590522288X 地 址、电 话：北京朝阳区人民广场108号01073847496 开户行及账号：中国工商银行北京朝阳支行11000…			备注			

收款人：　　复核：　　开票人：顾丽莲　　销售方：（章）

第二联：发票联　购买方记账凭证

税总函[2016]507号北京伊诺尔印务有限公司

训图 4-5-4

付款申请单

申请部门：基本生产车间　　2019 年 03 月 31 日

收款单位名称（全称）	付款事由（用途）	金额	付款方式
北京宏达股份有限公司	返工费	4500.00	网银转账
备注	支付返工费		
合计金额（大写）	零 佰零 拾零 万肆 仟伍 佰零 拾零 元零 角零 分	合计金额（小写）	¥:4500.00
发票种类	增值税普通发票	款项所属账期	2019 年 03 月

银行转讫

总经理：许建辉　审批：吴浩　财务：陈飞　主管：陈亚娜　经办：陈亚娜

6.收回赔偿款：2019年3月31日，北京科云股份有限公司本月投产1 500台台式电脑全部完工，在入库前检测环节发现15台因责任人疏忽需要返工处理，返工费用300元/台，责任人赔偿1 500元，会计人员收到以下原始单据（见训图4-6-1），请根据此单据进行账务处理。

B-32
扫码看处理

训图 4-6-1

收款收据　　№ 31245234

客户名称：张思季　　2019 年 03 月 31 日

项目	单位	数量	单价	十	万	千	百	十	元	角	分	备注
收到责任人赔偿款						1	5	0	0	0	0	
合计人民币（大写）零 拾零 万壹 仟伍 佰零 拾零 元零 角零 分					¥	1	5	0	0	0	0	

现金收讫

收款人：谢娜　　会计：陈飞　　收款单位（盖章）

第三联：会计联

7.结转废品损失：承上题，2019年3月31日，北京科云股份有限公司会计人员收到以下原始单据（见训表4-7-1），请根据此单据结转废品损失。

B-33
扫码看处理

训表4-7-1

可修复废品损失计算单

车间：基本生产车间　　产品：台式电脑　　日期：2019年03月31日

项目	直接材料	直接人工	制造费用	合计
费用总额	1260000.00	630000.00	210000.00	2100000.00
废品返工费用	—	—	—	4500.00
收回赔偿款	—	—	—	1500.00
废品净损失转入完工产品成本	—	—	—	3000.00

审核：吴浩　　制表：陈飞

8.废品损失转入当期完工产品成本：承上题，2019年3月31日，北京科云股份有限公司会计人员收到以下原始单据（见训表4-8-1），请根据此单据将废品损失转入当期完工产品成本。

B-34
扫码看处理

训表4-8-1

完工产品成本计算表

车间：基本生产车间　　产品：台式电脑　　日期：2019年03月31日

项目	直接材料	直接人工	制造费用	合计
费用总额	1260000.00	630000.00	210000.00	2100000.00
废品返工费用	—	—	—	4500.00
收回赔偿款	—	—	—	1500.00
废品净损失转入完工产品成本	—	—	—	3000.00
完工产品总成本（元）	—	—	—	2103000.00
完工产品数量（台）	—	—	—	1500
单位产品成本（元）	—	—	—	1402.00

审核：吴浩　　制表：陈飞

训表 4-8-2

入库单　　№ 2355638

交货单位：生产车间　　2019 年 03 月 31 日

品名	单位	规格	数量	单价	金额 千	百	十	万	千	百	十	元	角	分
台式电脑	台		1500											
合计大写	仟 佰 拾 万 仟 佰 拾 元 角 分 ¥													

第二联 会计联

记账 陈飞　　保管 岳嘉禾　　制票 岳嘉禾

实训五　辅助生产费用的归集与分配

1.供电车间缴纳电费：2019 年 9 月 3 日，北京科云股份有限公司会计人员收到 4 张原始单据（见训图 5-1-1 至训图 5-1-4），请根据相关单据进行账务处理。

B-35
扫码看处理

训图 5-1-1

北京增值税专用发票

351100092620　　№ 43865439

发票联

开票日期：2019 年 09 月 03 日

购买方	名称：北京科云股份有限公司 纳税人识别号：91110908045615075X 地址、电话：北京高新园创新路55号01088227854 开户行及账号：中国工商银行北京分行110007609048708091012			密码区	1*6<+81+574+9*2+/>0-39063/* -*0/968*624582>91*3/*1<6*42 2477</42**0+7-2</24-630-391 611+>/51433*124*5-+44><9/94		
货物或应税劳务、服务名称	规格型号	单位	数量	单价	金额	税率	税额
*供电*电费		千瓦时	2000.00	1.20	2400.00	13%	312.00
合计					¥2400.00		¥312.00
价税合计（大写）	⊗贰仟柒佰壹拾贰圆整				（小写）¥2712.00		
销售方	名称：北京市供电局 纳税人识别号：91110908045615067X 地址、电话：北京电信园甄姬路40号　010-65135901 开户行及账号：中国工商银行北京西城支行110007632313001075			备注			

收款人：　　复核：　　开票人：王总　　销售方：（章）

北京市供电局 91110908045615067X 发票专用章

税总函[2016]117号海南华森实业公司

第三联：发票联　购买方记账凭证

训图 5-1-2

中国工商银行
转账支票存根
10209320
34268754

附加信息

出票日期 2019 年 09 月 03 日

收款人:	北京市供电局
金　额:	¥2712.00
用　途:	支付电费

单位主管　　会计

训图 5-1-3

中国工商银行 进 账 单（回　单）　1

2019年　09　月　03　日

出票人	全　称	北京科云股份有限公司	收款人	全　称	北京市供电局
	账　号	110007609048708091012		账　号	110007632313001075445
	开户银行	中国工商银行北京分行		开户银行	中国工商银行北京西城支行
金额	人民币（大写）	贰仟柒佰壹拾贰元整		亿 千 百 十 万 千 百 十 元 角 分	¥ 2 7 1 2 0 0
票据种类		票据张数			
票据号码					
复核:　记账:				开户银行签章	中国工商银行北京分行 2019.09.03 转账 转讫

此联是开户银行交给持票人的回单

训图 5-1-4

付款申请单

申请部门：供电车间　　2019 年 09 月 03 日

收款单位名称（全称）	付款事由（用途）	金额	付款方式
北京市供电局	缴纳电费	2712.00	转账
备注	银行转讫		
合计金额（大写）	零 佰零 拾零 万贰 仟柒 佰壹 拾贰 元零 角零 分	合计金额（小写）	¥:2712.00
发票种类	增值税专用发票	款项所属账期	2019 年 09 月

总经理：许建辉　审批：张乐　财务：陈飞　主管：林峰　经办：阮永兵

2.供电车间缴纳水费：2019年9月4日，北京科云股份有限公司会计人员收到4张原始单据（见训图5-2-1至训图5-2-4），请根据相关单据进行账务处理。

B-36
扫码看处理

训图 5-2-1

北京增值税专用发票

351100092620　　№ 36823972

发票联

开票日期：2019 年 09 月 04 日

购买方	名　　称：北京科云股份有限公司 纳税人识别号：91110908045615075X 地 址、电 话：北京高新园创新路55号01088227854 开户行及账号：中国工商银行北京分行110007609048708091012	密码区	1*6<+81+574+9*2+/>0-39063/* -*0/968*624582>91*3/*1<6*42 2477</42**0+7-2</24-630-391 611+>/51433*124*5-+44><9/94

货物或应税劳务、服务名称	规格型号	单位	数量	单价	金额	税率	税额
*水冰雪*水费		吨	2500.00	3.00	7500.00	9%	675.00
合　　计					¥7500.00		¥675.00
价税合计（大写）	⊗ 捌仟壹佰柒拾伍圆整				（小写）¥8175.00		

销售方	名　　称：北京水务集团有限公司 纳税人识别号：91769465476996689X 地 址、电 话：北京高新园佳园路31号 010-88227741 开户行及账号：中国工商银行北京分行 110356789772041011688	备注	北京水务集团有限公司 91769465476996689X 发票专用章

收款人：　　复核：　　开票人：廖德铭　　销售方：（章）

税总函〔2016〕117号海南华森实业公司

第三联：发票联 购买方记账凭证

训图 5-2-2

付款申请单

申请部门：供电车间　　2019 年 09 月 04 日

收款单位名称（全称）	付款事由（用途）	金额	付款方式
北京水务集团有限公司	缴纳水费	8175.00	转账
备注	银行转讫		
合计金额（大写）	零 佰零 拾零 万捌 仟壹 佰柒 拾伍 元零 角零 分	合计金额（小写）	¥:8175.00
发票种类	增值税专用发票	款项所属账期	2019 年 09 月

总经理：许建辉　审批：张乐　财务：陈飞　主管：林峰　经办：阮永兵

训图 5-2-3

中国工商银行
转账支票存根
10209320
38491093

附加信息

出票日期 2019 年 09 月 04 日

收款人：北京水务集团有限公司

金　额：￥8175.00

用　途：支付水费

单位主管　　　会计

训图 5-2-4

中国工商银行 进 账 单（回　单）　**1**

2019年　09　月　04　日

出票人	全　称	北京科云股份有限公司	收款人	全　称	北京水务集团有限公司
	账　号	110007609048708091012		账　号	110356789772041011688
	开户银行	中国工商银行北京分行		开户银行	中国工商银行北京分行
金额	人民币（大写）	捌仟壹佰柒拾伍元整			

亿	千	百	十	万	千	百	十	元	角	分
				¥	8	1	7	5	0	0

票据种类		票据张数	
票据号码			

复核：　　记账：

中国工商银行北京分行
2019.09.04
转账
转讫

开户银行签章

此联是开户银行交给持票人的回单

3. 供电车间领用材料：2019年9月10日，北京科云股份有限公司会计人员收到3张原始单据（见训表5-3-1、训表5-3-2、训表5-3-3），请根据相关单据进行账务处理。

B-37
扫码看处理

训表 5-3-1

领用材料汇总表

单位：北京科云股份有限公司　　　领料车间：供电车间　　　日期：2019年09月10日

序号	项目		单位	数量	单价	金额
001	原材料	辅助材料-电线	卷	20	400.00	8000.00
013	周转材料	物料消耗-电流互感器	个	3	113.00	339.00
合计：						￥8339.00

审核：吴浩　　　制表：陈飞

训表 5-3-2

领 料 单 No. 30324413

领料部门：辅助生产车间
用　　途：供电车间领用
2019 年 09 月 02 日

编号	品名	规格及型号	单位	数量		计划价格	
				请领	实发	单价	总价
001	辅助材料（电线）		卷	20	20		
合　　　计							

第二联 记账

记账：陈飞　　发料：岳嘉禾　　领料：阮永兵

训表 5-3-3

领 料 单 No. 30324415

领料部门：辅助生产车间
用　　途：供电车间领用
2019 年 09 月 09 日

编号	品名	规格及型号	单位	数量		计划价格	
				请领	实发	单价	总价
013	物料消耗（电流互感器）		个	3	3		
合　　　计							

第二联 记账

记账：陈飞　　发料：岳嘉禾　　领料：阮永兵

4.供电车间计提工资、社保、公积金：2019年9月30日，北京科云股份有限公司会计人员收到2张原始单据（见训表5-4-1、训表5-4-2），请根据相关单据进行账务处理。

B-38
扫码看处理

训表 5-4-1

工资表

单位：北京科云股份有限公司　　　　日期：2019年09月30日

序号	一级部门	二级部门	岗位	姓名	出勤天数	基本工资	加班费	奖金	补贴	应付工资	个人缴纳社保	个人缴纳住房公积金	税前工资	单位缴纳社保	单位缴纳住房公积金	单位支付合计
…																
12	辅助生产车间	供电车间	车间员工	林峰	22	2100.00				2100.00	120.00	140.00	1840.00	230.00	140.00	2470.00
13	辅助生产车间	供电车间	车间员工	阮永兵	22	1900.00			500.00	2400.00	120.00	140.00	2140.00	230.00	140.00	2770.00
14	辅助生产车间	供电车间	车间员工	吴[illegible]	22	1900.00			500.00	2400.00	120.00	140.00	2140.00	230.00	140.00	2770.00
		小计				5900.00			1000.00	6900.00	360.00	420.00	6120.00	690.00	420.00	8010.00
…																

审核：吴浩　　　　制表：陈飞

训表 5-4-2

社会保险费缴费明细

单位：北京科云股份有限公司

项目	个人承担	企业承担
养老保险	274.29	480.28
医疗保险	68.57	120.00
失业保险	17.14	50.00
工伤保险	0.00	11.39
生育保险	0.00	28.33
合计	360.00	690.00

审核：吴浩　　　　制表：陈飞

5.供电车间计提折旧：2019年9月30日，北京科云股份有限公司会计人员收到1张原始单据（见训表5-5-1），请根据此单据进行账务处理（累计折旧不设二级科目）。

B-39
扫码看处理

训表 5-5-1

固定资产折旧表

单位：北京科云股份有限公司　　　　日期：2019年09月30日

代码	名称	类别	一级部门	二级部门	使用情况	入账日期	增加方式	折旧方式	预计使用年限	原值	预计净残值	每月折旧	累计折旧
…													
23	配变电压器	电子设备	辅助生产车间	供电车间	在用	2018-04-12	外购	年限平均法	3	56000.00	2800.00	1477.78	25122.26
24	稳压器	电子设备	辅助生产车间	供电车间	在用	2018-04-14	外购	年限平均法	3	12016.80	600.84	317.11	5390.87
25	停电备用发电机	机械设备	辅助生产车间	供电车间	在用	2018-05-10	外购	年限平均法	10	138000.00	6900.00	1092.50	17480.00
26	联想电脑	电子设备	辅助生产车间	供电车间	在用	2018-05-20	外购	年限平均法	3	4200.00	210.00	110.83	1773.28
27	联想电脑	电子设备	辅助生产车间	供电车间	在用	2018-05-20	外购	年限平均法	3	4200.00	210.00	110.83	1773.28
28	电路监控系统	电子设备	辅助生产车间	供电车间	在用	2018-05-22	外购	年限平均法	3	8200.00	410.00	216.39	3462.24
			小计							222616.80	11130.84	3325.44	55001.93
….													

审核：吴浩　　　　制表：陈飞

6.蒸汽车间购买办公用品：2019年9月13日，北京科云股份有限公司会计人员收到2张原始单据（见训图5-6-1、训图5-6-2），请根据相关单据进行账务处理。

B-40
扫码看处理

训图 5-6-1

北京增值税专用发票

351100092620　　　　№ 01261002

发票联

开票日期：2019 年 09 月 13 日

购买方	名　　称：北京科云股份有限公司 纳税人识别号：91110908045615075X 地 址、电 话：北京高新园创新路55号01088227854 开户行及账号：中国工商银行北京分行110007609048708091012
密码区	1*6<+81+574+9*2+/>0-39063/* -*0/968*624582>91*3/*1<6*42 2477</42**0+7-2</24-630-391 611+>/51433*124*5-+44><9/94

货物或应税劳务、服务名称	规格型号	单位	数量	单价	金额	税率	税额
*文具*水笔		盒	7.5	40.00	300.00	13%	39.00
合　　计					¥300.00		¥39.00
价税合计（大写）	⊗ 叁佰叁拾玖圆整				（小写）¥339.00		

销售方	名　　称：北京宏达股份有限公司 纳税人识别号：91110270590522288X 地 址、电 话：北京朝阳区人民广场108号01053847496 开户行及账号：中国工商银行北京朝阳支行110007632313001017354

收款人：　　复核：　　开票人：　　销售方：（章）

税总函〔2016〕117号海南华森实业公司

第三联：发票联 购买方记账凭证

训图 5-6-2

费用报销单

日期：2019年 09 月 13 日　　　　附件 1 张

报销人	李冰	所属部门	蒸汽车间	报销形式	现金
				支票号码	
报销项目		摘要		金额	备注
办公用品		水笔		339.00	
合　　计				¥339.00	
金额大写（人民币）：叁佰叁拾玖元整				原借款：0.00元	公司应支付：¥339.00元 个人应退回：0.00元

现金付讫

财务经理：张乐　　部门经理：陈友彬　　会计：陈飞　　出纳：谢娜　　收款人：李冰

7.蒸汽车间领用材料：2019年9月13日，北京科云股份有限公司会计人员收到3张原始单据（见训表5-7-1、训表5-7-2、训表5-7-3），请根据相关单据进行账务处理。

B-41
扫码看处理

训表 5-7-1

领用材料汇总表

单位：北京科云股份有限公司　　领用车间：蒸汽车间　　日期：2019年09月13日

序号	项目		单位	数量	单价	金额
001	原材料	辅助材料（PVC管）	根	50	30.00	1500.00
002	原材料	辅助材料（塑料软管）	米	250	10.00	2500.00
合计：						￥4000.00

审核：吴浩　　制表：陈飞

训表 5-7-2

领　料　单

No.78690345

领料部门：辅助生产车间
用　　途：蒸汽车间领用　　2019 年 09 月 13 日

编号	品名	规格及型号	单位	数量		计划价格	
				请领	实发	单价	总价
007	辅助材料-PVC管		根	50	50		
合　　计							

第二联　记账

记账：陈飞　　发料：岳嘉禾　　领料：李冰

训表 5-7-3

领　料　单

No.78690346

领料部门：辅助生产车间
用　　途：蒸汽车间领用　　2019 年 09 月 13 日

编号	品名	规格及型号	单位	数量		计划价格	
				请领	实发	单价	总价
008	辅助材料-塑料软管		米	250	250		
合　　计							

第二联　记账

记账：陈飞　　发料：岳嘉禾　　领料：李冰

8.蒸汽车间支付水费：2019年9月15日，北京科云股份有限公司会计人员收到4张原始单据（见训图5-8-1至训图5-8-4），请根据相关单据进行账务处理。

B-42
扫码看处理

训图 5-8-1

北京增值税专用发票

351100092620　　　　发票联　　　　№ 11265223

开票日期：2019 年 09 月 15 日

购买方	名　　称：北京科云股份有限公司 纳税人识别号：91110908045615075X 地 址、电 话：北京高新园创新路55号01088227854 开户行及账号：中国工商银行北京分行110007609048708091012			密码区	1*6<+81+574+9*2+/>0-39063/* -*0/968*624582>91*3/*1<6*42 2477</42**0+7-2</24-630-391 611+>/51433*124*5-+44><9/94		
货物或应税劳务、服务名称	规格型号	单位	数量	单价	金额	税率	税额
*水冰雪*水费		吨	3582.00	3.00	10746.00	9%	967.14
合　　计					¥10746.00		¥967.14
价税合计（大写）	⊗壹万壹仟柒佰壹拾叁圆壹角肆分				（小写）¥11713.14		
销售方	名　　称：北京水务集团有限公司 纳税人识别号：91769465476996689X 地 址、电 话：北京高新园佳园路31号 010-88227741 开户行及账号：中国工商银行北京分行 11035678977204101168			备注			

收款人：　　复核：　　开票人：李德铭　　销售方：（章）

第三联：发票联 购买方记账凭证

税总函［2016］117号海南华森实业公司

训图 5-8-2

付款申请单

申请部门：蒸汽车间　　　　2019 年 09 月 15 日

收款单位名称（全称）	付款事由（用途）		金额	付款方式
北京水务集团有限公司	缴纳水费		11713.14	转账
备注	银行转讫			
合计金额（大写）	零 佰零 拾壹 万壹 仟柒 佰壹 拾叁 元壹 角肆 分		合计金额（小写）	¥:11713.14
发票种类	增值税专用发票	款项所属账期	2019 年 09 月	

总经理：许建辉　审批：张乐　财务：陈飞　主管：林月　经办：董智磊

训图 5-8-3

中国工商银行
转账支票存根
10209320
38491990

附加信息

出票日期 2019 年 09 月 15 日

收款人：	北京水务集团有限公司
金　额：	￥11713.14
用　途：	支付水费

单位主管　　　会计

上海印钞厂有限公司 · 2012 年印制

训图 5-8-4

中国工商银行 进 账 单（回　单）　1

2019年 09 月 15 日

出票人	全　称	北京科云股份有限公司	收款人	全　称	北京水务集团有限公司
	账　号	110007609048708091012		账　号	110356789772041011688
	开户银行	中国工商银行北京分行		开户银行	中国工商银行北京分行
金额	人民币（大写）	壹万壹仟柒佰壹拾叁元壹角肆分		亿千百十万千百十元角分	￥1171314
票据种类		票据张数			
票据号码					
	复核：　记账：			开户银行签章	

中国工商银行北京分行 2019.09.15 转账 转讫

此联是开户银行交给持票人的回单

9. 蒸汽车间计提折旧： 2019 年 9 月 30 日，北京科云股份有限公司会计人员收到 1 张原始单据（见训表 5-9-1），请根据此单据进行账务处理（累计折旧不设二级科目）。

B-43
扫码看处理

训表 5-9-1

固定资产折旧表

单位：北京科云股份有限公司　　　　日期：2019年09月30日

代码	名称	类别	一级部门	二级部门	使用情况	入账日期	增加方式	折旧方式	预计使用年限	原值	预计净残值	每月折旧	累计折旧
...													
23	高压储汽罐	机械设备	辅助生产车间	蒸汽车间	在用	2018-03-20	外购	年限平均法	10	60000.00	3000.00	475.00	8550.00
24	电式加热器	机械设备	辅助生产车间	蒸汽车间	在用	2018-03-11	外购	年限平均法	10	85000.00	4250.00	672.92	12112.56
25	冷暖汽分流系统	机械设备	辅助生产车间	蒸汽车间	在用	2018-03-01	外购	年限平均法	10	99989.00	4999.45	791.58	14248.44
26	联想电脑	电子设备	辅助生产车间	蒸汽车间	在用	2018-04-12	外购	年限平均法	3	4200.00	210.00	110.83	1884.11
			小计							249189.00	12459.45	2050.33	36795.11
...													

审核：吴浩　　　　制表：陈飞

10.蒸汽车间计提工资、社保、公积金：2019年9月30日，北京科云股份有限公司会计人员收到2张原始单据（见训表5-10-1、训表5-10-2），请根据相关单据进行账务处理。

B-44
扫码看处理

训表5-10-1

工资表

单位：北京科云股份有限公司　　　　日期：2019年09月30日

序号	一级部门	二级部门	岗位	姓名	出勤天数	基本工资	加班费	奖金	补贴	应付工资	个人缴纳社保	个人缴纳住房公积金	税前工资	单位缴纳社保	单位缴纳住房公积金	单位支付合计
…																
12	辅助生产车间	蒸汽车间	车间员工	陈芨彬	22	2100.00			402.00	2502.00	120.00	140.00	2242.00	230.00	140.00	2872.00
13	辅助生产车间	蒸汽车间	车间员工	李冰	22	1900.00			500.00	2400.00	120.00	140.00	2140.00	230.00	140.00	2770.00
14	辅助生产车间	蒸汽车间	车间员工	徐应龙	22	1900.00			500.00	2400.00	120.00	140.00	2140.00	230.00	140.00	2770.00
		小计				5900.00			1402.00	7302.00	360.00	420.00	6522.00	690.00	420.00	8412.00
…																

审核：吴浩　　　　制表：陈飞

训表5-10-2

社会保险费缴费明细

单位：北京科云股份有限公司

项目	个人承担	企业承担
养老保险	274.29	480.28
医疗保险	68.57	120.00
失业保险	17.14	50.00
工伤保险	0.00	11.39
生育保险	0.00	28.33
合计	360.00	690.00

审核：吴浩　　　　制表：陈飞

11.编制辅助生产费用分配表（直接分配法）：2019年9月30日，北京科云股份有限公司会计人员收到3张原始单据（见训表5-11-1至训表5-11-3），请根据相关单据编制辅助生产费用分配表（见训表5-11-4）并进行账务处理。

B-45
扫码看处理

训表5-11-1

分页：6　总页：10

生产成本　　明细账

二级科目：辅助生产成本-供电车间

2019年 月	日	凭单号	摘要	借方	贷方	借或贷	余额	（借）方金额分析：直接材料	直接人工	其他费用	
08	31		承前页			平	000				
08	31		本月合计	2758900	2758900	平	000	000	000	000	
09	03	记003	缴纳电费	240000		借	240000			240000	
09	04	记005	缴纳水费	750000		借	990000			750000	
09	10	记013	领用材料	833900		借	1823900	833900			
09	30	记034	计提工资	801000		借	2624900		801000		
09	30	记035	计提折旧	332544		借	2957444			332544	

训表 5-11-2

分页：6　总页：10

生产成本　　明细账

二级科目：辅助生产成本-蒸汽车间

2019年 月	日	凭单号	摘要	借方	贷方	借或贷	余额	（借）方金额分析 直接材料	直接人工	其他费用	
08	31		承前页			平	000				
08	31		本月合计	2036894	2036894	平	000	000	000	000	
09	13	记016	购买办公用品	30000		借	30000			30000	
09	13	记017	领用原材料	400000		借	430000	400000			
09	15	记018	支付水费	1074600		借	1504600			1074600	
09	30	记039	计提折旧	205033		借	1709633			205033	
09	30	记040	计提工资	841200		借	2550833		841200		

训表 5-11-3

辅助生产车间提供劳务汇总表

车间：辅助生产车间　　　　日期：2019年09月30日

项目			供电车间(千瓦时)	蒸汽车间（方）
基本生产	家用餐桌	耗用数量	2100	1200
	办公桌	耗用数量	1800	1900
	基本生产车间	耗用数量	600	200
辅助生产车间	供电车间	耗用数量		60
	蒸汽车间	耗用数量	200	
行政部门		耗用数量	600	200
合　　计：			5300	3560

审核：吴浩　　　　制表：陈飞

训表 5-11-4

辅助生产费用分配表（直接分配法）

单位：北京科云股份有限公司　　　　时间：2019年09月30日

项目			供电车间	蒸汽车间	合计
待分配费用（元）					
对辅助生产车间以外的受益部门提供的劳务量					---
费用分配率（保留3位小数）					---
基本生产	家用餐桌	耗用数量			---
		分配金额（元）			
	办公桌	耗用数量			---
		分配金额（元）			
	基本生产车间	耗用数量			---
		分配金额（元）			
	分配金额小计（元）				
行政部门		耗用数量			---
		分配金额（元）			
分配金额合计（元）					

审核：　　　　制表：

12. 编制辅助生产费用分配表（交互分配法）：2019年9月30日，北京科云股份有限公司会计人员收到3张原始单据（见训表5-11-1至训表5-11-3），请根据相关单据编制辅助生产费用分配表（见训表5-12-1）并进行账务处理。

B-46
扫码看处理

训表5-12-1

辅助生产费用分配表（交互分配法）

车间：辅助生产车间　　　　编制日期：2019年09月30日

项目				供电车间	蒸汽车间	合计
交互分配	待分配费用（元）					
	产品或劳务供应数量					—
	分配率（保留3位小数）					—
	辅助生产车间	供电车间	耗用数量			—
			分配金额（元）			—
		蒸汽车间	耗用数量			—
			分配金额（元）			—
		分配金额小计：				—
对外分配	交互分配后待分配费用（元）					
	受益部门产品或劳务供应数量					—
	分配率（保留3位小数）					—
	基本生产	家用餐桌	耗用数量			—
			分配金额（元）			
		办公桌	耗用数量			—
			分配金额（元）			
		基本生产车间	耗用数量			—
			分配金额（元）			
	行政部门		耗用数量			—
			分配金额（元）			

审核：　　　　制表：

13. 编制计划成本计算表：2019年9月30日，请根据有关资料（见训表5-11-3、训表5-13-1）编制北京科云股份有限公司辅助生产车间计划成本计算表（见训表5-13-2），并进行账务处理。

B-47
扫码看处理

训表 5-13-1

辅助生产车间计划单位成本单

车间：辅助生产车间　　　　日期：2019年09月30日

项　目	供电车间	蒸汽车间
计划单位成本	5.00（元/千瓦时）	7.00（元/方）

审核：吴浩　　　　制表：陈飞

训表 5-13-2

辅助生产车间计划成本计算表

车间：辅助生产车间　　　　编制日期：2019年09月30日

项　目				供电车间	蒸汽车间	合　计
计划成本计算表	计划单位成本					—
	辅助生产车间	供电车间	耗用数量			—
			计划成本（元）			
		蒸汽车间	耗用数量			—
			计划成本（元）			
	基本生产	家用餐桌	耗用数量			—
			计划成本（元）			
		办公桌	耗用数量			—
			计划成本（元）			
		基本生产车间	耗用数量			—
			计划成本（元）			
	行政部门		耗用数量			—
			计划成本（元）			
	计划成本合计：					

审核：　　　　制表：

14. 编制成本差异计算表：承上题，2019 年 9 月 30 日，请根据有关资料（见训表 5-14-1）编制北京科云股份有限公司辅助生产成本差异计算表（见训表 5-14-2）并进行账务处理。

B-48
扫码看处理

训表 5-14-1

分页：07 总页：20

生产成本　　明细账

二级科目：辅助生产成本

2019年 月	日	凭单号	摘要	借方	贷方	借或贷	余额	（借）方 金额分析 供电车间	蒸汽车间		
08	31		承前页			平	000				
08	31		本月合计	4795794	4795794	平	000	000	000		
09	03	记003	缴纳电费	240000		借	240000	240000			
09	04	记005	缴纳水费	750000		借	990000	750000			
09	10	记013	领用材料	833900		借	1823900	833900			
09	13	记016	购买办公用品	30000		借	1853900		30000		
09	13	记017	领用原材料	400000		借	2253900		400000		
09	15	记018	支付水费	1074600		借	3328500		1074600		
09	30	记034	计提工资	801000		借	4129500	801000			
09	30	记035	计提折旧	332544		借	4462044	332544			
09	30	记039	计提折旧	205033		借	4667077		205033		
08	30	记040	计提工资	841200		借	5508277		841200		

训表 5-14-2

辅助生产成本差异计算表

车间：辅助生产车间　　　　编制日期：2019年09月30日

项目	供电车间	蒸汽车间	合　计
辅助生产车间实际产生的成本①			
辅助生产车间应承担的计划成本②			
已分配的计划成本③			
成本差异额（元）④=①+②-③			

审核：　　　　制单：

实训六　制造费用的归集与分配

1.生产车间领用物料：2019年9月30日，北京科云股份有限公司会计收到4张原始单据（见训表6-1-1至训表6-1-4），请根据相关单据进行账务处理。

B-49
扫码看处理

训表 6-1-1

领用材料汇总表

单位：北京科云股份有限公司　　领用车间：生产车间　　日期：2019年09月30日

序号	项目		单位	数量	单价	金额
001	周转材料	物料消耗（削刀）	把	20	80.00	1600.00
002	周转材料	物料消耗（手套）	双	100	5.00	500.00
003	周转材料	物料消耗（米尺）	个	20	20.00	400.00
	合计：					￥2500.00

审核：吴浩　　制表：陈飞

训表 6-1-2

领　料　单

No. 30324453

领料部门：基本生产车间
用　　途：生产车间领用　　　　2019 年 09 月 11 日

编号	品名	规格及型号	单位	数量		计划价格	
				请领	实发	单价	总价
001	物料消耗（削刀）		把	20	20		
合　　计							

第二联 记账

记账：陈飞　　发料：岳嘉禾　　领料：陈亚娜

训表 6-1-3

领　料　单

No. 30324476

领料部门：基本生产车间
用　　途：生产车间领用　　　　2019 年 09 月 14 日

编号	品名	规格及型号	单位	数量		计划价格	
				请领	实发	单价	总价
002	物料消耗（手套）		双	100	100		
合　　计							

第二联 记账

记账：陈飞　　发料：岳嘉禾　　领料：陈亚娜

训表 6-1-4

领　料　单

No. 30324488

领料部门：基本生产车间
用　　途：生产车间领用　　　　2019 年 09 月 26 日

编号	品名	规格及型号	单位	数量		计划价格	
				请领	实发	单价	总价
003	物料消耗（米尺）		个	20	20		
合　　计							

第二联 记账

记账：陈飞　　发料：岳嘉禾　　领料：陈亚娜

2.报销车间水电费：2019年9月30日，北京科云股份有限公司会计人员收到3张原始单据（见训图6-2-1至训图6-2-3），请根据相关单据进行账务处理。

B-50
扫码看处理

训图6-2-1

税总函［2016］117号海南华森实业公司

北京增值税专用发票

351100092620　　　　发票联　　　　№ 44114432

开票日期：2019年09月30日

购买方	名　　称：北京科云股份有限公司 纳税人识别号：91110908045615075X 地 址、电 话：北京高新园创新路55号01088227854 开户行及账号：中国工商银行北京分行110007609048708091012	密码区	1*6<+81+574+9*2+/>0-39063/* -*0/968*624582>91*3/*1<6*42 2477</42**0+7-2</24-630-391 611+>/51433*124*5-+44><9/94

货物或应税劳务、服务名称	规格型号	单位	数量	单价	金额	税率	税额
*供电*电费		千瓦时	5000	0.80	4000.00	13%	520.00
合　　计					¥4000.00		¥520.00
价税合计（大写）	⊗ 肆仟伍佰贰拾圆整				（小写）¥4520.00		

销售方	名　　称：北京市供电局 纳税人识别号：91110908045615067X 地 址、电 话：北京电信园甄姬路40号 010-65135901 开户行及账号：中国工商银行北京西城支行110007632313001075445	备注	

收款人：　　复核：　　开票人：王志　　销售方：（章）

第三联：发票联 购买方记账凭证

（印章：北京市供电局 91110908045615067X 发票专用章）

训图6-2-2

税总函［2016］117号海南华森实业公司

北京增值税专用发票

351100092620　　　　发票联　　　　№ 44114447

开票日期：2019年08月31日

购买方	名　　称：北京科云股份有限公司 纳税人识别号：91110908045615075X 地 址、电 话：北京高新园创新路55号01088227854 开户行及账号：中国工商银行北京分行110007609048708091012	密码区	1*6<+81+574+9*2+/>0-39063/* -*0/968*624582>91*3/*1<6*42 2477</42**0+7-2</24-630-391 611+>/51433*124*5-+44><9/94

货物或应税劳务、服务名称	规格型号	单位	数量	单价	金额	税率	税额
*水冰雪*水费		吨	200	3.00	600.00	9%	54.00
合　　计					¥600.00		¥54.00
价税合计（大写）	⊗ 陆佰伍拾肆圆整				（小写）¥654.00		

销售方	名　　称：北京水务集团有限公司 纳税人识别号：91769465476996689X 地 址、电 话：北京高新园佳园路31号 01088227741 开户行及账号：中国工商银行北京分行 110356789772041011688	备注	

收款人：　　复核：　　开票人：廖德铭　　销售方：（章）

第三联：发票联 购买方记账凭证

（印章：北京水务集团有限公司 91769465476996689X 发票专用章）

训图 6-2-3

费用报销单

日期：2019年 09 月 30 日　　　　附件 1 张

<table>
<tr><td>报销人</td><td>陈亚娜</td><td>所属部门</td><td>基本生产车间</td><td>报销形式</td><td>现金</td></tr>
<tr><td></td><td></td><td></td><td></td><td>支票号码</td><td></td></tr>
<tr><td colspan="2">报销项目</td><td colspan="2">摘要</td><td>金额</td><td>备注</td></tr>
<tr><td colspan="2">水电费</td><td colspan="2">报销水电费用</td><td>5174.00</td><td></td></tr>
<tr><td colspan="2"></td><td colspan="2">现金付讫</td><td></td><td></td></tr>
<tr><td colspan="4">合　　计</td><td>¥5174.00</td><td></td></tr>
<tr><td colspan="4">金额大写（人民币）：伍仟壹佰柒拾肆元整</td><td>原借款：0.00元</td><td>公司应支付：¥5174.00元
个人应退回：0.00元</td></tr>
</table>

财务经理：吴浩　部门经理：秦亚飞　会计：陈飞　出纳：谢娜　收款人：陈亚娜

3.计提车间折旧费：2019年9月30日，北京科云股份有限公司会计收到1张原始单据（见训表6-3-1），请根据此单据进行账务处理（累计折旧不设二级科目）。

B-51
扫码看处理

训表 6-3-1

固定资产累计折旧计提表

单位：北京科云股份有限公司　　　　日期：2019年09月30日

代码	名称	类别	一级部门	二级部门	使用情况	入账日期	增加方式	折旧方式	预计使用年限	原值	预计净残值	每月折旧	累计折旧
...													
23	钻孔机	机械设备	基本生产车间		在用	2018-04-20	外购	年限平均法	10	68000.00	3400.00	538.33	9151.61
24	切割机	机械设备	基本生产车间		在用	2018-05-04	外购	年限平均法	10	80000.00	4000.00	633.33	10133.28
25	打磨机	机械设备	基本生产车间		在用	2018-05-11	外购	年限平均法	10	66000.00	3300.00	522.50	8360.00
26	刨床	机械设备	基本生产车间		在用	2018-05-13	外购	年限平均法	10	50000.00	2500.00	395.83	6333.28
27	联想电脑	电子设备	基本生产车间		在用	2018-05-13	外购	年限平均法	3	4000.00	200.00	105.56	1688.96
28	联想电脑	电子设备	基本生产车间		在用	2018-05-13	外购	年限平均法	3	4000.00	200.00	105.56	1688.96
29	打印机	电子设备	基本生产车间		在用	2018-07-24	外购	年限平均法	3	2800.00	140.00	73.89	1034.46
			小计							274800.00	13740.00	2375.00	38390.55
...													

审核：吴浩　　　　制表：陈飞

4.核算车间管理人员工资、社保、公积金：2019年9月30日，北京科云股份有限公司会计收到3张原始单据（见训表6-4-1、训表6-4-2、训表6-4-3），请根据相关单据进行账务处理（制造费用明细设置人工费）。

B-52
扫码看处理

训表 6-4-1

工资结算明细表

公司：北京科云股份有限公司　　　　日期：2019年09月30日

序号	一级部门	二级部门	岗位	姓名	出勤天数	基本工资	加班费	奖金	补贴	应付工资	个人缴纳社保	个人缴纳住房公积金	税前工资	单位缴纳社保	单位缴纳住房公积金	单位支付合计
…																
012	基本生产车间	生管部	车间管理人员	裴亚飞	22	3600.00	500.00			4100.00	135.00	120.00	3845.00	365.00	120.00	4585.00
013	基本生产车间	生管部	车间管理人员	陈婷婷	22	3600.00	500.00			4100.00	135.00	120.00	3845.00	365.00	120.00	4585.00
014	基本生产车间	生管部	车间管理人员	陈亚娜	22	3300.00	500.00			3800.00	135.00	120.00	3545.00	365.00	120.00	4285.00
…																

审核：吴浩　　　　制表：陈飞

训表 6-4-2

工资结算汇总表

公司：北京科云股份有限公司　　　　日期：2019年09月30日

序号	一级部门	二级部门	基本工资	加班费	奖金	补贴	应付工资	个人缴纳社保	个人缴纳住房公积金	税前工资	单位缴纳社保	单位缴纳住房公积金	单位支付合计
…													
004	基本生产车间	生管部	10500.00	1500.00	0	0	12000.00	405.00	360.00	11235.00	1095.00	360.00	13455.00
…													

审核：吴浩　　　　制表：陈飞

训表 6-4-3

社会保险费缴费明细

单位：北京科云股份有限公司

项目	个人承担	企业承担
养老保险	308.57	576.45
医疗保险	77.14	278.28
失业保险	19.29	140.23
工伤保险	0.00	19.12
生育保险	0.00	80.92
合计	405.00	1095.00

审核：吴浩　　　　制表：陈飞

5.分摊车间房租费：2019年9月30日，北京科云股份有限公司会计收到4张原始单据（见训图6-5-1、训图6-5-2、训图6-5-3、训表6-5-1），请根据相关单据进行账务处理。

B-53
扫码看处理

训图 6-5-1

北京增值税专用发票

发票联

351100092620 № 01265223

开票日期：2019 年 09 月 30 日

购买方	名 称：北京科云股份有限公司 纳税人识别号：91110908045615075X 地 址、电 话：北京高新园创新路55号01088227854 开户行及账号：中国工商银行北京分行110007609048708091012	密码区	1*6<+81+574+9*2+/>0-39063/* -*0/968*624582>91*3/*1<6*42 2477</42**0+7-2</24-630-391 611+>/51433*124*5-+44><9/94

货物或应税劳务、服务名称	规格型号	单位	数量	单价	金额	税率	税额
*经营租赁*房屋租赁费		㎡	1500	20.00	30000	9%	2700.00
合 计					¥30000		¥2700.00
价税合计（大写）	⊗ 叁万贰仟柒佰圆整				（小写）¥32700.00		

销售方	名 称：北京蓝天实业有限公司 纳税人识别号：91110270590544459X 地 址、电 话：北京海淀区西苑三里08号01083847491 开户行及账号：中国工商银行北京西城支行110007632313001078967	备注	地址：北京高新园创新路55号一楼

收款人： 复核： 开票人：李涵 销售方：（章）

税总函 [2016] 117 号海南华森实业公司

第三联：发票联 购买方记账凭证

训图 6-5-2

ICBC 中国工商银行 业务回单（付款）

日期：2019 年09月30日 回单编号：54536076

付款人户名：北京科云股份有限公司 付款人开户行：中国工商银行北京分行
付款人账号（卡号）：110007609048708091012
收款人户名：北京蓝天实业有限公司 收款人开户行：中国工商银行北京西城支行
收款人账号（卡号）：110007632313001078967
金额：叁万贰仟柒佰元整 小写： ¥32700.00 元
业务（产品）种类：同行付款 凭证种类：000000000 凭证号码：0000000000000000
摘要：房租费 用途：房租费 币种：人民币
交易机构：0410000298 记账柜员：00023 交易代码：52063 渠道：其他渠道
附言：
支付交易序号：5894928 报文种类：00100 汇划报文 委托日期：2019年09月30日
业务类型（种类）：同行付款
收款人地址：北京海淀区西苑三里08号
付款人地址：北京高新园创新路55号
本回单为第1次打印，注意重复 打印日期：2019 年09月30日 打印柜员：9 验证码：4985B3E3006

中国工商银行北京分行 自助回单机专用章 (003)

训图 6-5-3

付款申请单

申请部门：行政部 2019 年 09 月 30 日

收款单位名称（全称）	付款事由（用途）		金额	付款方式
北京蓝天实业有限公司	支付房租费		32700.00	转账支付
备注	银行转讫			
合计金额（大写）	零 佰零 拾叁 万贰 仟柒 佰零 拾零 元零 角零 分		合计金额（小写）	¥：32700.00
发票种类	增值税专用发票	款项所属账期	2019 年 09 月	

总经理：许建辉 审批：张乐 财务：陈飞 主管：林月 经办：董智磊

训表6-5-1

房租费分摊表

单位：北京科云股份有限公司　　　　　　　　　　　　日期：2019年09月30日

序号	一级部门	二级部门	本月摊销总额	使用面积（平方米）	单价	分配费用
1	综合管理部		30000.00	120	20.00	2400.00
2	财务管理部			80		1600.00
3	业务发展部			100		2000.00
4	基本生产车间			1200		24000.00
	合　计		30000.00	1500	20.00	30000.00

审核：吴浩　　　　　　　　　　制表：陈飞

6.编制制造费用分配表（按工时进行分配）：2019年9月30日，请根据有关资料（见训表6-6-1、训表6-6-2）编制北京科云股份有限公司制造费用分配表（见训表6-6-3）并结转制造费用。

B-54
扫码看处理

训表6-6-1

分页：6　总页：10

制造费用　明细账

二级科目：

2019年 月	日	凭单号	摘要	借方	贷方	借或贷	余额	（借）方金额分析 材料费	人工费	水电费	折旧费	房租费
08	31		承前页			平	000					
08	31		本月合计	5145700	5145700	平	000	000	000	000	000	000
09	30	记039	生产车间领用物料	250000		借	250000	250000				
09	30	记040	支付水电费	460000		借	710000			460000		
09	30	记041	计提生产车间折旧	237500		借	947500				237500	
09	30	记042	计提工资、社保、公积金	1345500		借	2293000		1345500			
09	30	记043	支付分摊房租费	2400000		借	4693000					2400000

训表6-6-2

生产车间工时统计表

车间：基本生产车间　　　　　　　　　　　　日期：2019年09月30日

序号	项目	工时（小时）
001	家用餐桌	2800
002	办公桌	2200
	合　计	5000

审核：吴浩　　　　　　　　　　制表：陈飞

训表 6-6-3

制造费用分配表

车间：基本生产车间　　　　日期：2019年09月30日

项目			金额
制造费用归集	制造费用-材料费		
	制造费用-人工费		
	制造费用-水电费		
	制造费用-折旧费		
	制造费用-房租费		
	制造费用合计：		
制造费用分配	分配总工时(小时)		
	分配率（保留3位小数）		
	家用餐桌	耗用工时	
		分摊金额（元）	
	办公桌	耗用工时	
		分摊金额（元）	

审核：　　　　制表：

7.编制制造费用分配表（按完工产量进行分配）：2019 年 9 月 30 日，请根据有关资料（见训表 6-6-1、训表 6-7-1）编制北京科云股份有限公司制造费用分配表（见训表 6-7-2）并结转制造费用。

B-55
扫码看处理

训表 6-7-1

产量统计表

车间：基本生产车间　　　　日期：2019年09月30日

序号	项目	当期产量（张）
001	家用餐桌	220
002	办公桌	300
	合　计	520

审核：吴浩　　　　制表：陈飞

训表 6-7-2

制造费用分配表

车间：基本生产车间　　　　日期：2019年09月30日

项　　目			金　　额
制造费用归集	制造费用-材料费		
	制造费用-人工费		
	制造费用-水电费		
	制造费用-折旧费		
	制造费用-房租费		
	制造费用合计：		
制造费用分配	当期产量（张）		
	分配率（保留3位小数）		
	家用餐桌	当期产量	
		分摊金额（元）	
	办公桌	当期产量	
		分摊金额（元）	

审核：　　　　制表：

8.编制制造费用分配表（按人工工资进行分配）：2019年9月30日，请根据有关资料（见训表6-6-1、训表6-8-1）编制北京科云股份有限公司制造费用分配表（见训表6-8-2）并结转制造费用。

B-56
扫码看处理

训表 6-8-1

产量统计表

车间：基本生产车间　　　　日期：2019年09月30日

序号	项目	工资总额
001	家用餐桌	79420.00
002	办公桌	60250.00
	合　计	139670.00

审核：吴浩　　　　制表：陈飞

训表 6-8-2

制造费用分配表

车间：基本生产车间　　　　　　　　　　　　日期：2019年09月30日

项目			金额
制造费用归集	制造费用-材料费		
	制造费用-人工费		
	制造费用-水电费		
	制造费用-折旧费		
	制造费用-房租费		
	制造费用合计：		
制造费用分配	工资总额		
	分配率（保留3位小数）		
	家用餐桌	支付工资	
		分摊金额（元）	
	办公桌	支付工资	
		分摊金额（元）	

审核：　　　　　　　　制表：

实训七　定额成本法

1.生产手提包领用原材料：2019年5月31日，北京科云股份有限公司会计收到5张原始单据（见训表7-1-1至训表7-1-5），请根据相关单据进行账务处理。

B-57
扫码看处理

训表 7-1-1

领　料　单　　　　No.43843079

领料部门：基本生产车间
用　　途：生产手提包　　　　2019 年 05 月 05 日

编号	品名	规格及型号	单位	数量		计划价格	
				请领	实发	单价	总价
001	皮革		码	1800	1800		
合		计					

第二联　记账

记账：陈飞　　　发料：岳嘉禾　　　领料：陈亚娜

训表 7-1-2

领　料　单

No.43843088

领料部门：基本生产车间

用　　途：生产手提包

2019 年 05 月 20 日

编号	品名	规格及型号	单位	数量		计划价格	
				请领	实发	单价	总价
004	金属扣		个	8000	8000		
合	计						

第二联　记账

记账：陈飞　　发料：岳嘉禾　　领料：陈亚娜

训表 7-1-3

领　料　单

No.43843084

领料部门：基本生产车间

用　　途：生产手提包

2019 年 05 月 12 日

编号	品名	规格及型号	单位	数量		计划价格	
				请领	实发	单价	总价
003	拉链		条	4000	4000		
合	计						

第二联　记账

记账：陈飞　　发料：岳嘉禾　　领料：陈亚娜

训表 7-1-4

领　料　单

No.43843081

领料部门：基本生产车间

用　　途：生产手提包

2019 年 05 月 10 日

编号	品名	规格及型号	单位	数量		计划价格	
				请领	实发	单价	总价
002	牛津布		平方米	1400	1400		
合	计						

第二联　记账

记账：陈飞　　发料：岳嘉禾　　领料：陈亚娜

训表 7-1-5

材料领用汇总表

单位：北京科云股份有限公司　　　　领用车间：生产车间　　　　日期：2019年05月31日

序号	项目		用途	单位	数量	单价	金额
001	原材料	皮革	生产手提包	码	1800	48.00	86400.00
002	原材料	牛津布	生产手提包	平方米	1400	20.00	28000.00
003	原材料	拉链	生产手提包	条	4000	4.00	16000.00
004	原材料	金属扣	生产手提包	个	8000	1.20	9600.00
	合　计：						¥140000.00

审核：吴浩　　　　制表：陈飞

2.计提人工费用： 2019 年 5 月 31 日，北京科云股份有限公司会计收到 3 张单据（见训表 7-2-1 至训表 7-2-3），请根据相关单据进行账务处理。

B-58
扫码看处理

训表 7-2-1

工资结算明细表

单位：北京科云股份有限公司　　　　日期：2019年05月31日

序号	一级部门	二级部门	岗位	姓名	出勤天数	基本工资	加班费	奖金	补贴	应付工资	个人缴纳社保	个人缴纳住房公积金	税前工资	单位缴纳社保	单位缴纳住房公积金	单位支付合计
…																
019	基本生产车间	手提包组	车间员工	孙洪辉	22	2300.00	1100.00			3400.00	135.00	120.00	3145.00	365.00	120.00	3885.00
020	基本生产车间	手提包组	车间员工	石伟	22	2300.00	900.00			3200.00	135.00	120.00	2945.00	365.00	120.00	3685.00
021	基本生产车间	手提包组	车间员工	杨火连	22	2300.00	850.00			3150.00	135.00	120.00	2895.00	365.00	120.00	3635.00
022	基本生产车间	手提包组	车间员工	李小蓉	22	2300.00	950.00			3250.00	135.00	120.00	2995.00	365.00	120.00	3735.00
023	基本生产车间	手提包组	车间员工	吕平清	22	2300.00	700.00			3000.00	135.00	120.00	2745.00	365.00	120.00	3485.00
024	基本生产车间	手提包组	车间员工	林清华	22	2300.00	600.00			2900.00	135.00	120.00	2645.00	365.00	120.00	3385.00
025	基本生产车间	手提包组	车间员工	李军雷	22	2300.00	850.00			3150.00	135.00	120.00	2895.00	365.00	120.00	3635.00
026	基本生产车间	手提包组	车间员工	袁敏	22	2300.00	900.00			3200.00	135.00	120.00	2945.00	365.00	120.00	3685.00
027	基本生产车间	手提包组	车间员工	周清业	22	2300.00	850.00			3150.00	135.00	120.00	2895.00	365.00	120.00	3635.00
028	基本生产车间	手提包组	车间员工	张金华	22	2300.00	500.00			2800.00	135.00	120.00	2545.00	365.00	120.00	3285.00
029	基本生产车间	手提包组	车间员工	魏传海	22	2300.00	600.00			2900.00	135.00	120.00	2645.00	365.00	120.00	3385.00
030	基本生产车间	手提包组	车间员工	李远浩	22	2300.00	900.00			3200.00	135.00	120.00	2945.00	365.00	120.00	3685.00
031	基本生产车间	手提包组	车间员工	吴强	22	2300.00	500.00			2800.00	135.00	120.00	2545.00	365.00	120.00	3285.00
032	基本生产车间	手提包组	车间员工	杨建聪	22	2300.00	800.00			3100.00	135.00	120.00	2845.00	365.00	120.00	3585.00
033	基本生产车间	手提包组	车间员工	张珍	22	2300.00	800.00			3100.00	135.00	120.00	2845.00	365.00	120.00	3585.00
034	基本生产车间	手提包组	车间员工	欧建军	22	2300.00	750.00			3050.00	135.00	120.00	2795.00	365.00	120.00	3535.00
035	基本生产车间	手提包组	车间员工	林川云	22	2300.00	650.00			2950.00	135.00	120.00	2695.00	365.00	120.00	3435.00
…																

审核：吴浩　　　　制表：陈飞

训表 7-2-2

工资结算汇总表

公司：北京科云股份有限公司　　　　日期：2019年05月31日

序号	一级部门	二级部门	基本工资	加班费	奖金	补贴	应付工资	个人缴纳社保	个人缴纳住房公积金	税前工资	单位缴纳社保	单位缴纳住房公积金	单位支付合计
…													
006	基本生产车间	手提包组	39100.00	13200.00	0	0	52300.00	2295.00	2040.00	47965.00	6205.00	2040.00	60545.00
…													

审核：吴洁　　　　制表：陈飞

训表 7-2-3

社会保险费缴费明细

单位：北京科云股份有限公司

项目	个人承担	企业承担
养老保险	1748.57	3069.65
医疗保险	437.14	2104.23
失业保险	109.29	603.55
工伤保险	0.00	77.36
生育保险	0.00	350.21
合计	2295.00	6205.00

审核：吴洁　　　　制表：陈飞

3.结转制造费用：2019年5月31日，北京科云股份有限公司会计收到1张单据（见训表7-3-1），请根据此单据进行账务处理。

B-59
扫码看处理

训表 7-3-1

制造费用分配表

车间：基本生产车间　　　　日期：2019年05月31日

项目			金额
制造费用归集	制造费用-人工费		13560.00
	制造费用-材料费		5600.00
	制造费用-房租费		18600.00
	制造费用-折旧费		6030.00
	制造费用-水电费		1050.00
	制造费用-办公费		880.00
	制造费用合计：		45720.00
制造费用分配	分配总工时（小时）		2800
	分配率（保留3位小数）		16.329
	手提包	耗用工时	1500
		分摊金额（元）	24493.50
	双肩包	耗用工时	1300
		分摊金额（元）	21226.50

审核：吴洁　　　　制表：陈飞

4. 编制产品成本分配表：2019 年 5 月 31 日，请根据有关资料（见训表 7-4-1 至训表 7-4-5）编制北京科云股份有限公司产品成本分配表（见训表 7-4-6）并结转完工产品成本。

B-60
扫码看处理

训表 7-4-1

月末产量情况表

单位：北京科云股份有限公司　　　　日期：2019年05月31日

序号	产品名称	月初在产品	本月投产量	完工产品量	月末在产品
001	手提包	260	2000	1880	380
002	双肩包	380	2200	2160	420

审核：吴浩　　　　制表：陈飞

训表 7-4-2

在产品单位定额表

单位：北京科云股份有限公司　　　　日期：2019年05月31日

序号	产品名称	项目	直接材料	直接人工	制造费用
001	手提包	在产品定额	54.00	15.00	6.00
002	双肩包	在产品定额	65.00	20.00	10.00

审核：吴浩　　　　制表：陈飞

训表 7-4-3

分页：05　总页：20

生产成本　　明细账

二级科目：基本生产成本-手提包

2019年 月	日	凭单号	摘要	借方	贷方	借或贷	余额	（借）方金额分析：直接材料	直接人工	制造费用
04	30		承前页			借	1693000			
04	30		本月合计	24684586	22991586	借	1693000	1238000	320000	135000
05	31	记041	生产领用材料	14000000		借	15693000	14000000		
05	31	记042	计提人工费用	6054500		借	21747500		6054500	
05	31	记043	结转制造费用	2449350		借	24196850			2449350

训表 7-4-4

入　库　单　　　　№：55623418

交货单位：基本生产车间　　　　2019 年 05 月 31 日

品名	单位	规格	数量	单价	金额（千百十万千百十元角分）
手提包	个	合格	1880		
合计大写	仟 佰 拾 万 仟 佰 拾 元 角 分 ¥				

第二联　会计联

记账：陈飞　　保管：岳嘉禾　　制票：岳嘉禾

训表 7-4-5

单位成本计算表

单位：北京科云股份有限公司　　　　日期：2019年05月31号

项目	月末总成本	数量	单价
完工产品	213468.50	1880	113.55
在产品	28500.00	380	75.00

审核：吴浩　　　　制表：陈飞

训表 7-4-6

产品成本分配表（定额成本法）

车间：基本生产车间　　　　产品：手提包　　　　日期：2019年05月31日

项目		直接材料	直接人工	制造费用	合计
期初余额					
本月发生额					
合计：					
产品产量（个）	完工产品数量				—
	在产品数量				—
	合计：				—
在产品单位定额					
月末在产品成本					
结转完工产品成本					

审核：　　　　制表：

实训八　约当产量法

1.生产保温杯领用原材料： 2019年7月31日，北京科云股份有限公司会计人员收到5张原始单据（见训表8-1-1至训表8-1-5），请根据相关单据进行账务处理。

B-61
扫码看处理

训表 8-1-1

领　料　单　　No.43843121

领料部门：基本生产车间
用　　途：生产保温杯　　　　2019 年 07 月 03 日

编号	品名	规格及型号	单位	数量		计划价格	
				请领	实发	单价	总价
001	不锈钢		卷	1200	1200		
合计							

第二联　记账

记账：陈飞　　发料：岳嘉禾　　领料：陈亚娜

训表 8-1-2

领　料　单

No. 43843126

领料部门：基本生产车间
用　途：生产保温杯

2019 年 07 月 05 日

编号	品名	规格及型号	单位	数量		计划价格	
				请领	实发	单价	总价
002	过滤网		平方米	500	500		
合		计					

第二联　记账

记账：陈飞　发料：岳嘉禾　领料：陈亚娜

训表 8-1-3

领　料　单

No. 43843130

领料部门：基本生产车间
用　途：生产保温杯

2019 年 07 月 10 日

编号	品名	规格及型号	单位	数量		计划价格	
				请领	实发	单价	总价
003	塑料米		千克	180	180		
合		计					

第二联　记账

记账：陈飞　发料：岳嘉禾　领料：陈亚娜

训表 8-1-4

领　料　单

No. 43843133

领料部门：基本生产车间
用　途：生产保温杯

2019 年 07 月 17 日

编号	品名	规格及型号	单位	数量		计划价格	
				请领	实发	单价	总价
004	辅助材料（密封圈）		个	500	500		
005	辅助材料（安全拉绳）		条	500	500		
合		计					

第二联　记账

记账：陈飞　发料：岳嘉禾　领料：陈亚娜

训表 8-1-5

领用材料汇总表

单位：北京科云股份有限公司　　　　领用车间：基本生产车间　　　　日期：2019年07月31日

序号	项目		用途	单位	数量	单价	金额
001	原材料	不锈钢	生产保温杯	卷	1200	9.00	10800.00
002	原材料	过滤网	生产保温杯	平方米	500	4.50	2250.00
003	原材料	塑料米	生产保温杯	千克	180	18.00	3240.00
004	原材料	辅助材料（密封圈）	生产保温杯	个	500	2.00	1000.00
005	原材料	辅助材料（安全拉绳）	生产保温杯	条	500	1.80	900.00
	合　计：						¥18190.00

审核：吴浩　　　　制表：陈飞

2.计提人工费用：2019年7月31日，北京科云股份有限公司会计人员收到4张原始单据（见训表8-2-1至训表8-2-4），请根据相关单据进行账务处理。

B-62
扫码看处理

训表 8-2-1

工资结算明细表

单位：北京科云股份有限公司　　　　日期：2019年07月31日

序号	一级部门	二级部门	岗位	姓名	出勤天数	基本工资	加班费	奖金	补贴	应付工资	个人缴纳社保	个人缴纳住房公积金	税前工资	单位缴纳社保	单位缴纳住房公积金	单位支付合计
…																
018	基本生产车间		车间员工	张军	22	2300.00	500.00			2800.00	135.00	120.00	2545.00	365.00	120.00	3285.00
019	基本生产车间		车间员工	宋建华	22	2300.00	700.00			3000.00	135.00	120.00	2745.00	365.00	120.00	3485.00
020	基本生产车间		车间员工	邓翠云	22	2300.00	950.00			3250.00	135.00	120.00	2995.00	365.00	120.00	3735.00
021	基本生产车间		车间员工	陈秀兰	22	2300.00	590.00			2890.00	135.00	120.00	2635.00	365.00	120.00	3375.00
022	基本生产车间		车间员工	穆传海	22	2300.00	600.00			2900.00	135.00	120.00	2645.00	365.00	120.00	3385.00
023	基本生产车间		车间员工	鲁静冬	22	2300.00	300.00			2600.00	135.00	120.00	2345.00	365.00	120.00	3085.00
024	基本生产车间		车间员工	苏桂兰	22	2300.00	800.00			3100.00	135.00	120.00	2845.00	365.00	120.00	3585.00
025	基本生产车间		车间员工	石伟	22	2300.00	600.00			2900.00	135.00	120.00	2645.00	365.00	120.00	3385.00
026	基本生产车间		车间员工	杨火旺	22	2300.00	300.00			2600.00	135.00	120.00	2345.00	365.00	120.00	3085.00
027	基本生产车间		车间员工	李小琴	22	2300.00	800.00			3100.00	135.00	120.00	2845.00	365.00	120.00	3585.00
028	基本生产车间		车间员工	吕平清	22	2300.00	300.00			2600.00	135.00	120.00	2345.00	365.00	120.00	3085.00
029	基本生产车间		车间员工	袁敏	22	2300.00	900.00			3200.00	135.00	120.00	2945.00	365.00	120.00	3685.00
…																

审核：吴浩　　　　制表：陈飞

训表 8-2-2

工资结算汇总表

单位：北京科云股份有限公司　　　　日期：2019年07月31日

序号	一级部门	二级部门	基本工资	加班费	奖金	补贴	应付工资	个人缴纳社保	个人缴纳住房公积金	税前工资	单位缴纳社保	单位缴纳住房公积金	单位支付合计
…													
006	基本生产车间		27600.00	7340.00	0	0	34940.00	1620.00	1440.00	31880.00	4380.00	1440.00	40760.00
…													

审核：吴浩　　　　制表：陈飞

训表 8-2-3

社会保险费缴费明细

单位：北京科云股份有限公司

项目	个人承担	企业承担
养老保险	1234.29	2067.23
医疗保险	308.57	1569.22
失业保险	77.14	409.00
工伤保险	0.00	84.55
生育保险	0.00	250.00
合计	1620.00	4380.00

审核：吴浩　　制表：陈飞

训表 8-2-4

生产人员工资分配表

车间：基本生产车间　　日期：2019年07月31日

序号	产品	单位支付总额	分配标准（工时）	分配率(保留3位小数)	分配金额
001	保温杯	40760.00	1200	12.738	15285.60
002	电热水壶		2000		25474.40
	合计	**40760.00**	**3200**		**40760.00**

审核：吴浩　　制表：陈飞

3.结转制造费用：2019年7月31日，北京科云股份有限公司会计收到1张原始单据（见训表8-3-1），请根据此单据进行账务处理。

B-63
扫码看处理

训表 8-3-1

制造费用分配表

车间：基本生产车间　　日期：2019年07月31日

项目			金额
制造费用归集	制造费用-人工费		8378.00
	制造费用-材料费		3260.00
	制造费用-房租费		8900.00
	制造费用-折旧费		2548.00
	制造费用-水电费		680.00
	制造费用-办公费		470.00
	制造费用合计：		24236.00
制造费用分配	分配总工时(小时)		3600
	分配率（保留3位小数）		6.732
	保温杯	耗用工时	1600
		分摊金额（元）	10771.20
	电热水壶	耗用工时	2000
		分摊金额（元）	13464.80

审核：吴浩　　制表：陈飞

4.编制产品约当产量计算表和产品成本分配表（约当产量法）：产品生产为单步骤，原材料在开始生产时一次投入，月末在产品的完工程度按50%计算，请根据下列单据（见训表8-4-1至训表8-4-4）编制产品约当产量计算表（见训表8-4-5）和产品成本分配表（见训表8-4-6）并结转完工产品成本。

B-64
扫码看处理

训表8-4-1

产品产量情况表

单位：北京科云股份有限公司　　　　时间：2019年07月31日

产品名称	月初在产品数量	本月投产数量	本月完工产品数量	月末在产品数量
保温杯	255	500	645	110
合计	255	500	645	110

审核：吴浩　　　　制表：陈飞

训表8-4-2

产品成本投入比率表

车间：基本生产车间　　　　日期：2019年07月31日

项目	直接材料	直接人工	制造费用
保温杯	100%	50%	50%
电热水壶	100%	50%	50%

审核：吴浩　　　　制表：陈飞

训表8-4-3

分页：06　总页：16

生产成本　明细账

二级科目：基本生产成本—保温杯

2019年 月	日	凭单号	摘要	借方	贷方	借或贷	余额	（借）方金额分析 直接材料	直接人工	制造费用	
06	30		承前页			借	817280				
06	30		本月合计	5234690	4417410	借	817280	319160	269040	229080	
07	31	记040	生产保温杯领用原材料	1819000		借	2636280	1819000			
07	31	记043	计提人工费用	1528560		借	4164840		1528560		
07	31	记045	结转制造费用	1077120		借	5241960			1077120	

训表8-4-4

入　库　单

№：55623412

交货单位：基本生产车间　　　　2019年07月31日

品名	单位	规格	数量	单价	金额（千 百 十 万 千 百 十 元 角 分）
保温杯	个		645		
合计大写	仟　佰　拾　万　仟　佰　拾　元　角　分　¥				

第二联　会计联

记账　陈飞　　保管　岳嘉禾　　制票　岳嘉禾

训表 8-4-5

产品约当产量计算表

单位：北京科云股份有限公司　　　　产品：保温杯　　　　日期：2019年07月31日

项目	直接材料	直接人工	制造费用
在产品数量			
投入比例			
在产品约当产量			
完工产品数量			
产品约当产量合计			

审核：　　　　制表：

训表 8-4-6

产品成本分配表（约当产量法）

车间：基本生产车间　　　　产品：保温杯　　　　日期：2019年07月31日

项　目		直接材料	直接人工	制造费用	合　计
期初余额					
本月发生额					
合　计：					
产品产量（个）	完工产品数量				—
	在产品约当产量				—
	合　计：				—
单位成本					
结转完工产品成本					
月末在产品成本					

审核：　　　　制表：

5.生产沙发领用原材料：2019年9月30日，北京科云股份有限公司会计人员收到5张原始单据（见训表8-5-1至训表8-5-5），请根据相关单据进行账务处理。

B-65
扫码看处理

训表 8-5-1

领　料　单

No. 43843012

领料部门：基本生产车间
用　　途：生产沙发　　　　2019 年 09 月 01 日

编号	品名	规格及型号	单位	数量		计划价格	
				请领	实发	单价	总价
001	木材		立方米	100	100		
合		计					

第二联　记账

记账：陈飞　　　　发料：岳嘉禾　　　　领料：陈亚娜

训表 8-5-2

领 料 单

No. 43843016

领料部门：基本生产车间

用　途：生产沙发　　　　2019 年 09 月 05 日

编号	品名	规格及型号	单位	数量		计划价格	
				请领	实发	单价	总价
002	皮革		码	700	700		
合	计						

第二联　记账

记账：陈飞　　发料：岳嘉禾　　领料：陈亚娜

训表 8-5-3

领 料 单

No. 43843020

领料部门：基本生产车间

用　途：生产沙发　　　　2019 年 09 月 12 日

编号	品名	规格及型号	单位	数量		计划价格	
				请领	实发	单价	总价
003	海绵		平方米	1200	1200		
合	计						

第二联　记账

记账：陈飞　　发料：岳嘉禾　　领料：陈亚娜

训表 8-5-4

领 料 单

No. 43843024

领料部门：基本生产车间

用　途：生产沙发　　　　2019 年 09 月 15 日

编号	品名	规格及型号	单位	数量		计划价格	
				请领	实发	单价	总价
004	辅助材料（弹簧）		盒	450	450		
005	辅助材料（钉子）		盒	350	350		
合	计						

第二联　记账

记账：陈飞　　发料：岳嘉禾　　领料：陈亚娜

训表 8-5-5

领用材料汇总表

单位：北京科云股份有限公司　　　　领用车间：基本生产车间　　　　日期：2019年09月30日

序号	项目		用途	单位	数量	单价	金额
001	原材料	木材	生产沙发	立方米	100	800.00	80000.00
002	原材料	皮革	生产沙发	码	700	120.00	84000.00
003	原材料	海绵	生产沙发	平方米	1200	60.00	72000.00
004	原材料	辅助材料-弹簧	生产沙发	盒	450	160.00	72000.00
005	原材料	辅助材料-钉子	生产沙发	盒	350	40.00	14000.00
	合　计:						¥322000.00

审核：吴浩　　　　制表：陈飞

6.计提人工费用：2019年9月30日，北京科云股份有限公司会计人员收到3张原始单据（见训表8-6-1至训表8-6-3），请根据相关单据进行账务处理。

B-66
扫码看处理

训表 8-6-1

工资结算明细表

单位：北京科云股份有限公司　　　　日期：2019年09月30日

序号	一级部门	二级部门	岗位	姓名	出勤天数	基本工资	加班费	奖金	补贴	应付工资	个人缴纳社保	个人缴纳住房公积金	税前工资	单位缴纳社保	单位缴纳住房公积金	单位支付合计
…																
018	基本生产车间	沙发组	车间员工	张军	22	2800.00	800.00			3600.00	135.00	120.00	3345.00	365.00	120.00	4085.00
019	基本生产车间	沙发组	车间员工	吴建华	22	2800.00	800.00			3600.00	135.00	120.00	3345.00	365.00	120.00	4085.00
020	基本生产车间	沙发组	车间员工	邓静云	22	2800.00	800.00			3600.00	135.00	120.00	3345.00	365.00	120.00	4085.00
021	基本生产车间	沙发组	车间员工	陈秀兰	22	2800.00	900.00			3700.00	135.00	120.00	3445.00	365.00	120.00	4185.00
022	基本生产车间	沙发组	车间员工	孙演祥	22	2800.00	600.00			3400.00	135.00	120.00	3145.00	365.00	120.00	3885.00
023	基本生产车间	沙发组	车间员工	张金华	22	2800.00	500.00			3300.00	135.00	120.00	3045.00	365.00	120.00	3785.00
024	基本生产车间	沙发组	车间员工	杨传海	22	2800.00	600.00			3400.00	135.00	120.00	3145.00	365.00	120.00	3885.00
025	基本生产车间	沙发组	车间员工	曾振圣	22	2800.00	600.00			3400.00	135.00	120.00	3145.00	365.00	120.00	3885.00
026	基本生产车间	沙发组	车间员工	蔡建生	22	2800.00	800.00			3600.00	135.00	120.00	3345.00	365.00	120.00	4085.00
027	基本生产车间	沙发组	车间员工	石伟	22	2800.00	500.00			3300.00	135.00	120.00	3045.00	365.00	120.00	3785.00
028	基本生产车间	沙发组	车间员工	杨大进	22	2800.00	700.00			3500.00	135.00	120.00	3245.00	365.00	120.00	3985.00
029	基本生产车间	沙发组	车间员工	李小春	22	2800.00	950.00			3750.00	135.00	120.00	3495.00	365.00	120.00	4235.00
030	基本生产车间	沙发组	车间员工	吕宇清	22	2800.00	390.00			3390.00	135.00	120.00	3135.00	365.00	120.00	3875.00
031	基本生产车间	沙发组	车间员工	钟清华	22	2800.00	600.00			3400.00	135.00	120.00	3145.00	365.00	120.00	3885.00
032	基本生产车间	沙发组	车间员工	李军管	22	2800.00	680.00			3480.00	135.00	120.00	3225.00	365.00	120.00	3965.00
033	基本生产车间	沙发组	车间员工	袁敏	22	2800.00	900.00			3700.00	135.00	120.00	3445.00	365.00	120.00	4185.00
034	基本生产车间	沙发组	车间员工	周海业	22	2800.00	900.00			3700.00	135.00	120.00	3445.00	365.00	120.00	4185.00
035	基本生产车间	沙发组	车间员工	杜珍	22	2800.00	500.00			3300.00	135.00	120.00	3045.00	365.00	120.00	3785.00
036	基本生产车间	沙发组	车间员工	林萍	22	2800.00	600.00			3400.00	135.00	120.00	3145.00	365.00	120.00	3885.00
037	基本生产车间	沙发组	车间员工	蔡金明	22	2800.00	900.00			3700.00	135.00	120.00	3445.00	365.00	120.00	4185.00
038	基本生产车间	沙发组	车间员工	王彦婷	22	2800.00	400.00			3200.00	135.00	120.00	2945.00	365.00	120.00	3685.00
039	基本生产车间	沙发组	车间员工	孙春燕	22	2800.00	500.00			3300.00	135.00	120.00	3045.00	365.00	120.00	3785.00
040	基本生产车间	沙发组	车间员工	郑晓兵	22	2800.00	700.00			3500.00	135.00	120.00	3245.00	365.00	120.00	3985.00
041	基本生产车间	沙发组	车间员工	刘玉鑫	22	2800.00	950.00			3750.00	135.00	120.00	3495.00	365.00	120.00	4235.00
042	基本生产车间	沙发组	车间员工	黄华茜	22	2800.00	390.00			3390.00	135.00	120.00	3135.00	365.00	120.00	3875.00
043	基本生产车间	沙发组	车间员工	黄哲海	22	2800.00	600.00			3400.00	135.00	120.00	3145.00	365.00	120.00	3885.00
044	基本生产车间	沙发组	车间员工	叶海强	22	2800.00	900.00			3700.00	135.00	120.00	3445.00	365.00	120.00	4185.00
045	基本生产车间	沙发组	车间员工	刘海彬	22	2800.00	900.00			3700.00	135.00	120.00	3445.00	365.00	120.00	4185.00
046	基本生产车间	沙发组	车间员工	姚天真	22	2800.00	900.00			3700.00	135.00	120.00	3445.00	365.00	120.00	4185.00
047	基本生产车间	沙发组	车间员工	曾敬科	22	2800.00	500.00			3300.00	135.00	120.00	3045.00	365.00	120.00	3785.00
048	基本生产车间	沙发组	车间员工	周楠	22	2800.00	600.00			3400.00	135.00	120.00	3145.00	365.00	120.00	3885.00
049	基本生产车间	沙发组	车间员工	刘理凡	22	2800.00	900.00			3700.00	135.00	120.00	3445.00	365.00	120.00	4185.00
050	基本生产车间	沙发组	车间员工	郑宇周	22	2800.00	900.00			3700.00	135.00	120.00	3445.00	365.00	120.00	4185.00
051	基本生产车间	沙发组	车间员工	陈明发	22	2800.00	900.00			3700.00	135.00	120.00	3445.00	365.00	120.00	4185.00
052	基本生产车间	沙发组	车间员工	陈思琪	22	2800.00	500.00			3300.00	135.00	120.00	3045.00	365.00	120.00	3785.00
053	基本生产车间	沙发组	车间员工	钟小丽	22	2800.00	600.00			3400.00	135.00	120.00	3145.00	365.00	120.00	3885.00
054	基本生产车间	沙发组	车间员工	叶建明	22	2800.00	900.00			3700.00	135.00	120.00	3445.00	365.00	120.00	4185.00
055	基本生产车间	沙发组	车间员工	曾仪	22	2800.00	800.00			3600.00	135.00	120.00	3345.00	365.00	120.00	4085.00
056	基本生产车间	沙发组	车间员工	邓珍妮	22	2800.00	500.00			3300.00	135.00	120.00	3045.00	365.00	120.00	3785.00
057	基本生产车间	沙发组	车间员工	黄佳平	22	2800.00	700.00			3500.00	135.00	120.00	3245.00	365.00	120.00	3985.00
…																

审核：吴浩　　　　制表：陈飞

训表 8-6-2

工资结算汇总表

单位：北京科云股份有限公司　　　　日期：2019年09月30日

序号	一级部门	二级部门	基本工资	加班费	奖金	补贴	应付工资	个人缴纳社保	个人缴纳住房公积金	税前工资	单位缴纳社保	单位缴纳住房公积金	单位支付合计
…													
006	基本生产车间	沙发组	112000.00	28460.00	0	0	140460.00	5400.00	4800.00	130260.00	14600.00	4800.00	159860.00
…													

审核：吴浩　　　　制表：陈飞

训表 8-6-3

社会保险费缴费明细

单位：北京科云股份有限公司

项目	个人承担	企业承担
养老保险	4114.29	7098.00
医疗保险	1028.57	5552.00
失业保险	257.14	1078.00
工伤保险	0.00	112.00
生育保险	0.00	760.00
合计	5400.00	14600.00

审核：吴浩　　　　制表：陈飞

7. 结转制造费用：2019年9月30日，北京科云股份有限公司会计收到1张原始单据（见训表8-7-1），请根据此单据进行账务处理。

B-67
扫码看处理

训表 8-7-1

制造费用分配表

车间：基本生产车间　　　　日期：2019年09月30日

项　目			金　额
制造费用归集	制造费用-人工费		30580.00
	制造费用-材料费		4060.00
	制造费用-房租费		24500.00
	制造费用-折旧费		14572.00
	制造费用-水电费		4623.00
	制造费用-办公费		1536.00
	制造费用合计：		79871.00
制造费用分配	分配总工时（小时）		5756
	分配率（保留3位小数）		13.876
	沙发	耗用工时	3532
		分摊金额（元）	49010.03
	床垫	耗用工时	2224
		分摊金额（元）	30860.97

审核：吴浩　　　　制表：陈飞

8.编制约当产量计算表（原材料分工序投入，且在每一道工序开始时一次投入）：请根据下列单据（见训表8-8-1、训表8-8-2）编制直接材料约当产量计算表（见训表8-8-3）、直接人工约当产量计算表（见训表8-8-4）、制造费用约当产量计算表（见训表8-8-5）。

B-68
扫码看处理

训表8-8-1

在产品数量及定额资料

单位：北京科云股份有限公司　　产品：沙发　　日期：2019年09月30日

项目	第1工序	第2工序	第3工序	合计
直接材料定额（元）	1000	600	400	2000
工时定额（小时）	40	40	20	100
在产品数量	20	15	10	45

审核：吴浩　　制表：陈飞

训表8-8-2

产品产量统计表

车间：基本生产车间　　产品：沙发　单位：套　　日期：2019年09月30日

名称	期初在产品数量	本期投入量	完工产品产量	期末在产品数量
沙发	32	165	152	45

审核：吴浩　　制表：陈飞

训表8-8-3

直接材料约当产量计算表

单位：北京科云股份有限公司　　产品：沙发　　日期：2019年09月30日

工序	各工序直接材料定额	投料率	在产品数量（套）	在产品约当产量（套）
第1工序				
第2工序				
第3工序				
合计		---		

审核：　　制表：

训表8-8-4

直接人工约当产量计算表

单位：北京科云股份有限公司　　产品：沙发　　时间：2019年09月30日

工序	各工序工时定额	完工率	在产品数量（套）	在产品约当产量（套）
第1工序				
第2工序				
第3工序				
合计		---		

审核：　　制表：

训表 8-8-5

制造费用约当产量计算表

单位：北京科云股份有限公司　　　　产品：沙发　　　　时间：2019年09月30日

工序	各工序工时定额	完工率	在产品数量（套）	在产品约当产量（套）
第1工序				
第2工序				
第3工序				
合计		—		

审核：　　　　制表：

9. 编制产品成本分配表：2019年9月30日，请根据有关资料（见训表8-9-1至训表8-9-3）编制北京科云股份有限公司产品成本分配表（见训表8-9-4）并结转完工产品成本。

B-69
扫码看处理

训表 8-9-1

分页：06　总页：20

生产成本　明细账

二级科目：基本生产成本-沙发

2019年 月	日	凭单号	摘要	借方	贷方	借或贷	余额	（借）方金额分析 直接材料	直接人工	制造费用	
08	31		承前页			借	2164165				
08	31		本月合计	50678346	48514181	借	2164165	1411832	463264	289069	
09	30	记040	生产沙发领用原材料	32200000		借	34364165	32200000			
09	30	记043	计提人工费用	15986000		借	50350165		15986000		
09	30	记045	结转制造费用	4901003		借	55251168			4901003	

训表 8-9-2

产品产量统计表

车间：基本生产车间　　　　产品：沙发　单位：套　　　　日期：2019年09月30日

名称	期初在产品数量	本期投入量	完工产品产量	期末在产品数量
沙发	32	165	152	45

审核：吴浩　　　　制表：陈飞

训表 8-9-3

入　库　单

№：55623743

交货单位：基本生产车间　　　　2019 年 09 月 30 日

品名	单位	规格	数量	单价	金额									
					千	百	十	万	千	百	十	元	角	分
沙发	套		152											
合计大写	仟　佰　拾　万　仟　佰　拾　元　角　分			¥										

第二联　会计联

记账 陈飞　　保管 岳嘉禾　　制票 岳嘉禾

训表 8-9-4

产品成本分配表（约当产量法）

车间：基本生产车间　　　　产品：沙发　　　　日期：2019年09月30日

项目		直接材料	直接人工	制造费用	合计
期初余额					
本月发生额					
合计：					
产品产量（套）	完工产品数量				—
	在产品约法产量				—
	合计：				—
单位成本					
结转完工产品成本					
月末在产品成本					

审核：　　　　制表：

实训九　定额比例法

1.生产办公桌领用原材料：2019 年 10 月 31 日，北京科云股份有限公司会计收到 5 张原始单据（见训表 9-1-1 至训表 9-1-5），请根据相关单据进行账务处理。

B-70
扫码看处理

训表 9-1-1

领 料 单

No.43843205

领料部门：基本生产车间

用　途：生产办公桌　　2019 年 10 月 02 日

编号	品名	规格及型号	单位	数量		计划价格	
				请领	实发	单价	总价
001	软木材料		平方米	760	760		
合	计						

第二联 记账

记账：陈飞　　发料：岳嘉禾　　领料：陈亚娜

训表 9-1-2

领 料 单

No.43843211

领料部门：基本生产车间

用　途：生产办公桌　　2019 年 10 月 05 日

编号	品名	规格及型号	单位	数量		计划价格	
				请领	实发	单价	总价
002	屏风		张	200	200		
合	计						

第二联 记账

记账：陈飞　　发料：岳嘉禾　　领料：陈亚娜

训表 9-1-3

领 料 单

No.43843215

领料部门：基本生产车间

用　途：生产办公桌　　2019 年 10 月 13 日

编号	品名	规格及型号	单位	数量		计划价格	
				请领	实发	单价	总价
003	辅助材料（钉子）		盒	40	40		
合	计						

第二联 记账

记账：陈飞　　发料：岳嘉禾　　领料：陈亚娜

训表 9-1-4

领　料　单　　　　**No.** 43843220

领料部门：基本生产车间
用　　途：生产办公桌　　　　2019 年 10 月 22 日

编号	品名	规格及型号	单位	数量		计划价格	
				请领	实发	单价	总价
004	辅助材料（油漆）		瓶	25	25		
合		计					

第二联　记账

记账：陈飞　　发料：岳嘉禾　　领料：陈亚娜

训表 9-1-5

材料领用汇总表

名称：北京科云股份有限公司　　领用车间：基本生产车间　　日期：2019年10月31日

序号	项　目	明细	用途	单位	数量	单价	金额
001	原材料	软木材料	生产办公桌	平方米	760	75.00	57000.00
002	原材料	屏风	生产办公桌	张	200	32.00	6400.00
003	原材料	辅助材料（钉子）	生产办公桌	盒	40	18.00	720.00
004	原材料	辅助材料（油漆）	生产办公桌	瓶	25	42.00	1050.00
合计							¥65170.00

审核：吴浩　　制表：陈飞

2.**计提人工费用**：2019年10月31日，北京科云股份有限公司会计收到3张原始单据（见训表9-2-1至训表9-2-3），请根据相关单据进行账务处理。

B-71
扫码看处理

训表 9-2-1

工资结算明细表

单位：北京科云股份有限公司　　日期：2019年10月31日

序号	一级部门	二级部门	岗位	姓名	出勤天数	基本工资	加班费	奖金	补贴	应付工资	个人缴纳社保	个人缴纳住房公积金	税前工资	单位缴纳社保	单位缴纳住房公积金	单位支付合计
…																
018	基本生产车间	办公桌组	车间员工	张军	22.00	2300.00	800.00	0.00	0.00	3100.00	135.00	120.00	2845.00	365.00	120.00	3585.00
019	基本生产车间	办公桌组	车间员工	吴建华	22.00	2300.00	700.00	0.00	0.00	3000.00	135.00	120.00	2745.00	365.00	120.00	3485.00
020	基本生产车间	办公桌组	车间员工	邓静云	22.00	2300.00	950.00	0.00	0.00	3250.00	135.00	120.00	2995.00	365.00	120.00	3735.00
021	基本生产车间	办公桌组	车间员工	陈秀兰	22.00	2300.00	680.00	0.00	0.00	2980.00	135.00	120.00	2725.00	365.00	120.00	3465.00
022	基本生产车间	办公桌组	车间员工	魏倩瑜	22.00	2300.00	780.00	0.00	0.00	3080.00	135.00	120.00	2825.00	365.00	120.00	3565.00
023	基本生产车间	办公桌组	车间员工	[illegible]	22.00	2300.00	450.00	0.00	0.00	2750.00	135.00	120.00	2495.00	365.00	120.00	3235.00
024	基本生产车间	办公桌组	车间员工	苏福兰	22.00	2300.00	800.00	0.00	0.00	3100.00	135.00	120.00	2845.00	365.00	120.00	3585.00
025	基本生产车间	办公桌组	车间员工	石伟	22.00	2300.00	860.00	0.00	0.00	3160.00	135.00	120.00	2905.00	365.00	120.00	3645.00
026	基本生产车间	办公桌组	车间员工	杨火旺	22.00	2300.00	920.00	0.00	0.00	3220.00	135.00	120.00	2965.00	365.00	120.00	3705.00
027	基本生产车间	办公桌组	车间员工	李小婷	22.00	2300.00	800.00	0.00	0.00	3100.00	135.00	120.00	2845.00	365.00	120.00	3585.00
028	基本生产车间	办公桌组	车间员工	吕平清	22.00	2300.00	540.00	0.00	0.00	2840.00	135.00	120.00	2585.00	365.00	120.00	3325.00
029	基本生产车间	办公桌组	车间员工	袁敏	22.00	2300.00	900.00	0.00	0.00	3200.00	135.00	120.00	2945.00	365.00	120.00	3685.00
030	基本生产车间	办公桌组	车间员工	周清叔	22.00	2300.00	1200.00	0.00	0.00	3500.00	135.00	120.00	3245.00	365.00	120.00	3985.00
031	基本生产车间	办公桌组	车间员工	祝珍	22.00	2300.00	850.00	0.00	0.00	3150.00	135.00	120.00	2895.00	365.00	120.00	3635.00
032	基本生产车间	办公桌组	车间员工	[illegible]	22.00	2300.00	1050.00	0.00	0.00	3350.00	135.00	120.00	3095.00	365.00	120.00	3835.00
033	基本生产车间	办公桌组	车间员工	吴强	22.00	2300.00	360.00	0.00	0.00	2660.00	135.00	120.00	2405.00	365.00	120.00	3145.00
…																

审核：吴浩　　制表：陈飞

训表 9-2-2

工资结算汇总表

单位：北京科云股份有限公司　　　　日期：2019年10月31日

序号	一级部门	二级部门	基本工资	加班费	奖金	补贴	应付工资	个人缴纳社保	个人缴纳住房公积金	税前工资	单位缴纳社保	单位缴纳住房公积金	单位支付合计
…													
006	基本生产车间	办公桌组	36800.00	12640.00	0	0	49440.00	2160.00	1920.00	45360.00	5840.00	1920.00	57200.00
…													

审核：吴浩　　　　制表：陈飞

训表 9-2-3

社会保险费缴费明细

单位：北京科云股份有限公司

项目	个人承担	企业承担
养老保险	1645.71	3000.00
医疗保险	411.43	1580.00
失业保险	102.86	640.00
工伤保险	0.00	60.00
生育保险	0.00	560.00
合计	2160.00	5840.00

审核：吴浩　　　　制表：陈飞

3.结转制造费用：2019年10月31日，北京科云股份有限公司会计收到1张原始单据（见训表9-3-1），请根据此单据进行账务处理。

B-72
扫码看处理

训表 9-3-1

制造费用分配表

车间：基本生产车间　　　　日期：2019年10月31日

项目			金额
制造费用归集	制造费用-人工费		18950.00
	制造费用-材料费		7680.00
	制造费用-房租费		9800.00
	制造费用-折旧费		2786.60
	制造费用-水电费		2040.00
	制造费用-办公费		1894.00
	制造费用合计：		43150.60
制造费用分配	分配总工时（小时）		4500
	分配率（保留3位小数）		9.589
	办公桌	耗用工时	2500
		分摊金额（元）	23972.50
	办公椅	耗用工时	2000
		分摊金额（元）	19178.10

审核：吴浩　　　　制表：陈飞

4. 编制产品成本分配表：2019 年 10 月 31 日，请根据相关单据（见训表 9-4-1 至训表 9-4-4）编制北京科云股份有限公司产品成本分配表（见训表 9-4-5）并结转完工产品成本。

B-73
扫码看处理

训表 9-4-1

分页：07　总页：20

生产成本　　明细账

二级科目：基本生产成本-办公桌

2019年 月	日	凭单号	摘要	借方	贷方	借或贷	余额	（借）方金额分析 直接材料	直接人工	制造费用	
09	30		承前页			借	2786710				
09	30		本月合计	18634060	15847350	借	2786710	1325600	978460	482650	
10	31	记040	生产办公桌领用原材料	6517000		借	9303710	6517000			
10	31	记041	计提人工费用	5720000		借	15023710		5720000		
10	31	记042	结转制造费用	2397250		借	17420960			2397250	

训表 9-4-2

单位定额表

单位：北京科云股份有限公司　　产品：办公桌　　日期：2019年10月31日

项目	直接材料	直接人工	制造费用	合计
在产品单位定额	90.00	85.00	32.00	207.00
完工产品单位定额	190.00	170.00	78.00	438.00

审核：吴浩　　制表：陈飞

训表 9-4-3

入　库　单

№：55623418

交货单位：基本生产车间　　2019 年 10 月 31 日

品名	单位	规格	数量	单价	金额（千百十万千百十元角分）
办公桌	张		325		
合计大写	仟　佰　拾　万　仟　佰　拾　元　角　分　￥				

第二联　会计联

记账 陈飞　　保管 岳嘉禾　　制票 岳嘉禾

训表 9-4-4

月末产量统计表

单位：北京科云股份有限公司　　　　日期：2019年10月31日

项目	月初在产品数量	本月投入量	月末在产品数量	月末完工产品数量
办公桌	80	380	135	325
办公椅	65	350	115	300

审核：吴浩　　　　制表：陈飞

训表 9-4-5

产品成本分配表（定额比例法）

车间：基本生产车间　　　　产品：办公桌　　　　日期：2019年10月31日

项目			直接材料	直接人工	制造费用	合计
期初余额						
本月发生额						
合计：						
产品定额	在产品	在产品数量				—
		单位在产品定额				
		在产品定额				
	完工产品	完工产品数量				—
		单位完工产品定额				
		完工产品定额				
	产品定额合计：					
产品定额比例系数（保留 3 位小数）						—
月末在产品成本						
结转完工产品成本						

审核：　　　　制表：

项目二 产品成本计算方法综合实训①

实训十 品种法的运用

1.生产车间领用塑料米：2019年5月6日，北京科云股份有限公司会计收到3张原始单据（见训表10-1-1至训表10-1-3），请根据相关单据进行账务处理。

B-74
扫码看处理

训表10-1-1

领 料 单 No.43843006

领料部门：基本生产车间
用 途：生产键盘
2019 年 05 月 06 日

编号	品名	规格及型号	单位	数量		计划价格	
				请领	实发	单价	总价
001	塑料米		千克	3800	3800		
合	计						

第二联 记账

记账：陈飞 发料：岳嘉禾 领料：陈亚娜

训表10-1-2

领 料 单 No.43843007

领料部门：基本生产车间
用 途：生产鼠标
2019 年 05 月 06 日

编号	品名	规格及型号	单位	数量		计划价格	
				请领	实发	单价	总价
001	塑料米		千克	1100	1100		
合	计						

第二联 记账

记账：陈飞 发料：岳嘉禾 领料：陈亚娜

2.生产键盘领用集成芯片：2019年5月8日，北京科云股份有限公司会计收到2张原始单据（见训表10-2-1、训表10-2-2），请根据相关单据进行账务处理。

B-75
扫码看处理

① 本项目实训资料来源：科云财会理实一体化平台。

训表 10-1-3

发出材料成本计算表

名称：北京科云股份有限公司　　原材料：塑料米　　日期：2019年05月06日

日期	摘要	收入			发出			结存		
		数量	单价	金额	数量	单价	金额	数量	单价	金额
05月01日	期初结存							500	15.00	7500.00
05月04日	购进	5000	15.00	75000.00				5500	15.00	82500.00
05月06日	领用				4900	15.00	73500.00	600	15.00	9000.00

审核人：吴浩　　制表人：陈飞

训表 10-2-1

领　料　单

No. 43843008

领料部门：基本生产车间
用　途：生产键盘

2019 年 05 月 08 日

编号	品名	规格及型号	单位	数量		计划价格	
				请领	实发	单价	总价
002	集成芯片		套	2800	2800		
合　计							

第二联 记账

记账：陈飞　　发料：岳壹禾　　领料：陈亚娜

训表 10-2-2

发出材料成本计算表

名称：北京科云股份有限公司　　原材料：集成芯片　　日期：2019年05月08日

日期	摘要	收入			发出			结存		
		数量	单价	金额	数量	单价	金额	数量	单价	金额
05月01日	期初结存							600	20.00	12000.00
05月05日	购进	3000	20.00	60000.00				3600	20.00	72000.00
05月08日	领用				2800	20.00	56000.00	800	20.00	16000.00

审核人：吴浩　　制表人：陈飞

3.生产鼠标领用感应芯片：2019年5月08日，北京科云股份有限公司会计收到2张原始单据（见训表10-3-1、训表10-3-2），请根据相关单据进行账务处理。

B-76
扫码看处理

训表10-3-1

领　料　单　　No.43843009

领料部门：基本生产车间
用　　途：生产鼠标　　　2019 年 05 月 08 日

编号	品名	规格及型号	单位	数量		计划价格	
				请领	实发	单价	总价
003	感应芯片		套	3000	3000		
合　　计							

第二联　记账

记账：陈飞　　发料：岳嘉禾　　领料：陈亚卿

训表10-3-2

发出材料成本计算表

名称：北京科云股份有限公司　　原材料：感应芯片　　日期：2019年05月08日

日期	摘要	收入			发出			结存		
		数量	单价	金额	数量	单价	金额	数量	单价	金额
05月01日	期初结存							500	12.00	6000.00
05月05日	购进	4000	12.00	48000.00				4500	12.00	54000.00
05月08日	领用				3000	12.00	36000.00	1500	12.00	18000.00

审核人：吴浩　　制表人：陈飞

4.生产车间领用USB接线：2019年5月12日，北京科云股份有限公司会计收到3张原始单据（见训表10-4-1至训表10-4-3），请根据相关单据进行账务处理。

B-77
扫码看处理

训表 10-4-1

领 料 单

No. 43843010

领料部门：基本生产车间

用　途：生产键盘

2019 年 05 月 12 日

编号	品名	规格及型号	单位	数量		计划价格	
				请领	实发	单价	总价
004	USB接线		米	3000	3000		
合	计						

第二联　记账

记账：陈飞　　发料：岳嘉禾　　领料：陈亚娜

训表 10-4-2

领 料 单

No. 43843011

领料部门：基本生产车间

用　途：生产鼠标

2019 年 05 月 12 日

编号	品名	规格及型号	单位	数量		计划价格	
				请领	实发	单价	总价
004	USB接线		米	3000	3000		
合	计						

第二联　记账

记账：陈飞　　发料：岳嘉禾　　领料：陈亚娜

训表 10-4-3

发出材料成本计算表

名称：北京科云股份有限公司　　原材料：USB接线　　日期：2019年05月12日

日期	摘要	收入			发出			结存		
		数量	单价	金额	数量	单价	金额	数量	单价	金额
05月01日	期初结存							1000	2.00	2000.00
05月10日	购进	5000	2.00	10000.00				6000	2.00	12000.00
05月12日	领用				6000	2.00	12000.00	0	0	0

审核人：吴浩　　制表人：陈飞

5.生产车间领用辅助材料：2019年5月12日，北京科云股份有限公司会计收到3张原始单据（见训表10-5-1至训表10-5-3），请根据相关单据进行账务处理。

B-78
扫码看处理

训表10-5-1

领　料　单　　No.43843012

领料部门：基本生产车间
用　途：生产键盘　　2019 年 05 月 12 日

编号	品名	规格及型号	单位	数量		计划价格	
				请领	实发	单价	总价
005	螺丝		盒	50	50		
合	计						

第二联　记账

记账：陈飞　　发料：岳嘉禾　　领料：陈亚卿

训表10-5-2

领　料　单　　No.43843013

领料部门：基本生产车间
用　途：生产鼠标　　2019 年 05 月 12 日

编号	品名	规格及型号	单位	数量		计划价格	
				请领	实发	单价	总价
005	螺丝		盒	30	30		
合	计						

第二联　记账

记账：陈飞　　发料：岳嘉禾　　领料：陈亚卿

训表10-5-3

发出材料成本计算表

名称：北京科云股份有限公司　　原材料：辅助材料-螺丝　　日期：2019年05月12日

日期	摘要	收入			发出			结存		
		数量	单价	金额	数量	单价	金额	数量	单价	金额
05月01日	期初结存							100	50.00	5000.00
05月12日	领用				80	50.00	4000.00	20	50.00	1000.00

审核人：吴浩　　制表人：陈飞

6.计提人工费用：2019年5月31日，北京科云股份有限公司会计收到4张原始单据（见训表10-6-1至训表10-6-4），请根据相关单据进行账务处理（制造费用明细设人工费）。

B-79
扫码看处理

训表 10-6-1

工资结算明细表

单位：北京科云股份有限公司　　　　日期：2019年05月31日

序号	一级部门	二级部门	岗位	姓名	出勤天数	基本工资	加班费	奖金	补贴	应付工资	个人缴纳社保	个人缴纳住房公积金	税前工资	单位缴纳社保	单位缴纳住房公积金	单位支付合计
…																
012	基本生产车间	生管部	车间管理人员	高清平	22	3600.00	500.00	0.00	0.00	4100.00	135.00	120.00	3845.00	365.00	120.00	4585.00
013	基本生产车间	生管部	车间管理人员	邵婷婷	22	3600.00	500.00	0.00	0.00	4100.00	135.00	120.00	3845.00	365.00	120.00	4585.00
014	基本生产车间	生管部	车间管理人员	陈亚琳	22	3300.00	500.00	0.00	0.00	3800.00	135.00	120.00	3545.00	365.00	120.00	4285.00
015	基本生产车间		车间员工	张军	22	2200.00	800.00	0.00	0.00	3000.00	135.00	120.00	2745.00	365.00	120.00	3485.00
016	基本生产车间		车间员工	余建华	22	2200.00	800.00	0.00	0.00	3000.00	135.00	120.00	2745.00	365.00	120.00	3485.00
017	基本生产车间		车间员工	邓馨云	22	2200.00	600.00	0.00	0.00	2800.00	135.00	120.00	2545.00	365.00	120.00	3285.00
018	基本生产车间		车间员工	陈翔杰	22	2200.00	900.00	0.00	0.00	3100.00	135.00	120.00	2845.00	365.00	120.00	3585.00
019	基本生产车间		车间员工	孙洪峰	22	2200.00	800.00	0.00	0.00	3000.00	135.00	120.00	2745.00	365.00	120.00	3485.00
020	基本生产车间		车间员工	石伟	22	2200.00	500.00	0.00	0.00	2700.00	135.00	120.00	2445.00	365.00	120.00	3185.00
021	基本生产车间		车间员工	张火进	22	2200.00	1000.00	0.00	0.00	3200.00	135.00	120.00	2945.00	365.00	120.00	3685.00
022	基本生产车间		车间员工	李小春	22	2200.00	950.00	0.00	0.00	3150.00	135.00	120.00	2895.00	365.00	120.00	3635.00
023	基本生产车间		车间员工	吕平清	22	2200.00	600.00	0.00	0.00	2800.00	135.00	120.00	2545.00	365.00	120.00	3285.00
024	基本生产车间		车间员工	钟清华	22	2200.00	600.00	0.00	0.00	2800.00	135.00	120.00	2545.00	365.00	120.00	3285.00
025	基本生产车间		车间员工	李军霞	22	2200.00	300.00	0.00	0.00	2500.00	135.00	120.00	2245.00	365.00	120.00	2985.00
026	基本生产车间		车间员工	袁毅	22	2200.00	900.00	0.00	0.00	3100.00	135.00	120.00	2845.00	365.00	120.00	3585.00
027	基本生产车间		车间员工	周清山	22	2200.00	1000.00	0.00	0.00	3200.00	135.00	120.00	2945.00	365.00	120.00	3685.00
028	基本生产车间		车间员工	张金华	22	2200.00	500.00	0.00	0.00	2700.00	135.00	120.00	2445.00	365.00	120.00	3185.00
029	基本生产车间		车间员工	杨伟玲	22	2200.00	600.00	0.00	0.00	2800.00	135.00	120.00	2545.00	365.00	120.00	3285.00
030	基本生产车间		车间员工	曾禄圣	22	2200.00	300.00	0.00	0.00	2500.00	135.00	120.00	2245.00	365.00	120.00	2985.00
031	基本生产车间		车间员工	苏雅杰	22	2200.00	800.00	0.00	0.00	3000.00	135.00	120.00	2745.00	365.00	120.00	3485.00
032	基本生产车间		车间员工	张珍	22	2200.00	500.00	0.00	0.00	2700.00	135.00	120.00	2445.00	365.00	120.00	3185.00
033	基本生产车间		车间员工	林小云	22	2200.00	600.00	0.00	0.00	2800.00	135.00	120.00	2545.00	365.00	120.00	3285.00
034	基本生产车间		车间员工	沈建军	22	2200.00	600.00	0.00	0.00	2800.00	135.00	120.00	2545.00	365.00	120.00	3285.00
035	基本生产车间		车间员工	阮永兵	22	2200.00	400.00	0.00	0.00	2600.00	135.00	120.00	2345.00	365.00	120.00	3085.00
036	辅助生产车间	供电车间	车间员工	杨建龙	22	2200.00	500.00	0.00	0.00	2700.00	135.00	120.00	2445.00	365.00	120.00	3185.00
037	辅助生产车间	供电车间	车间员工	吴琳娃	22	2200.00	500.00	0.00	0.00	2700.00	135.00	120.00	2445.00	365.00	120.00	3185.00
038	辅助生产车间	供电车间	车间员工	李新怡	22	2200.00	500.00	0.00	0.00	2700.00	135.00	120.00	2445.00	365.00	120.00	3185.00
039	辅助生产车间	机修车间	车间员工	严慧娜	22	2200.00	500.00	0.00	0.00	2700.00	135.00	120.00	2445.00	365.00	120.00	3185.00
040	辅助生产车间	机修车间	车间员工	李自清	22	2200.00	500.00	0.00	0.00	2700.00	135.00	120.00	2445.00	365.00	120.00	3185.00
041	辅助生产车间	机修车间	车间员工	黄建新	22	2200.00	500.00	0.00	0.00	2700.00	135.00	120.00	2445.00	365.00	120.00	3185.00
…																

审核：吴浩　　　　制表：陈飞

训表 10-6-2

工资结算汇总表

单位：北京科云股份有限公司　　　　日期：2019年05月31日

序号	一级部门	二级部门	基本工资	加班费	奖金	补贴	应付工资	个人缴纳社保	个人缴纳住房公积金	税前工资	单位缴纳社保	单位缴纳住房公积金	单位支付合计
…													
004	基本生产车间	生管部	10500.00	1500.00	0.00	0.00	12000.00	405.00	360.00	11235.00	1095.00	360.00	13455.00
005	基本生产车间		46200.00	14050.00	0.00	0.00	60250.00	2835.00	2520.00	54895.00	7665.00	2520.00	70435.00
006	辅助生产车间	供电车间	6600.00	1500.00	0.00	0.00	8100.00	405.00	360.00	7335.00	1095.00	360.00	9555.00
007	辅助生产车间	机修车间	6600.00	1500.00	0.00	0.00	8100.00	405.00	360.00	7335.00	1095.00	360.00	9555.00
…													

审核：吴浩　　　　制表：陈飞

训表 10-6-3

社会保险费缴费明细

单位：北京科云股份有限公司

项目	个人承担	企业承担
养老保险	3085.71	7665.00
医疗保险	771.43	2190.00
失业保险	192.86	664.25
工伤保险	0.00	43.15
生育保险	0.00	387.60
合计	4050.00	10950.00

审核：吴浩　　　　制表：陈飞

训表 10-6-4

生产人员工资分配表

车间：基本生产车间　　　　　　　　　　　　　　日期：2019年05月31日

序号	产品	单位支付总额	分配标准（工时）	分配率（保留6位小数）	分配金额
001	键盘	70435.00	2850	16.007955	45622.67
002	鼠标		1550		24812.33
	合计	70435.00	4400		70435.00

审核：吴浩　　　　制表：陈飞

7.生产部门购买办公用品：2019年5月16日，北京科云股份有限公司会计人员收到2张原始单据（见训图10-7-1、训图10-7-2），请根据单据进行账务处理。

B-80
扫码看处理

训图 10-7-1

北京增值税专用发票

351100092620　　№ 12982156

发票联　　开票日期：2019年05月16日

购买方	名称：北京科云股份有限公司 纳税人识别号：91110908045615075X 地址、电话：北京高新园创新路55号01088227854 开户行及账号：中国工商银行北京分行110007609048708091012	密码区	1*6<+81+574+9*2+/>0-39063/* -*0/968*624582>91*3/*1<6*42 2477</42**0+7-2</24-630-391 611+>/51433*124*5-+44><9/94

货物或应税劳务、服务名称	规格型号	单位	数量	单价	金额	税率	税额
*印刷品*笔记本		本	56	13.93	780.00	13%	101.40
合计					¥780.00		¥101.40
价税合计（大写）	⊗捌佰捌拾壹圆肆角整				（小写）¥881.40		

销售方	名称：北京宏达股份有限公司 纳税人识别号：91110270590522288X 地址、电话：北京朝阳区人民广场108号01053847496 开户行及账号：中国工商银行北京朝阳支行11000763231300101 2354	备注	北京宏达股份有限公司 91110270590522288X 发票专用章

收款人：　　复核：　　开票人：展丽连　　销售方：（章）

第三联：发票联　购买方记账凭证

税总函[2016]117号海南华森实业公司

训图 10-7-2

费用报销单

日期：2019年05月16日　　　　附件 1 张

报销人	陈亚娜	所属部门	基本生产车间	报销形式	现金
				支票号码	
报销项目		摘要		金额	备注
报销办公费		笔记本56本		881.40	
		现金付讫			
合　　计				¥881.40	
金额大写（人民币）：捌佰捌拾壹元肆角整				原借款：0.00元	公司应支付：¥881.40元 个人应退回：0.00元

财务经理：张乐　部门经理：高清平　会计：陈飞　出纳：谢娜　收款人：陈亚娜

8.报销差旅费：2019年5月23日，北京科云股份有限公司会计收到4张原始单据（见训图10-8-1至训图10-8-4），请根据相关单据进行账务处理。

B-81
扫码看处理

训图 10-8-1

差旅费报销单

部门：机修车间　　日期：2019年05月23日　　编号 008900

出差人	李远浩						出差事由		维修支持								
出发			到达				交通			出差补助		其他费用金额					
月	日	地点	月	日	地点	人数	工具	金额	天数	补助标准	金额	住宿费用	市内交通	餐费			
05	21	北京	05	21	广州	1	火车	218.00	3			1060.00					
05	23	广州	05	23	北京	1	火车	218.00	3								
合计								¥436.00	—	——		¥1060.00					
报销总额	人民币(大写) 壹仟肆佰玖拾陆元整							¥1496.00		预借金额：¥0.00							
										退/补金额：¥1496.00				支付方式：现金			

现金付讫

财务主管 吴浩　部门主管 严惠娜　会计 陈飞　出纳 谢娜　领款人 李远浩

训图 10-8-2

A2867586　　京售
2019年05月21日14:00开　　02车004号
二等座
北京　K3021次　广州
Beijing　→　Guangzhou
¥218.00元
限乘当日当次车
李远浩
3503221971****0035
2369-3001-0111-12A0-0236-8　　和谐号

训图 10-8-3

B2750091　　粤售
2019年05月23日09:00开　　02车023号
二等座
广州　K2245次　北京
Guangzhou　→　Beijing
¥218.00元
限乘当日当次车
李远浩
3503221971****0035
2369-3001-0111-12A0-0236-8　　和谐号

训图 10-8-4

广东增值税专用发票

351100092620　　№ 62132435

发票联　　开票日期：2019年05月23日

购买方	名　　称：北京科云股份有限公司 纳税人识别号：91110908045615075X 地 址、电 话：北京高新园创新路55号01088227854 开户行及账号：中国工商银行北京分行110007609048708091012	密码区	1*6<+81+574+9*2+/>0-39063/* -*0/968*624582>91*3/*1<6*42 2477</42**0+7-2</24-630-391 611+>/51433*124*5-+44><9/94

货物或应税劳务、服务名称	规格型号	单位	数量	单价	金额	税率	税额
*生活服务*住宿费		天	2	500.00	1000.00	6%	60.00
合　　计					¥1000.00		¥60.00
价税合计（大写）	⊗壹仟零陆拾圆整				（小写）¥1060.00		

销售方	名　　称：七天连锁商务酒店有限公司广州分公司 纳税人识别号：92201090804691506X 地 址、电 话：广州越秀园三开路11号020-36582345 开户行及账号：中国工商银行广州朝阳支行1100076323136589[illegible]933	备注	

收款人：　　复核：　　开票人：　　销售方：（章）

第三联：发票联　购买方记账凭证

税总函〔2016〕117号海南华森实业公司

9.分摊房租费：2019年5月31日，北京科云股份有限公司会计收到4张原始单据（见训图10-9-1至训图10-9-4），请根据相关单据进行账务处理。

B-82
扫码看处理

训图 10-9-1

北京增值税专用发票

351100092620　　№ 01265223

发票联　　开票日期：2019年05月31日

购买方	名　　称：北京科云股份有限公司 纳税人识别号：91110908045615075X 地 址、电 话：北京高新园创新路55号01088227854 开户行及账号：中国工商银行北京分行110007609048708091012	密码区	1*6<+81+574+9*2+/>0-39063/* -*0/968*624582>91*3/*1<6*42 2477</42**0+7-2</24-630-391 611+>/51433*124*5-+44><9/94

货物或应税劳务、服务名称	规格型号	单位	数量	单价	金额	税率	税额
*经营租赁*房屋租赁费		m²	2500	12.00	30000.00	9%	2700.00
合　　计					¥30000.00		¥2700.00
价税合计（大写）	⊗叁万贰仟柒佰圆整				（小写）¥32700.00		

销售方	名　　称：北京蓝天实业有限公司 纳税人识别号：91110270590544459X 地 址、电 话：北京海淀区西苑三里08号01083847491 开户行及账号：中国工商银行北京西城支行110007632313001078967	备注	房屋地址：北京高新园创新路55号

收款人：　　复核：　　开票人：　　销售方：（章）

第三联：发票联　购买方记账凭证

税总函〔2016〕117号海南华森实业公司

训图 10-9-2

房租费分摊表

单位：北京科云股份有限公司　　　　日期：2019年05月31日

序号	一级部门	二级部门	本月摊销总额	使用面积（平方）	单价	分配费用
1	综合管理部		30000.00	80	12.00	960.00
2	财务管理部			60	12.00	720.00
3	业务发展部			80	12.00	960.00
4	基本生产车间			2120	12.00	25440.00
5	辅助生产车间	供电车间		100	12.00	1200.00
6	辅助生产车间	机修车间		60	12.00	720.00
	合计		—	2500		30000.00

审核：吴浩　　　　制表：陈飞

训图 10-9-3

ICBC 中国工商银行　业务回单（付款）

日期：2019 年05月31日　　　　回单编号：54536124

付款人户名：北京科云股份有限公司　　　　付款人开户行：中国工商银行北京分行
付款人账号（卡号）：110007609048708091012
收款人户名：北京蓝天实业有限公司　　　　收款人开户行：中国工商银行北京西城支行
收款人账号（卡号）：110007632313001078967
金额：叁万贰仟柒佰元整　　　　小写：　¥32700.00元
业务（产品）种类：同行付款　　凭证种类：000000000　　凭证号码：0000000000000000
摘要：房租费　　用途：房租费　　币种：人民币
交易机构：0410000298　　记账柜员：00023　　交易代码：52063　　渠道：其他渠道
附言：

支付交易序号：5894928　　报文种类：00100 汇兑报文　　委托日期：2019年05月31日
业务类型(种类)：同行付款
收款人地址：北京海淀区西苑三里08号
付款人地址：北京高新园创新路55号

本回单为第1次打印，注意重复　　打印日期：2019 年05月31日　　打印柜员：9　　验证码：4985B3B3006

（印章：中国工商银行北京分行 自助回单机专用章 (003)）

训图 10-9-4

付款申请单

申请部门：行政部　　　　2019 年 05 月 31 日

收款单位名称（全称）	付款事由（用途）	金额	付款方式
北京蓝天实业有限公司	房租费	32700.00	网银转账
备注	支付房租费　银行转讫		
合计金额（大写）	零 佰零 拾叁 万贰 仟柒 佰零 拾零 元零 角零 分	合计金额（小写）	¥：32700.00
发票种类	增值税专用发票	款项所属账期	2019 年 05 月

总经理：许建辉　审批：吴浩　财务：陈飞　主管：林月　经办：董智磊

10.分摊水电费：2019年5月31日，北京科云股份有限公司会计收到5张原始单据（见训图10-10-1至训图10-10-4、训表10-10-1），请根据相关单据进行账务处理。

B-83
扫码看处理

训图10-10-1

351100092620　　**北京增值税专用发票**　　№ 44116433

北京　发票联

开票日期：2019年05月31日

购买方	名　　称：北京科云股份有限公司 纳税人识别号：91110908045615075X 地址、电话：北京高新园创新路55号01088227854 开户行及账号：中国工商银行北京分行110007609048708091012			密码区	1*6<+81+574+9*2+/>0-39063/* -*0/968*624582>91*3/*1<6*42 2477</42**0+7-2</24-630-391 611+>/51433*124*5-+44><9/94		
货物或应税劳务、服务名称	规格型号	单位	数量	单价	金额	税率	税额
*供电*电费		千瓦时	12000	1.00	12000.00	13%	1560.00
合　　计					¥12000.00		¥1560.00
价税合计（大写）	⊗壹万叁仟伍佰陆拾圆整				（小写）¥13560.00		
销售方	名　　称：北京市供电局 纳税人识别号：91110908045615067X 地址、电话：北京电信园甄姬路40号　010-65135901 开户行及账号：中国工商银行北京西城支行110007632313001075445			备注			

收款人：　　复核：　　开票人：王忠　　销售方：（章）

（印章：北京市供电局 91110908045615067X 发票专用章）

税总函[2016]117号海南华森实业公司

第三联：发票联　购买方记账凭证

训图10-10-2

351100092620　　**北京增值税专用发票**　　№ 44114436

北京　发票联

开票日期：2019年05月31日

购买方	名　　称：北京科云股份有限公司 纳税人识别号：91110908045615075X 地址、电话：北京高新园创新路55号01088227854 开户行及账号：中国工商银行北京分行110007609048708091012			密码区	1*6<+81+574+9*2+/>0-39063/* -*0/968*624582>91*3/*1<6*42 2477</42**0+7-2</24-630-391 611+>/51433*124*5-+44><9/94		
货物或应税劳务、服务名称	规格型号	单位	数量	单价	金额	税率	税额
*水冰雪*水费		吨	300	4.00	1200.00	9%	108.00
合　　计					¥1200.00		¥108.00
价税合计（大写）	⊗壹仟叁佰零捌圆整				（小写）¥1308.00		
销售方	名　　称：北京水务集团有限公司 纳税人识别号：91769465476996689X 地址、电话：北京高新园佳园路31号　010-88227741 开户行及账号：中国工商银行北京分行　110356789772041011688			备注			

收款人：　　复核：　　开票人：廖德铭　　销售方：（章）

（印章：北京水务集团有限公司 91769465476996689X 发票专用章）

税总函[2016]117号海南华森实业公司

第三联：发票联　购买方记账凭证

训图 10-10-3

ICBC 中国工商银行 业务回单（付款）

日期：2019 年05月31日　　回单编号：54536065

付款人户名：北京科云股份有限公司　　付款人开户行：中国工商银行北京分行
付款人账号（卡号）：110007609048708091012
收款人户名：北京市供电局　　收款人开户行：中国工商银行北京西城支行
收款人账号（卡号）：110007632313001075445
金额：壹万叁仟伍佰陆拾元整　　小写：￥13560.00元
业务（产品）种类：委托代扣　　凭证种类：000000000　　凭证号码：00000000000000000
摘要：电费　　用途：电费　　币种：人民币
交易机构：0410000298　　记账柜员：00023　　交易代码：52063　　渠道：其他渠道
附言：

支付交易序号：5894928　　报文种类：00100 汇兑报文　　委托日期：2019年05月31日
业务类型（种类）：委托代扣
收款人地址：北京电信园甄姬路40号
付款人地址：北京高新园创新路55号

本回单为第1次打印，注意重复　　打印日期：2019 年05月31日　　打印柜员：9　　验证码：4985B3E3006

中国工商银行北京分行 自助回单机专用章 (003)

训图 10-10-4

ICBC 中国工商银行 业务回单（付款）

日期：2019 年05月31日　　回单编号：90380456

付款人户名：北京科云股份有限公司　　付款人开户行：中国工商银行北京分行
付款人账号（卡号）：110007609048708091012
收款人户名：北京水务集团有限公司　　收款人开户行：中国工商银行北京分行
收款人账号（卡号）：110356789772041011688
金额：壹仟叁佰零捌元整　　小写：￥1308.00元
业务（产品）种类：委托代扣　　凭证种类：000000000　　凭证号码：00000000000000000
摘要：水费　　用途：水费　　币种：人民币
交易机构：0410000298　　记账柜员：00023　　交易代码：52063　　渠道：其他渠道
附言：

支付交易序号：5894928　　报文种类：00100 汇兑报文　　委托日期：2019年05月31日
业务类型（种类）：委托代扣
收款人地址：北京高新园佳园路31号
付款人地址：北京高新园创新路55号

本回单为第1次打印，注意重复　　打印日期：2019 年05月31日　　打印柜员：9　　验证码：4985B3E3006

中国工商银行北京分行 自助回单机专用章 (003)

训表 10-10-1

水电费用分摊表

单位：北京科云股份有限公司　　日期：2019年05月31日

序号	一级部门	二级部门	水电费合计	摊销系数	分配金额	备注
1	综合管理部		13200.00	5%	660.00	
2	财务管理部			3%	396.00	
3	业务发展部			4%	528.00	
4	基本生产车间			60%	7920.00	
5	辅助生产车间	供电车间		18%	2376.00	
6	辅助生产车间	机修车间		10%	1320.00	
	合计	——	13200.00	100%	13200.00	

审核：吴浩　　制表：陈飞

11.计提折旧费：2019年5月31日，北京科云股份有限公司会计人员收到1张原始单据（见训表10-11-1），请根据单据进行账务处理（累计折旧不设二级科目）。

B-84
扫码看处理

训表10-11-1

固定资产折旧计提表

公司：北京科云股份有限公司　　　　日期：2019年05月31日

代码	名称	类别	一级部门	二级部门	使用情况	入账日期	增加方式	折旧方式	预计使用年限	原值	预计净残值	每月折旧	累计折旧
001	联想电脑	电子设备	综合管理部		在用	2019年02月13日	外购	年限平均法	3	4200.00	210.00	110.83	332.49
002	联想电脑	电子设备	综合管理部		在用	2019年02月13日	外购	年限平均法	3	4200.00	210.00	110.83	332.49
003	联想电脑	电子设备	综合管理部		在用	2019年02月13日	外购	年限平均法	3	4200.00	210.00	110.83	332.49
004	空调	电子设备	综合管理部		在用	2019年04月10日	外购	年限平均法	3	3500.00	175.00	92.36	92.36
005	打印机	电子设备	综合管理部		在用	2019年02月13日	外购	年限平均法	3	2400.00	120.00	63.33	189.99
006	联想电脑	电子设备	财务管理部		在用	2019年02月13日	外购	年限平均法	3	4200.00	210.00	110.83	332.49
007	联想电脑	电子设备	财务管理部		在用	2019年02月13日	外购	年限平均法	3	4200.00	210.00	110.83	332.49
008	打印机	电子设备	财务管理部		在用	2019年02月13日	外购	年限平均法	3	2400.00	120.00	63.33	189.99
009	空调	电子设备	财务管理部		在用	2019年02月13日	外购	年限平均法	3	3300.00	175.00	92.36	277.08
	小计									**32800.00**	**1640.00**	**865.53**	**2411.87**
010	联想电脑	电子设备	业务发展部		在用	2019年02月13日	外购	年限平均法	3	4200.00	210.00	110.83	332.49
011	联想电脑	电子设备	业务发展部		在用	2019年02月13日	外购	年限平均法	3	4200.00	210.00	110.83	332.49
012	联想电脑	电子设备	业务发展部		在用	2019年02月13日	外购	年限平均法	3	4200.00	210.00	110.83	332.49
013	打印机	电子设备	业务发展部		在用	2019年02月13日	外购	年限平均法	3	2400.00	120.00	63.33	189.99
014	空调	电子设备	业务发展部		在用	2019年04月10日	外购	年限平均法	3	3500.00	175.00	92.36	92.36
015	小汽车	交通工具	业务发展部		在用	2019年04月16日	外购	年限平均法	4	136000.00	6800.00	2691.67	2691.67
	小计									**154500.00**	**7725.00**	**3179.85**	**3971.49**
016	联想电脑	电子设备	基本生产车间		在用	2019年01月18日	外购	年限平均法	3	4200.00	210.00	110.83	443.32
017	联想电脑	电子设备	基本生产车间		在用	2019年01月18日	外购	年限平均法	3	4200.00	210.00	110.83	443.32
018	打印机	电子设备	基本生产车间		在用	2019年01月18日	外购	年限平均法	3	2400.00	120.00	63.33	253.32
019	空调	电子设备	基本生产车间		在用	2019年01月18日	外购	年限平均法	3	5000.00	250.00	131.94	527.76
020	连铸机	机械设备	基本生产车间		在用	2019年01月11日	外购	平均年限法	10	78000.00	3900.00	617.50	2470.00
021	自动化生产线	机械设备	基本生产车间		在用	2019年01月11日	外购	年限平均法	10	138000.00	6900.00	1092.50	4370.00
022	自动化生产线	机械设备	基本生产车间		在用	2019年01月11日	外购	年限平均法	10	160000.00	8000.00	1266.67	5066.68
023	激光打标机	机械设备	基本生产车间		在用	2019年01月11日	外购	年限平均法	10	65000.00	3250.00	514.58	2058.32
024	线材测试设备	机械设备	基本生产车间		在用	2019年01月11日	外购	年限平均法	10	80000.00	4000.00	633.33	2533.32
	小计									**536800.00**	**26840.00**	**4541.51**	**18166.04**
025	配变电压器	电子设备	辅助生产车间	供电车间	在用	2019年02月15日	外购	年限平均法	3	56000.00	2800.00	1477.78	4433.34
026	稳压器	电子设备	辅助生产车间	供电车间	在用	2019年02月15日	外购	年限平均法	3	12000.00	600.00	316.67	950.01
027	停电备用发电机	机械设备	辅助生产车间	供电车间	在用	2019年02月18日	外购	年限平均法	10	88000.00	4400.00	696.67	2090.01
028	联想电脑	电子设备	辅助生产车间	供电车间	在用	2019年02月13日	外购	年限平均法	3	4200.00	210.00	110.83	332.49
	小计									**160200.00**	**8010.00**	**2601.95**	**7805.85**
029	电路测试仪	工具器具	辅助生产车间	机修车间	在用	2019年01月10日	外购	年限平均法	5	18000.00	900.00	285.00	570.00
030	电焊机	工具器具	辅助生产车间	机修车间	在用	2019年03月10日	外购	年限平均法	3	8000.00	400.00	126.67	253.34
031	钻床	工具器具	辅助生产车间	机修车间	在用	2019年03月10日	外购	年限平均法	5	32000.00	1600.00	506.67	1013.34
032	联想电脑	电子设备	辅助生产车间	机修车间	在用	2019年03月10日	外购	年限平均法	3	4200.00	210.00	110.83	221.66
	小计									**62200.00**	**3110.00**	**1020.17**	**2058.34**
	合计									**946500.00**	**47325.00**	**12218.01**	**34413.59**

12.辅助生产车间（供电车间）领用物料：2019年5月31日，北京科云股份有限公司会计收到4张原始单据（见训表10-12-1至训表10-12-4），请根据相关单据进行账务处理。

B-85
扫码看处理

训表10-12-1

领　料　单　　　　No.30324454

领料部门：辅助生产车间
用　　途：供电车间领用　　　　2019 年 05 月 14 日

编号	品名	规格及型号	单位	数量		计划价格	
				请领	实发	单价	总价
012	辅助材料（电线）		卷	6	6		
合　　计							

第二联　记账

记账：陈飞　　　　发料：岳嘉禾　　　　领料：杨建聪

训表 10-12-2

领 料 单 No.30324453

领料部门：辅助生产车间

用 途：供电车间领用 2019 年 05 月 14 日

编号	品名	规格及型号	单位	数量		计划价格	
				请领	实发	单价	总价
021	物料消耗（电笔）		支	10	10		
合		计					

记账：陈飞 发料：岳嘉禾 领料：杨建聪

第二联 记账

训表 10-12-3

领 料 单 No.30324463

领料部门：辅助生产车间

用 途：供电车间领用 2019 年 05 月 16 日

编号	品名	规格及型号	单位	数量		计划价格	
				请领	实发	单价	总价
022	物料消耗（电表箱）		个	2	2		
合		计					

记账：陈飞 发料：岳嘉禾 领料：杨建聪

第二联 记账

训表 10-12-4

领用材料汇总表

单位：北京科云股份有限公司 领用车间：供电车间 日期：2019年05月31日

序号	项目		单位	数量	单价	金额
012	原材料	辅助材料（电线）	卷	6	200.00	1200.00
021	周转材料	物料消耗（电笔）	支	10	30.00	300.00
022	周转材料	物料消耗（电表箱）	个	2	200.00	400.00
	合计					¥1900.00

审核：吴浩 制表：陈飞

13.辅助生产车间（机修车间）领用物料：2019年5月31日，北京科云股份有限公司会计收到3张原始单据（见训表10-13-1至训表10-13-3），请根据相关单据进行账务处理。

B-86
扫码看处理

训表 10-13-1

领　料　单　　No. 30324435

领料部门：辅助生产车间

用　　途：机修车间领用　　　　2019 年 05 月 11 日

编号	品名	规格及型号	单位	数量		计划价格	
				请领	实发	单价	总价
023	物料消耗（五金工具）		套	2	2		
合		计					

第二联　记账

记账：陈飞　　发料：岳嘉禾　　领料：严惠娜

训表 10-13-2

领　料　单　　No. 30324438

领料部门：辅助生产车间

用　　途：机修车间领用　　　　2019 年 05 月 13 日

编号	品名	规格及型号	单位	数量		计划价格	
				请领	实发	单价	总价
024	物料消耗（工具柜）		个	1	1		
合		计					

第二联　记账

记账：陈飞　　发料：岳嘉禾　　领料：亚惠娜

训表 10-13-3

领用材料汇总表

单位：北京科云股份有限公司　　领用车间：机修车间　　日期：2019年05月31日

序号	项目		单位	数量	单价	金额
023	周转材料	物料消耗（五金工具）	套	2	300.00	600.00
024	周转材料	物料消耗（工具柜）	个	1	300.00	300.00
	合计					￥900.00

审核：吴浩　　制表：陈飞

14.结转辅助生产成本：2019 年 5 月 31 日，北京科云股份有限公司会计收到 1 张原始单据（见训表 10-14-1），请根据此单据进行账务处理。

B-87

扫码看处理

训表 10-14-1

辅助生产费用分配表

车间：辅助生产车间　　　　　　　　　　　　编制日期：2019年05月31日

项目			供电车间	机修车间	合计
待分配费用（元）			17632.95	14924.17	32557.12
产品或劳务供应数量			11000	520	—
分配率（保留3位小数）			1.603	28.700	—
基本生产	键盘	耗用数量	5000	240	—
		分配金额（元）	8015.00	6888.00	14903.00
	鼠标	耗用数量	3800	130	—
		分配金额（元）	6091.40	3731.00	9822.40
	基本生产车间	耗用数量	1100	80	—
		分配金额（元）	1763.30	2296.00	4059.30
综合管理部/财务部		耗用数量	600	40	—
		分配金额（元）	961.80	1148.00	2109.80
业务发展部		耗用数量	500	30	—
		分配金额（元）	801.45	861.17	1662.62

审核：吴浩　　　　制表：陈飞

15.生产车间领用机物料：2019年5月25日，北京科云股份有限公司会计人员收到以下2张原始单据（见训表10-15-1、训表10-15-2），请根据相关单据进行账务处理。

B-88
扫码看处理

训表 10-15-1

领　料　单

No.25745642

领料部门：基本生产车间
用　　途：机械设备耗用
2019 年 05 月 25 日

编号	品名	规格及型号	单位	数量		计划价格	
				请领	实发	单价	总价
031	物料消耗（机油）		罐	20	20		
合　　计							

第二联　记账

记账：陈飞　　发料：岳嘉禾　　领料：陈亚娜

训表 10-15-2

发出材料成本计算表

名称：北京科云股份有限公司　　　　周转材料：物料消耗（机油）　　　　日期:2019年05月25日

项目		收入			发出			结存		
日期	摘要	数量	单价	金额	数量	单价	金额	数量	单价	金额
05月01日	期初结存							2	220.00	440.00
05月04日	材料入库	20	220.00	4400.00				22	220.00	4840.00
05月25日	领用材料				20	220.00	4400.00	2	220.00	440.00

审核人：吴浩　　　　制表人：陈飞

16. 结转制造费用：2019年5月31日，北京科云股份有限公司会计人员收到1张原始单据（见训表10-16-1），请根据此单据进行账务处理。

B-89
扫码看处理

训表 10-16-1

制造费用分配表

车间：基本生产车间　　　　日期：2019年05月31日

项　目			金　额
制造费用归集	制造费用-材料费		4400.00
	制造费用-办公费		780.00
	制造费用-水电费		7920.00
	制造费用-房租费		25440.00
	制造费用-人工费		13455.00
	制造费用-折旧费		4541.51
	制造费用-辅助费摊销		4059.30
	制造费用合计：		60595.81
制造费用分配	分配总工时（小时）		5300
	分配率（保留3位小数）		11.433
	键　盘	耗用工时	3400
		分摊金额（元）	38872.20
	鼠　标	耗用工时	1900
		分摊金额（元）	21723.61

审核：吴浩　　　　制表：陈飞

17. 编制完工产品成本分配表（键盘）：2019年5月31日，请根据相关单据（见训表10-17-1至训表10-17-4）编制北京科云股份有限公司完工产品成本分配表（见训表10-17-5）并结转完工产品成本。

B-90
扫码看处理

训表 10-17-1

月末产量情况表

单位：北京科云股份有限公司　　　　日期：2019年05月31日

序号	产品名称	月初在产品	本月投产量	完工产品量	月末在产品
001	键盘	200	2800	2650	350
002	鼠标	250	3000	2860	390

审核：吴浩　　　　制表：陈飞

训表 10-17-2

分页：05　总页：20

生产成本　　明细账

二级科目：基本生产成本-键盘

2019年 月	日	凭单号	摘要	借方	贷方	借或贷	余额	（借）方金额分析 直接材料	直接人工	制造费用	
04	30		承前页			借	1040000				
04	30		本月合计	18542208	17502208	借	1040000	600000	200000	240000	

训表 10-17-3

在产品单位定额表

单位：北京科云股份有限公司　　　　日期：2019年05月31日

序号	产品名称	项目	直接材料	直接人工	制造费用
001	键盘	在产品定额	30.00	10.00	12.00
002	鼠标	在产品定额	14.00	5.00	7.00

审核：吴浩　　　　制表：陈飞

训表 10-17-4

入　库　单

№：55623418

交货单位：基本生产车间　　　　2019年05月31日

品名	单位	规格	数量	单价	金额（千百十万千百十元角分）
键盘	个		2650		
合计大写	仟　佰　拾　万　仟　佰　拾　元　角　分 ￥				

第二联　会计联

记账 陈飞　　保管 岳嘉禾　　制票 岳嘉禾

训表 10-17-5

完工产品成本分配表（定额成本法）

车间：基本生产车间　　产品：键盘　　日期：2019年05月31日

项　　目		直接材料	直接人工	制造费用	合　计
期初余额					
本月发生额					
合　计：					
产品产量（个）	完工产品数量				—
	在产品数量				—
	合　计：				—
在产品单位定额					
月末在产品成本					
结转完工产品成本					

审核：　　制表：

18.编制完工产品成本分配表（鼠标）：2019年5月31日，请根据相关单据（见训表10-18-1至训表10-18-4）编制北京科云股份有限公司完工产品成本分配表（见训表10-18-5）并结转完工产品成本。

B-91
扫码看处理

训表 10-18-1

月末产量情况表

单位：北京科云股份有限公司　　日期：2019年05月31日

序号	产品名称	月初在产品	本月投产量	完工产品量	月末在产品
001	键盘	200	2800	2650	350
002	鼠标	250	3000	2860	390

审核：吴浩　　制表：陈飞

训表 10-18-2

分页：07　总页：20

生产成本　明细账

二级科目：基本生产成本-鼠标

2019年 月	日	凭单号	摘要	借方	贷方	借或贷	余额	（借）方金额分析 直接材料	直接人工	制造费用	
04	30		承前页			借	900000				
04	30		本月合计	11642532	10742532	借	900000	480000	165000	255000	

训表 10-18-3

在产品单位定额表

单位：北京科云股份有限公司　　日期：2019年05月31日

序号	产品名称	项目	直接材料	直接人工	制造费用
001	键盘	在产品定额	30.00	10.00	12.00
002	鼠标	在产品定额	14.00	5.00	7.00

审核：吴浩　　制表：陈飞

训表 10-18-4

入 库 单 №55623400

交货单位：基本生产车间 2019 年 05 月 31 日

品 名	单位	规 格	数 量	单 价	金额（千百十万千百十元角分）
鼠标	个		2860		
合计大写	仟 佰 拾 万 仟 佰 拾 元 角 分 ¥				

第二联 会计联

记账 陈飞 保管 岳嘉禾 制票 岳嘉禾

训表 10-18-5

完工产品成本分配表（定额成本法）

车间：基本生产车间 产品：鼠标 日期：2019年05月31日

项 目		直接材料	直接人工	制造费用	合 计
期初余额					
本月发生额					
合 计：					
产品产量（个）	完工产品数量				——
	在产品数量				——
	合 计：				——
在产品单位定额					
月末在产品成本					
结转完工产品成本					

审核： 制表：

实训十一 分批法的运用

1. 生产601批次（办公桌）领用材料：2019年7月31日，北京科云股份有限公司会计收到4张原始单据（见训表11-1-1至训表11-1-4），请根据相关单据进行账务处理。

B-92
扫码看处理

训表 11-1-1

领 料 单 No.30324404

领料部门：基本生产车间
用 途：生产601批次（办公桌） 2019 年 07 月 02 日

编号	品名	规格及型号	单位	数量		计划价格	
				请领	实发	单价	总价
001	软木材料		平方米	780	780		
合	计						

第二联 记账

记账 陈飞 发料：岳嘉禾 领料：陈亚娜

训表 11-1-2

领　料　单

No. 30324413

领料部门：基本生产车间

用　　途：生产601批次（办公桌）　　　2019 年 07 月 05 日

编号	品名	规格及型号	单位	数量		计划价格	
				请领	实发	单价	总价
002	屏风		张	560	560		
合　　计							

第二联　记账

记账：陈飞　　发料：岳嘉禾　　领料：陈亚娜

训表 11-1-3

领　料　单

No. 30324416

领料部门：基本生产车间

用　　途：生产601批次（办公桌）　　　2019 年 07 月 10 日

编号	品名	规格及型号	单位	数量		计划价格	
				请领	实发	单价	总价
003	G1201油漆		桶	110	110		
合　　计							

第二联　记账

记账：陈飞　　发料：岳嘉禾　　领料：陈亚娜

训表 11-1-4

领用材料汇总表

单位：北京科云股份有限公司　　领用车间：生产车间　　日期：2019年07月31日

序号	项目		用途	单位	数量	单价	金额
001	原材料	软木材料	601批次生产领用	平方米	780	80.00	62400.00
002	原材料	屏风	601批次生产领用	张	560	70.00	39200.00
003	原材料	G1201油漆	601批次生产领用	桶	110	150.00	16500.00
	合　计：						¥118100.00

审核：吴浩　　制表：陈飞

2. 生产701批次（高档办公桌）领用材料：2019年7月31日，北京科云股份有限公司会计收到4张原始单据（见训表11-2-1至训表11-2-4），请根据相关单据进行账务处理。

B-93
扫码看处理

训表11-2-1

领 料 单 No.30324406

领料部门：基本生产车间
用 途：生产701批次（高档办公桌） 2019 年 07 月 04 日

编号	品名	规格及型号	单位	数量		计划价格	
				请领	实发	单价	总价
001	实木板		平方米	340	340		
合	计						

第二联 记账

记账：陈飞 发料：岳嘉禾 领料：陈亚娜

训表11-2-2

领 料 单 No.30324414

领料部门：基本生产车间
用 途：生产701批次（高档办公桌） 2019 年 07 月 06 日

编号	品名	规格及型号	单位	数量		计划价格	
				请领	实发	单价	总价
002	屏风		张	240	240		
合	计						

第二联 记账

记账：陈飞 发料：岳嘉禾 领料：陈亚娜

训表11-2-3

领 料 单 No.30324417

领料部门：基本生产车间
用 途：生产701批次（高档办公桌） 2019 年 07 月 12 日

编号	品名	规格及型号	单位	数量		计划价格	
				请领	实发	单价	总价
003	G1204油漆		桶	40	40		
合	计						

第二联 记账

记账：陈飞 发料：岳嘉禾 领料：陈亚娜

训表 11-2-4

领用材料汇总表

单位：北京科云股份有限公司　　　　领用车间：生产车间　　　　日期：2019年07月31日

序号	项目		用途	单位	数量	单价	金额
001	原材料	实木板	701批次生产领用	平方米	340	140.00	47600.00
002	原材料	屏风	701批次生产领用	张	240	70.00	16800.00
003	原材料	G1204油漆	701批次生产领用	桶	40	200.00	8000.00
	合　计：						¥72400.00

审核：吴浩　　　　制表：陈飞

3.计提人工费用：2019年7月31日，北京科云股份有限公司会计人员收到4张原始单据（见训表11-3-1至训表11-3-4），请根据相关单据进行账务处理（制造费用明细设人工费）。

B-94
扫码看处理

训表 11-3-1

工资结算明细表

单位：北京科云股份有限公司　　　　日期：2019年07月31日

序号	一级部门	二级部门	岗位	姓名	出勤天数	基本工资	加班费	奖金	补贴	应付工资	个人缴纳社保	个人缴纳住房公积金	税前工资	单位缴纳社保	单位缴纳住房公积金	单位支付合计
…																
018	基本生产车间	管理组	管理员	张军	22	3000.00	800.00			3800.00	135.00	120.00	3545.00	365.00	120.00	4285.00
019	基本生产车间	管理组	管理员	吴建华	22	4000.00	800.00			4800.00	135.00	120.00	4545.00	365.00	120.00	5285.00
020	基本生产车间	管理组	管理员	刘慧云	22	3500.00	800.00			4300.00	135.00	120.00	4045.00	365.00	120.00	4785.00
021	基本生产车间	管理组	管理员	陈冠娜	22	3500.00	800.00			4300.00	135.00	120.00	4045.00	365.00	120.00	4785.00
022	基本生产车间	生产组	车间员工	孙洪峰	22	2600.00	600.00			3200.00	135.00	120.00	2945.00	365.00	120.00	3685.00
023	基本生产车间	生产组	车间员工	张金华	22	2600.00	500.00			3100.00	135.00	120.00	2845.00	365.00	120.00	3585.00
024	基本生产车间	生产组	车间员工	钱传瑞	22	2600.00	600.00			3200.00	135.00	120.00	2945.00	365.00	120.00	3685.00
025	基本生产车间	生产组	车间员工	曹振备	22	2600.00	600.00			3200.00	135.00	120.00	2945.00	365.00	120.00	3685.00
026	基本生产车间	生产组	车间员工	苏耀忠	22	2600.00	800.00			3400.00	135.00	120.00	3145.00	365.00	120.00	3885.00
027	基本生产车间	生产组	车间员工	石伟	22	2600.00	500.00			3100.00	135.00	120.00	2845.00	365.00	120.00	3585.00
028	基本生产车间	生产组	车间员工	杨火进	22	2600.00	700.00			3300.00	135.00	120.00	3045.00	365.00	120.00	3785.00
029	基本生产车间	生产组	车间员工	李小蓉	22	2600.00	950.00			3550.00	135.00	120.00	3295.00	365.00	120.00	4035.00
030	基本生产车间	生产组	车间员工	吕平清	22	2600.00	590.00			3190.00	135.00	120.00	2935.00	365.00	120.00	3675.00
031	基本生产车间	生产组	车间员工	钟清华	22	2600.00	600.00			3200.00	135.00	120.00	2945.00	365.00	120.00	3685.00
032	基本生产车间	生产组	车间员工	李军营	22	2600.00	680.00			3280.00	135.00	120.00	3025.00	365.00	120.00	3765.00
033	基本生产车间	生产组	车间员工	袁敏	22	2600.00	900.00			3500.00	135.00	120.00	3245.00	365.00	120.00	3985.00
034	基本生产车间	生产组	车间员工	周满业	22	2600.00	900.00			3500.00	135.00	120.00	3245.00	365.00	120.00	3985.00
035	基本生产车间	生产组	车间员工	张珍	22	2600.00	500.00			3100.00	135.00	120.00	2845.00	365.00	120.00	3585.00
036	基本生产车间	生产组	车间员工	林萍	22	2600.00	600.00			3200.00	135.00	120.00	2945.00	365.00	120.00	3685.00
037	基本生产车间	生产组	车间员工	蔡金明	22	2600.00	900.00			3500.00	135.00	120.00	3245.00	365.00	120.00	3985.00
038	基本生产车间	生产组	车间员工	王蓼源	22	2600.00	400.00			3000.00	135.00	120.00	2745.00	365.00	120.00	3485.00
039	基本生产车间	生产组	车间员工	孙忠涛	22	2600.00	500.00			3100.00	135.00	120.00	2845.00	365.00	120.00	3585.00
040	基本生产车间	生产组	车间员工	郑晓兵	22	2600.00	700.00			3300.00	135.00	120.00	3045.00	365.00	120.00	3785.00
041	基本生产车间	生产组	车间员工	刘玉盈	22	2600.00	950.00			3550.00	135.00	120.00	3295.00	365.00	120.00	4035.00
042	基本生产车间	生产组	车间员工	周珍菌	22	2600.00	590.00			3190.00	135.00	120.00	2935.00	365.00	120.00	3675.00
043	基本生产车间	生产组	车间员工	黄智杰	22	2600.00	600.00			3200.00	135.00	120.00	2945.00	365.00	120.00	3685.00
044	基本生产车间	生产组	车间员工	叶海滨	22	2600.00	900.00			3500.00	135.00	120.00	3245.00	365.00	120.00	3985.00
045	基本生产车间	生产组	车间员工	刘玲娜	22	2600.00	900.00			3500.00	135.00	120.00	3245.00	365.00	120.00	3985.00
046	基本生产车间	生产组	车间员工	姚天意	22	2600.00	900.00			3500.00	135.00	120.00	3245.00	365.00	120.00	3985.00
047	基本生产车间	生产组	车间员工	曾敬科	22	2600.00	500.00			3100.00	135.00	120.00	2845.00	365.00	120.00	3585.00
048	基本生产车间	生产组	车间员工	周楠	22	2600.00	600.00			3200.00	135.00	120.00	2945.00	365.00	120.00	3685.00
049	基本生产车间	生产组	车间员工	刘耀凡	22	2600.00	900.00			3500.00	135.00	120.00	3245.00	365.00	120.00	3985.00
050	基本生产车间	生产组	车间员工	郑子雨	22	2600.00	900.00			3500.00	135.00	120.00	3245.00	365.00	120.00	3985.00
051	基本生产车间	生产组	车间员工	陈明友	22	2600.00	900.00			3500.00	135.00	120.00	3245.00	365.00	120.00	3985.00
052	基本生产车间	生产组	车间员工	陈思琪	22	2600.00	500.00			3100.00	135.00	120.00	2845.00	365.00	120.00	3585.00
053	基本生产车间	生产组	车间员工	钟小莉	22	2600.00	600.00			3200.00	135.00	120.00	2945.00	365.00	120.00	3685.00
054	基本生产车间	生产组	车间员工	叶达明	22	2600.00	900.00			3500.00	135.00	120.00	3245.00	365.00	120.00	3985.00
…																

审核：吴浩　　　　制表：陈飞

训表 11-3-2

工资结算汇总表

单位：北京科云股份有限公司　　　　日期：2019年07月31日

序号	一级部门	二级部门	基本工资	加班费	奖金	补贴	应付工资	个人缴纳社保	个人缴纳住房公积金	税前工资	单位缴纳社保	单位缴纳住房公积金	单位支付合计
…													
006	基本生产车间	管理组	16000.00	3200.00	0	0	19200.00	540.00	480.00	18180.00	1460.00	480.00	21140.00
007	基本生产车间	生产组	85800.00	23160.00	0	0	108960.00	4455.00	3960.00	100545.00	12045.00	3960.00	124965.00
…													

审核：吴浩　　　　制表：陈飞

训表 11-3-3

社会保险费缴费明细

单位：北京科云股份有限公司

项目	个人承担	企业承担
养老保险	3805.71	7056.06
医疗保险	951.43	3650.50
失业保险	237.86	1600.34
工伤保险	0.00	347.67
生育保险	0.00	850.43
合计	4995.00	13505.00

审核：吴浩　　　　制表：陈飞

训表 11-3-4

生产人员工资分配表

车间：基本生产车间　　　　日期：2019年07月31日

序号	订单	单位支付总额	分配标准（工时）	分配率（保留3位小数）	分配金额
001	601批次	—	5880	13.017	76539.96
002	701批次	—	3720	13.017	48425.04
	合计	124965.00	9600	—	124965.00

审核：吴浩　　　　制表：陈飞

4.生产车间领用物料：2019年7月31日，北京科云股份有限公司会计收到4张原始单据（见训表11-4-1至训表11-4-4），请根据相关单据进行账务处理。

B-95
扫码看处理

训表 11-4-1

领　料　单　　　　No.30324407

领料部门：基本生产车间
用　途：生产车间领用　　　　2019 年 07 月 05 日

编号	品名	规格及型号	单位	数量		计划价格	
				请领	实发	单价	总价
003	物料消耗（记号笔）		支	20	20		
合计							

第二联 记账

记账：陈飞　　发料：岳嘉禾　　领料：陈亚娜

训表 11-4-2

领　料　单

No. 30324409

领料部门：基本生产车间
用　　途：生产车间领用　　　　2019 年 07 月 09 日

编号	品名	规格及型号	单位	数量		计划价格	
				请领	实发	单价	总价
002	物料消耗（切割刀）		把	10	10		
合		计					

第二联 记账

记账：陈飞　　发料：岳嘉禾　　领料：陈亚娜

训表 11-4-3

领　料　单

No. 30324403

领料部门：基本生产车间
用　　途：生产车间领用　　　　2019 年 07 月 03 日

编号	品名	规格及型号	单位	数量		计划价格	
				请领	实发	单价	总价
001	物料消耗（口罩）		包	5	5		
合		计					

第二联 记账

记账：陈飞　　发料：岳嘉禾　　领料：陈亚娜

训表 11-4-4

领用材料汇总表

单位：北京科云股份有限公司　　领用车间：生产车间　　日期：2019年07月31日

序号	项目		单位	数量	单价	金额
001	周转材料	物料消耗（口罩）	包	5	50.00	250.00
002	周转材料	物料消耗（切割刀）	把	10	60.00	600.00
003	周转材料	物料消耗（记号笔）	支	20	8.00	160.00
	合计：					¥1010.00

审核：吴浩　　制表：陈飞

5.分摊水电费：2019年7月31日，北京科云股份有限公司会计收到5张原始单据（见训图11-5-1至训图11-5-4、训表11-5-1），请根据相关单据进行账务处理。

B-96
扫码看处理

训图11-5-1

北京增值税专用发票

351100092620　　№ 44114528

发票联　　开票日期：2019年07月31日

购买方	名　称：北京科云股份有限公司 纳税人识别号：91110908045615075X 地址、电话：北京高新园创新路55号01088227854 开户行及账号：中国工商银行北京分行110007609048708091012	密码区	1*6<+81+574+9*2+/>0-39063/* -*0/968*624582>91*3/*1<6*42 2477</42**0+7-2</24-630-391 611+>/51433*124*5-+44><9/94

货物或应税劳务、服务名称	规格型号	单位	数量	单价	金额	税率	税额
*供电*电费		千瓦时	11300	1.00	11300.00	13%	1469.00
合计					¥11300.00		¥1469.00
价税合计（大写）	⊗壹万贰仟柒佰陆拾玖				（小写）¥12769.00		

销售方	名　称：北京市供电局 纳税人识别号：91110908045615067X 地址、电话：北京电信园纸姬路40号 010-65135901 开户行及账号：中国工商银行北京西城支行110007632313001075445	备注	

收款人：　　复核：　　开票人：王志　　销售方：（章）

（印章：北京市供电局 91110908045615067X 发票专用章）

税总函〔2016〕117号海南华森实业公司

第三联：发票联　购买方记账凭证

训图11-5-2

北京增值税专用发票

351100092620　　№ 44119533

发票联　　开票日期：2019年07月31日

购买方	名　称：北京科云股份有限公司 纳税人识别号：91110908045615075X 地址、电话：北京高新园创新路55号01088227854 开户行及账号：中国工商银行北京分行110007609048708091012	密码区	1*6<+81+574+9*2+/>0-39063/* -*0/968*624582>91*3/*1<6*42 2477</42**0+7-2</24-630-391 611+>/51433*124*5-+44><9/94

货物或应税劳务、服务名称	规格型号	单位	数量	单价	金额	税率	税额
*水冰雪*水费		吨	350	4.00	1400.00	9%	126.00
合计					¥1400.00		¥126.00
价税合计（大写）	⊗壹仟伍佰贰拾陆圆整				（小写）¥1526.00		

销售方	名　称：北京水务集团有限公司 纳税人识别号：91769465476996689X 地址、电话：北京高新园佳园路31号 01088227741 开户行及账号：中国工商银行北京分行 110356789772041011688	备注	

收款人：　　复核：　　开票人：廖德铭　　销售方：（章）

（印章：北京水务集团有限公司 91769465476996689X 发票专用章）

税总函〔2016〕117号海南华森实业公司

第三联：发票联　购买方记账凭证

训图 11-5-3

ICBC 中国工商银行　业务回单（付款）

日期：2019 年07月31日　　回单编号：54536308

付款人户名：北京科云股份有限公司　　付款人开户行：中国工商银行北京分行
付款人账号（卡号）：110007609048708091012
收款人户名：北京市供电局　　收款人开户行：中国工商银行北京西城支行
收款人账号（卡号）：110007632313001075445
金额：壹万贰仟柒佰陆拾玖元整　　小写：　¥12769.00 元
业务（产品）种类：委托代扣　　凭证种类：000000000　　凭证号码：00000000000000000
摘要：电费　　用途：电费　　币种：人民币
交易机构：0410000298　　记账柜员：00023　　交易代码：52063　　渠道：其他渠道
附言：

支付交易序号：5894928　　报文种类：00100 汇兑报文　　委托日期：2019年07月31日
业务类型(种类)：委托代扣
收款人地址：北京电信园斑姬路40号
付款人地址：北京高新园创新路55号
本回单为第1次打印，注意重复　　打印日期：2019 年07月31日　　打印柜员：9　　验证码：4985B3E3006

训图 11-5-4

ICBC 中国工商银行　业务回单（付款）

日期：2019 年07月31日　　回单编号：90380475

付款人户名：北京科云股份有限公司　　付款人开户行：中国工商银行北京分行
付款人账号（卡号）：110007609048708091012
收款人户名：北京水务集团有限公司　　收款人开户行：中国工商银行北京分行
收款人账号（卡号）：110356789772041011688
金额：壹仟伍佰贰拾陆元整　　小写：　¥1526.00 元
业务（产品）种类：委托代扣　　凭证种类：000000000　　凭证号码：00000000000000000
摘要：水费　　用途：水费　　币种：人民币
交易机构：0410000298　　记账柜员：00023　　交易代码：52063　　渠道：其他渠道
附言：

支付交易序号：5894928　　报文种类：00100 汇兑报文　　委托日期：2019年07月31日
业务类型(种类)：委托代扣
收款人地址：北京高新园佳园路31号
付款人地址：北京高新园创新路55号
本回单为第1次打印，注意重复　　打印日期：2019 年07月31日　　打印柜员：9　　验证码：4985B3E3006

训表 11-5-1

分摊水电费

单位：北京科云股份有限公司　　　　日期：2019年07月31日

序号	部门	水电费合计	分摊系数	分配金额	备注
1	综合管理部	12700.00	15%	1905.00	
2	财务管理部		7%	889.00	
3	业务发展部		8%	1016.00	
4	基本生产车间		70%	8890.00	
5	**合　计**	**12700.00**	**100%**	**12700.00**	

审核：吴浩　　　　制表：陈飞

6.分配房租费：2019年7月31日，北京科云股份有限公司会计人员收到4张原始单据（见训图11-6-1至训图11-6-3、训表11-6-1），请根据相关单据进行账务处理。

B-97
扫码看处理

训图 11-6-1

北京增值税专用发票

351100092620　　　　№ 01265223

开票日期：2019 年 07 月 31 日

购买方	名　　称：北京科云股份有限公司 纳税人识别号：91110908045615075X 地 址、电 话：北京高新园创新路55号01088227854 开户行及账号：中国工商银行北京分行110007609048708091012
密码区	1*6<+81+574+9*2+/>0-39063/* -*0/968*624582>91*3/*1<6*42 2477</42**0+7-2</24-630-391 611+>/51433*124*5-+44><9/94

货物或应税劳务、服务名称	规格型号	单位	数量	单价	金额	税率	税额
*经营租赁*房屋租赁费		㎡	2500.00	10.00	25000.00	9%	2250.00
合　计					¥25000.00		¥2250.00
价税合计（大写）	⊗贰万柒仟贰佰伍拾圆整				（小写）¥27250.00		

销售方	名　　称：北京蓝天实业有限公司 纳税人识别号：91110270590544459X 地 址、电 话：北京海淀区西苑三里08号01083847491 开户行及账号：中国工商银行北京西城支行110007632313001078967
备注	房屋地址：北京高新园创新路55号

收款人：　　复核：　　开票人：　　销售方：（章）

税总函〔2016〕117号海南华森实业公司

第三联：发票联　购买方记账凭证

训图 11-6-2

付款申请单

申请部门：行政部　　　　2019 年 07 月 31 日

收款单位名称（全称）	付款事由（用途）	金额	付款方式
北京蓝天实业有限公司	房租费	27250.00	转账
备注	银行转讫		
合计金额（大写）	零 佰零 拾贰 万柒 仟贰 佰伍 拾零 元零 角零 分	合计金额（小写）	¥:27250.00
发票种类	增值税专用发票	款项所属账期	2019 年 07 月

总经理：许建辉　审批：张乐　财务：陈飞　主管：林月　经办：董智磊

训图 11-6-3

ICBC 中国工商银行　业务回单（付款）

日期：2019 年07月31日　　　　回单编号：54536351

付款人户名：北京科云股份有限公司　　　　付款人开户行：中国工商银行北京分行
付款人账号（卡号）：110007609048708091012
收款人户名：北京蓝天实业有限公司　　　　收款人开户行：中国工商银行北京西城支行
收款人账号（卡号）：110007632313001078967
金额：贰万柒仟贰佰伍拾元整　　　　小写：¥27250.00元
业务（产品）种类：同行付款　　凭证种类：000000000　　凭证号码：0000000000000000
摘要：房租费　　用途：房租费　　币种：人民币
交易机构：0410000298　　记账柜员：00023　　交易代码：52063　　渠道：其他渠道
附言：

支付交易序号：5894928　　报文种类：00100 汇兑报文　　委托日期：2019年07月31日
业务类型（种类）：同行付款
收款人地址：北京海淀区西苑三里08号
付款人地址：北京高新园创新路55号

中国工商银行北京分行 自助回单机专用章（003）

本回单为第1次打印，注意重复　　打印日期：2019 年07月31日　　打印柜员：9　　验证码：4985B3B3006

训表 11-6-1

房租费分摊表

单位：北京科云股份有限公司　　　　日期：2019年07月31日

序号	一级部门	本月摊销总额	使用面积（平方米）	单价	分配费用
1	综合管理部	25000.00	100	10.00	1000.00
2	财务管理部		150		1500.00
3	业务发展部		200		2000.00
4	基本生产车间		2050		20500.00
5	合　计	**25000.00**	**2500**	**10.00**	**25000.00**

审核：吴浩　　　　制表：陈飞

7.计提折旧费：2019年7月31日，北京科云股份有限公司会计人员收到1张原始单据（见训表11-7-1），请根据此单据进行账务处理（累计折旧不设二级科目）。

B-98
扫码看处理

训表 11-7-1

固定资产累计折旧计提表

单位：北京科云股份有限公司　　　　日期：2019年07月31日

代码	名称	类别	一级部门	二级部门	使用情况	入账日期	增加方式	折旧方式	预计使用年限	原值	预计净残值	每月折旧	累计折旧
...													
23	钻孔机	机械设备	基本生产车间		在用	2018-04-20	外购	年限平均法	10	68000.00	3400.00	538.33	8074.95
24	切割机	机械设备	基本生产车间		在用	2018-05-04	外购	年限平均法	10	80000.00	4000.00	633.33	8866.62
25	打磨机	机械设备	基本生产车间		在用	2018-05-11	外购	年限平均法	10	66000.00	3300.00	522.50	7315.00
26	刨床	机械设备	基本生产车间		在用	2018-05-13	外购	年限平均法	10	50000.00	2500.00	395.83	5541.62
27	联想电脑	电子设备	基本生产车间		在用	2018-05-13	外购	年限平均法	3	4000.00	200.00	105.56	1477.84
28	联想电脑	电子设备	基本生产车间		在用	2018-06-13	外购	年限平均法	3	4000.00	200.00	105.56	1477.84
29	打印机	电子设备	基本生产车间		在用	2018-07-24	外购	年限平均法	3	2800.00	140.00	73.89	886.68
30	切割机	机械设备	基本生产车间		在用	2019-03-11	外购	年限平均法	10	86000.00	4300.00	680.83	2723.32
31	刨床	机械设备	基本生产车间		在用	2019-04-02	外购	年限平均法	10	80000.00	4000.00	633.33	1899.99
			小计							**440800.00**	**22040.00**	**3689.16**	**38263.86**
...													

审核：吴浩　　　　制表：陈飞

8.结转制造费用：2019年7月31日，北京科云股份有限公司会计人员收到1张原始单据（见训表11-8-1），请根据相关单据进行账务处理。

B-99
扫码看处理

训表 11-8-1

制造费用分配表

车间：基本生产车间　　　　日期：2019年07月31日

项　目			金　额
制造费用归集	制造费用-材料费		1010.00
	制造费用-人工费		21140.00
	制造费用-水电费		8890.00
	制造费用-折旧费		3689.16
	制造费用-房租费		20500.00
	制造费用合计：		55229.16
制造费用分配	分配总工时（小时）		9600
	分配率（保留3位小数）		5.753
	601批次（办公桌）	耗用工时	5880
		分摊金额（元）	33827.64
	701批次（高档办公桌）	耗用工时	3[illegible]0
		分摊金额（元）	21401.52

审核：吴浩　　　　制表：陈飞

9.编制两批次产品成本计算单： 2019年7月31日，请根据相关单据（见训表11-9-1至训表11-9-4）编制北京科云股份有限公司601批次成本计算单（见训表11-9-5）、701批次成本汇总表（见训表11-9-6）并结转完工产品成本。

B-100
扫码看处理

训表11-9-1

生产任务表

车间：基本生产车间　　　　　　　　　　　　　　　　日期：2019年07月31日

订单号	订单量（张）	交货时间	产品名称	投产时间	完工时间	06月份已投产量	07月份投产量	备注
601批次	500	2019年08月05日	办公桌	2019年06月11日	2019年07月26日	220	280	已完工
701批次	300	2019年09月12日	高档办公桌	2019年07月15日	预计2019年8月下旬	0	120	

审核：吴浩　　　　　　　　　制表：陈飞

训表11-9-2

分页：10　总页：20

生产成本　明细账

二级科目：基本生产成本-601批次

2019年 月	日	凭单号	摘要	借方	贷方	借或贷	余额	（借）方金额分析 直接材料	直接人工	制造费用	
06	30		承前页			借	15506740				
06	30		本月合计	15506740		借	15506740	9257000	4454504	1795236	
07	31	记041	领用原材料	11810000		借	27316740	11810000			
07	31	记043	计提生产人员工资	7653996		借	34970736		7653996		
07	31	记048	结转制造费用	3382764		借	38353500			3382764	

训表11-9-3

分页：13　总页：20

生产成本　明细账

二级科目：基本生产成本-701批次

2019年 月	日	凭单号	摘要	借方	贷方	借或贷	余额	（借）方金额分析 直接材料	直接人工	制造费用	
07	31	记042	领用原材料	7240000		借	7240000	7240000			
07	31	记043	计提生产人员工资	4842504		借	12082504		4842504		
07	31	记048	结转制造费用	2140152		借	14222656			2140152	

训表11-9-4

入　库　单　　№：55623464

交货单位：基本生产车间　　　　2019年07月31日

品名	单位	规格	数量	单价	金额（千百十万千百十元角分）
办公桌（601批次）	张		500		
合计大写	仟　佰　拾　万　仟　佰　拾　元　角　分 ¥				

第二联　会计联

记账 陈飞　　保管 岳嘉禾　　制票 岳嘉禾

训表 11-9-5

成本计算单

车间：基本生产车间　　　　订单：601批次(办公桌)　　　　日期：2019年07月31日

项目	直接材料	直接人工	制造费用	合计
06月份投入成本				
07月份投入成本				
累计投入成本合计：				
订单数量				—
单位成本				

审核：　　　　制表：

训表 11-9-6

成本汇总表

车间：基本生产车间　　　　订单：701批次　　　　日期：2019年07月31日

项目	直接材料	直接人工	制造费用	合计
07月份投入成本				
07月已投产量				—

审核：　　　　制表：

实训十二　逐步分项结转分步法

1.第一步骤生产领用原材料：2019年10月31日，北京科云股份有限公司会计收到3张原始单据（见训表12-1-1至训表12-1-3），请根据相关单据进行账务处理。

B-101
扫码看处理

训表 12-1-1

领　料　单　　　　No.43843207

领料部门：基本生产车间-第一步骤
用　　途：生产办公桌　　　　2019 年 10 月 08 日

编号	品名	规格及型号	单位	数量		计划价格	
				请领	实发	单价	总价
001	软木材料		平方米	1600	1600		
合　　计							

第二联　记账

记账：陈飞　　　　发料：岳嘉禾　　　　领料：陈亚娜

训表 12-1-2

领　料　单　　No. 43843211

领料部门：基本生产车间-第一步骤

用　　途：生产办公桌　　2019 年 10 月 10 日

编号	品名	规格及型号	单位	数量		计划价格	
				请领	实发	单价	总价
002	屏风		张	600	600		
合	计						

第二联　记账

记账：陈飞　　发料：岳嘉禾　　领料：陈亚娜

训表 12-1-3

材料领用汇总表

车间：基本生产车间-第一步骤　　日期：2019年10月31日

序号	项目	名称	用途	单位	数量	单价	金额
001	原材料	软木材料	生产办公桌	平方米	1600	75.00	120000.00
002	原材料	屏风	生产办公桌	张	600	32.00	19200.00
合计							￥139200.00

审核：吴浩　　制表：陈飞

2. 第二步骤生产领用原材料：2019年10月31日，北京科云股份有限公司会计收到3张原始单据（见训表12-2-1至训表12-2-3），请根据相关单据进行账务处理。

B-102

扫码看处理

训表 12-2-1

领　料　单　　No. 43843214

领料部门：基本生产车间-第二步骤

用　　途：生产办公桌　　2019 年 10 月 11 日

编号	品名	规格及型号	单位	数量		计划价格	
				请领	实发	单价	总价
003	油漆		桶	250	250		
合	计						

第二联　记账

记账：陈飞　　发料：岳嘉禾　　领料：陈亚娜

训表 12-2-2

领　料　单　　　　**No.** 43843221

领料部门：基本生产车间-第二步骤
用　　途：生产办公桌　　　　2019 年 10 月 13 日

编号	品名	规格及型号	单位	数量		计划价格	
				请领	实发	单价	总价
011	钉子		盒	90	90		
合		计					

第二联　记账

记账：陈飞　　　　发料：岳嘉禾　　　　领料：陈亚娜

训表 12-2-3

材料领用汇总表

车间：基本生产车间-第二步骤　　　　日期：2019年10月31日

序号	项目	名称	用途	单位	数量	单价	金额
001	原材料	油漆	生产办公桌	桶	250	150.00	37500.00
002	原材料	辅助材料-钉子	生产办公桌	盒	90	32.00	2880.00
合计							￥40380.00

审核：吴浩　　　　制表：陈飞

3.计提人工费用：2019年10月31日，北京科云股份有限公司会计人员收到3张原始单据（见训表12-3-1至训表12-3-3），请根据相关单据进行账务处理（制造费用明细设人工费）。

B-103
扫码看处理

训表 12-3-1

工资结算明细表

单位：北京科云股份有限公司　　　　日期：2019年10月31日

序号	一级部门	二级部门	岗位	姓名	出勤天数	基本工资	加班费	奖金	补贴	应付工资	个人缴纳社保	个人缴纳住房公积金	税前工资	单位缴纳社保	单位缴纳住房公积金	单位支付合计
...																
019	基本生产车间	管理组	车间管理	张军	22	5000.00	600.00			5600.00	135.00	120.00	5345.00	365.00	120.00	6085.00
020	基本生产车间	管理组	车间管理	[illegible]	22	3500.00	800.00			4300.00	135.00	120.00	4045.00	365.00	120.00	4785.00
021	基本生产车间	管理组	车间管理	[illegible]	22	3500.00	800.00			4300.00	135.00	120.00	4045.00	365.00	120.00	4785.00
022	基本生产车间	第一步骤车间	车间员工	[illegible]	22	2600.00	600.00			3200.00	135.00	120.00	2945.00	365.00	120.00	3685.00
023	基本生产车间	第一步骤车间	车间员工	[illegible]	22	2600.00	500.00			3100.00	135.00	120.00	2845.00	365.00	120.00	3585.00
024	基本生产车间	第一步骤车间	车间员工	[illegible]	22	2600.00	600.00			3200.00	135.00	120.00	2945.00	365.00	120.00	3685.00
025	基本生产车间	第一步骤车间	车间员工	[illegible]	22	2600.00	600.00			3200.00	135.00	120.00	2945.00	365.00	120.00	3685.00
026	基本生产车间	第一步骤车间	车间员工	[illegible]	22	2600.00	800.00			3400.00	135.00	120.00	3145.00	365.00	120.00	3885.00
027	基本生产车间	第一步骤车间	车间员工	石伟	22	2600.00	500.00			3100.00	135.00	120.00	2845.00	365.00	120.00	3585.00
028	基本生产车间	第一步骤车间	车间员工	[illegible]	22	2600.00	700.00			3300.00	135.00	120.00	3045.00	365.00	120.00	3785.00
029	基本生产车间	第一步骤车间	车间员工	[illegible]	22	2600.00	950.00			3550.00	135.00	120.00	3295.00	365.00	120.00	4035.00
030	基本生产车间	第一步骤车间	车间员工	[illegible]	22	2600.00	590.00			3190.00	135.00	120.00	2935.00	365.00	120.00	3675.00
031	基本生产车间	第一步骤车间	车间员工	[illegible]	22	2600.00	600.00			3200.00	135.00	120.00	2945.00	365.00	120.00	3685.00
032	基本生产车间	第一步骤车间	车间员工	[illegible]	22	2600.00	680.00			3280.00	135.00	120.00	3025.00	365.00	120.00	3765.00
033	基本生产车间	第一步骤车间	车间员工	袁敏	22	2600.00	900.00			3500.00	135.00	120.00	3245.00	365.00	120.00	3985.00
034	基本生产车间	第一步骤车间	车间员工	[illegible]	22	2600.00	900.00			3500.00	135.00	120.00	3245.00	365.00	120.00	3985.00
035	基本生产车间	第一步骤车间	车间员工	[illegible]	22	2600.00	500.00			3100.00	135.00	120.00	2845.00	365.00	120.00	3585.00
036	基本生产车间	第一步骤车间	车间员工	林峰	22	2600.00	600.00			3200.00	135.00	120.00	2945.00	365.00	120.00	3685.00
037	基本生产车间	第一步骤车间	车间员工	[illegible]	22	2600.00	900.00			3500.00	135.00	120.00	3245.00	365.00	120.00	3985.00
038	基本生产车间	第一步骤车间	车间员工	[illegible]	22	2600.00	400.00			3000.00	135.00	120.00	2745.00	365.00	120.00	3485.00
039	基本生产车间	第一步骤车间	车间员工	[illegible]	22	2600.00	500.00			3100.00	135.00	120.00	2845.00	365.00	120.00	3585.00
040	基本生产车间	第二步骤车间	车间员工	[illegible]	22	2600.00	700.00			3300.00	135.00	120.00	3045.00	365.00	120.00	3785.00
041	基本生产车间	第二步骤车间	车间员工	[illegible]	22	2600.00	950.00			3550.00	135.00	120.00	3295.00	365.00	120.00	4035.00
042	基本生产车间	第二步骤车间	车间员工	[illegible]	22	2600.00	590.00			3190.00	135.00	120.00	2935.00	365.00	120.00	3675.00
043	基本生产车间	第二步骤车间	车间员工	[illegible]	22	2600.00	600.00			3200.00	135.00	120.00	2945.00	365.00	120.00	3685.00
044	基本生产车间	第二步骤车间	车间员工	[illegible]	22	2600.00	900.00			3500.00	135.00	120.00	3245.00	365.00	120.00	3985.00
045	基本生产车间	第二步骤车间	车间员工	[illegible]	22	2600.00	900.00			3500.00	135.00	120.00	3245.00	365.00	120.00	3985.00
046	基本生产车间	第二步骤车间	车间员工	[illegible]	22	2600.00	900.00			3500.00	135.00	120.00	3245.00	365.00	120.00	3985.00
047	基本生产车间	第二步骤车间	车间员工	[illegible]	22	2600.00	500.00			3100.00	135.00	120.00	2845.00	365.00	120.00	3585.00
...																

审核：吴浩　　　　制表：陈飞

训表 12-3-2

工资结算汇总表

单位：北京科云股份有限公司　　　　日期：2019年10月31日

序号	一级部门	二级部门	基本工资	加班费	奖金	补贴	应付工资	个人缴纳社保	个人缴纳住房公积金	税前工资	单位缴纳社保	单位缴纳住房公积金	单位支付合计
…													
006	基本生产车间	管理组	12000.00	2400.00	0	0	14400.00	405.00	360.00	13635.00	1095.00	360.00	15855.00
007	基本生产车间	第一步骤车间	46800.00	11820.00	0	0	58620.00	2430.00	2160.00	54030.00	6570.00	2160.00	67350.00
008	基本生产车间	第二步骤车间	20800.00	6040.00	0	0	26840.00	1080.00	960.00	24800.00	2920.00	960.00	30720.00
…													

审核：吴浩　　　　制表：陈飞

训表 12-3-3

社会保险费缴费明细

单位：北京科云股份有限公司

项目	个人承担	企业承担
养老保险	2982.86	5967.63
医疗保险	745.71	3580.00
失业保险	186.43	630.45
工伤保险	0.00	66.32
生育保险	0.00	340.60
合计	3915.00	10585.00

审核：吴浩　　　　制表：陈飞

4.生产车间领用物料：2019年10月31日，北京科云股份有限公司会计收到3张原始单据（见训表12-4-1至训表12-4-3），请根据相关单据进行账务处理。

B-104
扫码看处理

训表 12-4-1

领　料　单

No.30324431

领料部门：基本生产车间
用　　途：生产车间领用
2019 年 10 月 15 日

编号	品名	规格及型号	单位	数量		计划价格	
				请领	实发	单价	总价
001	物料消耗（手套）		双	50	50		
合　　计							

第二联　记账

记账：陈飞　　发料：岳嘉禾　　领料：高湎平

训表 12-4-2

领　料　单　　No.30324442

领料部门：基本生产车间
用　　途：生产车间领用　　2019 年 10 月 19 日

编号	品名	规格及型号	单位	数量		计划价格	
				请领	实发	单价	总价
002	物料消耗（海绵垫）		捆	5	5		
合	计						

第二联　记账

记账：陈飞　　发料：岳嘉禾　　领料：高涌平

训表 12-4-3

领用材料汇总表

单位：北京科云股份有限公司　　领用车间：生产车间　　日期：2019年10月31日

序号	项目		单位	数量	单价	金额
001	周转材料	物料消耗（手套）	双	50	5.00	250.00
002	周转材料	物料消耗（海绵垫）	捆	5	40.00	200.00
	合计：					¥450.00

审核：吴浩　　制表：陈飞

5.分摊水电费：2019年10月31日，北京科云股份有限公司会计收到5张原始单据（见训图12-5-1至训图12-5-4、训表12-5-1），请根据相关单据进行账务处理。

B-105
扫码看处理

训图 12-5-1

351100092620　　北京增值税专用发票　　№ 44114966

开票日期：2019 年 10 月 31 日

购买方	名称：北京科云股份有限公司 纳税人识别号：91110908045615075X 地址、电话：北京高新园创新路55号01088227854 开户行及账号：中国工商银行北京分行110007609048708091012	密码区	1*6<+81+574+9*2+/>0-39063/* -*0/968*624582>91*3/*1<6*42 2477</42**0+7-2</24-630-391 611+>/51433*124*5-+44><9/94

货物或应税劳务、服务名称	规格型号	单位	数量	单价	金额	税率	税额
*供电*电费		千瓦时	8900	1.00	8900.00	13%	1157.00
合　　计					¥8900.00		¥1157.00
价税合计（大写）	⊗ 壹万零伍拾柒圆整				（小写）¥10057.00		

销售方	名称：北京市供电局 纳税人识别号：91110908045615067X 地址、电话：北京电信园纸姬路40号 010-65135901 开户行及账号：中国工商银行北京西城支行110007632313001075445	备注	

收款人：　　复核：　　开票人：王志　　销售方：（章）

第三联：发票联　购买方记账凭证

税总函〔2016〕117号海南华森实业公司

训图 12-5-2

北京增值税专用发票

351100092620　　No 44119526

开票日期：2019 年 10 月 31 日

购买方	名　　称：北京科云股份有限公司 纳税人识别号：91110908045615075X 地 址、电 话：北京高新园创新路55号01088227854 开户行及账号：中国工商银行北京分行110007609048708091012	密码区	1*6<+81+574+9*2+/>0-39063/* -*0/968*624582>91*3/*1<6*42 2477</42**0+7-2</24-630-391 611+>/51433*124*5-+44><9/94

货物或应税劳务、服务名称	规格型号	单位	数量	单价	金额	税率	税额
*水冰雪*水费		吨	350	4.00	1400.00	9%	126.00
合　　计					¥1400.00		¥126.00
价税合计（大写）	⊗ 壹仟伍佰贰拾陆圆整				（小写）¥1526.00		

销售方	名　　称：北京水务集团有限公司 纳税人识别号：91769465476996689X 地 址、电 话：北京高新园佳园路31号 01088227741 开户行及账号：中国工商银行北京分行 110356789772041011688	备注	

收款人：　　复核：　　开票人：廖德铭　　销售方：（章）

税总函〔2016〕117号海南华森实业公司

第三联：发票联 购买方记账凭证

（印章：北京水务集团有限公司 91769465476996689X 发票专用章）

训图 12-5-3

ICBC 中国工商银行 业务回单（付款）

日期：2019 年10月31日　　回单编号：54536308

付款人户名：北京科云股份有限公司　　付款人开户行：中国工商银行北京分行
付款人账号（卡号）：110007609048708091012
收款人户名：北京市供电局　　收款人开户行：中国工商银行北京西城支行
收款人账号（卡号）：110007632313001075445
金额：壹万零伍拾柒元整　　小写：¥10057.00元
业务（产品）种类：委托代扣　　凭证种类：000000000　　凭证号码：0000000000000000
摘要：电费　　用途：电费　　币种：人民币
交易机构：0410000298　　记账柜员：00023　　交易代码：52063　　渠道：其他渠道
附言：
支付交易序号：5894928　　报文种类：00100 汇兑报文　　委托日期：2019年10月31日
业务类型（种类）：委托代扣
收款人地址：北京电信园氦姬路40号
付款人地址：北京高新园创新路55号
本回单为第1次打印，注意重复　　打印日期：2019 年10月31日　　打印柜员：9　　验证码：4985B3E3006

（印章：中国工商银行北京分行 自助回单机专用章（003））

训图 12-5-4

ICBC 中国工商银行 业务回单（付款）

日期：2019 年10月31日　　回单编号：90380475

付款人户名：北京科云股份有限公司　　付款人开户行：中国工商银行北京分行
付款人账号（卡号）：110007609048708091012
收款人户名：北京水务集团有限公司　　收款人开户行：中国工商银行北京分行
收款人账号（卡号）：110356789772041011688
金额：壹仟伍佰贰拾陆元整　　小写：¥1526.00元
业务（产品）种类：委托代扣　　凭证种类：000000000　　凭证号码：0000000000000000
摘要：水费　　用途：水费　　币种：人民币
交易机构：0410000298　　记账柜员：00023　　交易代码：52063　　渠道：其他渠道
附言：
支付交易序号：5894928　　报文种类：00100 汇兑报文　　委托日期：2019年10月31日
业务类型（种类）：委托代扣
收款人地址：北京高新园佳园路31号
付款人地址：北京高新园创新路55号
本回单为第1次打印，注意重复　　打印日期：2019 年10月31日　　打印柜员：9　　验证码：4985B3E3006

（印章：中国工商银行北京分行 自助回单机专用章（003））

训表 12-5-1

分摊水电费

单位：北京科云股份有限公司　　　　日期：2019年10月31日

序号	一级部门	水电费合计	分摊系数	分配金额	备注
1	综合管理部	10300.00	15%	1545.00	
2	财务管理部		7%	721.00	
3	业务发展部		8%	824.00	
4	基本生产车间		70%	7210.00	
5	合　计	—	100%	10300.00	

审核：吴浩　　　　制表：陈飞

6.分摊房租费：2019年10月31日，北京科云股份有限公司会计人员收到以下4张原始单据（见训图12-6-1至训图12-6-3、训表12-6-1），请根据相关单据进行账务处理。

B-106
扫码看处理

训图 12-6-1

北京增值税专用发票

351100092620　　　　№ 01265223

发票联　　　　开票日期：2019年10月31日

购买方　名称：北京科云股份有限公司
纳税人识别号：91110908045615075X
地址、电话：北京高新园创新路55号01088227854
开户行及账号：中国工商银行北京分行1100076090487080910012

密码区：
1*6<+81+574+9*2+/>0-39063/*
-*0/968*624582>91*3/*1<6*42
2477</42**0+7-2</24-630-391
611+>/51433*124*5-+44><9/94

货物或应税劳务、服务名称	规格型号	单位	数量	单价	金额	税率	税额
*经营租赁*房屋租赁费		m²	2500	8.00	20000.00	9%	1800.00
合　计					¥20000.00		¥1800.00
价税合计（大写）	⊗贰万壹仟捌佰圆整				（小写）¥21800.00		

销售方　名称：北京蓝天实业有限公司
纳税人识别号：91110270590544459X
地址、电话：北京海淀区西苑三里08号01083847491
开户行及账号：中国工商银行北京西城支行110007632313001078967

备注：房屋地址：北京高新园创新路55号

收款人：　　复核：　　开票人：李远　　销售方：（章）

第三联：发票联　购买方记账凭证

税总函[2016]117号海南华森实业公司

北京蓝天实业有限公司　91110270590544459X　发票专用章

训图 12-6-2

ICBC 中国工商银行　业务回单（付款）

日期：2019年10月31日　　　　回单编号：54536351

付款人户名：北京科云股份有限公司　　　　付款人开户行：中国工商银行北京分行
付款人账号（卡号）：1100076090487080910012
收款人户名：北京蓝天实业有限公司　　　　收款人开户行：中国工商银行北京西城支行
收款人账号（卡号）：1100076323130010789 67
金额：贰万壹仟捌佰元整　　　　小写：¥21800.00元
业务（产品）种类：同行付款　　凭证种类：000000000　　凭证号码：0000000000000000
摘要：支付房租费　　用途：房租费　　币种：人民币
交易机构：0410000298　　记账柜员：00023　　交易代码：52063　　渠道：其他渠道
附言：

支付交易序号：5894928　　报文种类：00100 汇兑报文　　委托日期：2019年10月31日
业务类型（种类）：同行付款
收款人地址：北京海淀区西苑三里08号
付款人地址：北京高新园创新路55号

中国工商银行北京分行　自助回单机专用章　（003）

本回单为第1次打印，注意重复　　打印日期：2019年10月31日　　打印柜员：9　　验证码：4985B3B3006

训图 12-6-3

付款申请单

申请部门：行政部　　　　　　　　　　　　2019 年 10 月 31 日

收款单位名称（全称）		付款事由（用途）	金额	付款方式
北京蓝天实业有限公司		房租费	21800.00	转账
备注	银行转讫			
合计金额（大写）	零 佰零 拾贰 万壹 仟捌 佰零 拾零 元零 角零 分		合计金额（小写）	￥：21800.00
发票种类	增值税专用发票	款项所属账期	2019 年 10 月	

总经理：许建辉　审批：张乐　财务：陈飞　主管：林月　经办：董智磊

训表 12-6-1

房租费分摊表

单位：北京科云股份有限公司　　　　　　　　日期：2019年10月31日

序号	一级部门	二级部门	本月摊销总额	使用面积（平方米）	单价	分配费用
1	综合管理部		20000.00	100	8.00	800.00
2	财务管理部			150		1200.00
3	业务发展部			200		1600.00
4	基本生产车间			2050		16400.00
	合　计		—	**2500**	—	**20000.00**

审核：吴浩　　　　制表：陈飞

7.计提折旧费：2019年10月31日，北京科云股份有限公司会计人员收到1张原始单据（见训表12-7-1），请根据此单据进行账务处理（累计折旧不设二级科目）。

B-107
扫码看处理

训表 12-7-1

固定资产累计折旧计提表

单位：北京科云股份有限公司　　　　　　　　日期：2019年10月31日

代码	名称	类别	一级部门	二级部门	使用情况	入账日期	增加方式	折旧方式	预计使用年限	原值	预计净残值	每月折旧
…												
23	钻孔机	机械设备	基本生产车间		在用	2018-04-20	外购	年限平均法	10	68000.00	3400.00	538.33
24	切割机	机械设备	基本生产车间		在用	2018-05-04	外购	年限平均法	10	80000.00	4000.00	633.33
25	打磨机	机械设备	基本生产车间		在用	2018-05-11	外购	年限平均法	10	66000.00	3300.00	522.50
26	刨床	机械设备	基本生产车间		在用	2018-05-13	外购	年限平均法	10	50000.00	2500.00	395.83
27	联想电脑	电子设备	基本生产车间		在用	2018-05-13	外购	年限平均法	3	4000.00	200.00	105.56
28	联想电脑	电子设备	基本生产车间		在用	2018-05-13	外购	年限平均法	3	4000.00	200.00	105.56
29	打印机	电子设备	基本生产车间		在用	2018-07-24	外购	年限平均法	3	2800.00	140.00	73.89
30	切割机	机械设备	基本生产车间		在用	2019-03-11	外购	年限平均法	10	86000.00	4300.00	680.83
31	刨床	机械设备	基本生产车间		在用	2019-04-02	外购	年限平均法	10	80000.00	4000.00	633.33
			小计							**440800.00**	**22040.00**	**3689.16**
…												

审核：吴浩　　　　制表：陈飞

8.结转制造费用：2019年10月31日，北京科云股份有限公司会计人员收到1张原始单据（见训表12-8-1），请根据此单据进行账务处理。

B-108
扫码看处理

训表12-8-1

制造费用分配表

车间：基本生产车间　　　　日期：2019年10月31日

项目			金额
制造费用归集	制造费用-材料费		450.00
	制造费用-人工费		15855.00
	制造费用-水电费		210.00
	制造费用-折旧费		3689.16
	制造费用-房租费		16400.00
	制造费用合计：		43604.16
制造费用分配	分配总工时(小时)		8400
	分配率（保留3位小数）		5.191
	第一步骤车间	耗用工时	5680
		分摊金额（元）	29484.88
	第二步骤车间	耗用工时	2720
		分摊金额（元）	14119.28

审核：吴浩　　　　制表：陈飞

9.编制第一步骤产品成本分配表：2019年10月31日，请根据相关单据（见训表12-9-1至训表12-9-3）编制北京科云股份有限公司第一步骤产品成本分配表（见训表12-9-4）并结转第一步骤半成品成本。

B-109
扫码看处理

训表12-9-1

分页：10　总页：20

生产成本　　明细账

二级科目：基本生产成本-第一步骤

2019年 月	日	凭单号	摘要	借方	贷方	借或贷	余额	(借)方金额分析 直接材料	直接人工	制造费用	
09	30		承前页			借	2604186				
09	30		本月合计	22753096	20148910	借	2604186	1832450	604300	167436	
10	31	记040	生产领用材料	13920000		借	16524186	13920000			
10	31	记042	计提人工费	6735000		借	23259186		6735000		
10	31	记048	结转制造费用	2948488		借	26207674			2948488	

训表12-9-2

第一步骤产品单位定额表

单位：北京科云股份有限公司　　产品：办公桌　　日期：2019年10月31日

项目	直接材料	直接人工	制造费用	合计
第一步骤在产品单位定额	86.00	28.00	8.00	122.00
第一步骤完工产品单位定额	115.00	55.00	20.00	190.00

审核：吴浩　　　　制表：陈飞

训表 12-9-3

月末生产车间产品产量统计表

车间：基本生产车间　　　　产品：办公桌　　　　日期：2019年10月31日

序号	项目	本月投产量	在制品数量		完工半成品转入下一车间量	完工产品量
			月初在制品产量	月末在制品产量		
001	第一步骤	1240	210	180	1270	—
002	第二步骤	—	160	70	—	1360

审核：吴浩　　　　制表：陈飞

训表 12-9-4

产品成本分配表（定额比例法）

车间：基本生产车间-第一步骤　　　　产品：办公桌　　　　日期：2019年10月31日

项目			直接材料	直接人工	制造费用	合计
期初余额						
本月发生额						
合计：						
产品定额	在产品	在产品数量				—
		单位在产品定额				
		在产品定额				
	完工产品	完工产品数量				—
		单位完工产品定额				
		完工产品定额				
	产品定额合计：					
产品定额比例系数（保留3位小数）						—
月末在产品成本						
结转完工产品成本						

审核：　　　　制表：

10. 编制第二步骤产品成本分配表：承上题，2019年10月31日，请根据相关单据（见训表12-10-1至训表12-10-4）编制北京科云股份有限公司第二步骤产品成本分配表（见训表12-10-5）并结转第二步骤产品成本。

B-110
扫码看处理

训表 12-10-1

分页：12　总页：20

生产成本　　明细账

二级科目：基本生产成本-第二步骤

2019年 月	日	凭单号	摘要	借方	贷方	借或贷	余额	（借）方金额分析 直接材料	直接人工	制造费用	
09	30		承前页			借	3588758				
09	30		本月合计	32521690	28932932	借	3588758	2146200	1057700	384858	
10	31	记041	生产领用材料	4038000		借	7626758	4038000			
10	31	记042	计提人工费	3072000		借	10698758		3072000		
10	31	记048	结转制造费用	1411928		借	12110686			1411928	
10	31	记050	结转第一步骤半成品成本	14243150		借	26353836	14243150			
10	31	记050	结转第一步骤半成品成本	6845380		借	33199216		6845380		
10	31	记050	结转第一步骤半成品成本	2948740		借	36147956			2948740	

训表 12-10-2

第二步骤产品单位定额表

单位：北京科云股份有限公司　　　　产品：办公桌　　　　日期：2019年10月31日

项目	直接材料	直接人工	制造费用	合计
第二步骤在产品单位定额	130.00	65.00	25.00	220.00
第二步骤完工产品单位定额	140.00	80.00	30.00	250.00

审核：吴浩　　　　制表：陈飞

训表 12-10-3

月末生产车间产品产量统计表

车间：基本生产车间　　　　产品：办公桌　　　　日期：2019年10月31日

序号	项目	本月投产量	在制品数量 月初在制品产量	月末在制品产量	完工半成品转入下一车间量	完工产品量
001	第一步骤	1240	210	180	1270	—
002	第二步骤	—	160	70	—	1360

审核：吴浩　　　　制表：陈飞

训表 12-10-4

入　库　单

№：55623443

交货单位：基本生产车间　　　　2019 年 10 月 31 日

品名	单位	规格	数量	单价	金额（千百十万千百十元角分）
办公桌	张		1360		
合计大写	仟　佰　拾　万　仟　佰　拾　元　角　分 ¥				

第二联　会计联

记账 陈飞　　保管 岳嘉禾　　制票 岳嘉禾

训表 12-10-5

产品成本分配表（定额比例法）

车间：基本生产车间-第二步骤　　　　产品：办公桌　　　　日期：2019年10月31日

项目			直接材料	直接人工	制造费用	合计
期初余额						
本步骤发生额						
上一步骤转入						
合计：						
产品定额	在产品	在产品数量				—
		单位在产品定额				
		在产品定额				
	完工产品	完工产品数量				—
		单位完工产品定额				
		完工产品定额				
	产品定额合计：					
产品定额比例系数（保留3位小数）						—
月末在产品成本						
结转完工产品成本						

审核：　　　　制表：

实训十三　逐步综合结转分步法

1.编制第一步骤完工产品分配表：2019年10月31日，请根据相关单据（见训表13-1-1至13-1-4）编制北京科云股份有限公司第一步骤完工产品分配表（见训表13-1-5）并结转第一步骤半成品成本。

B-111
扫码看处理

训表 13-1-1

分页：10　总页：20

生产成本　　明细账

二级科目：基本生产成本-第一步骤

2019年月	日	凭单号	摘要	借方	贷方	借或贷	余额	（借）方金额分析：直接材料	直接人工	制造费用	
09	30		承前页			借	2604186				
09	30		本月合计	22753096	20148910	借	2604186	1832450	604300	167436	
10	31	记040	生产领用材料	13920000		借	16524186	13920000			
10	31	记042	计提人工费	6735000		借	23259186		6735000		
10	31	记048	结转制造费用	2948488		借	26207674			2948488	

训表 13-1-2

产品产量统计表

车间：基本生产车间　　　　产品：办公桌　　　　日期：2019年10月31日

序号	项目	月初在产品数量	本月投产量	本步骤完工数量	月末在产品数量
001	第一步骤	210	1240	1270	180
002	第二步骤	180	1250	1360	70

审核：吴浩　　　　制表：陈飞

训表 13-1-3

产品约当产量计算表

车间：基本生产车间-第一步骤　　　　产品：办公桌　　　　日期：2019年10月31日

项目	直接材料	直接人工	制造费用
第一步骤在产品数量	180	180	180
投入比例	100%	50%	50%
第一步骤在产品约当产量	180	90	90
第一步骤完工半成品数量	1270	1270	1270
产品约当产量合计	1450	1360	1360

审核：吴浩　　　　制表：陈飞

训表 13-1-4

入　库　单

№：55621879

交货单位：基本生产车间-第一步骤　　　　2019 年 10 月 31 日

品名	单位	规格	数量	单价	金额 千	百	十	万	千	百	十	元	角	分
桌面板	套		1270											
合计大写	仟 佰 拾 万 仟 佰 拾 元 角 分 ¥													

第二联　会计联

记账：陈飞　　保管：岳器禾　　制票：岳器禾

训表 13-1-5

完工产品分配表

车间：基本生产车间-第一步骤　　产品名称：桌面板　　制表日期：2019年10月31日

项目			直接材料	直接人工	制造费用	合计
第一步骤	期初余额					
	本月发生额					
	合计：					
	产品产量（套）	完工半成品数量				—
		在产品约当产量				—
		合计：				—
	单位成本（保留2位小数）					
	结转完工半成品成本					
	月末在产品成本					

审核：　　制表：

2.领用第一步骤自制半成品：2019年10月31日，北京科云股份有限公司会计收到2张原始单据（见训表13-2-1、训表13-2-2），请根据相关单据进行账务处理。

B-112
扫码看处理

训表 13-2-1

领　料　单　　No.43843854

领料部门：基本生产车间-第二步骤
用　　途：生产办公桌　　2019 年 10 月 31 日

编号	品名	规格及型号	单位	数量		计划价格	
				请领	实发	单价	总价
031	桌面板		套	1250	1250		
合计							

第二联　记账

记账：陈飞　　发料：岳嘉禾　　领料：陈亚娜

训表 13-2-2

发出自制半成品成本计算表

品名：自制半成品-桌面板　　日期：2019年10月31日

日期	摘要	收入			发出			结存		
		数量	单价	金额	数量	单价	金额	数量	单价	金额
10月01日	期初结存							290	189.77	55033.20
10月31日	入库	1270	185.52	235610.40				1560	186.31	290643.60
10月31日	领用				1250	186.31	232887.50	310	186.31	57756.10

审核：吴浩　　制表：陈飞

3. 编制第二步骤完工产品分配表：2019 年 10 月 31 日，请根据相关单据（见训表 13-3-1 至训表 13-3-4）编制北京科云股份有限公司第二步骤完工产品分配表（见训表 13-3-5）并结转第二步骤完工产品成本。

B-113
扫码看处理

训表 13-3-1

分页：12　总页：20

生产成本　明细账

二级科目：基本生产成本-第二步骤

2019 年 月	日	凭单号	摘要	借方	贷方	借或贷	余额	（借）方 金额分析 自制半成品	直接材料	直接人工	制造费用	
09	30		承前页			借	4164640					
09	30		本月合计	32521690	28357050	借	4164640	3353220	543100	163000	105320	
10	31	记041	生产领用材料	4038000		借	8202640		4038000			
10	31	记042	计提人工费	3072000		借	11274640			3072000		
10	31	记048	结转制造费用	1411928		借	12686568				1411928	
10	31	记051	领用第一步骤自制半成品	23288750		借	35975318	23288750				

训表 13-3-2

产品产量统计表

车间：基本生产车间　　产品：办公桌　　日期：2019年10月31日

序号	项目	月初在产品数量	本月投产量	本步骤完工数量	月末在产品数量
001	第一步骤	210	1240	1270	180
002	第二步骤	180	1250	1360	70

审核：吴浩　　制表：陈飞

训表 13-3-3

产品约当产量计算表

车间：基本生产车间-第二步骤　　产品：办公桌　　日期：2019年10月31日

项目	直接材料	直接人工	制造费用
第二步骤在产品数量	70	70	70
投入比例	100%	50%	50%
第二步骤在产品约当产量	70	35	35
第二步骤完工产成品数量	1360	1360	1360
产品约当产量合计	1430	1395	1395

审核：吴浩　　制表：陈飞

训表 13-3-4

入库单

№：55623532

交货单位：基本生产车间-第二步骤　　　　2019 年 10 月 31 日

品名	单位	规格	数量	单价	金额 千	百	十	万	千	百	十	元	角	分
办公桌	张		1360											
合计大写	仟 佰 拾 万 仟 佰 拾 元 角 分 ¥													

第二联 会计联

记账 陈飞　　保管 岳嘉禾　　制票 岳嘉禾

训表 13-3-5

完工产品分配表

车间：基本生产车间-第二步骤　　　　产品名称：办公桌　　　　制表日期：2019年10月31日

项目			自制半成品	直接材料	直接人工	制造费用	合计
第二步骤	期初余额						
	本月发生额						
	领用上步骤自制半成品			—	—	—	
	合计：						
	产品产量（套）	完工产品数量					—
		在产品约当产量					—
		合计：					—
	单位成本（保留2位小数）						
	结转完工产品成本						
	月末在产品成本						

审核：　　　　制表：

4.编制成本还原计算表：2019年10月31日，请根据完工产品分配表（见训表13-1-5、训表13-3-5）编制北京科云股份有限公司成本还原计算表（见训表13-4-1）。

B-114
扫码看处理

训表 13-4-1

成本还原计算表

产品：办公桌　　　　日期：2019年10月31日

项目	自制半成品	直接材料	直接人工	制造费用	成本合计
还原前产成品成本					
第一步本月所产半成品成本	—				
还原率（保留4位小数）					
半成品还原（保留2位小数）	—				
还原后产成品成本	—				
产成品单位成本（保留2位小数）	—				

审核：　　　　制表：

实训十四　平行结转分步法

1.第一步骤车间领用原材料：2019年11月30日，北京科云股份有限公司会计收到3张原始单据（见训表14-1-1至训表14-1-3），请根据相关单据进行账务处理。

B-115
扫码看处理

训表 14-1-1

领　料　单　　No. 43843021

领料部门：基本生产车间-第一步骤
用　　途：生产背包　　　　2019 年 11 月 01 日

编号	品名	规格及型号	单位	数量		计划价格	
				请领	实发	单价	总价
001	皮革		码	1650	1650		
合	计						

第二联 记账

记账：陈飞　　发料：岳嘉禾　　领料：陈亚娜

训表 14-1-2

领　料　单　　No. 43843025

领料部门：基本生产车间-第一步骤
用　　途：生产背包　　　　2019 年 11 月 10 日

编号	品名	规格及型号	单位	数量		计划价格	
				请领	实发	单价	总价
002	牛津布		平方米	1116.10	1116.10		
合	计						

第二联 记账

记账：陈飞　　发料：岳嘉禾　　领料：陈亚娜

训表 14-1-3

材料领用汇总表

部门：基本生产车间-第一步骤　　　　日期：2019年11月30日

序号	项目		用途	单位	数量	单价	金额
001	原材料	皮革	生产背包	码	1650.00	45.25	74662.50
002	原材料	牛津布	生产背包	平方米	1116.10	20.00	22322.00
	合　计：		—	—	—	—	¥96984.50

审核：吴浩　　制表：陈飞

2.第二步骤车间领用原材料：2019年11月30日，北京科云股份有限公司会计收到3张原始单据（见训表14-2-1至训表14-2-3），请根据相关单据进行账务处理。

B-116
扫码看处理

训表 14-2-1

领　料　单

No.43843078

领料部门：基本生产车间-第二步骤
用　途：生产背包　　2019 年 11 月 10 日

编号	品名	规格及型号	单位	数量		计划价格	
				请领	实发	单价	总价
002	金属扣		个	4856	4856		
合　计							

第二联　记账

记账：陈飞　　发料：岳嘉禾　　领料：陈亚娜

训表 14-2-2

领　料　单

No.43843082

领料部门：基本生产车间-第二步骤
用　途：生产背包　　2019 年 11 月 12 日

编号	品名	规格及型号	单位	数量		计划价格	
				请领	实发	单价	总价
001	拉链		条	2201	2201		
合　计							

第二联　记账

记账：陈飞　　发料：岳嘉禾　　领料：陈亚娜

训表 14-2-3

材料领用汇总表

部门：基本生产车间-第二步骤　　　　　　　　　　　　　　　　　　　　日期：2019年11月30日

序号	项目		用途	单位	数量	单价	金额
001	原材料	拉链	生产背包	条	2201	5.16	11357.16
002	原材料	金属扣	生产背包	个	4856	2.00	9712.00
	合　计：		—	—	—	—	¥21069.16

审核：吴浩　　　　　　　　　　　　　　　　　　　　制表：陈飞

3.计提人工费用：2019年11月30日，北京科云股份有限公司会计人员收到3张原始单据（见训表14-3-1至训表14-3-3），请根据单据进行账务处理（制造费用明细设人工费）。

B-117

扫码看处理

训表 14-3-1

工资结算明细表

单位：北京科云股份有限公司　　　　　　　　　　　　　　　　　　　　日期：2019年11月30日

序号	一级部门	二级部门	岗位	姓名	出勤天数	基本工资	加班费	奖金	补贴	应付工资	个人缴纳社保	个人缴纳住房公积金	税前工资	单位缴纳社保	单位缴纳住房公积金	单位支付合计
…																
020	基本生产车间	管理组	车间管理	邓馨云	22.00	3500.00	800.00	0.00	0.00	4300.00	135.00	120.00	4045.00	365.00	120.00	4785.00
021	基本生产车间	管理组	车间管理	陈亚娜	22.00	3500.00	800.00	0.00	0.00	4300.00	135.00	120.00	4045.00	365.00	120.00	4785.00
022	基本生产车间	第一步骤车间	车间员工	孙洪福	22.00	2600.00	300.00	0.00	0.00	2900.00	135.00	120.00	2645.00	365.00	120.00	3385.00
023	基本生产车间	第一步骤车间	车间员工	张金华	22.00	2600.00	500.00	0.00	0.00	3100.00	135.00	120.00	2845.00	365.00	120.00	3585.00
024	基本生产车间	第一步骤车间	车间员工	杨传海	22.00	2600.00	600.00	0.00	0.00	3200.00	135.00	120.00	2945.00	365.00	120.00	3685.00
025	基本生产车间	第一步骤车间	车间员工	俞绿春	22.00	2600.00	200.00	0.00	0.00	2800.00	135.00	120.00	2545.00	365.00	120.00	3285.00
026	基本生产车间	第一步骤车间	车间员工	苏桂兰	22.00	2600.00	317.00	0.00	0.00	2917.00	135.00	120.00	2662.00	365.00	120.00	3402.00
027	基本生产车间	第一步骤车间	车间员工	石伟	22.00	2600.00	500.00	0.00	0.00	3100.00	135.00	120.00	2845.00	365.00	120.00	3565.00
028	基本生产车间	第一步骤车间	车间员工	杨火进	22.00	2600.00	300.00	0.00	0.00	2900.00	135.00	120.00	2645.00	365.00	120.00	3385.00
029	基本生产车间	第二步骤车间	车间员工	李小蓉	22.00	2600.00	950.00	0.00	0.00	3550.00	135.00	120.00	3295.00	365.00	120.00	4035.00
030	基本生产车间	第二步骤车间	车间员工	吕平清	22.00	2600.00	590.00	0.00	0.00	3190.00	135.00	120.00	2935.00	365.00	120.00	3675.00
031	基本生产车间	第二步骤车间	车间员工	钟清华	22.00	2600.00	600.00	0.00	0.00	3200.00	135.00	120.00	2945.00	365.00	120.00	3685.00
032	基本生产车间	第二步骤车间	车间员工	李军富	22.00	2600.00	680.00	0.00	0.00	3280.00	135.00	120.00	3025.00	365.00	120.00	3765.00
033	基本生产车间	第二步骤车间	车间员工	袁敏	22.00	2600.00	900.00	0.00	0.00	3500.00	135.00	120.00	3245.00	365.00	120.00	3985.00
034	基本生产车间	第二步骤车间	车间员工	周清业	22.00	2600.00	900.00	0.00	0.00	3500.00	135.00	120.00	3245.00	365.00	120.00	3985.00
035	基本生产车间	第二步骤车间	车间员工	张珍	22.00	2600.00	500.00	0.00	0.00	3100.00	135.00	120.00	2845.00	365.00	120.00	3585.00
036	基本生产车间	第二步骤车间	车间员工	林萍	22.00	2600.00	600.00	0.00	0.00	3200.00	135.00	120.00	2945.00	365.00	120.00	3685.00
037	基本生产车间	第二步骤车间	车间员工	蔡金明	22.00	2600.00	900.00	0.00	0.00	3500.00	135.00	120.00	3245.00	365.00	120.00	3985.00
038	基本生产车间	第二步骤车间	车间员工	王彦霖	22.00	2600.00	400.00	0.00	0.00	3000.00	135.00	120.00	2745.00	365.00	120.00	3485.00
039	基本生产车间	第二步骤车间	车间员工	孙宏涛	22.00	2600.00	500.00	0.00	0.00	3100.00	135.00	120.00	2845.00	365.00	120.00	3585.00
040	基本生产车间	第二步骤车间	车间员工	郑晓兵	22.00	2600.00	700.00	0.00	0.00	3300.00	135.00	120.00	3045.00	365.00	120.00	3785.00
041	基本生产车间	第二步骤车间	车间员工	刘玉盈	22.00	2600.00	950.00	0.00	0.00	3550.00	135.00	120.00	3295.00	365.00	120.00	4035.00
042	基本生产车间	第二步骤车间	车间员工	周珍圆	22.00	2600.00	547.50	0.00	0.00	3147.50	135.00	120.00	2892.50	365.00	120.00	3632.50
043	基本生产车间	第二步骤车间	车间员工	黄智冬	22.00	2600.00	600.00	0.00	0.00	3200.00	135.00	120.00	2945.00	365.00	120.00	3685.00
…																

审核：吴浩　　　　　　　　　　　　　　　　　　　　制表：陈飞

训表 14-3-2

工资结算汇总表

单位：北京科云股份有限公司　　　　　　　　　　　　　　　　　　　　日期：2019年11月30日

序号	一级部门	二级部门	岗位	基本工资	加班费	奖金	补贴	应付工资	个人缴纳社保	个人缴纳住房公积金	税前工资	单位缴纳社保	单位缴纳住房公积金	单位支付合计
…														
6	基本生产车间	管理组	车间管理	7000.00	1600.00	0.00	0.00	8600.00	270.00	240.00	8090.00	730.00	240.00	9570.00
7	基本生产车间	第一步骤车间	车间员工	18200.00	2717.00	0.00	0.00	20917.00	945.00	840.00	19132.00	2555.00	840.00	24312.00
8	基本生产车间	第二步骤车间	车间员工	39000.00	10317.50	0.00	0.00	49317.50	2025.00	1800.00	45492.50	3475.00	1800.00	56592.50
…														

审核：吴浩　　　　　　　　　　　　　　　　　　　　制表：陈飞

训表 14-3-3

社会保险费缴费明细

单位：北京科云股份有限公司

项目	个人承担	企业承担
养老保险	2468.57	5000.00
医疗保险	617.14	2783.45
失业保险	154.29	590.50
工伤保险	0.00	85.54
生育保险	0.00	300.51
合计	3240.00	8760.00

审核：吴浩　　制表：陈飞

4.结转制造费用：2019年11月30日，北京科云股份有限公司会计人员收到1张原始单据（见训表14-4-1），请根据此单据进行账务处理。

B-118
扫码看处理

训表 14-4-1

制造费用分配表

车间：基本生产车间　　日期：2019年11月30日

项目			金额
制造费用归集	制造费用-材料费		2465.00
	制造费用-人工费		9570.00
	制造费用-水电费		1806.00
	制造费用-折旧费		6476.00
	制造费用-房租费		12035.60
	制造费用合计：		32352.60
制造费用分配	分配总工时(小时)		5800
	分配率（保留3位小数）		5.578
	第一步骤	耗用工时	2800
		分摊金额（元）	15618.40
	第二步骤	耗用工时	3000
		分摊金额（元）	16734.20

审核：吴浩　　制表：陈飞

5.编制第一、第二步骤产品约当产量计算表：2019年11月30日，请根据相关单据（见训表14-5-1、训表14-5-2）编制北京科云股份有限公司第一步骤产品约当产量计算表（见训表14-5-3）和第二步骤产品约当产量计算表（见训表14-5-4）。

B-119
扫码看处理

训表 14-5-1

在产品成本投入比率表

单位：北京科云股份有限公司　　　　日期：2019年11月30日

项目	直接材料	直接人工	制造费用
第一步骤	100%	50%	50%
第二步骤	100%	50%	50%

审核：吴浩　　　　制表：陈飞

训表 14-5-2

产品产量统计表

车间：基本生产车间　　　　产品：背包　　　　日期：2019年11月30日

序号	项目	本月投产量	在制品数量		本步骤完工数量
			月初在产品数量	月末在产品数量	
001	第一步骤	2400	350	280	2470
002	第二步骤	2470	180	150	2500

审核：吴浩　　　　制表：陈飞

训表 14-5-3

第一步骤产品约当产量计算表

车间：基本生产车间-第一步骤　　　　产品：背包　　　　日期：2019年11月30日

项目	直接材料	直接人工	制造费用
第一步骤月末在产品数量			
在制品投入比率			
第一步骤月末在产品约当产量			
第二步骤月末在产品数量			
广义在产品数量			

审核：　　　　制表：

训表 14-5-4

第二步骤产品约当产量计算表

车间：基本生产车间-第二步骤　　　　产品：背包　　　　日期：2019年11月30日

项目	直接材料	直接人工	制造费用
第二步骤月末在产品数量			
在制品投入比率			
第二步骤月末在产品约当产量			
广义在产品数量			

审核：　　　　制表：

6. 编制第一、第二步骤产品成本计算单：承上题，2019年11月30日，请根据相关单据（见训表14-6-1至训表14-6-4）编制北京科云股份有限公司第一步骤产品成本计算单（见训表14-6-5）和第二步骤产品成本计算单（见训表14-6-6），编制完工产品成本汇总表（见训表14-6-7）并结转完工产品成本。

B-120
扫码看处理

训表 14-6-1

分页：10 总页：20

生产成本 明细账

二级科目：基本生产成本-第一步骤

2019年 月	日	凭单号	摘要	借方	贷方	借或贷	余额	(借)方金额分析 直接材料	直接人工	制造费用	
10	31		承前页			借	2766090				
10	31		本月合计	13588490	10822400	借	2766090	2141680	395070	229340	
11	30	记040	生产领用材料	9698450		借	12464540	9698450			
11	30	记042	计提人工费	2431200		借	14895740		2431200		
11	30	记043	结转制造费用	1561840		借	16457580			1561840	

训表 14-6-2

分页：13 总页：20

生产成本 明细账

二级科目：基本生产成本-第二步骤

2019年 月	日	凭单号	摘要	借方	贷方	借或贷	余额	(借)方金额分析 直接材料	直接人工	制造费用	
10	31		承前页			借	445439				
10	31		本月合计	9422707	8977268	借	445439	153534	198875	93030	
11	30	记041	生产领用辅助材料	2106916		借	2552355	2106916			
11	30	记042	计提人工费	5659250		借	8211605		5659250		
11	30	记043	结转制造费用	1673420		借	9885025			1673420	

训表 14-6-3

产品产量统计表

车间：基本生产车间　　产品：背包　　日期：2019年11月30日

序号	项目	本月投产量	在制品数量 月初在产品数量	月末在产品数量	本步骤完工数量
001	第一步骤	2400	350	280	2470
002	第二步骤	2470	180	150	2500

审核：吴浩　　制表：陈飞

训表 14-6-4

入 库 单　　№：55623751

交货单位：基本生产车间　　2019年11月30日

品名	单位	规格	数量	单价	金额 千 百 十 万 千 百 十 元 角 分
背包	个		2500		
合计大写	仟 佰 拾 万 仟 佰 拾 元 角 分 ¥				

第二联 会计联

记账 陈飞　　保管 岳嘉禾　　制票 岳嘉禾

训表 14-6-5

第一步骤产品成本计算单

车间：基本生产车间－第二步骤　　产品：背包　　日期：2019 年 11 月 30 日

项目		直接材料	直接人工	制造费用	合计
期初余额					
本月发生额					
合计					
品投入约当产量（个）	完工产品数量				－
	广义在产品数量				－
	合计				－
单位成本					
应计入产成品中的份额					
月末在产品成本					

审核：　　制表：

训表 14-6-6

第二步骤产品成本计算单

车间：基本生产车间-第二步骤　　产品：背包　　日期：2019年11月30日

项　目		直接材料	直接人工	制造费用	合　计
期初余额					
本月发生额					
合　计					
产品投入约当产量（个）	完工产品数量				—
	广义在产品数量				—
	合计				—
单位成本					
应计入产成品中的份额					
月末在产品成本					

审核：　　制表：

训表 14-6-7

完工产品成本汇总表

车间：基本生产车间　　产品：背包　　日期：2019年11月30日

项　目	直接材料	直接人工	制造费用	合　计
第一步骤				
第二步骤				
成本合计				
单位成本				

审核：　　制表：

项目三　成本管理实训[1]

实训十五　目标成本法

某公司欲进行新产品研发，根据市场调查，同类LED商业照明灯具产品的市场销售价格为200元/只，销售利润率为35%，预计需要缴纳的税金及附加率为销售额的10%。

B-121
扫码看处理

【要求】请进行目标成本计算和价值功能分析（计算结果保留2位小数）。

1.请根据训表15-1-1，计算产品目标成本

训表15-1-1　　产品目标成本计算表

目标售价	预计税金及附加	目标利润	目标成本
200.00			

2.请根据训表15-1-2，对产品零部件的功能进行评分

B-122
扫码看处理

训表15-1-2　　零部件功能评分表

零部件	功能评分	功能系数	分解的目标成本
灯罩	1.00		
灯杯	2.00		
镇流器	3.00		
大功率LED光源	4.00		
合计	10.00		

3.请根据训表15-1-3，计算零部件成本系数

B-123
扫码看处理

训表15-1-3　　零部件成本系数表

零部件	设计成本	成本系数
灯罩	15.00	
灯杯	20.00	
镇流器	40.00	
大功率LED光源	50.00	
合计	125.00	

4.请根据训表15-1-4，计算零部件价值系数

B-124
扫码看处理

训表15-1-4　　零部件价值系数计算表

零部件	功能系数	设计成本	成本系数	价值系数	目标成本	成本降低额
灯罩		15.00				
灯杯		20.00				
镇流器		40.00				
大功率LED光源		50.00				
合计		125.00		—		

① 本项目实训资料来源：科云管理会计基础教学资源智慧云平台。

5.请根据训表15-1-5，进行零部件成本改进分析

B-125
扫码看处理

训表15-1-5　　零部件成本改进分析表

零部件	价值系数	分析意见
灯罩		
灯杯		
镇流器		
大功率LED光源		

实训十六　标准成本法

1.完成标准成本卡的制定

（1）填制直接材料标准成本卡，见训表16-1-1。

B-126
扫码看处理

训表16-1-1　　直接材料标准成本卡

项目	材料A	材料B
价格标准：	—	—
发票价（元/千克）	28.00	19.00
运杂费等（元/千克）	2.00	1.00
标准单价（元/千克）		
标准数量：	—	—
产品实耗（千克/件）	2.00	1.00
合理损耗（千克/件）	0.10	0.10
预计废品耗用（千克/件）	0.10	—
标准单耗（千克/件）		
单位材料标准成本（元/件）		
甲产品直接材料标准成本（元/件）		

（2）填写直接人工标准成本卡，见训表16-1-2。

训表16-1-2　　直接人工标准成本卡

项目	工序1	工序2
预计直接人工工资总额（元）	2 184 000.00	374 400.00
预计该工序标准工时总数（小时）	62 400.00	10 400.00
工序人工工时标准（小时）	1.50	0.50
工序小时工资率标准（元/小时）		
工序标准成本（元/件）		
甲产品直接人工标准成本（元/件）		

（3）填写制造费用标准成本卡，见训表16-1-3。

训表16-1-3　**制造费用标准成本卡**

项目	车间1	车间2
生产量标准（机器小时）	60 000.00	10 000.00
单位产品工时标准（小时/件）	1.40	0.40
变动制造费用小计（元）	1 050 000.00	700 000.00
间接材料（元）	600 000.00	400 000.00
间接人工（元）	400 000.00	250 000.00
水电费（元）	50 000.00	50 000.00
变动制造费用分配率（元/小时）		
变动制造费用标准（元/件）		
固定制造费用小计（元）	1 200 000.00	625 000.00
折旧费（元）	500 000.00	250 000.00
维护费（元）	25 000.00	20 000.00
管理人员工资（元）	650 000.00	350 000.00
办公费（元）	25 000.00	5 000.00
固定制造费用分配率（元/小时）		
固定制造费用标准（元/件）		
车间制造费用标准成本（元/件）		
甲产品制造费用标准成本（元/件）		

2.标准成本的计算

中盛公司生产A产品，耗用甲、乙两种材料。其中甲材料标准价格为每千克20元，乙材料标准价格为每千克32元。一件A产品耗用甲材料标准为5千克，耗用乙材料为9千克。A产品单位标准工时为13小时，直接人工标准工资率为7.5元。固定制造费用预算数为61 000元，变动制造费用预算数为38 000元，预算总工时为10 000小时。

B-127
扫码看处理

【要求】请根据训表16-2-1，计算A产品的标准成本。

训表16-2-1　**A产品标准成本计算表**

项目	金额（元）
直接材料标准成本	
直接人工标准成本	
变动制造费用标准成本	
固定制造费用标准成本	

3.材料差异的计算

中盛公司生产甲产品需使用一种直接材料A。本期生产甲产品200件，耗用A材料900千克，A材料的实际价格为每千克100元。假设A材料的标准价格为每千克110元，单位甲产品的标准用量为5千克A材料。

B-128
扫码看处理

【要求】请根据训表16-3-1，计算甲产品的材料价格差异、材料数量差异和材料成本差异。

训表16-3-1 材料差异计算表

项目	金额（元）
材料价格差异	
材料数量差异	
材料成本差异	

4.人工差异的计算

中盛公司本期生产甲产品200件，实际耗用人工8 000小时，实际工资总额80 000元，平均每工时10元。假设标准工资率为9元，单位产品的工时耗用标准为28小时。

B-129
扫码看处理

【要求】请根据训表16-4-1，计算甲产品的直接人工成本差异、直接人工工资率差异和直接人工工时耗用量差异。

训表16-4-1 人工差异计算表

项目	金额（元）
直接人工成本差异	
直接人工工资率差异	
直接人工工时耗用量差异	

5.变动制造费用差异的计算

中盛公司本期生产甲产品200件，实际耗用人工8 000小时，实际发生变动制造费用20 000元，变动制造费用标准分配率为3元/小时，标准耗用人工6 000小时。

B-130
扫码看处理

【要求】请根据训表16-5-1，计算甲产品的变动制造费用成本差异、变动制造费用分配率差异和变动制造费用效率差异。

训表16-5-1 变动制造费用差异计算表

项目	金额（元）
变动制造费用成本差异	
变动制造费用分配率差异	
变动制造费用效率差异	

实训十七　变动成本法

B-131
扫码看处理

1.损益计算

请根据训表 17-1-1，用变动成本法与完全成本法分别对同一企业进行损益计算。

训表 17-1-1　　损益计算表

项目	变动成本法	完全成本法
销售单价	40.00	40.00
销售量	9 000.00	9 000.00
销售收入	360 000.00	360 000.00
期初存货成本	0.00	0.00
本期生产量	10 000.00	10 000.00
期初生产成本	0.00	0.00
期末在产品	0.00	0.00
直接材料	20 000.00	20 000.00
直接人工	30 000.00	30 000.00
变动制造费用	25 000.00	25 000.00
固定制造费用	—	40 000.00
产品成本合计		
单位产品成本		
期末结转存货成本		
销售成本	—	
销售毛利	—	
变动销售费用	30 000.00	30 000.00
变动管理费用	10 000.00	10 000.00
变动成本总额		—
边际贡献		—
固定制造费用	40 000.00	—
固定销售费用	50 000.00	50 000.00
固定管理费用	30 000.00	30 000.00
固定财务费用	5 000.00	5 000.00
期间费用合计		
营业利润		

2.使用高低点法计算成本

光明股份有限公司生产的甲产品 7—12 月产量及总成本资料见训表 17-2-1。

训表 17-2-1　　产量总成本表

项目	7月	8月	9月	10月	11月	12月
产量（万件）	20	19	16	22	25	28
总成本（万元）	6 600	6 500	5 200	7 000	7 900	8 200

【要求】根据训表17-2-2，采用高低点法计算甲产品的单位变动成本和固定成本。

B-132
扫码看处理

训表 17-2-2　　单位变动成本和固定成本计算表

项目	金额（元）
单位变动成本	
固定成本	

3.固定成本的计算

光辉股份有限公司只生产一种产品，2018年销售收入为1 000万元，税前利润为100万元，变动成本率为60%。

【要求】请根据训表17-3-1，计算光辉股份有限公司2018年的固定成本。

B-133
扫码看处理

训表 17-3-1　　固定成本计算表

项目	金额（万元）
销售收入	
变动成本	
税前利润	
固定成本	

4.变动成本法和完全成本法的比较

北京科云股份有限公司成立于2013年，从事工艺品加工销售，一直以“重质量、守信用”为原则，在同行中经营效果较好且管理水平较高。近期，公司决定实行全员负责制，寻求更佳的经营效益。企业根据近2年来的实际成本资料，制定了更详尽的费用控制方法。

公司成本控制制度规定，加工车间的材料消耗实行定额管理。产品耗用优质木材，单件定额为4元，人工工资实行计件工资，计件单价为3元，在制作过程中需要用到专用刻刀，每件工艺品限领1把，单价为3元。加工好的工艺品，面向市场时，每件工艺品需要耗用5元的销售及管理费用，每年固定的销售及管理费用为60 000元。公司最近两年未发生财务费用。20×1年固定制造费用明细表见训表17-4-1，20×2年固定制造费用明细表见训表17-4-2，存货产销量表见训表17-4-3。

训表 17-4-1　　20×1 年固定制造费用明细表

项目	行次	本年实际	本年计划
折旧费	1	20 000.00	20 000.00
办公费	2	20 000.00	18 000.00
保险费	3	10 000.00	10 000.00
租赁费	4	20 000.00	20 000.00
工资	5	10 000.00	10 000.00
合计	6	80 000.00	78 000.00

训表 17-4-2　　20×2 年固定制造费用明细表

项目	行次	本年实际	本年计划
折旧费	1	20 000.00	20 000.00
办公费	2	20 000.00	20 000.00
保险费	3	10 000.00	10 000.00
租赁费	4	20 000.00	20 000.00
工资	5	10 000.00	10 000.00
合计	6	80 000.00	80 000.00

训表 17-4-3　　存货产销量表

项目	20×1 年	20×2 年
期初存货量（件）	0.00	1 000.00
本期生产量（件）	8 000.00	5 000.00
本期销售量（件）	7 000.00	6 000.00
期末存货量（件）	1 000.00	0.00
销售单价（元/件）	50.00	50.00

【要求】运用变动成本法和完全成本法对案例进行比较分析。

（1）请根据训表 17-4-4，计算单位产品变动成本。

B-134
扫码看处理

训表 17-4-4　　单位产品变动成本计算表

项目	20×1 年	20×2 年
单位直接材料（元）		
单位直接人工（元）		
单位变动制造费用（元）		
合计		

（2）请根据训表 17-4-5，计算单位产品完全成本。

训表 17-4-5　　单位产品完全成本计算表

项目	20×1年	20×2年
单位直接材料（元）		
单位直接人工（元）		
单位变动制造费用（元）		
单位固定制造费用（元）		
合计		

（3）编制传统式利润表，见训表 17-4-6。

训表 17-4-6　　传统式利润表

项目	20×1年	20×2年
营业收入		
减：营业成本合计		
期初存货成本		
本期生产成本		
期末存货成本		
营业毛利		
减：期间费用		
营业利润		

（4）编制贡献式利润表，见训表 17-4-7。

训表 17-4-7　　贡献式利润表

项目	20×1年	20×2年
营业收入		
减：变动成本合计		
变动生产成本		
变动销售及管理费用		
边际贡献		
减：固定成本合计		
固定制造费用		
固定销售及管理费用		
营业利润		

（5）请根据训表 17-4-8，计算广义利润差额。

训表 17-4-8　　　　　　　　广义利润差额计算表

项目	20×1年	20×2年
完全成本法的营业利润（元）		
变动成本法的营业利润（元）		
广义营业利润差额（元）		
分析广义营业利润差额产生原因		

5.维修成本的计算

北京科云股份有限公司，是国家劳动防护服生产定点企业、重合同守信用企业、AAA级资信企业，先后荣获国家名牌产品证书、全面质量管理合格证书。公司占地面积近2万平方米，固定资产3 000余万元，拥有国际先进水平的服装生产流水线，自备了水洗免烫、石磨喷砂等先进的服装后处理设备。2018年又增设了6条自动化外贸生产流水线，现有员工1 200余人。已具备全毛系列、全棉系列、棉麻系列、毛涤系列的各式工装、休闲装、文秘装、职业装系列产品的生产能力；同时开发了防静电防护服、阻燃防护服等特种防护服。产品广泛适用于电子、冶金、汽车、化工、机械、制药、石油等行业，现已与许多国家大中型企业建立了长期合作关系，部分产品出口至东亚、欧洲、北美等国家和地区。1—6月公司维修成本资料见训表17-5-1。

训表 17-5-1　　　　　　　　维修成本表

项目	1月	2月	3月	4月	5月	6月	合计
业务量（机器小时）	4 500.00	2 900.00	3 000.00	4 300.00	3 800.00	4 000.00	22 500.00
维修成本（元）	12 600.00	8 600.00	9 300.00	11 800.00	10 300.00	12 100.00	64 700.00

【要求】运用高低点法对维修成本进行成本性态分析，填写训表17-5-2。若7月份生产工时为5 000小时，预测7月维修成本。

B-135
扫码看处理

训表 17-5-2　　　　　　　　成本预测表

（公式：Y=a+bx）

项目	预测
最高点所在月份	
最低点所在月份	
最高点业务量（小时）	
最低点业务量（小时）	
最高点维修成本（元）	
最低点维修成本（元）	
预测单位变动维修成本b（元）	
固定维修成本a（元）	
7月预测维修成本（元）	

6.电力成本的计算

某企业生产用电分为照明用电和设备运转用电两项。按照正常生产情况，每天工作八小时，企业照明每小时用电100度，按照最佳的操作方法，生产每件产品需用设备加工2小时，企业备有多台设备，目前企业生产能力有剩余，假设全月工作日22天。供电局规定，某企业的变压器维持费为50 000元/月，每度电费为1.6元，用电额度每月35 600度，超额部分用电按正常电费的2倍计价。正常情况下，每件产品平均用电2度。

B-136
扫码看处理

【要求】编制电力成本计算表，见训表17-6-1。

训表17-6-1 电力成本计算表

项目	数值
全月照明用电量（度）	
全月照明用电成本（元）	
月变压器维持费用（元）	
除照明用电后的用电额度（度）	
该用电额度下的产量（件）	
每件产品用电量（度）	
9 000件以内直线方程（用Y=a+bx表示）	
9 000件以上直线方程（用Y=a+bx表示）	

7.燃料成本的计算

上海华庆铸造有限公司系民营企业，专注于生产高牌号、高工艺技术水平的优质铸件。树脂砂铸件以其娴熟出众的工艺、优良稳定的材质、整洁明朗的外形，在客户中赢得了良好的声誉。

公司新工厂现已竣工投入生产，地处杭州湾畔的上海市奉贤区柘林镇莘奉公路旁，占地2.1万平方米，总投资1 200多万元，员工145名，其中有工程师3名、高级技师5名、技术工人78名。年产灰铁、球铁铸件6 000吨，可生产铸件重量范围为：最小单件重量0.8千克，最大单件重量5吨。

公司秉承“创造一流企业、追求卓越品质”的经营理念，以让客户满意为目标，高标准的产品质量和完善的销售服务得到了国内外客户的高度评价，铸件已出口到美国、日本等国家和地区。

产品生产分为点火（耗用木材和焦炭）和熔化铁水（耗用焦炭）两项操作。假设企业按照最佳的操作方法进行生产，每次点火要使用木材0.1吨、焦炭1.5吨，熔化1吨铁水要使用焦炭0.15吨，铸造每件产品需要铁水0.01吨；每个工作日点火一次，全月22个工作日，木材每吨价格为10 000元，焦炭每吨价格为18 000元。

B-137
扫码看处理

【要求】编制燃料成本计算表，见训表17-7-1。

训表 17-7-1　　**燃料成本计算表**

项目	数值
点火固定成本合计	
全月点火耗用木材成本	
全月点火耗用焦炭成本	
单位变动成本	
燃料成本 Y=a+bx	

实训十八　作业成本法

1.计算作业成本

正辉股份有限公司生产甲、乙两种产品，其中甲产品12月份产量为900件，乙产品12月份产量为300件，其作业情况数据见训表18-1-1。

训表 18-1-1　　**作业情况表**

作业中心	动因	资源耗用（元）	甲产品动因量	乙产品动因量	合计
材料处理	移动次数	18 000.00	400.00	200.00	600.00
材料采购	订单件数	25 000.00	350.00	150.00	500.00
使用机器	机器小时	35 000.00	1 200.00	800.00	2 000.00
设备维修	维修小时	22 000.00	700.00	400.00	1 100.00
质量控制	质检次数	20 000.00	250.00	150.00	400.00
产品运输	维修次数	16 000.00	50.00	30.00	80.00

【要求】请按照训表18-1-2，用作业成本法计算甲、乙两种产品的作业成本。

训表 18-1-2　　**作业成本计算表**

作业中心	资源耗用（元）	动因量	分配率	甲产品（元）	乙产品（元）
材料处理	18 000.00	600.00			
材料采购	25 000.00	500.00			
使用机器	35 000.00	2 000.00			
设备维修	22 000.00	1 100.00			
质量控制	20 000.00	400.00			
产品运输	16 000.00	80.00			
合计	136 000.00	—	—		

B-138
扫码看处理

2.计算作业中心分配率

美仔服装厂采用作业成本法核算产品成本，10月作业情况见训表18-2-1。

训表 18-2-1　　作业情况表

作业中心	动因	资源耗用（元）	甲产品作业量	乙产品作业量	合计
材料整理	材料批数	14 000.00	10.00	30.00	40.00
质量检验	检验次数	10 000.00	10.00	15.00	25.00
机器调试	调试次数	20 000.00	80.00	120.00	200.00
使用机器	机器小时	12 000.00	20.00	80.00	100.00

【要求】按照训表 18-2-2，计算各作业中心的分配率。

训表 18-2-2　　作业中心分配率计算表

作业中心	资源耗用（元）	作业量合计	分配率
材料整理	14 000.00		
质量检验	10 000.00		
机器调试	20 000.00		
使用机器	12 000.00		

B-139
扫码看处理

3.计算作业成本

科智信息有限责任公司专门开发互联网应用软件，包括网页和搜索引擎开发等。与大多数软件公司一样，原材料的成本占比很小，是不重要的。根据以往的经验，财务部与软件开发部共同制定了作业成本分配标准，见训表 18-3-1。

训表 18-3-1　　作业成本分配标准表

作业中心	作业动因	估计作业成本（元）	估计动因量
软件开发	软件个数	800 000.00	2.00
内容编写	编码条数	2 400 000.00	12 000 000.00
测试	测试小时	288 000.00	1 800.00

科智信息有限责任公司正准备开发一种防火墙软件，开发该软件估计要编写500 000条代码并测试100小时。

【要求】按照训表 18-3-2，计算该防火墙软件的成本。

B-140
扫码看处理

训表 18-3-2　　防火墙软件成本计算表

作业中心	作业动因	估计作业成本	估计动因量	分配率	防火墙软件成本
软件开发	软件个数	800 000.00	2.00		
内容编写	编码条数	2 400 000.00	12 000 000.00		
测试	测试小时	288 000.00	1 800.00		
合计	—	—	—	—	

4.作业成本法

某企业生产甲、乙产品各 1 000 件，甲产品由部件 A 和部件 B 各一件组成，乙产品由部件 C 和部件 D 各一件组成。甲产品直接材料费 8 000 元，直接人工费 4 000 元。乙产品直接材料费 15 000 元，直接人工费 6 000 元。制造费用分设多个作业中心进行归集，然后按作业动因分配到甲、乙两种产品。企

B-141
扫码看处理

业各作业中心及成本动因资料和各产品作业成本动因数量见训表18-4-1。

【要求】（1）请根据训表18-4-1，进行作业中心成本动因选择。

训表18-4-1　　作业中心成本动因表

作业中心	资源耗费（元）	成本动因
材料处理	9 600.00	
开机准备	8 000.00	
设备维护	6 000.00	
机器加工	27 000.00	
质量检测	5 100.00	
合计	55 700.00	—

成本动因选择项：检测次数、准备次数、维护小时、搬运数量、机器小时。

（2）请根据训表18-4-2，计算作业成本分配率。

训表18-4-2　　作业成本分配律计算表

作业中心	成本动因	资源耗费（元）	部件A	部件B	部件C	部件D	合计	分配率
材料处理		9 600.00	5.00	15.00	12.00	18.00	50.00	
开机准备		8 000.00	5.00	5.00	14.00	16.00	40.00	
设备维护		6 000.00	70.00	100.00	80.00	150.00	400.00	
机器加工		27 000.00	3 000.00	4 500.00	3 500.00	2 500.00	13 500.00	
质量检测		5 100.00	35.00	35.00	50.00	50.00	170.00	

（3）请根据训表18-4-3，计算分配作业中心成本。

训表18-4-3　　作业中心成本分配表

作业中心	分配率	甲产品分配金额				乙产品分配金额				合计	
		部件A		部件B		部件C		部件D			
		动因数量	成本	动因数量	成本	动因数量	成本	动因数量	成本	动因数量	成本
材料处理		5.00		15.00		12.00		18.00		50.00	
开机准备		5.00		5.00		14.00		16.00		40.00	
设备维护		70.00		100.00		80.00		150.00		400.00	
机器加工		3 000.00		4 500.00		3 500.00		2 500.00		13 500.00	
质量检测		35.00		35.00		50.00		50.00		170.00	
合计	—	—		—		—		—		—	

（4）请根据训表18-4-4，计算单位产品成本。

训表 18-4-4　　　　**单位产品成本计算表**

产品	直接材料	直接人工	制造费用	合计	单位产品成本
甲产品					
乙产品					
合计					—

项目四　产品成本分析实训①

实训十九　产品成本分析

B-142
扫码看处理

1.按成本项目，编制单位成本分析表

请按成本项目，编制产品单位成本分析表，见训表19-1-1（小数点后保留两位小数）。

训表19-1-1　　产品单位成本分析表（按成本项目）

成本项目	单位成本		节约或超支		各项目的差异对总成本影响的百分比（%）
	计划成本（1）	实际成本（2）	升降额（3）	升降率（4）	（5）
直接材料	953.00	935.00			
直接人工	467.00	482.00			
制造费用	165.00	160.00			
合计	1 585.00	1 577.00			

B-143
扫码看处理

2.按产品类别，编制单位成本分析表

请按照产品类别，编制产品单位成本分析表，见训表19-2-1。

训表19-2-1　　产品单位成本分析表（按产品类别）

产品名称		单位成本		与计划的差异	
		计划成本	实际成本	升降额	升降率%
可比产品	家用餐桌	2 736.00	2 850.00		
	办公桌	1 680.00	1 498.00		
	小计	4 416.00	4 348.00		

B-144
扫码看处理

3.材料成本差异分析

请填写材料成本差异分析表，见训表19-3-1（需写出计算过程，替代的顺序按照产品产量、单位产品材料消耗量、材料单价）。

训表19-3-1　　材料成本差异分析表

项目	计划数	实际数	原因分析
产品产量（件）	100	90	—
单位产品材料消耗量（千克/件）	10	9.5	—
材料单价（元/千克）	6	7.8	—
材料费用（元）	6 00	6 669	—
计划指标	100×10×6=6 000（元）	—	—
第一次替代			
第二次替代			
第三次替代			

① 本项目实训资料来源：科云财会理实一体化平台。

4.按实际产量填制成本汇总表

请根据训表 19-4-1、训表 19-4-2、训表 19-4-3，填写训表 19-4-4 产品生产成本表。

B-145
扫码看处理

训表 19-4-1　　20×1 年成本汇算表

单位：北京科云股份有限公司　　时间：20×1 年 12 月 31 日

	家用餐桌			办公桌			合计
月份	数量	单位成本	总成本	数量	单位成本	总量成本	
一月份	125	420.00	52500.00	105	375.00	39375.00	91875.00
二月份	110	420.00	46200.00	125	375.00	46875.00	93075.00
三月份	135	420.00	56700.00	140	375.00	52500.00	109200.00
四月份	155	420.00	65100.00	155	375.00	58125.00	123225.00
五月份	145	420.00	60900.00	130	375.00	48750.00	109650.00
六月份	100	420.00	42000.00	135	375.00	50625.00	92625.00
七月份	130	420.00	54600.00	145	375.00	54375.00	108975.00
八月份	120	420.00	50400.00	130	375.00	48750.00	99150.00
九月份	125	420.00	52500.00	145	375.00	54375.00	106875.00
十月份	100	420.00	42000.00	125	375.00	46875.00	88875.00
十一月份	110	420.00	46200.00	142	375.00	53250.00	99450.00
十二月份	125	420.00	52500.00	130	375.00	48750.00	101250.00
合计	1480		621600.00	1607		602625.00	1224225.00

训表 19-4-2　　20×2 年成本汇总表

单位：北京科云股份有限公司　　时间：20×2 年 12 月 31 日

	家用餐桌			办公桌			合计
月份	数量	单位成本	总成本	数量	单位成本	总量成本	
一月份	120	450.00	54000.00	130	390.00	50700.00	104700.00
二月份	130	450.00	58500.00	100	390.00	39000.00	97500.00
三月份	125	450.00	56250.00	120	390.00	46800.00	103050.00
四月份	145	450.00	65250.00	135	390.00	52650.00	117900.00
五月份	142	450.00	63900.00	120	390.00	46800.00	110700.00
六月份	152	450.00	68400.00	110	390.00	42900.00	111300.00
七月份	132	450.00	59400.00	115	390.00	44850.00	104250.00
八月份	155	450.00	69750.00	130	390.00	50700.00	120450.00
九月份	166	450.00	74700.00	154	390.00	60060.00	134760.00
十月份	135	450.00	60750.00	160	390.00	62400.00	123150.00
十一月份	110	450.00	49500.00	135	390.00	52650.00	102150.00
十二月份	100	450.00	45000.00	165	390.00	64350.00	109350.00
合计	1612		725400.00	1574		613860.00	1339260.00

训表 19-4-3

20×2年成本预算表

单位：北京科云股份有限公司　　　　时间：20×2年12月31日

	家用餐桌			办公桌			合计
月份	数量	单位成本	总成本	数量	单位成本	总量成本	
一月份	130	470.00	61100.00	120	400.00	48000.00	109100.00
二月份	150	470.00	70500.00	110	400.00	44000.00	114500.00
三月份	135	470.00	63450.00	135	400.00	54000.00	117450.00
四月份	160	470.00	75200.00	150	400.00	60000.00	135200.00
五月份	132	470.00	62040.00	130	400.00	52000.00	114040.00
六月份	150	470.00	70500.00	130	400.00	52000.00	122500.00
七月份	160	470.00	75200.00	130	400.00	52000.00	127200.00
八月份	180	470.00	84600.00	140	400.00	56000.00	140600.00
九月份	144	470.00	67680.00	155	400.00	62000.00	129680.00
十月份	130	470.00	61100.00	154	400.00	61600.00	122700.00
十一月份	100	470.00	47000.00	165	400.00	66000.00	113000.00
十二月份	120	470.00	56400.00	133	400.00	53200.00	109600.00
合计	1691		794770.00	1652		660800.00	1455570.00

训表 19-4-4

产品生产成本表

单位：北京科云股份有限公司　　　　时间：20×2年12月31日

产品名称	计量单位	本年实际产量	单位成本			总成本		
			上年实际	本年计划	本年实际	上年实际	本年计划	本年实际
家用餐桌	张	1 612						
办公桌	张	1 574						
合计		3 186	—	—	—			

5.本年实际成本与上年实际成本比较分析

承前例，请依据训表 19-4-4，比较分析本年实际成本与上年实际成本，填写训表 19-5-1 成本分析表。

B-146
扫码看处理

训表 19-5-1

成本分析表

单位：北京科云股份有限公司　　　　时间：20×2年12月31日

产品名称	上年实际总成本	本年实际总成本	增减额	增减比率（用百分比表示）
家用餐桌				
办公桌				
合计				

6.本年实际成本与本年计划成本比较分析

承前例，请依据训表19-4-4，比较分析本年实际成本与本年计划成本，填写训表19-6-1成本分析表。

B-147
扫码看处理

训表19-6-1　　成本分析表

单位：北京科云股份有限公司　　时间：20×2年12月31日

产品名称	本年计划总成本	本年实际总成本	增减额	增减比率（用百分比表示）
家用餐桌				
办公桌				
合计				

主要参考文献

[1] 财会〔2017〕24号，管理会计应用指引第300号——成本管理 [S].
[2] 财会〔2017〕24号，管理会计应用指引第301号——目标成本法 [S].
[3] 财会〔2017〕24号，管理会计应用指引第302号——标准成本法 [S].
[4] 财会〔2017〕24号，管理会计应用指引第303号——变动成本法 [S].
[5] 财会〔2017〕24号，管理会计应用指引第304号——作业成本法 [S].
[6] 高翠莲. 管理会计基础 [M]. 北京：高等教育出版社，2018.
[7] 张先治，陈友邦. 财务分析（第9版）[M]. 大连：东北财经大学出版社，2019.
[8] 何纳. 企业成本报表分析的探讨 [J]. 中国乡镇企业会计，2015 (7)：137-138.